민족주의의 재발견

바레스의 민족주의

민족주의의 재발견 – 바레스의 민족주의

초판 1쇄 발행   2016년 1월 15일

지은이   마은지
펴낸이   윤관백
펴낸곳   ᄌᆞ돌판선인

등   록   제5-77호(1998.11.4)
주   소   서울시 마포구 마포대로4다길 4(마포동 324-1) 곳마루빌딩 1층
전   화   02)718-6252 / 6257
팩   스   02)718-6253
E-mail   sunin72@chol.com
Homepage   www.suninbook.com

정가   25,000원
ISBN   978-89-5933-959-4   93900

민족주의의 재발견

바레스의 민족주의

마은지 지음

도서출판 선인

Maurice Barrès (1862~1923)

| 머리말 |

1.

모리스 바레스는 19세기 후반 프랑스의 문인이자 정치인이며 당대 지성사에서 가장 중요한 입지를 굳히며 젊은이들의 제왕으로 추앙되었던 인물이다. 바레스가 세기말에 프랑스 지성계에 끼친 영향력은 여러 가지를 들 수 있지만, 무엇보다 관심과 논쟁의 핵심이 되는 주제는 그의 민족주의 교의이다. 바레스는 당대 사람들에게 아직 개념화되어 있지 않은 현상을 처음으로 개념화하여 '민족주의'와 '민족주의자'라는 용어를 널리 통용시켰다.

그의 민족주의에 대한 지금까지의 연구 경향은 주로 파시즘의 관점과 정치문화의 관점에서 접근해왔다. 그런데 필자가 보기에 이 두 관점은 몇 가지 문제점을 안고 있는 것으로 여겨진다. 즉 그의 민족과 민족주의를 좌파와 우파라는 대립쌍으로 설명하는 방식이 그것이다. 그런 설명 방식으로 인해 바레스의 민족주의를 공화주의적 민족주의에서 우익 민족주의로 그 성격이 '변질'되었다거나, 민족주의가 좌파에서 우파로의 '이행'을 완결 지었다고 설명해왔다. 또한 그런 설명 틀은 당파성을 띠게 되었고 민족주의와 별개로 민족 개념 자체에 대한 인식에 있어서도 편견의 옷을 입혔다.

이런 문제의식 속에서 바레스의 민족과 민족주의에 관한 본 연구는 좌파와 우파라는 도식적인 설명 틀을 벗어나 새로운 접근방식을 시도했다. 하나는 민족과 민족주의를 근대주의적 관점에서 벗어나 근대 이전으로 끌어올려 이해하는 이른바 족류-상징주의적 접근방식(ethno-symbolism)을 취했다. 다른 또 하나는 민족과 민족주의를 분리시켜 이해하고자 했다. 바레스의 민족과 민족주의에 대한 필자의 연구 결과는 다음과 같이 몇 가지로 요약할 수 있다.

첫째, 바레스의 민족주의 사상이 나오기 이전 단계인 19세기 후반 우익 민족주의가 출현할 수밖에 없었던 시대적 배경을 고찰했다. 한마디로 19세기 후반은 '갈라진 사회'로 요약할 수 있다. 공화국을 통한 합의로 성립된 제3공화국은 위로부터의 민족만들기를 위해 국가로서의 역할이 요청되었다. 그러나 '절대적 공화국(Republic absolue)'을 추구했던 국가는 외부적으로는 보불전쟁의 패배에 따른 민족의 위기와 내부적으로는 프랑스혁명 이후 혁명의 이면에 깊이 드리워져 있던 갈라진 사회의 분열 양상들에 직면하게 되었다. 지역적, 계급적, 종교적 분열 양상들은 프랑스를 하나의 민족(nation)으로 통합하는 데 크나큰 장벽이었다. 공화국은 여러 정책들을 통해 이른바 정치적 민족으로 통합시키고자 했다. 하지만 국가에 의한 위로부터 강제된 민족 통합 노력은 정권강화에는 기여했지만, 국가 차원의 정책의 결실들은 대부르주아지를 비롯한 일부 소수 특권집단에게 한정되었다.

그로 인해 공화국은 수많은 도전들에 휩싸이게 되었고 공화국에 대한 반격이 분출되기 시작했다. 1880년대부터 공화국에 대한 모든 불만과 비판 속에서 체제 반대 세력들이 서서히 결집하는 양상들이 나타났다. 데룰레드의 애국자연맹, 불랑제장군지지운동이 대표적인 운동들이었다. 이런 조직과 운동들은 여전히 공화주의에 닻을 내리고 있었다. 그럼에도 불구하고 반(反)공화국적인 새로운 우파가 지식인들과 민중 층에서 광범위한 호응과 지지를 얻어내면서 '새로운 민족주의'의 성격을 띠게 된다. 이때 프랑스 민족주의는 그것이 항시적으로 시도했던 자유주의와 결합을 단념하고 우파와 손을 잡게 된다. 결정적으로 이 새로운 민족주의가 급진성을 띠며 우익적인 민족주의로 나아가게 된 것은 드레퓌스 사건이었다. 드레퓌스 사건은 공화국과 프랑스인 전체에 좌우의 분열을 더욱 심화시켰고 반유대주의적인 운동들을 분출하게 만들었다.

이런 국가적인 시대 상황 속에서, 바레스는 초기에 낭만적인 문인으로서 개인주의적인 자아 추구에 몰두했던 모습에서 민족주의적인 사회참여 작가로 변신한다. 즉 "개인은 아무것도 아니고 사회가 모든 것이다"라는 의식의 전환을 맞게 되었던 것이다. 그 과정에서 바레스는 민족과 민족주의 이론을 조탁하게 된다.

둘째, 본 연구는 바레스의 민족 개념을 살펴보았다. 바레스가 그간에 파시스트로, 인종주의자로, 국가주의자로 운위되었던 것은 그의 민족 개념에 대한 이해부족으로 여겨졌다. 따라서 민족 개념 자체에 대한 일차적인 이해가 필요해 보였다. 민족 개념에 대한 접근방식은 크게 네 가지 패러다임으로 구분된다. 근대주의, 영존주의, 원생주의, 그리고 족류-상징주의가 그것이다. 민족 개념에 관한 고찰에 의하면, 민족에는 영토적 개념과 족류적(ethnic) 개념이 공존하고 있음을 알 수 있다. 이러한 민족의 두 얼굴은 민족 안에 있는 족류공동체(ethnie)와 국가 사이를 굉장히 애매모호하게 만든다. 근대 세계에서 민족 형성의 결과 모든 민족은 영토적 원리와 족류적 원리, 영토적 구성요소와 족류적 구성요소, 그리고 시민적 모델과 계보적 모델 모두를 갖고 있고 불편하지만 서로 합류하고 있다. 주어진 민족들은 그들의 역사에서 특정한 순간에 족류적 구성요소와 영토적 구성요소가 다른 비율로 나타난다.

19세기 말 프랑스는 독일적 민족 개념과 프랑스적 민족 개념이 격돌하는 상황에서 의지주의를 좀 더 강조하는 분위기였다. 이런 민족 개념의 계보 속에서 영향을 받은 바레스는 공화국적인 시민적 민족 개념과 다른 족류적 성격의 민족 개념을 포착하고 발견했던 것이다. 국가적으로 갈라진 사회의 현실 앞에서 바레스는 정치적으로 만들어진 협소한 민족 개념의 한계를 보았던 것이다. 그리하여 바레스는 민족을 "다소 긴 시간 동안 같은 환경 속에서 공동의 전설들, 전통들, 습속들로 하나가 된 인간 집단"으로 개념정의하고 있다. 그에게 있어서 민족의 정체성을 이루는 요체는 '토지와 죽은자들(la terre et les morts)'이었다. 그가 조탁해낸 이 두 용어는 영토와 조상들을 가리키는 역사·문화적 의미를 담고 있다. 이런 정체성들을 바탕으로 하여 그는 진짜 프랑스 민족이란 같은 역사적 시간과 경험을 공유하며, 토지와 죽은자들과 함께 살아가는 존재라는 확고한 신념을 갖기에 이른다. 바레스의 민족 개념을 통해, 우리는 '국가'와 '민족'은 개념적으로 구분되어야 하고, '민족'='국가'라는 등식이 맞지 않는다는 것을 볼 수 있다. 그의 민족 개념은 '국가주의적' 판단 기준에 의해 정의되어서는 안 되며, 오히려 '족류중심적'으로 정의되어야 할 것이다.

셋째, 본 연구는 바레스의 민족주의가 어떤 특징과 성격을 갖고 있는지 살펴보았다. 특히 바레스의 민족 개념이 어떻게 실천적 운동으로 이어지는지를 고찰했다. 바레스의 민족주의가 출현하는 배경은 제3공화국이 추구했던 민족 개념이 협소하여 흔들리며 위기를 맞았기 때문이다. 이에 대한 바레스의 비판은 다음과 같았다. 즉 중앙집권적으로 위로부터 만들어진 국가중심의 국민화는 사람들에게서 행정적 애국심을 끌어내고 평등한 시민권을 누리는 하나의 국민이라는 의식을 심어주어 정치적 통합은 꾀할 수 있지만 그 한계가 있다고 지적했다. 즉 프랑스 민족으로서의 깊은 정체성과 의식에는 한계가 있다는 것을 그는 갈파했던 것이다. 게다가, 그의 퇴폐적 시대인식(décadence)은 전통을 재발견하게 했고, 그 전통 속에서 바레스는 프랑스인들의 삶의 기준점이 되어 줄 수 있는 규율을 찾았다. 다시 말해 바레스의 민족주의의 실천적 행동주의는 내부적으로 중앙집권체제에 대한 비판으로 표출되었다. 그의 생각에 중앙집권체제의 폐해는 불안정한 의회제, 행정적 애국심, 정치인들과 관료들의 부패와 스캔들이었다. 이런 폐해들을 제거하기 위해 바레스는 중앙집권을 폐지하고 지방분권으로 나아갈 것을 주장했다. 바레스는 오직 지방분권만이 쇠퇴하는 프랑스를 구할 수 있다고 보았던 것이다. 왜냐하면 지방분권은 지방들의 실제의 삶을 정치적으로 문화적으로 복원할 수 있고, 프랑스를 외국인들의 영향력에서 벗어나게 하며, 중앙집권체제에 의해 상실해버린 알자스와 로렌 같은 지방들을 되찾을 수 있다고 보았기 때문이다.

이러한 바레스의 민족주의 구상은 그의 민족 개념인 '토지와 죽은자들'에서 도출된다. 먼저 민족을 이루는 토지에 대한 감정적 애착은 논리적으로 지역주의 조직으로 이어진다. 이 지역주의 조직화로서 지방분권의 구체적인 구상이 연방주의 운동으로 제시되었다. 그는 연방주의를 통해서 지방적 집단들과 직업적 집단들에게 고유한 자치와 이득의 실현을 가져다 줄 것을 기대했다. 즉 코뮌에게는 코뮌의, 지방에게는 지방의, 민족에게는 민족의 고유성을 부여하자는 내용이었다. 이것이 바레스의 지역주의 사상이다.

민족을 이루는 또 하나의 요소인 '죽은자들'에 대한 사상은 조상신화와 배타적인 반유대주의로 이어진다. 우리는 누구인가? 우리는 죽은자들의 연속이다. 우리는 부모들과 조상들의 연속이고, 같은 가족, 같은 족류공동체, 같은 민족으로 연결된다. 우리는 같은 땅에서 살아가는 수세대의 조상들의 유기적 창조물이다. 따라서 현재에 미친 과거의 결정적인 비중을 인정하는 태도인 바레스의 결정론적 사유는 자연스럽게 프랑스인이 아닌 자들에 대해 의구심과 배타성을 띨 수밖에 없다. 바레스는 유대인 문제를 민족 문제와 연관시켜 판단했다. 그의 민족주의가 주장하는 보호주의적이고 사회주의적인 성격은 바로 프랑스 민족의 이익을 옹호하고 보호하기 위한 태도를 나타낸다. 당시 바레스가 취했던 유대인과 외국인들에 대한 태도는 경제적인 이유와 역사·문화적인 이유에서 비롯된 반감이었다.

위의 설명들에 비추어 볼 때, 우리는 바레스에게서 민족의 단일성과 통합을 이끌어내는 방식들을 찾아 볼 수 있다. 하나는 민족의 기원을 이루는 여러 족류공동체들을 하나로 통합시키기 위해 역사적이고 문화적인 통합을 일차적으로 모색했다는 점이다. 그것은 여러 족류공동체들로부터 역사·문화적인 상징자원들을 끌어내어 민족의 단일성과 통합을 이루어야 한다고 생각했기 때문이다. 다른 또 하나는 여러 족류공동체들을 하나의 민족으로 만드는 민족화 방식에 대해 바레스는 엘리트와 대중 사이의 상호작용의 중요성을 갈파했다. 민족을 구성하는 구성원들은 그들 사이에 여러 족류공동체들로 분열되어 있어서 어느 한쪽의 획일적인 민족화 방식은 반발과 저항을 낳기 때문이다. 그들 사이에 민족이란 무엇인지 민족 개념을 놓고 충돌하고 부딪칠 때, 바레스는 사회개혁이나 혁명은 불가능하다고 본 것이다. 즉 민족 구성원들 간에 진정한 단일성과 통합이 이루어질 때 개혁과 혁명도 가능하다고 본 것이다. 19세기 말 프랑스의 상황 또한 공화국 중심의 개혁에 대해서 바레스는 민족의 기원이 되는 족류공동체들의 통합이 선행되어야 개혁도 가능하다고 생각했던 것이다. 우리는 그의 연방주의 사상에서 이와 같은 그의 개혁 사상의 일면을 찾을 수 있다.

결론을 내리자면 1880~1914년까지 바레스의 민족주의는 내부적으로 공화국의 중앙집권적인 의회체제에 대한 반발이자 저항이었다. 그의 민족주의는 정치인들의 부패 및 무능을 비판하면서 프랑스 민족의 도덕적 쇄신을 촉구하는 도덕적 갱생 운동이라 생각할 수 있다. 다른 한편으로, 그의 민족주의는 프랑스의 이익을 보호하고 갈라진 사회를 봉합하기 위해서 시민적 민족 개념의 협소함과 불안정을 벗어나서 족류적 민족 개념으로 프랑스의 민족을 재정의하고자 했던 족류운동의 일환으로 생각할 수 있다.

2.

본서의 연구 내용은 역사적인 시간적 간극에도 불구하고 최근 유럽을 비롯한 한국, 나아가 세계 각국에서 일어나고 있는 민족과 민족주의 관련 현상들과 무관하지 않을 것이라 생각된다. 제2차 세계대전 이후 영광의 30년 기간 동안에 가속화되었던 유럽의 근대화와 하나의 유럽 건설 과정에서 가정되었던 민족이라는 실체가 사라질 것이라고 예견했던 전망과 달리, 현재 각 개별 국가들에서 민족에 대한 지적 복권의 바람이 불고 있는 현상들을 우리는 목격한다. 그것은 유럽연합이라는 하나의 초국가적인 정치적 경제적 단위의 공동체의 건설 노력이 실현되었지만, 그로 인해 수많은 문제점들과 한계가 노정되어 나타나면서 현재 유럽과 세계사의 위기로 다가오고 있다. 그래서 개별 국가들은 세계화와 하나의 유럽 건설의 기저에서 일어난 '사회적 균열'을 메울 수 있는 해법을 새로운 '민족적인 것'과 '민족정체성'의 발굴에서 찾고 있다. 특히 다문화 사회의 추세가 가속화 하면서 정치적으로는 하나의 국민으로서 동등한 시민권을 누리지만, 정작 한 사회 안에서 내부적으로 '갈라진 사회'의 분열 양상들이 심화되고 있는 실정이다. 자국민과 외국인 출신 귀화인들 사이에, 또 계급 간에, 파벌 간에, 지역 간에, 종교 간에 갈등과 충돌이 심화되면서 한 사회의 통합과 민족문제를 어느 사회에서든 다시금 성찰하는 시대를 맞고 있기 때문이다. 우리 사회에서도 여전히 지역주의 문제, 남북 간의 민족문제와 통일문제, 계급과 계층의 문제, 종교집단들 사이의 문제, 내국인과 날로 유입되고 있는 외국인 이주민들 사이에 대두되는 많은 문제들을 안고 있다. 필자가 바레스의 민족과 민족주의 사상을 연구하면서 오늘날 세계에서 벌어지고 있는 문제의 양상들이 19세기 말 프랑스에서 벌어졌던 문제들과 많이 중첩되는 것을 발견하고 놀라왔다. 100년 전 바레스의 시대나 지금 우리 시대가 별반 크게 다르지 않다는 역사의 놀라운 아이러니를 목격하기 때문이다. 특히 그의 민족과 민족주의 사상은 그동안 민족주의의 이름으로 자행되었던 지난날의 부정적이고 폐기해야 할 민족주의와는 다른 독특한 민족 개념과 민족주의를 문제 삼고 있다. 그의 사상에서 우리는 한 사회 안에서 일어나는 갈등과 충돌의 '갈라진 사회'의 양상에 대한 문제제기와 분석, 그리고 그 해답의 실마리를 찾을 수 있을 것이다.

한편 본서는 바레스의 전 생애 기간(1862~1923)에서 19세기 후반부터 제1차 세계대전 직전까지의 그의 민족 개념과 민족주의 사상을 중점적으로 다루었다. 그의 민족주의 사상 전체에서 유독 이 시기를 다룬 이유는 이 시기가 그의 민족주의 사상과 프로그램이 형성되는 이른바 '민족주의 시기'에 해당되기 때문이다. 바레스의 민족주의는 전체적으로 몇 단계의 변화를 보인다. 20세기 초 제1차 세계대전(1914~1918)이 발발하면서 바레스의 민족과 민족주의 사상은 19세기 말과 달리 새로운 국면으로 나아간다. 즉 프랑스 민족을 구성하고 있는 다양한 사람들을 포용하는 열린 민족 개념과 민족주의를 구사하고 있다. 이른바 '프랑스의 다양한 정신적 가족들(les diverses familles spirituelles de la France)'을 이야기한다. 동화주의적이고 개방적이며 통합적인 민족 개념이라 할 수 있다. 이는 바레스가 시조 프랑스인을 조상으로 갖고 있지 않은 외국인들을 향해 그들이 민족 구성 공동체를 지지할 수 있는 가능성을 열어두고 인정한다는 뜻이다. 이 것은 현재 필자가 연구를 수행하고 있는 중이다. 필자의 박사학위 논문의 내용을 일부 수정하고 새로 보완하여 완성된 본서의 출간은 앞으로 필자가 수행하게 될 연구를 위한 나름의 정리 작업이면서 동시에 후속연구와의 연결고리에 해당된다. 이 책에서 표현된 견해나 있을 수 있는 오류에 대해서는 전적으로 필자의 책임이고, 후속 연구에서 계속 수정·보완할 것이다.

너무나 부족해 보이는 본서가 책의 형태로 출간될 수 있었던 것은 여러 선생님들의 격려 덕분이었다. 10년 넘도록 지금도 새벽 일찍이 연구실에 출근하시어 민족과 민족주의에 관한 방대한 연구서들을 섭렵하시고 연구하시며 그 풍성한 지식들을 제자들에게 아낌없이 가르쳐주시고 나누어주신 지도교수 김인중 선생님의 학은(學恩)에 머리 숙여 깊은 감사를 드린다. 선생님은 필자에게 이 분야로 나아가는 길을 열어주셨다. 또한 학위 심사과정에서 애정 어린 지적과 격려를 아끼지 않으신 한국교원대 김용우 선생님, 서강대 박단 선생님, 중앙대 육영수 선생님께 이 자리를 빌어서 깊은 감사를 드리고 싶다. 그리고 필자의 연구에 큰 도움을 주신 노서경 선생님께도 감사의 마음을 표하고 싶다. 또 박사논문을 쓰면서 필자가 어려울 때마다 격려를 아끼지 않으신 한남대 성백용 선생님과 전남대 최향란 선생님께도 말할 수 없는 깊은 감사를 드린다.

이외에도 필자가 어린 학생 시절이었을 때부터 가르침을 주신 숭실대 박은구 선생님, 김문경 선생님, 유영렬 선생님, 최병현 선생님, 하정식 선생님, 지금은 고인이 되신 이재룡 선생님과 임병태 선생님의 학은을 평생 마음에 간직하고 학문에 정진할 것을 다짐해 본다. 권영국 선생님, 황민호 선생님, 김정렬 선생님, 송만영 선생님, 표영수 선생, 김유석 선생, 숭실대 사학과 선후배들의 아낌없는 격려와 도움에 늘 감사할 따름이다. 또한 긴 시간 동안 필자의 학문 여정을 함께 하며 힘들고 어려운 길을 묵묵히 참아주고 도와준 사랑하는 남편과 하정·현서에게 고맙다는 말을 전한다. 그리고 본서의 출간을 허락해주신 도서출판 선인의 윤관백 사장님과 편집부에도 심심한 감사를 드린다. 끝으로 지금은 하늘나라에 계시지만, 기억 속에 항상 살아계시는 부모님들의 기도와 희생 앞에 이 책을 바친다.

2015년 12월 저자

목차

서 론

1. 연구 목적

　모리스 바레스(Maurice Barrès, 1862~1923, 로렌 샤름 출생)는 19세기 후반부터 20세기 초까지 프랑스의 문인이자 정치인이자 저널리스트로서 프랑스 지성사에서 큰 영향력을 끼쳤던 세기말에 중요한 입지를 갖고 있는 인물이다. 그런 점에서 바레스는 프랑스 지성사에서 몇 가지 의미를 갖는다. 우선 에드먼드 버크(Edmund Burke)로부터 내려오는 중대한 서유럽 보수주의 흐름 속에 있고,[1] 프랑스 우익 사상의 현대적 초석으로 평가받는다.[2] 또한 바레스 연구는 프랑스의 좌·우 갈등을 균형 있게 바라볼 수 있게 해 주는 중대한 근거가 될 수 있다고 말해진다.[3] 프랑스 특유의 것이기도 하며 19세기 유럽의 공통의 것이기도 한 문학과 정치의 유익한 결합을 명료하게 보여주는 섬세하고 복잡한 시례가 바레스라고 말해지고 있다.[4]

---

[1] R. 니스벳 외·강정인 외 옮김, 『에드먼드 버크와 보수주의』 (문학과 지성사, 1997).

[2] E. M. Cioran, *Essai sur la pensée réactionnaire* (Paris: Fata Morgan, 1977).

[3] J. Julliard, *Les Gauches Françaises* (Paris: Flammarion, 2012).

[4] Frederic Ewen, Jeffrey Wollock, *A Half-Century of Greatness: The Creative*

본 연구는 2000년대 들어서 프랑스에서 새롭게 발굴되고 재평가를 받고 있는 바레스의 민족과 민족주의에 관한 이론 및 운동을 조명하는 데에 그 목적이 있다. 바레스의 민족주의는 몇 단계의 변화를 나타낸다. 제1기 청년기의 좌파주의적 성격의 민족주의는 개방적이고, 동화적이며 차이에 대한 존중을 특징으로 한다. 제2기 장년기의 민족주의는 장 투샤르(Jean Touchard)에 의하면, 세기말 드레퓌스 사건의 여파로 배타적, 보수적, 전체주의적 성격을 나타낸다. 피에르 밀자(Pierre Milza)는 이 시기를 바레스가 전통주의의 테마로 되돌아가는 경향을 보인다고 주장한다. 제3기인 1914~1916년까지의 제1차 세계대전의 처음 3년간은 투쟁적인 민족주의의 성격을 나타내며, 마지막 제4기는 이상적이고 여러 교의를 종합한 민족주의의 성격을 보여준다. 동시대인 소렐이나 모라스보다 바레스의 민족주의는 쉽게 파악하기 어려운 사상의 복잡함을 보여준다. 필자는 연구 범위의 시기를 제 1, 2기에 해당되는 1880~1914년을 중심으로 설정하였다. 이 시기는 바레스의 민족주의에 대한 국제적인 논쟁이 가장 쟁점이 되는 사상적인 변화와 복잡함을 나타낸다. 또한 무엇보다 이 시기는 바레스가 민족과 민족주의에 대한 교의를 고안하고 조탁했던 이른바 그의 생애와 활동에서 '민족주의의 시기'에 해당되기 때문이다.

바레스의 민족과 민족주의 사상을 이해하기 위해서는 민족과 민족주의에 대한 일반론적인 이해가 필요할 것이다. 국내에서 민족과 민족주의에 대한 인식과 연구 경향은 비판적인 입장이 우세했다. 이를테면 민족 개념의 전통적 구분법이자 설명 틀이었던 좌파의 민족 개념과 우파의 민족 개념 사이에서, 좌파의 민족주의와 우파의 민족주의 사이에서 주로 좌파 쪽 입장에서 민족과 민족주의를 비판적으로 논의해왔던 것이 사실이다.[5]

Imagination of Europe, 1848-1884 (New York and London: NYU Press, 2007).

[5] 국내에서 출간된 민족주의에 대한 비판적 이해와 논의는 민족과 계급 사이의 관계 속에서 민족주의를 정치적 운동으로 바라보는 시각이 우세하고, 민족과

국내에서 이러한 비판적 시각이 우세하게 된 것은 역사 속에서 민족주의와 접목되는 이데올로기의 스펙트럼이 다양하게 변조되어 민족주의가 출현했기 때문이다. 즉 좌파의 혁명적인 애국주의로부터 파시즘과 나치즘 같은 극단적인 형태에 이르기까지 민족주의는 다양한 옷을 걸치고 나났다. 특히 역사 속에서 민족주의의 이름으로 극단적으로 자행되었던 전쟁의 참혹한 실상들과 식민지의 경험은 민족주의에 대한 경계심과 부정을 심어주기에 충분했다. 이러한 기존 연구들을 바탕으로 본 연구는 그동안 국내에서 다루어지지 않았던 우파의 민족 개념과 민족주의를 프랑스의 한 사례인 바레스를 통해 살펴보면서 민족과 민족주의에 대한 균형 잡힌 시각을 제시하고 이해를 도모하고자 하는 데 그 목적이 있다.

또한 바레스의 민족주의에 대한 새로운 해석의 가능성을 모색하고자 한다. 바레스는 19세기 말 프랑스 우익 민족주의를 대변하는 중심인물 가운데 한사람으로 그동안 평가되어왔다. 그런 역사적 비중을 갖는 인물이었기 때문인지 바레스의 민족과 민족주의 자체에 대한 연구는 대부분 이런 잣대로 그를 평가하는 경향이 강했다. 그러나 오늘날 바레스는 그런 측면으로만 바라보던 긴 세월의 무게를 견디다가 최근에 다시 새롭게 발굴되어 부각되고 있다. 민족주의에 대한 연구가 축적되면서 그에 힘입어 바레스에 대한 새로운 해석의 가능성이 열린 것이다. 바레스는 당대의 시

민족주의에 대한 접근 방식에서 근대주의적 시각이 주조를 이루고 있다. 국내에 출간된 민족주의 관련 저작들은 브라이언 젠킨스 김인중·마은지 옮김, 『프랑스 민족주의』(나남, 2011); 한스 울리히벨러·이용일 옮김, 『허구의 민족주의』(푸른역사, 2007); 에릭 홉스봄·박지향 외 옮김, 『만들어진 전통』(휴머니스트, 2004); 패트릭 J. 기어리·이종경 옮김, 『민족의 신화, 그 위험한 유산』(지식의 풍경, 2002); 한국서양사학회 편, 『서양에서의 민족과 민족주의』(까치글방, 1999); 임지현, 『민족주의는 반역이다: 신화와 허무의 민족주의 담론을 넘어서』(소나무, 1999); 장문석, 『민족주의』(책세상, 2011); 『민족주의 길들이기: 로마 몰락에서 유럽 통합까지 다시 쓰는 민족주의의 역사』(지식의풍경, 2007); 최갑수, 「내셔널리즘의 기원과 특성」, 『서양사연구』 vol.31 (2003); 「한국사학계의 '민족' 이해에 대한 비판적 검토」, 『역사비평』 no.26 (1994) 등 참조.

민적(civic) 민족 개념의 한계를 인식하고, 그와 다른 민족 개념의 새로운 이면을 포착하고 언어적이고 역사·문화적이며, 족류적(ethnic)인 민족 개념을 주창했던 그 시대의 선구자였다고 간주되고 있다. 그래서 최근에 세인들의 기억에서 잊혀져있던 바레스를 다시 발굴하려는 노력들이 프랑스 안에서 현저히 증가하는 추세이다. 바레스의 지적 복권을 보여주는 이런 징후들은 바레스의 작품들에 대한 재출간 움직임들에서 찾아볼 수 있다.[6]

프랑스 안에서 바레스에 대한 새로운 연구와 해석은 1980년대에 들어서 120여 명의 프랑스 역사가들이 동원되어 공동연구로 이루어진 성과물인 『기억의 장소(Les Lieux de mémoire)』에서도 어렵지 않게 확인할 수 있다. 곳곳에서 발견되는 바레스에 대한 서술들은 그에 대한 관심의 증대를 보여주는 증거라 할 수 있다.[7] 새로운 프랑스 민족사라고 일컬어지는 이책의 편집자인 피에르 노라(Pierre Nora)는 프랑스를 둘러싸고 있는 시대

---

[6] 바레스에 대한 관심은 우선 그의 원전들의 재출간에서 알 수 있다. Bouquins과 Folio 총서에서 꾸준히 출간하고 있는 그의 문학작품들 시리즈를 비롯하여 연구서와 전기들이 출간되었고, 학술 콜로키움이 개최되었다(2003, 2010). 또한 프랑스와 미국에서 박사논문이 각각 한 편씩 나왔고, 그 외 몇 편의 연구 논문들이 2007년도에 주로 발표되었다. 이런 현상들은 현실정치와 무관하지 않은 듯하다. 정치적으로 극우 정당의 부상을 비롯하여 우파 정권이 들어서면서 우파 연구가 새로운 조명을 받으면서 우파 지식인들의 연구를 활성화시킨 것으로 보인다. 특히 2007년 사르코지 대통령 출마 선거 연설이 크게 작용한 것 것으로 보인다. 사르코지는 당시 그의 연설문에서 모리스 바레스의 발언들을 종종 인용하고 있다. Gérard Noiriel, "À quoi sert 'l'identité nationale'", Passé et présent (Paris: Agone, 2007), pp.81-114.

[7] Pierre Nora, dir., Les Lieux de mémoire 7vols. (Paris: Gallimard, 1984-1993): La République/ La Nation/ Les France (Paris: Gallimard, 2005); P. 노라 외 지음, 『기억의 장소』 1~5권 (나남, 2010)(한국어판). 한국어판에서 바레스를 언급하고 있는 논문들은 다음과 같다. 「삼색기」, 「민족의 교사 라비스」, 「≪두 아이의 프랑스 일주≫」, 「국경의 기억: 알자스」, 「병사 쇼뱅」, 「우파와 좌파」, 「그레구아르, 드레퓌스, 드랑시 그리고 코페르니쿠스 거리」, 「프랑스 역사를 어떻게 쓸 것인가?」, 「프랑스와 외국인」, 「드골주의자와 공산주의자」, 「잔다르크」 등.

적 환경이 변함에 따라 민족 개념에 대한 인식도 새로운 패러다임으로 바뀌어야 한다고 호소한다. 그의 호소는 현재 프랑스인들이 겪고 있는 민족의식의 근본적인 변모를 반영한다. 즉 "민족 이념에 대한 프랑스 특유의 두 가지 개념, 즉 한편으로 공화주의 상징문구 및 인권의 프랑스와 다른 한편으로 '토지와 죽은자들(la terre et les morts)'의 프랑스"라는 기존의 전통적 민족의 두 가지 개념을 서로 상충되는 것으로 파악하기 보다는 상보적인 것으로 파악할 필요가 있다는 것이다.[8]

이런 이야기의 저변에 깔린 사정은 국가중심의 민족의식이 지금 흔들리고 있기 때문이다. 다시 말해 다른 나라들이 민족적 일체감과 민족적 총화의 비결을 경제, 종교, 언어, 사회적 또는 족류적 공동체, 문화 따위에서 찾았다면, 지금까지 프랑스는 민족의 저력을 중앙권력의 손아귀에 맡기는 길을 걸어왔다.

그러나 이제 프랑스를 감싸고 있는 세상은 변하고 있다. 그것은 곧 기존의 국가중심적인 민족의식에 있어 새로운 패러다임의 전환을 요구하는 것이다. 그 이유는 대외적으로 프랑스가 더 이상 강대국이 아닌 중간국의 대열에 속하게 되었다는 것, 다원적이고 평화적인 전체 유럽 안에 편입되었다는 사실과 맞물려있다. 또 국내적으로 현대적 생활양식의 일반화, 지방분권의 강화, 현대적 형태의 국가개입, 전통적 형태의 동화정책에 흡수되기 어려운 이주민 인구의 급증 등과 맞물려 있고, 그것은 특히 "지난 한 세기 동안 우리가 길들여진 민족주의, 즉 자코뱅주의와 애국주의 성향을 지닌 좌파 민족주의이든 보수적이고 반동적이며 바레스와 모라스적인 우파 민족주의든 민족의 최종형태인 공화국의 수립이 구현하고 있었던 민족주의의 쇠퇴와 맞물려 있다."[9] 이것은 오늘날 민족주의가 더 이상 국가중심의 국가가 만들어내고 주도하는 민족주의일 수 없음을 말해준다.

[8] 피에르 노라, 「프랑스 역사를 어떻게 쓸 것인가?」, 『기억의 장소』 3, 38쪽.
[9] 같은 책.

그러므로 우파의 민족도 좌파의 민족도 아닌 대안이 될 만한 새로운 민족 이념을 프랑스는 요청받고 있다는 것이다. 전통적 민족주의로부터 이러한 거대한 이탈은 그렇다 해서 민족감정을 약화시키는 것이 아니라 오히려 그 활력을 해방시켰다고 노라는 판단한다. 외관상으로 민족감정의 강도는 사라지는 듯이 보일 수 있으나 그 층위와 표현양식은 운신의 폭이 더 넓어지면서 현대적으로 다양하게 더 늘어났다. 예컨대 호전적이고 침략적이던 것에서 산업 및 스포츠와 같은 경쟁력으로 표현되고 자기희생, 장례식, 향토방위에서 놀이, 관광여행으로 나타나며, 학교교육이 아니라 대중매체에서 나타나며, 집단적인 것이 아니라 개인적인 것이 되었다. 또 민족계도적 내용에서 정서적이고 감상적인 것이 되었다. 민족감정은 보편주의적인 속성을 지녔으나 개별화로 나아가고, 몸을 통해 경험되는 것이었으나 이제 상징으로 포착된다.[10]

노라는 이러한 변모를 역사가들이 몸으로 익혀야 한다고 짙게 호소하고 있다. 이것은 민족주의가 아니라, 민족적인 것으로의 회귀를 뜻한다. 여기서 민족적인 것이란 기억과 일체화된 민족적인 것을 말한다. "영국이 전통을 가지고 있다면, 우리는 기억을 가지고 있다"[11]는 확언 속에서, 지금 시대는 기억의 역사를 쓸 것을 요구하고 있다. 다시 말해 전통적인 민족사 서술 방식은 애국심을 강조하고 국가에 의해 사람들의 집단기억을 각인시켰다. 그러나 지금은 각 개인이 그 지방의 유서 깊은 자연경관이나 문화유산을 접하면서 자연스럽게 민족 기억과 민족 감정을 느끼게 하는 기억과 역사가 어우러지는 민족 기억의 역사를 서술할 때라는 것이다. 그것은 배타적이고 유해한 민족주의에 헌신이 아닌, 민족이야말로 가장 안정적이고 가장 항구적인 틀이 될 수 있기 때문이다. 이런 변화의 지시는 복고나 향수가 아니다. 그것은 과거의 재구성과 항구적인 재조직 작업을

---

10) 같은 책, 39쪽.
11) 같은 책, 40쪽.

통해 개개 단절 국면을 과거와의 정합성 정도에 따라 합리화 하는 작업이다. 그것은 사학사적 성찰이기도 하다.

이 새로운 사학사는 종전에 좌파와 우파라는 대립쌍으로 민족과 민족주의를 설명하던 방식의 양분법이 이제 한걸음 뒤로 물러나고 있음을 말해준다. 즉 "대혁명 이래로 전통적 대립들, 즉 옛 프랑스 대 새 프랑스, 종교적 프랑스 대 세속적 프랑스, 우파의 프랑스 대 좌파의 프랑스와 같은 대립들이 소진"되고, 이제 "민족에 대한 소속의식"이 점점 더 뚜렷하게 활력을 띠고 있다는 뜻이다. 그렇기 때문에 그 민족에 대한 소속의식은 이전의 전통적 민족주의 방식으로 체험되지 않는다. 그것은 "유럽으로의 편입, 현대적 생활방식의 일반화, 지방분권화에 대한 열망, 국가개입의 현대적 형태들, 관습적인 프랑스 문화규범으로 귀착될 수 없는 이주민 인구의 엄존, 프랑스어 사용권의 축소 등"이 민족에게 요구하는 민족적 특수성에 맞는 일신된 감성적 방식으로 체험되는 그런 민족 소속의식인 것이다. 즉 민족주의가 없는 어떤 민족과의 재회의 시간, 기억과 일체화된 민족을 만나는 그런 민족사에 대한 작업이라고 평가할 수 있다.[12]

이렇게 전통적인 민족주의와는 다른 민족에 대한 지적 복권이 시작된 이유를 브리지트 크륄릭(Brigitte Krulic)은 세계화와 결부시켜 설명한다. 즉 '민족주권'에 그만큼 위협으로 받아들여지는 세계화와 유럽의 건설을 배경으로 일어난 사회적 파열의 사회적 정치적 결과들이 불러일으킨 혼란 때문에 민족에 대한 지적 복권이 시작되었다는 것이다.[13] 그만큼 오늘날의 현실은 세계화라는 이름이 그 위세를 떨치고 있지만, 그에 대한 반작용으로 뿌리, 전통, 지역적 자부심, 민족감정이 다른 한편에서 강조되는 이중의 시대라고 할 수 있다.

또한 민족의 지적 복권은 프랑스의 내부적인 자성의 목소리의 반영이

---

[12] P. 노라, 「기억과 일체화된 민족」, 『기억의 장소』 2, 493-507쪽.

[13] Brigitte Krulic, *Nation, Une idée moderne* (Paris: ellipses, 1999), p.4.

라고 할 수 있다. 가장 크게는 강대국에서 이류 국가로 전락하고, 제국으로서의 프랑스에 대한 자부심에 종언을 고한 프랑스가 새로 봉착한 사회 현실 앞에서 이제는 지난 한 세기의 역사를 새로운 눈으로 바라보아야 할 것을 촉구하고 있고, 프랑스의 정체성에 대한 새로운 질문을 던질 것을 시대는 역사가들에게 요구하고 있기 때문이다. 이제는 민족적 프랑스와 혁명적 프랑스의 절정이었던 드골의 신화도 공산주의의 신화도 쇠퇴하고 있다.[14] 우익의 이데올로기도 좌익의 이데올로기도 더 이상 지배적으로 작동하지 않는 시대가 도래한 것이다. 바레스가 발굴되고 재평가 되는 움직임들은 이런 시대적인 역사적 맥락에서 바라보아야 할 것이다.

우리는 바레스의 민족 개념과 민족주의 연구를 위한 전단계로 바레스가 민족주의자가 되는 과정을 살펴볼 필요가 있다. 미셸 비노크(Michel Winock)는 프랑스의 세기 전환기에 세 명의 우파 민족주의자들로 모리스 바레스, 폴 데룰레드(Paul Déroulède, 1846~1914), 그리고 앙리 로슈포르(Henri Rochefort, 1831~1913)를 들고 있다.[15] 바레스가 이와 같은 적극적인 민족주의자가 된 것은 바레스가 처한 프랑스의 시대 상황과 맥을 같이 한다. 즉 보불전쟁의 패배 이후 19세기 말이라는 그 시대 또한 현재와 비슷하게 프랑스가 1, 2위를 다투던 강국의 지위에서 5~6위 국가로 전락해가던 시대였다.

바레스는 초기에 문인으로서 그의 내면의 '자아'에 천착하여 삼부작 소설 '자아예찬(Le Culte du moi)'[16]으로 당대에 크게 호평을 받았다. 이 시기에 그는 문학적인 아방가르드, 즉 절대 자유를 추구했다. 이렇게 자아

---

14) P. 노라, 「드골주의자와 공산주의자」, 『기억의 장소』 3, 303-376쪽.

15) M. Winock, *La Belle Époque. La France de 1900 à 1914* (Paris: Perrin, 2003), p.290.

16) '자아예찬(Le Culte du moi)'은 삼부작으로 이루어져 있다. 『야만인들의 시선 아래서(Sous l'œil des barbares)』(1888), 『자유인(Un Homme libre)』(1889), 『베레니스의 정원(Le Jardin de Bérénice)』(1891)이 그것이다.

주의, 지적 무정부주의, 반부르주아의 시기를 구가했던 청년시절에 그는 일찍이 문학가로서 명성을 떨치며 '젊은이들의 제왕'으로 인정받았다. 그러나 그는 여러 차례 사상적인 변화들을 보여준다.[17] 그래서 그와 동시대에 활동했던 소렐이나 모라스와 같은 주요 인물보다도 그의 사상을 하나로 정형화하기가 어렵다는 평가를 받고 있다. 그만큼 그의 사상적 변화들이 여러 차례 목격되기 때문이다.

시기상으로 바레스가 민족주의로 전향하게 되는 출발점은 프랑스가 쇠퇴기에 접어든 1885년경이다. 이즈음에 바레스는 민족에너지가 복원되어야할 필요가 있다는 의식을 갖게 되었던 것으로 보인다.[18] 이유인즉 당시 프랑스는 불랑제장군지지운동(Boulangisme)의 열풍이 불고 있었다. 바레스가 이 운동에 가담하게 된 것은 시대적 특수성 때문이었다. 1887~1889년은 기회주의 공화국의 참담한 모습들이 적나라하게 폭로되는 순간이었다. 특히 1891년 9월 30일 브뤼셀에서 불랑제장군이 자살하고 불랑제장군지지운동이 실패로 끝난 사건이 그의 프랑스 민족에 대한 의식과 정치적 행동주의로 더욱 적극적으로 나아가는 한 기점이 되었다. 이것이 바레스의 새로운 민족주의의 탄생이었다.[19]

---

[17] 랑송은 바레스의 사상의 형성과 변화를 문학작품을 중심으로 크게 세 시기로 구분한다. 제1기는 자아주의의 시기(1888~1891)로 '자아예찬(Le Culte du moi)'의 시기였다. 제2기 민족주의의 시기(1891~1914)는 '토지와 죽은자들(la terre et les morts)'이라는 용어로 표현된다. 민족주의 시기에 대해서는 '소설: 민족에너지(Roman de l'énergie nationale)'의 삼부작에서 깊이 천착되고 있다. 마지막 제3기는 세계대전과 애국자연맹(Ligue des patriotes)의 시기(1914~1923)이다. G. 랑송/P. 뒤프로 · 정기수 역, 『랑송의 불문학사』(을유문화사, 2003), 245-246쪽 참조.

[18] J. Madaule, *Le nationalisme de Maurice Barrès* (Marseilles: Sagittaire, 1943), p.253.

[19] 바레스는 1892년 7월 4일자 『르피가로(*Le Figaro*)』지에서 '민족주의자들(nationalistes)'이라는 용어를 처음 쓰고 있다. 여기서 바레스는 민족주의라는 용어에 현재의 정치적 의미를 처음으로 부여했다. "La querelle des nationalistes et des cosmopolites (민족주의자들과 세계주의자들의 싸움)", *Le Figaro* (le 4 juillet

뒤이어 1895년에 일어난 드레퓌스 사건은 그가 그동안에 취했던 공화
주의적이고 수정사회주의적인 민족주의 입장에서 우익 민족주의적 경향
으로 전향하는 결정적 계기가 되었다. 그는 드레퓌스 사건이 프랑스 사회
에 미친 파장으로 인해 프랑스 사회의 내분이 더욱 깊어졌고 프랑스를
약화시킨다고 보았던 것이다. 특히 드레퓌스라는 프랑스의 군 장교가 독
일 첩자로 활동했다는 죄목은 바레스에게 무엇이 진짜 프랑스인이고 프
랑스 민족인지 성찰하게 만들었다. 바레스는 드레퓌스가 유대인으로서
그의 정체성의 한계상 결코 프랑스 민족이 될 수 없다고 판단했다. 이런
사태 앞에서 그는 자신을 민족주의 운동에 필요한 규율과 방향에 의식적
인 대변자로 여겼다.[20] 그런 이유로 바레스는 프랑스 민족과 민족주의에
관한 교의를 조탁하게 되었다.[21]

1892); 참고로 '민족주의'라는 용어는 19세기 후반에 나타나기 시작한다. 1874
년도 『라루스 세계대백과사전(*Grand Dictionnaire universel de Pierre Larousse*)』
(1874)에서 민족주의를 이렇게 정의하고 있다. 즉 민족주의는 민족적 사실이
어떤 식으로든 동일한 뼈대를 구성하게 되는 독특한 문화 또는 독특한 정치
전통에 속하는 감성들과 행동양식들을 말한다. 라루스에서 정의한 두 가지
민족주의 개념 중에 한 가지는 "사람들이 속한 민족의 고유한 그 모든 것들
을 우선시 한다는 것", 다른 또 한 가지는 "독립된 민족국가에서 살아가는 인
민들의 고유한 그 무엇"으로 정의했다. S. Berstein, *Les cultures politiques en
France* (Paris: Seuil, 1999), p.316.

20) 이 시기에 나온 그의 삼부작 소설은 '민족에너지(Roman de l'énergie nationale)'
라는 제목을 달고 있다. 로렌의 청년들의 이야기를 다루고 있는 『뿌리 뽑힌
사람들(*Les Déraciné*)』(1897), 불랑제장군지지운동 시절의 이야기를 상세히 기
록하고 있는 『병사에 호소(*L'Appel au soldat*)』(1900), 파나마 운하 독직사건에
연루된 부패한 국회의원들을 그리고 있는 소설 『그들의 모습들(*Leurs figures*)』
(1902)로 구성되어 있다.

21) 바레스는 2,500개의 기사를 쓴 작가로서 그중에 민족주의와 관련된 400여 개
의 기사들을 선별하여 1902년 *Scènes et doctrines du nationalisme*(『민족주의의
교의와 현장』)이라는 책으로 출간하였다. 이 저작은 1889~1899년까지 10년간
에 걸쳐 민족주의에 관한 연구물로서 바레스는 이 민족주의 교의를 프랑스조
국연맹에서 발표하고 이후 책으로 출간했던 것이다. M. Barrès, *Scènes et
doctrines du nationalisme* (Paris: Juven, 1902)(바레스의 여러 저서들을 인용하
는 데 있어 편의상 이 책은 본서에서 이후로 *Scènes et doctrines*로 축약하여

우리는 그의 사상적인 변화 속에서 이같이 만들어진 그의 민족과 민족주의 교의가 민족주의의 전개 과정에 대해 설명하는 에릭 홉스봄(E. J. Hobsbawm)의 주장과 잘 맞지 않음을 발견한다. 즉 홉스봄은 프랑스혁명 이후 1880년까지의 민족주의는 좌익적인 성격의 민족주의였다고 설명한다.[22] 그 다음 단계에서 산업혁명이 진행됨에 따라 사회의 민주화와 선거권의 확대, 그리고 산업화의 발전을 겪으면서 공화국적인 민족주의의 성격이 우익 민족주의로 바뀌게 되었다고 설명해 왔다. 홉스봄의 설명 방식은 민족주의를 좌파에서 우파로, 공화주의에서 우익 민족주의로 '변질'해 버렸다는 설명방식이다. 이런 설명 틀도 결국 민족주의를 좌·우라는 대립쌍을 전제로 한 역사서술 방식임을 보여준다.

하지만 바레스의 민족주의는 이와 같은 좌·우라는 절대적 기준을 넘어서 있다. 왜냐하면 바레스는 그와 같은 양분법으로는 설명하기 쉽지 않은 민족과 민족주의를 문제 삼고 있기 때문이다. 바레스는 그런 틀을 넘어서서 민족과 민족주의의 문제를 보다 근본적으로 포착해냈다고 보여진다. 그는 우리에게 좌도 우도 아닌 제3의 지대를 설정해 줄 것을 요구하고 있는지도 모른다. 그러므로 그의 민족과 민족주의는 좌·우의 시각에서 벗어나 다른 방식으로 접근해야 할 것이다.

2. 연구방법

그의 민족주의를 파악하기 위한 전제로 서구에서 논의되고 있는 민족과 민족주의에 대한 연구 경향들을 우선 고찰할 필요가 있다. 민족주의에

표기한다).

[22] E. J. Hobsbawm, *Nations and Nationalism Since 1780* (Cambridge: Cambridge University Press, 1990).

대한 접근방식은 크게 근대주의(Modernism), 영존주의(Perennialism), 원생주의(Primodialism) 그리고 족류-상징주의(Ethno-symbolism)로 구분할 수 있다.[23] 영존주의와, 원생주의, 족류-상징주의는 근대주의자들과 반대편에서 반근대주의적인 시각을 부분적으로 공유한다. 근대주의와 이른바 반근대주의적 접근방식의 가장 큰 차이점은 민족의 기원과 출현 시기에서 갈라진다.

근대주의자들은 민족과 민족주의가 18세기 말에 출현한 비교적 근자의 새로운 것이며, 근대국가의 형성에 따른 근대화 과정의 산물로 파악한다. 하지만 민족의 출현의 원인에 대해서는 학자들 간에 약간씩 차이를 보인다. 어떤 이들은 산업자본주의를, 어떤 이들은 중앙집권화된 전문적인 국가의 성장을, 또 어떤 이들은 근대적인 매스 커뮤니케이션과 세속교육의 본질에서 민족이 출현하는 원인을 찾는다. 그러나 그들 모두에게 있어서 민족은 엘리트들이 의도적으로 만들어낸 사회적 구성물이자 문화적 인조물로 상상된다. 엘리트들은 그런 민족을 다수 대중들에게 각양각색의 문화적 미디어와 사회적 의례를 표상함으로써 민족을 "발명"하고 "상상"했다.[24] 즉 민족이 민족주의를 만든 것이 아니라, 민족주의가 민족을 만들었고 지금도 계속해서 민족을 창조하고 있다고 설명하며, 근대화의 산물로 만들어진 민족은 세계가 점점 지구화됨에 따라 곧 폐기될 것이라고 주장한다. 이러한 근대주의적 시각은 1960년대와 1970년대에 연구경향의 주류를 이루었다.

그 반면에 반근대주의적 입장은 근대주의자들에 대한 비판 속에서 민

---

[23] 민족에 대한 접근방식의 네 가지 패러다임에 대해서는 제3장에서 자세히 논의했다.

[24] Eric Hobsbawm & Terence Ranger, ed., *The Invention of Tradition* (Cambridge: Cambridge University Press, 1983); *Nations and nationalism since 1780* (Cambridge: Cambridge University Press, 1990); B. Anderson, *Imagined communities: reflections on the origin and spread of nationalism* (London: Verso, 1991).

족 개념25)을 달리 파악한다. 그들은 민족을 근대와 관련시켜 보는 관점을 벗어나 근대 이전의 고대로까지 거슬러 올라가 장기지속(longue durée)적으로 파악한다. 그리고 민족들의 역할을 역사발전의 장기적인 구성요소들로 간주한다. 또한 민족의 원형이 되는 집단인 족류공동체26)와

---

25) nation은 '민족', '국민', '국가'로 여전히 번역되고 있으며, nationalism이라는 용어 역시 '민족주의', '국민주의', 때로는 심지어 '국가주의'로까지 번역되고 있다. 그것은 국가마다 nationalism에 담긴 역사적 경험과 내용이 다르기 때문이다. 예컨대 서유럽의 nationalism에는 시민적(civic) 성격의 nationalism이, 동유럽은 족류적(ethnic) 성격의 nationalism이 지배적이다. 그러나 그것도 시기에 따라 civic한 성격에서 ethnic한 성격으로, ethnic한 성격에서 civic한 성격으로 교차되어 바뀌기도 한다. 필자는 nation을 현재의 시점에서 '민족'으로 통일해서 쓴다. nation과 nationalism이라는 용어에 대한 논의는 김인중, 「민족과 민족주의: 겔너와 스미스를 중심으로」, 『숭실사학』 26집(2011. 12), 359-389쪽 참조.

26) 본서에서는 ethnie를 '족류공동체' 또는 '족류'로, ethnicity를 족류성이라 번역한다. 족류공동체(ethnie)에 대해서 스미스는 다음과 같이 정의한다. "이름이 있는 주민의 한 단위로, 공동의 조상신화와 공유되는 역사적 기억, 사적 기억, 공유되는 문화의 요소들을 가지며, 역사적 영토와 결합되어 있고, 엘리트들 사이에서는 어떤 유대의 수단을 갖고 있다"고 개념정의하고 있다. A. D. Smith, *Ethno-symbolism and Nationalism: a cultural approach* (London & New York: Routledge, 2009), p.29; 족류성은 족류가 가지고 있는 특성으로 족류에 대한 소속감, 충성심을 나타내고 ethnie를 총괄하는 개념이다. 그동안 ethnie의 한국어 번역은 '종족'이었는데 이는 생물학적인 '혈통'의 의미를 내포하는 번역이라 보여진다. 이런 번역어는 ethnie 본래의 어원인 그리스어 ethnos가 문화적 차이를 내포한다는 점에서 번역상의 의미를 제대로 살리지 못한 표현이었다고 지적할 수 있다. ethnos라는 용어에 가장 가까운 근대 서양어는 프랑스어 에쓰니(*ethnie*)이다. 그것은 문화적 차이에 대한 강조와 역사적 공동체 의식을 결합한 용어이다. ethnic의 이원은 "항상 자신과 타자 사이를 구분 짓고자 하는 시도에서 나타났고, 그 구분은 인종이나 피부색이 아닌 종교와 문화 등에 따른 것이었고, 그래서 자신을 하나의 족류공동체로 칭하는 행위는 항상 정체성의 문제와 연관되는 것이다." A. D. Smith, *The Ethnic Origines of Nations* (Oxford: Blackwell; 1986) pp.21-22; 참고로 국내에서 '족류'라는 용어를 맨 처음 사용한 박찬승은 한국사에서 '족류'라는 용어의 사용에 대해 논의한 바 있다. 여기서 족류는 '동포'의 개념과 일맥상통한다. 박찬승, 「한국에서의 '민족' 개념의 형성」, 『개념과 소통』 (한림대학교 한림과학원, 2008); 김광억, 『종족과 신화 ─ 그 단일과 보편의 신화를 넘어서』 (아카넷, 2005); 김지욱, 『민족과 민족주의에 대한 역사학적 접근방식』 (숭실대학교 대학원 석사학위 청구논문, 2012) 참조; 마은지, 「모리스 바레스의 귀환 ─ 바레스 연구

그 족류적 유대로부터 민족 개념을 도출해내고 있다. 민족의 근원에 해당되는 족류공동체는 근대 민족이 형성되기 이전 단계에 존재하고 있다. 그것은 민족의 심층에 켜켜이 싸여 있는 실체이다. 그것은 민족이 형성되는 과정에서 정체성, 신화, 전통, 상징물들을 제공한다. 이런 관점은 민족주의에 대한 민중의 지지를 불러일으키는 데 있어 언어, 족류적 유대의 기능, 기원신화, 가족이라고 하는 은유의 힘을 우리가 이해하는 데 크게 기여했다.

제2차 세계대전 이후부터 1960~1970년대까지만 하더라도 민족과 민족주의에 대한 해석의 주된 흐름은 근대주의였다. 그런데 1980년대 들어와서 반근대주의적 접근방식이 크게 주목받고 있다. 반근대주의의 몇 가지 흐름들 중에 대표적인 패러다임이 앤서니 스미스(Anthony D. Smith)를 중심으로 한 족류-상징주의인데, 이 족류-상징주의는 민족과 민족주의를 새롭고 폭넓게 이해하는 데 많은 기여를 했다.

본 논문은 바레스의 민족과 민족주의 사상을 이해하고 설명하는 데 그동안 시도된 주류 연구 경향들에서 벗어나 주로 족류-상징주의적인 관점에서 접근하는 방식을 취했다. 왜냐하면 바레스는 근대주의적 시각의 민족 개념과는 다른 민족 개념을 보여주기 때문이다. 다시 말하자면 족류-상징주의적 관점에서 바레스의 민족과 민족주의를 파악했을 때 근대주의적 접근방식이 놓친 바레스의 민족 및 민족주의의 특성을 제대로 포착할 수 있기 때문이다. 그동안 그의 민족 개념 자체에 대한 역사적 연구도, 또 그의 민족주의에 대한 연구도 그리 많지는 않았다. 게다가 그의 민족주의를 프랑스학계에서는 정치문화적 관점[27])에서 주로 다루었고, 영미계통에

100년」,『숭실사학』29집(2012), 334쪽 각주) 76.

[27]) "정치문화"란 정치적 파벌이나 전통의 정체성을 구성하고 있는 표상들, 가치들, 준거들, 의식 그 모두를 지칭한다. 다시 말해 정치문화는 어떤 사회집단이 오랫동안 어떤 정치세력을 지지할 때 어떤 장치와 정치문화가 있어 일관된 어떤 정치 세력에게 표를 던지는데 여기에는 일정한 표상체계를 가지고

서는 파시즘과의 연관성에 주로 주목하여 다루었다. 그에 비해 족류-상 징주의적 방식으로 접근하면 민족 개념에 대한 풍부한 이해를 더할 수 있어 여러 점에서 유용하다.

우선 족류-상징주의를 대변하는 스미스는 기본적으로 민족주의를 좌·우로 구분하지 않는다. 그리고 민족주의의 전제가 되는 민족 개념을 새롭게 바라보고 있다. 즉 민족 개념 안에는 영토적·시민적 개념과 족류적·계보적 개념을 모두 포함하고 있다고 전제한다. 이런 전제 위에서 민족 개념을 놓고 보자면, 프랑스혁명 이후의 좌파적인 민족주의에도 단순히 시민적 개념만이 들어있던 것이 아니라 족류적 개념 또한 내포되어 있었고, 19세기 말의 우익 민족주의에도 시민적이고 족류적인 개념이 모두 내포되어 있었다고 생각할 수 있다. 문제는 특정 시기에 특정한 상황에서 어느 한쪽이 강조되어 나타난다는 점이다. 프랑스혁명을 통해 만들어진 민족과 민족주의에는 시민적 측면이 강조되어 공화주의적이고 시민적인 민족주의의 성격을 띠었다면, 19세기 말에 이르러서는 그동안 그 이면에 눌려있었던 족류적이고 계보적인 민족 개념이 새롭게 발견되면서 우익 민족주의로 표출되었다고 할 수 있을 것이다.

따라서 본 연구는 두 가지 사항을 전제로 한다. 하나는 바레스의 민족과 민족주의를 족류-상징주의적 관점에서 접근할 것이다. 다른 또 하나는 바레스의 민족 개념과 민족주의를 따로 구분하여 살펴볼 것이다. 왜냐하면 스미스가 주장한 것처럼 민족주의는 근대적인 것이지만, 민족은 근대 이전부터 있어온 고령高齡, antiquity, 민족의 나이는 프랑스혁명 이후 200년이라고 주장하는 근대주의자들의 생각보다 훨씬 나이를 더 먹었다는 의미 필자의 존재이기 때문이다.[28]

있어 그런 정치행위를 하는 경향을 설명하는 복잡한 개념 틀을 일컫는다. Jean-François Sirinelli, dir., *Histoire des droites en France*, t. II, Cultures (Paris: Gallimard, 1992), pp.ii-v; Serge Berstein, "L'historien et la culture politique", *Vingtième Siècle, revue d'histoire*, no.35 (juillet-septembre, 1992).

[28] A. D. Smith, *The Ethnic Origines of Nations*, pp.212-214.

이런 전제 위에서 본 연구는 바레스의 민족과 민족주의의 특징을 살펴보고자 한다. 그럴 때 당시 프랑스 사회에서 나타났던 여러 민족주의들 가운데 바레스의 민족주의가 차지하고 있는 차별화된 성격과 그 위치를 가늠할 수 있을 것이다.

먼저 바레스의 민족주의에 대한 연구 동향들을 살펴보면, 연구 경향을 크게 몇 가지로 분류해 볼 수 있다.[29] 첫 번째 경향은 주로 문학가들이 바레스의 민족주의 성격의 소설들을 '토지문학'으로 분류하여 토지와 민족의 연관성에 주로 주목하였다. 두 번째 경향은 우파 지식인으로서의 새로운 정체성 형성이 바레스의 민족주의로 나타났다고 보는 시각이다. 셔츠(Sarah E. Shurts)가 대표적인 학자이다. 그에 의하면, 드레퓌스 사건을 통해 좌우 지식인이 갈등하고 갈라지면서 드레퓌스 옹호파인 좌파 지식인이 승리를 거두었다. 좌파 지식인이 헤게모니를 잡자 지식인 주류 사회에서 배제된 우파 지식인들은 좌파 지식인들과는 다른 지식인으로서의 정체성을 새롭게 정립하게 되었다. 우파 지식인은 좌파 지식인의 구호였던 보편주의를 거부하고 오직 특수주의에 대한 인정, 사실주의에 대한 헌신, 국제주의에 반대하고 민족주의에 대한 뿌리 깊은 관념을 지지하고, 그리고 평등주의에 대한 거부를 지지했다. 세 번째 경향은 바레스를 전-파시스트(pre-fascist)로 보는 시각이다. 스테른헬과 수시가 대표적이다. 스테른헬이 지적하는 바레스의 파시즘적 요소들을 살펴보면 바레스의 민족주의가 파시즘이라고 하기에는 결여하고 있는 요소들이 아주 많다는 것을 우리는 발견하게 될 것이다.

또한 시대별로 연구 주제를 살펴보았을 때, 1970년대, 1980년대, 1990년

---

[29] 최근까지의 연구들을 바탕으로 바레스 연구는 크게 세 가지 경향으로 분류할 수 있다. 토지문학 차원, 우익 지식인의 정체성 문제, 그리고 전-파시스트. 바레스에 관한 자세한 연구사는 마은지, 「모리스 바레스의 귀환─바레스 연구 100년」, 307-344쪽 참조.

대까지 바레스의 민족주의에 대한 해석은 주로 정치사상사적 시각으로 연구되었고, 바레스의 민족주의에 대한 파시즘 논쟁이 중심이었다. 2000년대에 들어서 새로운 관점의 해석이 나오는데, '우파 지식인'의 문제와 '토지 문학' 입장에서 연구된 새로운 해석들이 있다. 여기에 덧붙여 2007년부터 민족주의에 관한 논문들이 1~2편 발표된 것을 찾아볼 수 있다. 이는 우파 정부의 집권이라는 정치적 맥락에서 나온 연구 경향을 반영하는 듯하다. 이처럼 바레스 사상은 해석과 관점들에 따라 지금까지도 여전히 논쟁이 되고 있다.

필자는 바레스의 민족주의에 관한 핵심적인 논쟁점들을 제시했던 스테른헬과 밀자, 이 두 학자들과 다른 관점에서 바레스를 보고자 시도했다. 우선 스테른헬 테제가 안고 있는 문제점들에 대해 이의를 제기할 것이다.

첫째, 스테른헬이 바레스를 파시즘과 결부시키는 이유는 바레스의 반유대주의에 대한 태도 표명 때문이었다. 스테른헬의 논리는 반유대주의를 인종주의와 연결시키고, 이 반유대주의적 인종주의를 1930년 중반까지는 잠잠해 있다가 1936년 이후 나타나 횡행하는 나치즘과 결부시키고 있다. 예컨대 제2차 대전 때 오스트리아와 독일에서 벌어졌던 인종주의는 생물학적 성격의 인종주의와 결부되어 반유대주의로 표출되었다. 그러나 19세기 말에 프랑스에서 나타났던 민족주의적인 반유대주의는 경제적이고 문화적인 차원의 반유대주의의 성격이 강했다고 할 수 있을 것이다. 스테른헬의 시각은 환원론적 관점의 문제점을 드러낸다. 즉 19세기 말의 역사적 상황을 1920~1930년내의 전체주의로 직결시키는 것은 서로 다른 역사적 맥락에 대한 사전이해를 도외시하는 역사에 대한 결정론적 태도라 할 수 있을 것이다. 이와 비슷하게 일반적으로 인식되고 있는 '인종주의=파시즘'이라는 등식에 대해서도 우리는 재고해야 할 것이다. 인종주의가 곧 파시즘이라 할 수는 없다. 파시즘은 두 가지 유형으로 구분할 수 있다. 서유럽형이 국가주의적 성격을 띤다면, 동유럽·중유럽형은 인종주의적 성격을 띠고 있다. 유대인과 집시들을 물리적으로 격리하고 멸종시키는 정책이 실행될 수 있었던 생물학적 인종주의가 가장 지독했던 곳은 독일과 오스트리아였다. 이런 나라들에서 반유대주의를 가동시킨 것은 민족주의도 파시즘도 아니었다. '과학'과 '관찰'이라는 새로운 토대 위에서 반유대주의에 불을 붙인 것은 사회적 다위니즘의 인종적 교의였다.[30]

둘째, '민족주의=파시즘'이라는 등식, 즉 민족주의가 곧 파시즘으로 등식화 할 수 있는가의 문제다. 스미스는 파시즘을 민족주의와 구분하고 있다.[31] 파시즘의 비판 대상은 부르주아와 산업사회에 대한 반자본주의적 성격을 갖는다면, 민족주의는 어설픈 세계주의에 대한 비판이고 거기에서 동력을 얻는다. 20세기에 파시즘은 민족주의에 도전해서 나온 것이고, 그 성격에 있어서도 파시즘과 민족주의는 다르다고 파악한다.

셋째, 스테른헬이 바레스에게서 파시즘의 시원적 형태를 발견한 것은 그의 혁명적 보수적 민족주의의 성격 때문이다. 바레스에게서 혁명과 보수주의, 민족과 '사회적인 것'의 융합이 일어남으로써 바레스는 그 민족적 전통에 뿌리를 두고 있는 정치문화, 곧 파시즘의 최초의 대변자였다고 주장한다. 달리 말하면 민족주의와 사회주의를 결합한 민족-사회주의의 양상들이 바레스에게서 나타났기 때문이라는 것이다. 그는 바레스의 '보수적 민족주의'와 '민족-사회주의'라는 이른바 '보수혁명'적 시각으로 바레스의 민족주의를 이해하고 있는 것이다. 이에 대한 검토가 필요하겠다.

---

[30] 김인중, 『민족주의와 역사』 (아카넷, 2014), 419-420쪽; 시튼왓슨은 이들 지역에서 유대인들이 미움을 받은 것은 유대인들이 특정지역에서 모여 살았기 때문이고, 그들에 대한 경제적·문화적 경쟁 때문이라고 지적한다. H. Seton-Watson, "Fascism, Right and Left", *Journal of Contemporary History* 1/1, pp.189-191.

[31] A. D. Smith, *Nationalism in the Twentieth Century* (London: Martin Robertson, 1979), p.62.

넷째, 불랑제장군지지운동의 위치와 성격에 대한 문제이다. 스테른헬은 불랑제장군지지운동에서 프랑스적 전-파시즘을 찾으려고 한다. 왜냐하면 그 지도자에 대한 예찬이 반의회주의적 대중조직의 최초의 형태를 보여주었다고 평가하기 때문이다.[32] 이에 대해 르네 레몽(René Rémond)은 불랑제장군지지운동은 1789 ^{프랑스혁명의 공화주의적 성격을 말함 필자}에 충실했고 그의 적수들을 제거하는 전체주의적 야망은 없었다. 그래서 레몽은 불랑제장군지지운동을 권위주의적, 반의회주의적, 사회적, 그리고 '청색(bleue)' 전통의 보나파르티슴의 자취를 따른다고 본다.[33] 문제는 보나파르티슴과 파시즘 사이의 유사성을 어떻게 보는가 하는 점이다.

위의 스테른헬 테제를 종합해볼 때, 스테른헬은 바레스를 통해서 19세기 말 프랑스를 파시즘의 이데올로기의 기원으로 간주하고 있다. 본 연구는 이와 달리 이 시기를 민족주의의 시기로 파악하고자 한다. 또한 이런 문제점들을 감안하면서 바레스의 민족과 민족주의에 접근할 것이고 각각의 장에서 다음과 같은 문제들에 연구의 초점을 맞추고자 한다.

서론에서는 바레스의 민족과 민족주의에 관한 연구 목적과 방법론을 제시했다. 또한 프랑스 지성사에서 바레스가 갖고 있는 역사적 의미를 찾아보았다. 그리고 그의 민족주의에 관한 논쟁점들과 그 문제점이 무엇인지 살펴보았다.

제1장에서는 바레스의 생애와 활동을 중심으로 그의 행적들을 추적했다. 바레스를 이해하기 위해서 그의 출생 시점부터 생애를 마감할 때까지 바레스라는 한 인간을 낳고 키워냈던 프랑스가 처한 역사적 상황 안에서 바레스를 이해하려고 노력했다. 그리고 그의 사후 100년이 얼마 남지 않은 현재까지의 바레스에 관한 연구사를 정리했다.

---

[32] Z. Sternhell, *La Droite révolutionnaire (1885-1914)* (Paris: Gallimard, 1997).

[33] R. Rémond, *Les Droites en France*, pp.203-205; Francis Démier, *La France du XIXe siècle 1814-1914* (Paris: Seuil, 2000), p.354.

제2장에서는 바레스가 처한 시대적 배경과 우익 민족주의의 출현을 살펴보았다. 1절에서는 시대적 배경을 고찰할 것이다. 바레스가 살았던 19세기 후반의 프랑스 사회는 한마디로 '갈라진 사회(divided society)'로 요약할 수 있다. 제3공화국이 성립되면서 공화국은 정부주도의 위로부터 시행하는 일련의 정책들을 통해 프랑스인들을 정치적으로 하나의 민족으로 통합시키려고 노력했다. 이런 노력들이 공화국의 공고화와 정권강화에는 기여했지만, 실제 프랑스인들의 삶의 양상은 여전히 지역적, 계급적, 종교적으로 갈라져 있었고 분열과 갈등이 많고 복잡했다. 또 프랑스인으로서 정체성은 지역적 정체성과 함께 공존하고 있었다. 그런 배경에서 1890년대에 터진 드레퓌스 사건은 프랑스인들의 분열을 더 한층 깊이 쪼개 놓았다. 필자는 이런 갈라진 사회의 분열의 성격을 어떻게 규정할 것인지 논의할 것이다. 그럴 때 이 갈라진 사회를 통합하기 위한 바레스의 민족주의의 의미와 성격도 이해할 수 있을 것이다. 2절에서는 바레스의 행위주체에 집중하여 그가 겪었던 일련의 사건들 속에서 당시에 출현하는 운동들과 조직에 어떻게 참여하게 되는지 그 동기와 요인들을 찾아볼 것이다. 그럴 때 그의 민족주의 사상의 형성 이유들이 설명되고 이해될 것이다. 특히 본 연구에서 우익 민족주의를 나타내는 일련의 운동들에서 파시즘과 관련된 다음의 몇 가지 쟁점들을 주목해 살펴볼 것이다.

　하나는 1930년대 파시즘이 형성되는 조건들을 19세기 말 프랑스에 적용할 수 있는지 살펴볼 것이다. 스테른헬의 논지가 지나치게 단정적이고 환원론적이라고 비판받는 점은 이와 같은 시간의 간격을 고려하지 않는 적용 때문이다. 무엇보다 세기말 전환기에 산업화 과정에서 양산되는 파시즘이 자라날 수 있는 토양들이 프랑스에 마련되어 있었는가 하는 점이다. 즉 프랑스의 사회경제적 조건들이 어떠했는지 고찰할 것이다. 산업화에 따른 광범위한 실업, 가난한 농민들, 프티 부르주아 계층들의 상황에 주목할 것이다.

다른 또 하나는 우파와 민족주의가 결합하는 19세기 말의 상황들을 살펴보면서, 우익 민족주의가 출현하는 역사적인 조건들과 과정을 주의 깊게 살펴볼 것이다. 그 중에 데룰레드의 애국자연맹과 불랑제장군지지운동의 활동들을 살펴볼 것이다.

제3장에서는 바레스의 '민족' 개념을 살펴본다. 바레스의 민족 개념을 파악하기 위한 전제로 우선 '민족' 개념 자체에 함의되어 있는 민족 개념의 이원성을 먼저 이해해야 할 것이다. 민족에 대한 일반적인 논의를 살펴보면 '민족'의 패러다임은 네 가지로 구분된다. 근대주의(Modernism), 영존주의(Perennialism), 원생주의(Primodialism), 족류–상징주의(Ethno-symbolism)가 그것이다. 각각은 민족 개념에 대한 시각차를 나타낸다. 이런 시각차를 종합해보면 민족은 기본적으로 두 얼굴을 가지고 있다. 즉 영토적 · 시민적 개념과 족류적 · 계보적 개념이 그것이다. 문제는 이러한 이원성이 민족 안에 있는 족류공동체와 국가 사이를 굉장히 애매모호하게 한다.

근대 프랑스의 사례를 통해서 민족 개념을 관찰하면 민족이 형성되어 만들어진 서유럽의 영토적 민족 모델에는 두 개의 다른 특징이 들어 있다. 시민권과 공동의 문화가 그것이다. 이 두 가지가 영토적 국가에서 발전하여 민족을 이루는 구성요소였다. 다시 말해, 한쪽은 정치적 민족 개념을, 다른 한쪽은 문화적 민족 개념을 형성한다. 이들 중 어느 한쪽이 강조되어 역사적 환경에 따라 다르게 주장되어 나타나기도 했다. 이와 같은 민족 개념은 정치적 의지를 강조하는 프랑스적 관념과 공동의 문화를 강조하는 독일적 관념으로 이항적으로 구분되어 왔다. 그러나 실제로 민족이란 정치적 의지만으로 이루어지는 것이 아니다. 에르네스트 르낭(Ernest Renan)의 민족 개념에는 정치적 의지 외에 역사적이고 문화적인 차원의 중요성을 강조하고 있고, 르낭의 사상적 기반이었던 18세기 루소(Jean-Jacques Rousseau)의 민족관에서도 같은 점이 발견된다.

물론 당시 독일적 민족 개념과 프랑스식 민족 개념이 격돌하는 상황에서 19세기 말 프랑스는 시민적 민족 개념과 의지주의를 좀 더 강조하는 분위기였다. 이런 흐름들의 영향을 받았지만, 바레스는 민족 개념에서 시민적 성격 외에도 족류적인 성격을 발견하고 더 강조했다. 그런 바탕 위에서 도출해낸 개념이 '토지와 죽은자들(la terre et les morts)'이라는 용어였다. 필자가 생각하기에 '토지와 죽은자들'이라는 용어는 바레스에게 민족정체성을 이루는 요체로 간주된다. 바레스는 민족을 구성하는 핵심 요소들로 역사적이고 문화적인 내용을 일찍 갈파했던 것이다. 따라서 공화국적인 민족 개념과는 사뭇 다른 바레스의 '민족' 개념이 어떤 것인지 고찰하고 살펴볼 것이다.

제4장에서는 바레스의 민족 개념이 어떻게 민족주의 행동 프로그램으로 구체화되는지 살펴볼 것이다. 먼저 공화국적인 민족 개념이 흔들릴 수밖에 없는 상황과 그것을 비판하는 바레스의 시대인식, 그리고 그 가운데서 찾아낸 전통의 재발견이 무엇을 의미하는지 고찰할 것이다.

그의 민족 개념에서 민족의 정체성을 이루는 '토지(la terre)'가 민족주의로 외화한 것이 지역주의 사상과 운동이었다. 프랑스의 민족성은 지방적 정체성들로 이루어져 있다고 간주했던 바레스는 중앙집권체제에 맞서 지방분권을 주장했다. 이유인즉 바레스는 지방분권이 정부의 행정적 애국심이 아닌 각 지역의 토지에 대한 애착과 애국심을 고양시킨다고 여겼다. 다시 말해 각 지역민들은 자신들이 태어난 땅, 조상들의 땅에 대한 애착심을 갖고서 그 땅에 대해서 절대 배반하지 않는다. 그러한 토지는 프랑스의 민족에너지를 끌어내는 원천이자 성스러운 보고였던 것이다. 그러므로 지방분권은 외부적으로는 민족 감정과 민족주의로 연결되었고, 내부적으로는 중앙집권의 폐해들을 비판하면서 정치적 쇄신과 사회적 변혁에 기여하는 역할을 할 것으로 여겼다. 그래서 바레스는 연방주의 운동에 참여하고 그 방식을 구상했던 것이다. 본 연구에서 그의 연방주의의 내용과 구성체계를 구체적으로 살펴볼 것이다.

끝으로 '죽은자들(les morts)'의 목소리가 어떤 의미인지 해석할 것이다. 또한 죽은자들을 통해 조상신화의 역할과 기능을 살펴볼 것이다. 바레스의 민족정체성의 구성요소의 일면인 죽은자들은 결정론을 형성하고 그것은 외국인들에 대한 배타적인 감정과 연결되며, 배타적인 반유대주의 운동으로 이어진다. 그런 행동 강령에 함축된 의미들과 그 이유들을 살펴볼 것이다.

부가적으로 바레스의 민족주의에서 종종 지적되는 가시적인 권위를 나타내는 이른바 '영도자'의 의미에 대해 살펴볼 것이다. 우리는 민족의 지도자(chef)에 대한 한국어 번역어의 문제점과 민족의 지도자의 위상에 대한 문제점을 지적할 수 있다. 그리고 인종주의와 결부시키는 '생기론(vitalism)'에 대해서도 살펴볼 것이다. 그와 함께 민족의 에너지를 어떤 원천에서 끌어낼 것인가의 문제를 검토해볼 것이다. 스테른헬은 바레스의 생기론에 대해 다음과 같이 설명하고 있다. 바레스는 '생의 약진'에 대한 예찬을 선전하고 또 그것이 함축하고 있는 진리의 정도와는 별개로 행동을 추진하는 신화를 찬양하는 데 크게 기여했다고 비판한다. 『병사에 호소(L'Appel au soldat)』의 작가인 바레스가 말하는 이 열의의 궁극적인 의미는 바로 그것이라고 확언한다. 말하자면 바레스는 감정적으로나 정서적으로 파시스트적 에토스와 너무나 가까웠고, 그는 젊음, 모험, 투쟁과 영웅주의, 피와 토지, 부르주아적 가치에 대한 동일한 증오, 무의식의 힘들에 대한 동일한 신뢰를 갖고 있었다는 것이다. 또한 그에게는 행동에 대한 어떤 낭만주의, 지상주의적 행동, 파시즘에서 재발견되는 거부의 힘이 있었다[34]고 스테른헬은 말한다.

---

[34] Z. Sternhell, *Maurice Barrès et le nationalisme français* (Bruxelles: Éditions Complexe, 1985), pp.401-402.

제1장

바레스의 생애와 연구사

1. 바레스의 생애

1) 어린 시절과 청소년기(1862~1883)

모리스 바레스는 프랑스 보주도의 샤름쉬르모젤에서 1862년 8월 19일에 태어났다. 아버지 조제프 오귀스트 바레스는 에콜 상트랄 출신이었다. 그는 전직 화학교사로 재직하다가 세무관리가 되었다. 아버지 쪽은 오베르뉴 지방 출신이었다. 바레스의 어머니 클레르-안 뢱세르는 오트-르와르 출신이었다. 뢱세르가는 이 지방에서 17세기부터 정착해왔다. 바레스가의 여성들은 정치에는 별로 관심이 없고 대개 교회에서 즐거움을 찾는 독실한 가톨릭 신자들이었다.

바레스의 가족사를 살펴보면, 그의 조부모들 4명 가운데 한명은 오베르뉴 출신이고, 나머지 셋은 로렌 출신이다. 그의 외할아버지는 오베르뉴 출신으로 나폴레옹 군대의 오베르뉴 장교였다. 퇴역 후에는 로렌에 정착했다. 바레스를 가리켜 '로렌이 바레스를 만든 것이 아니라, 바레스가 로렌을 창조했다'고 평가하는 것도 그의 혈통과 정신 속에 뿌리 깊은 로렌 인이라는 정체성을 간직하고 있었음을 암시한다. 1898년 샤름에서 아버지 오귀스트 바레스가 사망하고, 1901년 7월에는 샤름에서 바레스의 모친이 사망한다. 바레스는 두 부모의 죽음을 통해 우리는 '부모의 연속'이고 '산자와 죽은자들을 연결해주는 긴 사슬'들로 이루어져 있음을 발견한다. 특히 그의 기록에 의하면, 부모의 장례를 지내면서 부모의 관을 따라가는 중에 교회에서 울리는 종소리에 로렌 인이라는 자각을 깊이 하게 되었다고 술회하고 있다.

로렌에서 자라나던 어린 시절, 모리스 바레스의 일생에서 민족적인 뼈 아픈 사건을 겪는다. 그의 글속에 등장하는 몇 가지 장면들은 그의 기억속에 오랫동안 아로새겨져 있었다. 8살 무렵 어린 바레스는 마을 전체가 전쟁으로 불에 타고 사람들이 죽어가는 참상을 지켜보았다. 그의 조부가 시장이었던 까닭에 독일 병사들에 의해 활동이 제지되고 감시받았던 장면들을 훗날 바레스는 술회했다. 또한 어린 바레스는 1871년 보불전쟁의 패배를 목도했다. 프랑스 병사들이 횡단할 때 사람들이 뜨거운 음료를 가져다주었다. 절망적인 후퇴, 매일매일 출현하는 점령군, 이런 사건들과 점령군들이 일으킨 반응들은 바레스의 작품들의 주제들의 출발점이었다. 바레스는 '자아예찬'에 나오는 등장인물 필리프를 통해 "외국인들에 의해 압박받는 로렌이 자기의 종족을 보전하려고 애쓰는 것처럼 야만인들에 맞서 그의 독립을 옹호한다"[1]라고 묘사하고 있다. 또한 점령자 야만인이 어린 바레스를 가끔 샤름 중학교까지 데려다 주었던 실제 경험은 훗날 그의 글 속에서 여러 차례 반복해서 술회하고 있다. 이런 장면들은 어린 바레스의 기억 속에 강하게 남아 있었던 것 같다.

---

[1] "La Vie de Maurice Barrès", *Le Culte du Moi* (Paris: Plon, 1969), p.3; *Un Homme libre*, Chap. VI, p.134, *le Roman de l'énergie nationale et les Bastions de l'Est* 참조.

어린 바레스는 허약한 체질로 신경이 예민했다. 1867년 장티푸스에 걸렸다가 간신히 목숨을 구했다. 1873년 11살에 낭시 인근에 있는 말그랑주 성당기숙 중학교에 입학하여 1877년 7월까지 4년간을 그곳에서 보냈다. 기숙사 생활의 경험은 그에게 아주 쓰라린 기억하고 싶지 않은 시절이었음을 보여준다. "11살 중학교 시절, 동기들은 나를 까마귀라고 불렀다. 내가 근엄하고 외톨이인 데다 독특한 검은 머리칼의 작은 소년이었기 때문이다." 이것을 『야만인들의 시선 아래서』라는 책에서 그의 동기들과 교사들의 몰이해에 대해 복수하는 몇몇 구절들에서 찾아볼 수 있다. 그에 대한 이런 인상은 낭시의 리세(lycée, 1877~1880) 과정에서도 확인되고 있다. 그러나 리세에서 두 가지 만남이 그의 청소년기 시절의 존재를 나타내고 있다. 먼저 동급생이었던 스타니스라스(Stanislas de Guaïta)와의 만남이 있었다. 바레스와 스타니스라스는 밤새워 시를 읽었다. 이것은 보들레르에 대한 열정적인 발견이었다. 언쟁과 시각 차이, 그리고 스타니스라스가 신비주의로 변해감에도 불구하고, 두 친구는 그들의 사상을 서로 교제하며 대면하기를 멈추지 않았다. 두 번째 만남은 철학교수인 뷔르도(Burdeau)와의 만남이었다. 뷔르도 교수는 그로 하여금 클로델과 만남을 갖게 해주었고, 바레스는 뷔르도 교수를 『뿌리 뽑힌 사람들』에서 부테유에(Bouteiller)라는 이름으로 묘사하고 있다. 청년의 감성은 특별히 천부적인 재능을 타고난 이 교수에게 비호의적일리 만무했다. 이 교수는 제3공화국의 주요 인사가 될 것이다. 바레스는 그에게 사로잡히고 매료되었다. 그렇지만 그에 대한 의구심은 여전히 남아있었고, 뒷날 뷔르도의 교육의 주상적인 성질, 그리고 뷔르도의 칸트의 도덕론을 포기하고 만다.

　　중등교육을 마치고 바레스는 낭시의 법학부에 입학한다. 기숙사의 엄격성에서 벗어난 그는 학교생활에 참여하고 첫 시험을 통과했다. 그러나 법학공부에 바레스는 그다지 열정이 없었다. 그는 이미 글을 쓸 생각을 하고 있었다. 1881년 7월에 그는 첫 파리 여행을 했고, 그곳에서 스타니스라스가 그의 문학 대리인이 되어주었다. 그 다음해에 바레스는 『청년 프랑스(la Jeune France)』에 글을 기고하기 시작했다. 그는 지체하지 않고 여러 다른 신문들과 잡지들에도 글을 기고했다. 지방에 그를 붙들어놓고 싶어 했던 부모들의 만류에도 불구하고, 1883년 1월 12일, 마침내 그는 파리에 정착한다. 그의 감성들은 얼마간 수도를 장악했을 때의 청년 라스티냑(Rastignac)의 그것이었다.

2) 청년기(1883~1889)

1883년 아마도 모리스 바레스의 생애에서 가장 풍성한 시기가 시작되었다고 할 수 있을 것이다. 그가 파리에 도착한 날 밤, 그는 르콩트 드 릴(Leconte de Lisle)의 살롱에서 접한 상징주의 고답파 시인을 놀라게 하며 호기심을 일으키는 주목받는 인물이 되었다. 바레스는 다른 교사들과도 교제하였다. 예컨대 호세-마리아 드 헤레디아(José-Maria de Heredia)와 루이 메나르(Louis Ménard), 그리고 그의 동년배인 로베르 드 몽테스키외(Robert de Motesquieu) 같은 야심적인 젊은이들이 그들이다. 너무나 빨리 알려지게 된 재능 덕분에, 르콩트 드 릴이나 스타니스라스 같은 그의 친구들의 추천 덕분에 그는 세상에 나아갈 수 있었다.[2] 초년생이고 급료도 얼마 되지 않은 조금은 가벼운 신문기자들의 사회에서 그는 작가와 출판의 견습을 겸했다.

그의 일과들은 때로는 진지했다. 그는 독일 정신에 있어 명성을 획득한 쥘 수리(Jule Soury)의 수업을 수강했고, 이폴리트, 테느와 르낭을 열렬히 탐독했다. 1883년부터 이탈리아에서 시작한 여행을 통해 자신의 문학세계를 확장했다. 그 후 1887년에 이탈리아로 다시 돌아온다. 이 해에 샤

---

[2] 스타니스라스에 대한 바레스의 우정과 그에 대한 심정을 *Mes Cahiers*에 잘 나타나 있다. 스타니스라스는 1897년 12월 20일에 사망한다. *Mes Cahiers* (1896-1923), textes choisies par Guy Dupré (Paris: Plon, 1963), pp.100-101.

를 르 고픽(Charles Le Goffic)과 함께 영국에서 휴가를 보냈다. 그들이 트레귀에(Tréguier) 선생과 나눈 10여 분간의 대화는 『르낭과의 일주일(*Huit jours chez Monsieur Renan*)』이라는 책으로 출판되었다. 이 책은 『야만인들의 시선 아래서』(1888)라는 책과 함께 바레스에게 첫 번째 성공을 안겨주었다. 같은 해 잡지 『라르뷔앵데팡당스(*la Revue indépendence*)』에다 바레스는 "불랑제장군과 신세대"라는 제목의 글을 싣는다. 이 글에서 바레스는 불랑제장군, 군대 그리고 의회에 대한 태도를 표명한다.

4년 전에 단명한 잡지, 『잉크얼룩(*Tache d'encre*)』의 몇 권을 편집 출간하기도 했다. 하지만 그의 친구들과 지인들의 선전과 활동에도 불구하고 그 잡지는 소기의 성과를 거두지는 못했고, 편집진이 반감을 가지고 있었기 때문에 발행을 중단하게 되었다. 이런 암흑에서 빠져나오는 것은 1887~1891년이 되어서였다. 『르낭과의 일주일』 이후 『야만인의 시선 아래서』는 흥미로웠고, 그래서 폴 부르제(Paul Bourget)가 이 책에 대해서 쓴 기사는 식자층의 관심을 끌었다.

1886년에서 1888년까지, 바레스는 불랑제장군지지운동에 뛰어들기 전에 공화주의적이고 반성직주의적인 잡지 『볼테르(*Voltaire*)』에 함께 참여했다. 1889년 중병으로 샤름에서 요양을 보내고 난 후, 9월 낭시3구에서 불랑제파 후보로 출마했고, 국회의원에 당선되었다. 바레스가 낭시의 불랑제파 의원에 당선되었을 당시에 그는 『자유인(*Un Homme libre*)』(1889)을 출간했다. 정치와 문학, 이 별개의 두 분야에서 일찍 찾아온 이러한 눈부신 성공은 들뜨게도 하고 불안한 것이기도 했다. 바레스는 이 당시 "젊은이들의 제왕"처럼 보였다.

문학사적으로 그의 사상의 첫 번째 시기는 '자아예찬(le culte du Moi)'의 시기(1888~1891)였다. 바레스는 자아의 문제에 깊이 천착했다. 바레스는 "우리의 첫 번째 임무는 야만인들, 즉 고유한 감성의 발달에 있어서 그것을 약화시킬 위협이 있는 그 모든 것에 대해 우리의 자아를 지켜야 한다"라고 확언한다. 이런 사상의 기저에 바레스가 아주 어린 시절에 프러시아 군의 침입과 프랑스 군의 퇴각을 지켜보았던 기억이 깔려 있었던 듯하다.

그런데 1883년 문단에 데뷔했을 때, 그는 처음에 지적인 무정부주의자 같이 보였다. 그가 좋아한 작가들의 낭만주의와 그의 선생님들의 칸트 철학이 그의 내면에서 모든 신앙과 모든 계율을 부숴버리고 있었다. '자아'라는 단 하나의 현실만이 존속하고 있었다. 그리고 이른바 '관념적'이라고 일컬어지는 그의 초기소설들에서 그가 주장했던 것은, 바로 우리 '자아'의 방법적인 도야였다. '자아예찬'의 삼부작의 내용은 다음과 같다. 자기 고유의 독창성 속에 틀어박혀 있지 않으면 안 되고(『야만인들의 시선 아래서(Sous l' œil des Barbares)』(1888)), 법률의 속박 아래서도 여전히 자유롭지 않으면 안 되며(『자유인(Un homme libre)』(1889)), 자기의 감수성과 상상력을 즐기는 연습을 하지 않으면 안 된다(『베레니스의 정원(Le Jardin de Bérénice)』(1891)).

그러나 이 이야기들의 주인공 필리프는 '봉사하고' 싶은 욕망을 고백하고 있다. 어쩌면 그는 경험을 쌓음으로써, 그만큼 더 향락을 늘리기를 기대하고 있었을지도 모른다. 하지만 불랑제장군지지운동은 이 젊은 작가의 내면에 복수의 욕망을 눈뜨게 함으로써 그를 결심케 했다. 그러자 그는 자기의 최초의 명제를 넓혔다. 즉 그가 도야하려고 했던 그 '자아(moi)'는 무엇보다도, 먼저 존경하지 않으면 안 될, 매우 오래된 힘들, 즉 토지, 죽은자들, 민족적 전통 등의 합력일 뿐이었다. 이렇게 해서 바레스는 엄격한 자아주의(égotisme)에서 민족주의(nationalisme)로 옮아갔다. "사실상, 나의 사상의 작업은 개인적인 자아가 사회에 의해 온전히 지탱되고 부양되고 있음을 인정하는 것으로 귀결된다…. 나는 사회적 자아에 이르는 이 도정의 여러 단계들을 거쳐 왔다"는 고백에서도 알 수 있듯이 그가 생각했을 때, 그의 이런 변화는 도덕적이고 방법론적이었다.

이와 같이 그의 초기의 개인주의는 "개인은 아무것도 아니고, 사회가 모든 것이다"[3]라는 사회관계의 유기체이론으로 신속하게 대체되었다. 개인은 아무것도 아니고 사회가 모든 것이기 때문에, 거기에서 개인의 자아는 온전히 사회에 의해 먹고 자라나고 부양된다는 것이다.[4]

3) 민족주의의 시기(1891~1914)

1891년은 『베레니스의 정원』의 출판과 불랑제 장군의 자살의 해로 기록되고 있다. 정치와 문학계의 어려운 현실과 실랑이를 벌이던 바레스의 행동은 그 스스로 더 주저하게 되고 덜 확신하게 되었다. 성공과 실패가 계속되었지만, 그러나 이제 결정적 타격 같은 일은 더 이상 되풀이되지 않았다.

바레스는 1892년에 에스파냐 여행으로 이국적인 정취를 경험했다. 이 때는 『법의 적(l'Ennemi des lois)』에서 드러나듯 그 자신에게 아나키즘의 해였다. 그 다음 해 1893년 8월 20일에 바레스는 낭시에서 쓰라린 선거 패배를 하게 되고 독실한 가톨릭 신자인 폴 쿠슈(Paul Couche)와 결혼한다. 1893년 의회제의 부패와 파나마 스캔들이 터지고 바레스는 외국인들에 대해 반대 입장을 취했다. 1894년 『피, 쾌락, 죽음(Du sang, de la volupté, de la mort)』과 같은 시기에 발간된 신문 『라코카르드(La Cocarde)』는 1894년 9월에서 1895년 3월 사이에 발간되었는데 바레스에 의해서 지도되었다. 바레스는 1894년 9월 5일 『라코카르드』의 정치적 방향을 '공화국 반대 일간지'로 선언했다.[5] 이 신문은 "미스트랄추종자

---

3) M. Barrès, *Les Déracinés* (*Roman de l'énergie nationale* I), in *Romans et voyages*, préface de Eric Roussel, 2 tomes (Éditions Robert Laffont, collection « Bouquins », 1994), p.615.

4) M. Barrès, *Scènes et doctrines du nationalism*, p.16.

5) M. Barrès, *Mes Cahiers* (1963), p.37.

들, 프루동주의자들, 청년 유대인, 신가톨릭주의자 그리고 사회주의자들의 연합이었다."[6] 이러한 집결은 시대적 혼란 속에서 제3공화국의 모든 반대파들이 집합한 것이었다. 그러나『라코카르드』는 6개월도 채 가지 못하고 폐간되었다. 이유인 즉 같은 해 12월, 드레퓌스 대위가 유죄선고를 받고 파면되어 수감되는 드레퓌스 사건이 일어났기 때문이다. 드레퓌스 사건이 프랑스를 갈라놓았듯이, 그 사건은 또 그 신문의 공동협력자들을 갈라놓았기 때문이다. 무엇보다 그전까지『라코카르드』를 통해서 친밀하게 지냈던 장 조레스와 결별하게 된다. 바레스는 그 때 전설과도 같은 인물이었다. 그는 전통, 기존질서, 판결의 옹호자였다. 그러나 바레스는 이 싸움에 스스로 뛰어드는 데 주저함도, 걱정도 없지 않았다.[7]

1896년 불로뉴-비양쿠르에서, 1898년 낭시에서 그는 국회의원 선거를 치른다. 1898년, 그는 그가 존경했던 사람들, 즉『라르뷔블랑슈(La Revue blanche)』에 함께 참여했던 루시앙 에르, 레옹 블룸을 저버리고, 프랑스조국연맹(Ligue de la patrie)의 기원이 되는 반드레퓌스파에 가입하여 폴 데룰레드와 데룰레드의 애국자연맹을 전적으로 지지하면서 운영위원으로 활약한다. 그리고 1899년 프랑스조국연맹이 창설되었다. 그는 프랑스조국연맹의 지도위원을 맡았고 2월 23일, 그는 엘리제궁을 향해 군대를 이끌려는 데룰레드의 시도를 따랐다.

이 기간 동안에 바레스는 '소설: 민족에너지(le Roman de l'énergie national)'를 삼부작으로 출간했다.『뿌리 뽑힌 사람들(les Déracinés)』(1897),『병사에 호소(l'Appel au soldat)』(1900), 파나마 사건의 연루자들을 다룬『그들의 모습들(Leurs figures)』(1902)을 연작으로 발표했다. 또한 10년간에 걸친 민족과 민족주의에 대한 연구를 집대성하여 1902년『민족주의의 현장과 교

---

[6] Homme libre 의 머리말, 1904.

[7] "La Vie de Maurice Barrès", Le Culte du Moi (Paris: Plon, 1969), p.5.

의(*Scènes et doctrines du nationalisme*)』를 발표했다.

이 무렵 그는 에스파냐와 그리스를 여행하였고(『스파르타 여행(*le Voyage de Sparte*)』(1906)), 루마니아 태생의 프랑스 여류 시인인 안느 드 노아유(Anna de Noailles)가 표현하는 오리엔트 세계의 마력에 매료되었다. 바레스는 드레퓌스파에 있던 노아유와 열렬한 관계를 다시 시작했다.[8]

정계에 진출하면서 낭시의 불랑제파 젊은 의원 바레스 주위로 합리주의와 민중선동 그리고 기왕의 반유대주의와 민족주의가 뒤섞인 혼란스러운 사조들이 모여들었다. 그가 운영하는 신문『라코카르드』가 그것의 중심이었다. 정치계의 추문은 바레스가 표현하는 이 혐오감을 키웠다. 그는 "이 나라의 노동을 점령한 애매한 국적의 사람들[…]본고장의 노동자들을 희생시키고 조국의 땅에 이탈리아 노동자들의 유입을 권고하는 이 나라의 정치"를 고발했다.[9]

바레스와 로슈포르는 외국인들 노동자들에 대한 반응에서 적대감을 드러내는 한편 여기에서 한걸음 더 나아갔다. 예컨대『동부통신(*Le Courrier de l'Est*)』에서 로슈포르는 1889년의 불랑제파의 실패를 이렇게 설명했다. "로스차일드가는 올 한해에만 다뉴브 지방에서 유대인 3만 5천 명을 데리고 왔으며, 이들은 밑바닥 일자리를 대거 차지했을 뿐 아니라 곧바로 프랑스인으로 귀화했다. 정부는 파리에서 다수당이 되기 위해 이 누더기부대의 지원이 필요했다"[10]고 말하며 공화국 정부의 정책을 강하게 성토했다. 외국인, 더 나아가 유대인에 대한 이런 배타적인 적대감들이 국내 노동자들에 대한 보호 감정과 결부되어 외국인에 대한 배타적 적대감을 형성하고 있었다. 이런 노력의 일환으로 하원에서 불랑제장군지지운동자들로 하여금―데룰레드와 바레스―이 노동자 퇴직연금제도를 주장하면서 사회

---

8) J-P. Colin, *Maurice Barrès. Le Prince oubliés*, p.134.

9) 노서경, 『장 조레스』(당대, 2006), 134쪽.

10) 같은 책.

주의자 의원들과 의기투합하여 투표하게 만들었다.[11] 유대인 문제에 대한 인식은 바레스뿐만 아니라, 어떤 게드주의자들이 종종 "사회문제는 곧 유대인의 문제"라고 브누아 말롱의 『르뷔소시알리스트(*Revue Socialiste*)』에 게재할 정도로 크게 부각되는 사안이었다.[12]

풍부하지만 혼란스러운 바레스의 사상은 드레퓌스 사건이 일어났을 때, 보수적 민족주의로 모아졌다. 1897년부터 반보편주의와 반칸트주의라는 테마를 선보이며 출간했던 『뿌리 뽑힌 사람들』에서 그는 "서민적인 로렌 사람들, 즉 전통을 가진 아이들을 세계시민, 순수이성에 따르는 인간들"로 만들 수는 없다고 표명했다. 1900년 『병사에 호소』에서는 불랑제 사건을 그 나름의 "민족 총동원의 민족적 정신상태"로 서술하고 있다. 파나마 독직사건을 다루고 있는 3부작의 마지막 제3권 『그들의 모습들(*Leurs figures*)』은 의회체제의 부패와 붕괴를 규탄하고 있다.[13]

한편 바레스는 드레퓌스 사건 내내 재심론자들에 맞서, 유대인들에 맞서, '지식인들'에 맞서 활약했다. 반드레퓌스파의 거두였던 바레스는 1899년부터 민족주의 건설에 결집한 프랑스조국연맹의 명망 있는 회원들 중 한사람이었기 때문에 조국연맹에 무게를 실어주었다.[14] 하지만 바레스는 1901년 10월 프랑스조국연맹 운영위원을 사임했다. 이 시기의 그의 고백을 보면, 사양 이유는 바레스가 생각하기에 이제 정치적 민족주의는 끝났다고 보고 있기 때문인 듯하다.

1902년 총선에서 싸운 그는 점점 더 보수적인 입장으로 변해갔다. 알자스-로렌이라는 테마로 다시 돌아온 그는 프랑스 교회의 황폐화에 맞선 싸움을 이끌었다. 1905년 세 번째 삼부작 '동부의 요새들(*Les Bastions de*

---

11) 같은 책, 135쪽.

12) 같은 책.

13) M. Winock, "Barrès", Jacques Juillard et Michel Winock, dir., *Dictionnaire des intellectuels français* (Paris: Seuil, 1996), pp.112-115.

14) *Ibid.*

l' Est' 중에 제1권『독일을 위하여(*Au service de l'Allemagne*)』, 제2권 1909 년『콜레트 보도슈(*Colette Baudoche*)』가 출간되었고, 그 뒤를 이어 전쟁 이후에 1921년 제3권『라인강의 수호신(*Le Génie du Rhin*)』이 출간되었 다. 이 책에서 프랑스 청년과 독일 청년에게 공동의 노력으로 서로 화합 하고 서로 희생하기를 호소한다.

1906년은 그에게 영광의 해였다. 그는 아카데미 프랑세즈 회원에 선출 되었고 국회의원에 재당선되었다. 1906년 그의 재당선 이후, 시간을 쪼개 의원활동(그는 꾸준히 의회를 드나들었고, 연회와 기념식을 주최했고, 좌 담회에 참석했지만, 타고난 능변가는 아니었다), 작가활동, 그리고 여행, 특히 동방을 여행했다(1907~1908). 제1차 세계대전 직전에 발표된『영감 의 언덕(*la Colline inspirée*)』(1913)은 그의 작품의 주저 중에 하나로 평가 받는다.

4) 바레스와 세계대전(1914~1923)

세계대전이 터졌다. 원래 반전주의자였던 바레스는 신성한 단결(Union sacrée)을 격찬했다. 이것은 그를 체제와 화해시켰다. 또한 가톨릭과 나란 히, 프랑스 조국에 대한 공통된 열정으로 하나가 된 프로테스탄트, 유대 인 그리고 자유사상가들을 재단결시키는 열린 민족주의로부터 영감을 받 아『프랑스의 다양한 정신적 가족들(*Les diverses familles spirituelles de la France*)』이라는 책을 출간했다.[15] 그는 이 책에서 유대인들에게 경의를 표하고 있다. 바레스는 그들을 전통주의자들, 프로테스탄트들, 그리고 사 회주의자들과 나란히 프랑스의 "민족성"의 네 가지 구성요소들 중에 하나 로 놓고 있다. 이점은 모라스와 대립되는 부분이었다. 모라스는 이들 네 가지를 "반(反)프랑스"의 "네 개의 연방국가"로 보았다.

---

15) *Ibid.*

그리고 애국자연맹의 창립자 데룰레드의 뒤를 이어 1914년 7월 10일부터 애국자연맹의 회장으로서 바레스는 날마다 기사를 써내어 이 신성한 단결의 유지와 필승의 신념 유지에 힘썼다. 이런 이유로 바레스는 "대학살의 나이팅게일(rossignol des carnage)"이라는 별명을 얻는다. 이 기사들은 한데 모아져 11권으로 된 『프랑스의 영혼과 전쟁(*L'Âme françaises et la guerre*)』으로 출판되었다. 전쟁이 끝난 뒤에도, 바레스는 계속 최선을 다해서 봉사했다. 그는 라인 지방에서 프랑스인들의 우정을 눈뜨게 하려고 노력했다. 그리고 전에 교회를 위해서 그랬던 것처럼, 프랑스의 연구소들의 참상을 그려낸 『프랑스의 높은 지성을 위하여(*Pour la Haute Intelligence française*)』와 포교단에 의해 수행된 봉사를 밝히기 위해서 그가 1914년에 조사를 실시한 이야기인 『근동 나라들에 대한 조사(*Une Enquête aux pays du Levant*)』를 발표했다. 그러는 동안에도 순수 예술에 대한 취미는 늘 그 안에 살아 있었다. 즉 그는 『오롱트 강변의 정원(*Un Jardin du l'Oronte*)』과 그가 사망하기 직전에 끝맺은 『환히 밝혀진 미스터리(*Mystère en pleine lumière*)』에서 로마네스크한 작품으로 되돌아와 있었다.[16]

바레스는 4년간의 전쟁 기간에, 프랑스의 대의명분을 뒷받침하는 글을 『레코드파리(*l'Écho de Paris*)』에 꾸준히 썼다. 그 가운데 기사들을 간추려 14권의 책으로 만들어진 『제1차 세계대전 연대기(*Chroniques de la Grande Guerre*)』는 정열적이고 악착같은 수고의 표시였다. 바레스는 병사들에 대해 헌신적이었다. 전쟁 과부들을 위한 조치들을 취하고 부대의 숙영지 개선 등등에 헌신하였다. 이러한 물적 개선에 더하여 병사와 전 민족의 도덕을 유지하기 위해 끈질긴 활동을 하지 않으면 안 되었다.

이러한 바레스의 활동은 여론을 통해 대중에 의해 높은 평가를 받았지만, 일부 사람들은 이런 바레스에 대해 혐오와 반감마저 갖게 되었다. 로

---

[16] G. 랑송/P. 뒤프로, 『랑송의 불문학사』, 246쪽.

맹 롤랑(Romain Rolland, 1866~1944)은 그의 일기에서 이렇게 적고 있다. "평화 시에 그는 권태와 묘지에 대한 향수를 달고 다녔다. 최근에 새로 생겨난 무덤들에 대해, 그(바레스)는 다음과 같이 자유롭게 피력하고 있다. 무덤의 예술은 꽃이 만발하다. 꽃만큼이나 너무나 아름답기에 나는 묘지의 태내에서 나오는 줄기를 본다."[17] 어떤 이들은 이런 행위를 때로는 어설프게 판단하기도 했다. 그러나 모든 사람들이 바레스의 절대적인 신실함과 전적인 사회참여를 잘 알고 있었다.

전후에 바레스의 정치활동은 상황이 덜 긴박해보였을지라도 줄어들지 않았다. 사실, 유럽에서 평화의 조직화와 프랑스의 물질적이고 도덕적인 질서 구축은 바레스가 의회에 참석하고, 회의와 작품들[18] 속에서 신속하고 효과적인 조치들을 요구하고 있었다.

아주 엄격한 정치활동 와중에 1922년 『오롱트 강변의 정원(*Un jardin sur l'Oronte*)』이라는 시집이 나오는데, 이 책은 가톨릭적 정통성에 관심 있는 독자들을 불안케 한다. 바레스는 이 시기에 한참 영예의 전성기를 구가하고 있었고 모든 존경을 한 몸에 받으며 뭇 사람들에게 둘러싸여 있었다. 그럼에도 불구하고, 1922년에 그로 하여금 공격하게 했던 초현실주의 같은 일부 집단들은 그의 인격, 정치와 문학 활동을 비난했다.

더욱이 사후에 출판되는 바레스의 『나의 노트(*Mes Cahiers*)』는 그가 재능이 없지 않은 통찰력을 보여주고 있다. 이에 대해 물론, 지식인들의 좌절은 적지 않았다. 아나톨 프랑스는 침묵했다. 폴 부르제는 몇 달을 심사숙고한 뒤에 입을 다물고 있었다. 오직 한 사람, 로맹 롤랑만이 용기 있는 발언을 했다. "그는 오만의 죄를 짓고 있고, 다른 사람들은 겸손의 죄를 짓고 있다"라고 말했다.

---

17) Romain Rolland, *Cahiers Romain Rolland* (Paris: Albin Michel)에서 1914년 일기 참조.
18) M. Barrès, *le Génie du Rhin* (Paris: Plon, 1921).

바레스는 1923년에 12월 4일 밤, 11~12시 사이에 뇌이쉬르센에서 심장마비로 사망한다. 바레스의 장례는 노트르담에서 국가차원의 성대한 국민장을 지냈다. 12월 8일 장례식이 거행되고, 다음날 12월 9일 샤름쉬르모젤의 묘지에 안장되었다. 티보데는 바레스에 대해 1921년에 이렇게 적고 있다. "30년간의 사상과 작업은 그를 아마도 주되고 가장 생생한 프랑스적 본질, 프랑스적 지속, 프랑스적 전통의 실질적인 화신들 중에 한 사람으로 만들었는데, 그것은 마치 이러한 원천들이 오늘날 지하의 수로로부터 나오고 수세기에 걸쳐 축적된 유산에 의해 여과되는 것과 같은 모양이었다."[19]

그가 사망했을 때, 그는 위대한 애국자의 장중하고, 관변적이며, 체제 순응적인 중요성을 갖게 되었다. 이런 점이 바레스를 초현실주의의 일부 사람들로부터 정식 공격을 받게 만들었다. 그의 사후에 『나의 노트(Mes Cahiers)』가 1929년과 1957년 사이에 출간되었다. 이 책은 우리가 그에 대해서 상상했던 것보다 더 복잡한 인물이었음을 보여준다. 1994년에 출간된 노아유(Anna de Noailles)와의 서신은 바레스라는 인물에게 새로운 색채, 즉 낭만주의적인 사랑의 색채를 더해주고 있다.[20]

바레스는 이념과 사상을 넘나들면서 교분관계를 폭넓게 유지했다. 예컨대 바레스가 관계를 맺었던 많은 인사들 중에 바레스와 샤를 모라스(Charles Maurras, 1868~1952)의 조우는 눈여겨볼 만하다. 같은 민족주의 작가 모라스를 바레스가 첫 대면한 것은 1888년 샤프탈(Chaptal)가였다. 왕정주의적인 악시옹 프랑세즈 운동의 창설자였던 샤를 모라스와 가까이 지냈던 바레스는 그의 일생에 걸쳐 악시옹 프랑세즈에 대해 동조를 표했지만, 왕정주의 이념은 지지하기를 거부했다.[21] 그 자신은 공화주의 옹호

[19] A. Thibaudet, "La Vie de Maurice Barrès", dans *Le Culte du Moi*, p.7.
[20] M. Winock, "Barrès", pp.112-115.

자였다.

모라스는 바레스에게 사상적 영향을 많이 받았다. 그가 주축이 되어 1898년에 11월에 창설된 악시옹 프랑세즈는 바레스의 민족주의 사상을 옹호했다. 10년 뒤 1908년 모라스는 왕정주의 신문을 창간하고 거기에 같은 타이틀을 붙였다. 이때도 모라스는 바레스에게 도움을 요청했지만, 바레스는 거절했다.[22]

여기서 바레스와 모라스의 민족주의의 차이점을 조금은 엿볼 수 있다. 두 사람 모두 세기 전환기에 프랑스에서 족류적 민족주의의 주요 사상가들이었다. 모라스는 적분적 민족주의(nationalisme intégral)로, 바레스는 결정론을 수용하는 민족주의로 프랑스 민족주의 정치문화의 한 축인 우익 민족주의를 대표한다. 두 사람 모두 중앙집권에 대해 비판했던 점에서는 일치했다. 또한 바레스와 모라스의 민족주의에서 테느주의(Taineisme, 환경적 결정론)와 드뤼몽주의(Drumontisme, 반유대주의, 반프리메이슨, 반세계시민주의)를 공유하는 공통된 기본 요소들도 찾을 수 있다.[23]

그러나 그들 사이에 시각차가 있었다. 모라스가 『라코카르드』에 기고한 글들을 살펴보면, 그 중에 많은 것들이 펠리브리주의 연방주의 캠페인에 관련된 문제들을 다루고 있다. 모라스는 현재 프랑스가 고통을 겪고 있고 그것으로 인해 약화된 이유를 행정적인 정치적 통합과 획일성을 도입했던 자코뱅당과 나폴레옹, 그리고 후기 부르봉왕조를 비난했다.[24] 그

[21] M. Barrès, *Mes Cahiers, 1896-1923*, Textes choisies par Guy Dupré, pp.131-132.

[22] "La Vie de Maurice Barrès", *Le Culte du Moi*, p.5. 바레스-모라스의 전체 서신은 1970년 기 뒤프레에 의해 Plon 출판사에서 다음과 같이 출간되었다. *La République ou le roi: Correspondance inédite 1888-1923*. Correspondance de Maurice Barrès et Charles Maurras, réunie et classée par Hélène et Nicole Maurras, Commenté par Henri Massis, introduction et notes de Guy Dupré (Paris: Plon, 1970).

[23] W. C. Buthman, *The Rise of Integral Nationalism in France* (New York: Octagon Books, 1970) (1939) 참조.

와 동시에 모라스는 중앙정부가 시민생활의 생동력의 원천들을 파괴하지 않으면서 지방정부를 장악할 수 없다고 확신했다. 또한 바레스가 불랑제 장군지지운동을 통해 보이는 복수, 도덕 및 물질적 재무장, 동맹을 이끌어갈 수 있는 제왕주의(Caesarism)와 대중들의 능력을 인정하는 인민적 성격을 나타낸다면, 모라스는 바레스의 제왕주의를 실험적으로 받아들이면서도, 전체 민족에 관계된 문제들에 현명하게 대처할 수 있는 대중들의 능력에 대해 의구심을 가졌다. 그래서 모라스는 왕정주의(Monarchism)를 옹호했다.[25]

나중에 왕정주의 이론가들 대부분(자크 뱅빌, 앙리 보주아, 레옹 도데, 앙리 마시스, 자크 마리탱, 조르주, 베르나노스, 티에리 몰니에 등)은 바레스를 향해 그들이 빚지고 있다고 말했다. 이들 또한 몇 세대의 작가들(그 중에 몽테랑, 말로, 모리악, 그리고 아라공)에게 영감을 주었다.

다른 한편에 바레스의 영원한 정적이면서도 친구였던 사회주의자 장 조레스와의 일화도 유명하다. 바레스는 1893년 1월 2일자『르피가로(Le Figaro)』의 한 기사에서 조레스의 의회 입성을 환영하는 것을 보여준다. 바레스는 1906년 국회의원에 당선된 뒤 그가 사망할 때까지 국회의원 자리를 유지했는데 의회에서 항상 정적이었던 사회당의 지도자의 한 사람이었던 조레스와 논전을 벌였다. 두 사람은 에밀 졸라를 팡테옹에 안치하는 문제로 의회에서 서로 다투었다. 비록 그들 사이에 정치적 관점은 서로 달랐지만, 1914년 8월 1일 암살을 당한 조레스의 사망 소식을 듣고 조레스의 집을 가장 먼저 방문해서 그 시신 앞에서 바레스는 눈물을 흘리기도 했다.[26] 그리고 조레스의 딸에게 "너의 아버지의 죽음은 모든 프랑

---

[24] *La Cocarde*, W. C. Buthman, *The Rise of Integral Nationalism in France*, p.202.

[25] W. C. Buthman, *The Rise of Integral Nationalism in France*, p.202.

[26] M. Barrès, *Mes Cahiers*, 1896-1923, Textes choisies par Guy Dupré, p.735.

스인들의 마음을 단결시켜 주었다"고 말했다.

이런 바레스의 면모는 모든 반대편 사람들에 대해서도 관대한 모습을 보여준다. 하지만 바레스의 행적 가운데 당파를 초월하여 모든 세력들이 바레스 주위로 모여들었던 그들과 바레스가 결정적으로 결별하게 되는 계기가 되었던 것은 드레퓌스 사건이었다. 바레스는 드레퓌스 기간 동안에 우익으로 전향하여 모라스와 함께 반드레퓌스파를 이끄는 대변자가 되었다. 사회당 당수 레옹 블룸이 바레스에게 찾아와 드레퓌스파에 가입할 것을 권유했지만 그는 거절했다. 그렇지만 드레퓌스파와 인간적인 교분은 계속 유지했다. 1897년 12월 바레스는 에밀 졸라(Emile Zola, 1840~1902), 아나톨 프랑스(Anatole France, 1844~1924), 그리고 폴 부르제(Paul Bourget, 1852~1935)와 함께 식사하는 것에 동의했다. 단 드레퓌스 사건에 대해서는 일체 말하지 않는다는 조건으로 말이다.

2. 연구사

바레스가 19세기 후반에서 20세기 초까지 문학가이자 정치인이자 저널리스트로서 당대 최고의 자리에 위치하면서 정신적으로 사상적으로 프랑스인들에게 큰 영향력을 끼쳤던 중요한 인물임을 아무도 부정할 수 없을 것이다.

그런 만큼 바레스에 대한 연구는 그의 죽음 전후부터 그에 대한 전기들이 출간될 만큼 지대한 관심과 연구 대상이었다.[27] 또한 바레스를 특

---

27) 바레스에 대한 전기는 다음과 같다. René Gillouin, *Maurice Barrès* (Paris: Sansot, 1907); Henri Massis, *La Pensée de Maurice Barrès* (Paris: Mercure de France, 1909); Albert Thibaudet, *Trente Ans de vie française*, vol.2, *La Vie de Maurice Barrès* (Paris: Gallimard, 1921); Henry de Montherlant, *Barrès s'éloigne* (Paris: Grasset, 1927); les Frères Tharaud, *Mes Années chez Barrès* (Paris: Plon, 1928);

집호로 다룬 잡지들도 찾아볼 수 있다.[28] 또 바레스에 관한 연구는 역사가들과 문학가들이 집단적으로 함께 개최했던 콜로키움을 통해서도 엿볼 수 있다. 바레스의 사후, 바레스를 주제로 한 콜로키움이 몇 차례 열렸다. 1962년 낭시, 1989년 밀루즈, 1997년 릴, 2003년 낭시2대학, 2010년 메스 콜로키움이 그것들이다.[29]

Ramon Fernandez, *Barrès* (Paris: Editions du livre moderne, 1943); J. Madaule, *Le nationalisme de Maurice Barrès* (Sagittaire: Marseilles, 1943); François Mauriac, *La Rencontre avec Barrès* (Paris: La Table ronde, 1945); Ida-Marie Frandon, *l'Orient de Maurice Barrès* (Genève et Lille: Droz et Giard, 1952); Pierre de Boisdeffre, *Barrès parmi nous, Essai de psychologie littéraire et politique, suivi de témoignages inédits* (Paris: Amiot Dumont, 1952). 이 책은 1968년에 librairie Académique Perrin사에서 그리고 1969년 Plon사에서 재판됨; Jean-Marie Domenache, *Barrès par lui-même* (Paris: Seuil, Les Ecrivains de tourjours, 1954); Maurice Davanture, *La Jeunesse de Maurice Barrès* (Paris: Champion, 1975); François Broche, *Maurice Barrès, biographie* (Paris: Jean-Claude Lattès, 1987); Emmanuel Godo, *La Légende de Venise. Maurice Barrès et la tentation de l'écriture* (Villeneuve-d'Ascq, Presses universitaires du Septentrion, 1996); Marie-Agnès Kirscher, *Relire Barrès* (Villeneuve-d'Ascq, Presses universitaires du Septentrion, 1998); Sarah Vajda, *Maurice Barrès* (Paris: Flammarion, 2000); Jean-Michel Wittmann, *Barrès Romancier. Une nosographie de la décadence* (Genève: Honoré Champion et slatkine, 2000); Jérôme Fronty, éd., *Cavale-toi, Barrès* (Metz: Serpenoises, 2005); Jean-Pierre Colin, *Maurice Barrès. Le Prince oublié* (Paris: infolio, 2009); François Broche, *Vie de Maurice Barrès* (Paris: Bartillat, 2012).

[28] *Littérature*, août 1921; *La Nef*, avril 1947; *La Gazette des lettres*, nov.-déc. 1948; *La Table ronde*, mars 1957; *Cahiers universitaires*, juin 1962; *La Nouvelle Revue de Paris*, septembre 1986.

[29] Jean Schneider, dir., *Maurice Barrès*, par la faculté des lettres et des sciences humaines de Nancy (Nancy, 22-25 octobre 1962), (Nancy: Presses Universitaires de Nancy, 1963); André Guyaux, Joseph Jurt, Robert Kopp, éds., *Barrès. Une tradition dans la modernité*; Mulhouse 콜로키움은 Bâle et Fribourg-en-Brisgau에서 le 10, 11, 12 avril 1989에 열렸고, 1991년에 자료집이 출간되었다 (Paris: Honoré Champion, 1991); 1997년 릴 콜로키움 자료집은 Emmanuel Godo, éd., *Ego scriptor. Maurice Barrès et l'écriture de soi* (Paris: Kimé, 1997); 문학가들과 역사가들의 연합 콜로키움이 2003년 11월 Gilles Ernst 주최 하에 낭시2대학 (Nancy 2)에서 열렸다. 끝으로, 메스 콜로키움이 2010년에 개최되어 다음과

그런데 최근에 세인들의 기억에서 잊혀져있던 바레스를 다시 발굴하려는 노력들이 프랑스 안에서 현저히 증가하는 추세이다. 바레스의 지적 복권을 보여주는 징후들은 바레스의 작품들에 대한 재출간 움직임들이다. 각 출판사들의 다양한 편집기획을 통해서 최근 여러 출판사에서 그의 원전들이 출간되고 있다. 『뿌리 뽑힌 사람들(*Les Déracinés*)』30)과 『나의 노트(*Mes Cahiers*)』31)를 비롯하여, 『민족주의의 현장과 교의(*Scènes et doctrines du nationalisme*)』 같은 정치저술도 재출간되었다.32) 또 "부캥(Bouquins)"과 "폴리오(Folio)" 총서에서 바레스의 문학작품들이 시리즈로 선보이고 있다. 그 외에 바레스에 관한 주요 서지목록들도 눈여겨볼 만하다.33)

바레스에 대한 연구사에서 우리가 주목할 만한 부분을 살펴보자.34) 먼

같이 단행본으로 출간되었다. *Maurice Barrès—La Lorraine, la France et l'étranger*. Etude réunies par Olivier Dard, Michel Grunewald, Michel Leymarie et Jean-Michel Wittmann (Bern: Peter Lang, 2011).

30) 『뿌리 뽑힌 사람들』의 가장 최근 판본은 François Broche의 서문이 실려 있는데, 이 판본은 Bartillat(collection Ominia, 2009) 출판사에서 출간되었다.

31) 여러 권으로 구성된 이 판본은 2010년 Editions des équateurs에서 제1권이 나온 이래로 출간이 진행 중이다. *Mes Cahiers*, t. I: janvier 1896-novembre 1904 (Paris: Editions des équateurs, 2010); 참고로 Les Editions des équateurs 출판사는 마찬가지로 2010년에 Jean-Baptiste Barrès, *Souvenirs d'un officier de la Grande Armée*, préface de Maurice Barrès를 재출간했다. *La Grande Pitié des églises de France*, avant-propos de Michel Leymarie et Michela Passini (Villeneuve- d'Ascq, Presses universitaires du Septentrion, 2012).

32) *Scènes et doctrines du nationalisme* (Les éditions Triden-Librairie française, 1987).

33) Alphonse Zarach, *Bibliographie barrésienne*, 1881-1948 (Paris: Presses universitaires de France, 1951); Trevor Field, *Maurice Barrès. A Selective Critical Bibliography*, 1948-1979, Research Bibliographies & Checklists (Londres: Grant & Cutler, 1982); Alain de Benoist, *Bibliographie générale des droites françaises*, tome I (Coulommiers: Dualpha Editions, 2004), pp.185-325.

34) 최근까지의 연구들을 바탕으로 바레스 연구는 크게 세 가지 경향으로 분류할 수 있다. 토지문학 차원, 우익 지식인의 정체성 문제, 그리고 전-파시스트. 바레스에 관한 자세한 연구사는 마은지, 「모리스 바레스의 귀환—바레스 연구 100년」, 『숭실사학』 제29집(2012.12), 307-344쪽 참조.

저 주요 연구자들을 살펴보면, 바레스 연구는 대부분 문학 쪽의 연구자들이 주류를 이루었다. 그러다가 1970년대에 와서 영미권 역사가들에 의해 크게 진전되었다. 특이한 점은 일찍이 바레스에 관심을 기울였던 역사가들이 프랑스보다도 오히려 찰스 도티(Charles Stewart Doty),[35] 로버트 수시(Robert Soucy)[36]와 같은 영-미계 역사가들이었다는 점이다. 이들에 의해 바레스의 민족주의에 대한 관심이 크게 활성화되었다. 그들의 연구가 오늘날까지도 바레스에 대한 인식과 평가에 기준들을 제공하고 있다. 그 가운데 제브 스테른헬(Zeev Sternhell)의 연구는 아직도 바레스 연구의 한 축을 이루고 있다.[37] 그리고 가장 최근에는 데룰레드와 애국자연맹에 관한 베르트랑 졸리(Bertrand Joly)의 연구[38]가 눈여겨볼 만하다. 그러나 졸리의 연구는 바레스를 단지 간접적으로만 다루고 있다.

바레스와 관련된 많은 연구 주제들이 있을 것이다. 그렇다면 그 가운데 바레스의 민족주의에 관한 연구 동향을 살펴보자. 그의 민족주의 연구사에서 주목을 끄는 것은 1962년의 낭시 콜로키움이다. 이 대회에서 발표를 맡았던 장 투샤르(Jean Touchard)는 바레스의 민족주의는 하나가 아니고 여러 개가 있다고 설명한다. 제1기 청년기의 민족주의는 좌파주의적인 성격으로 관대하고, 개방적이고, 동화적이고, 차이에 대한 존중을 특징으로 한다. 제2기 장년기의 민족주의는 19세기 말 드레퓌스 사건의 여

---

[35] Charles Stewart Doty, *From Cultural Rebellion to Counterrevolution. The Politics of Maurice Barrès* (Athens (Ohio): Ohio University Press, 1976).

[36] Robert Soucy, *Fascism in France. The Case of Maurice Barrès* (Berkeley-Los Angeles: University of California Press, 1972).

[37] Zeev Sternhell, *Maurice Barrès et le nationalisme français* (Paris: Arman Colin et Presses de la Fondation nationale des Sciences-po, 1972). 이 책은 같은 제목으로 (Bruxelles: Éditions Complexe, 1985)(제2판), 그리고 개정증보판이 (Paris: Fayard, 2000)(제3판)에서 나왔다.

[38] Bertrand Joly, *Déroulède, l'inventeur du nationalisme français* (Paris: Perrin, 1998); *Nationalistes et Conservateurs en France 1885-1902* (Paris: Les Indes savantes, 2008).

파로 배타적, 보수적, 전체주의적 성격을 나타낸다. 제3기는 1914~1916년까지이다. 제1차 세계대전 처음 3년간은 투쟁적인 민족주의의 연장이자 급진화 그리고 그것의 한계를 자각하는 시기였다. 끝으로, 『프랑스의 다양한 정신적 가족들(Les diverses familles spirituelles de la France)』의 출간과 함께 결정되며, 1930년의 이상주의적이고 여러 교의를 종합한 민족주의로의 회귀를 나타내는 제4기 민족주의가 있다.[39] 이러한 투샤르의 주장은 이후로 바레스 연구에서 중요한 한 기준점을 제공했다.

투샤르에 이어 바레스의 민족주의 연구에 중요한 다른 한 축을 제시한 연구자는 스테른헬이다. 1972년에 발표한 그의 저작에서 그는 바레스를 파시즘의 선구자로 평가했다. 이것은 프랑스에 대한 비판이면서 동시에 프랑스 파시즘 논쟁을 촉발시키는 계기를 마련했다. 스테른헬이 바레스를 프랑스 파시즘의 선구자로 보는 이유는 몇 가지가 있다. 즉 바레스가 불랑제장군지지운동에서 출발했다는 것, 쥘 수리로부터 인종주의 사상과 나치즘을 예고해주는 감정의 영감을 받았다는 것, 점점 보수주의에 의해서 정복되는 사상의 사회적 차원과 포퓰리즘을 동시에 강조한다는 것, 그리고 애국자연맹에서 대중정당의 맹아를 보는 것 등이다.[40] 다시 말하면 스테른헬이 지적하는 주요 논지는 다음의 몇 가지로 정리할 수 있다.

첫째, 스테른헬은 새로운 우파의 기점을 불랑제장군지지운동으로 잡고

---

[39] Jean Touchard, "le nationalisme de Maurice Barrès", dans *Maurice Barrès*, Actes du colloque organisé par la Faculté des lettres et des sciences humaines de Nancy (22-25 octobre 1962), Nancy, *Annales de l'Est*, no.24 (1963), pp.161-173; Pierre Milza, "Présentation", in M. Barrès, *Les diverses familles spirituelles de la France* (Paris: Imprimerie nationale, 1997), p.19; 참고로 *Les diverses familles spirituelles de la France*라는 책은 1916년 11월 28일부터 1917년 3월 9일까지 발표된 글이다. 그 최종판은 1930년에 나온다. 1997년 판은 밀자가 서문을 썼다.

[40] Z. Sternhell, *Maurice Barrès et le nationalisme français* (Paris: Fayard, 2000), pp.279-284; Jean-Pierre Colin, *Maurice Barrès. Le Prince oublié* (Paris: Infolio, 2009), pp.28-35.

있다. 불랑제장군지지운동은 정통 우파와 다른 새로운 우파이다. 스테른헬은 이것을 "혁명적 우파"라고 부른다. 이 새로운 민족주의 우파는 격렬한 군국주의로 발전시키게 될 민족주의적인 우파의 애국주의를 낳게 된다. 바레스는 이 새로운 무기에다가 그만의 고유한 것을 보여주는데 그것이 "반유대주의"였다. 스테른헬은 바레스가 이 반유대주의를 불랑제장군지지운동이 실패로 끝나는 1889년에 성공적으로 시도했다고 주장한다. 게다가 바레스는 "민족주의가 드레퓌스 사건 주변에서 결정화된다는 사실을 의식하고 있었다"[41]고 주장하고 있다.

그와 같은 민족주의적인 바레스를 스테른헬은 "1890년대에 구성되는 이 새로운 우파의 살아있는 화신이었던 바레스는 20세기 유럽에서 펼쳐지게 될 대중운동의 선구자"[42]로 평가한다. 이유인즉 정통 우파와는 다른 이 새로운 우파는 반드레퓌스지지운동이라는 특징과 반유대주의라는 특징을 갖고 있는데 그 안에 많은 파시즘적인 요소들이 들어 있다는 것이다. 그 파시즘적인 요소들로는 대중예찬, 공동의지를 구현할 수 있는 영웅으로서의 영도자 신화, 인종주의 사상과 쉽게 결부되는 생기론적 성격, 권위주의, 그리고 반자본주의 등이다. 이런 종합을 통해서 다른 모든 형태의 이익보다 민족적 이익을 가장 우선시하는 모습을 바레스가 보여준다고 그는 평가했다.

또한 스테른헬은 "바레스의 불랑제장군지지운동이 불랑제와 가까운 협력자들의 불랑제장군지지운동보다 훨씬 더 혁신적이었다"[43]고 평가한다. 그래서 많은 것을 고려할 때 바레스를 샤를 모라스보다 더 근대적인 인물이라고 주장한다. 불랑제장군지지운동은 여전히 19세기적인 현상이었지만, 바레스의 불랑제장군지지운동은 반드레퓌스파를 선포한 것으로 20

---

[41] Z. Sternhell, *Maurice Barrès et le nationalisme français*, p.280.

[42] *Ibid.*

[43] *Ibid.*

세기에 속한다고 평가한다.

둘째, 스테른헬은 프랑스에서 우파 민족주의의 등장을 19세기 말로 설정하고 있다. 그 이유는 먼저 우파처럼 민족주의는 하나가 아니었고, 민족주의 역시 우파만이 내세웠던 것은 아니었다. 민족주의의 공화주의적 전통 속에서 좌파도 민족주의를 내세웠다. 그러나 우파가 민족주의와 결합함으로써 민족주의의 교의의 본질이 만들어지게 되었다. 스테른헬은 우파와 민족주의가 결합하게 된 것은 당시 전면에 부각된 사회문제를 민족문제와 결합하고자 했던 것으로 진단한다. 다시 말해, 민족주의가 우익 민족주의로 전환되는 결정적 요인들은 드레퓌스지지운동에서 불랑제장군지지운동이 분리되는 10년간의 변화들 때문인 것으로 본다. 좌파 쪽에서는 맑스주의적 국제주의적 사회주의가 엄청난 진전을 이루었고, 또한 드레퓌스지지운동에 프롤레타리아트로 조직된 파당이 참여하게 되자 불랑제파의 운영을 쇄신하려는 생각에 결정적 타격을 가져다주었다. 드레퓌스지지운동에 프롤레타리아트의 참여는 위에서 보았듯이, 우파적인 불랑제장군지지운동 세력의 힘을 약화시키는 것이었다.

따라서 우파의 바레스적 불랑제장군지지운동은 전열을 가다듬어 운동의 진로를 모색하게 되는데 그 방향이 우익적 민족주의로 나아갈 수밖에 없었다는 것이다. 왜냐하면 민족주의진영이 프롤레타리아트를 민족주의 안으로 통합함으로써 모든 특수집단주의(사회문제, particularisme)를 없앰으로써 사회문제도 해결될 수 있다고 보았기 때문이다. 요컨대 스테른헬의 논리는 민족주의 진영에서 또 드레퓌스지지운동 진영에서 모두 다 프롤레타리아트을 포섭하여 지지층으로 끌어들이고 사회문제를 해결하기 위한 노선 갈등이 일어났다는 것이다. 여기에서 민족주의 진영이 프롤레타리아트를 드레퓌스파에 뺏겼기 때문에, 우파적인 불랑제장군지지운동 세력들이 우익 민족주의로 나갈 수밖에 없었다는 주장이다. 스테른헬은 프랑스에서 파시즘의 탄생이 좌파에서 우파로 돌아서면서 혁명적 우파로 탄생했다고 보면서 민족주의적인 사회주의가 파시즘의 모태라고 본다.

결국 바레스가 드레퓌스지지운동을 배양한 핵심 이데올로기였던 자코뱅적이고 인류애적인 신화와 대립되는 새로운 윤리를 만들게 되었다는 것이다. 이것이 바레스의 우익 민족주의이고, 그 이데올로기는 바레스적 불랑제장군지지운동이다. 바레스적 불랑제장군지지운동의 본질적 요소는 권위주의, 영도자 숭배, 반자본주의, 반유대주의와 같은 혁명적 낭만주의적 요소들이다. 스테른헬은 바레스의 이 새로운 윤리에 파시즘적 요소가 들어 있고 전-파시스트로 정의될 수 있는 또는 파시즘을 예고해주는 특정한 성격들이 들어 있다고 말한다.[44]

바레스의 이와 같은 사상의 요소들은 스테른헬이 프랑스 파시즘의 이데올로기의 요람으로 지목하는 이데올로기들이 형성되는 재료들이다. 즉 스테른헬은 프랑스 파시즘은 자생적 현상이었고 수입품이나 이탈리아 파시즘의 "막연한 모방"[45]도 아니었다. 오히려 스테른헬은 "플라톤적 의미에서 파시즘의 개념"의 "이상적 유형"에 가장 가까운 것이 이 프랑스의 "모델"이었다[46]고 설명한다. 요컨대 스테른헬은 프랑스 파시즘 논쟁의 시발점이 되는 파시즘의 이데올로기가 형성되고 자라나는 요람이자 그 선구자 중에 한사람이 바레스라고 보는 것이다.

이처럼 프랑스 파시즘을 주장하는 최초의 역사학은 스테른헬 이전에도 이미 있었는데, 그런 주장은 1960년과 1970년 사이에 주로 영미계통의 역사가들의 추동 하에서 이루어졌다. 미국인 수시(Soucy), 알라르디스(Allardyce), 웨버(Weber), 로스(Roth), 영국인 리틀턴(Lyttelton), 독일인 놀테(Nolte) 등이 그들이다.[47]

---

[44] *Ibid.*, p.400.

[45] Z. Sternhell, *Ni droite ni gauche* (Paris: Seuil, 1983), p.41.

[46] *Ibid.*, p.40.

[47] R. J. Soucy, *Fascism in France: The Case of Maurice Barrès* (Berkeley: University of California Press, 1972); "The Nature of Fascism in France", *Journal of*

여기에서 프랑스 파시즘의 존재 여부와 관련된 쟁점들은 두 가지이다. 하나는 19세기 말의 프랑스에서 파시즘 현상의 뿌리들이 있었다는 것이다. 다른 또 하나는 파시즘과 보수주의 사이에 세워진 유사성이 그것이다. 이 두 가지 의문점들은 프랑스 파시즘 검토에 착수했던 외국 연구자들의 소그룹과 밀접하게 연관되어 있다.[48]

우선 이들 모든 학자들이 한 가지 가설을 세우고 있는데, 이들은 정확하게 프랑스학파[49]의 테제들에 반대하고 있다. 프랑스학파의 르네 레몽 (René Rémond)은 새로운 우파들의 연맹들을 권위주의적 우파의 오래된 외관에 칠해진 '로마제 페인트'라고 말했다. 그리고 프랑스 우파의 전통[50]

Contemporary History, no.1 (1966); G. Allardyce, *The Place of Fascism in European History* (New Jersey: Englewood Cliff, 1971); E. Weber, *Varieties of Fascisme* (New York: Van Nostrand, 1964); E. Nolte, *Les mouvements fascistes. L'Europe de 1919 à 1945* (Paris: Calmann-Lévy, 1966); P. Milza, *Fascisme français* (Paris: Flammarion, 1987), p.21 참조.

[48] *Ibid.*, p.22.

[49] '프랑스학파(l'école française)'라는 용어는 필자가 처음 사용했다.

[50] 프랑스 우파에 관한 연구서들은 다음과 같다. R. Rémond, *Les Droites en France* (Paris: Aubier Montaigne, 1982)(초판 1954); *The Right Wing in France* (Philadelphia University of Pennsylvania Press, 1971); M. Anderson, *Conservative Politics in France* (London: George Allen & Unwin, 1974); J. S. McClelland, ed., *The French Right: From de Maistre to Maurras* (London: Jonathan Cape, 1971); M. Winock, *Nationalisme, antisémitisme et fascisme en France* (Paris: Seuil, 1990); E. J. Arnold, *The Development of the Radical Right in France: From Boulanger to Le Pen* (London: Macmillan, 2000); J.-F. Sirinelli and E. Vigne, "Introduction" in J. F. Sirinelli, ed., *Les Droites françaises de la révolution à nos jours* (Paris: Gallimard, 1992), pp.21-5; P. Davies, *The Extreme Right in France, 1789 to the Present: From de Maistre to Le Pen* (London: Routledge, 2002); Z. Sternhell, *La Droite révolutionnaire: les origines françaises du fascism 1885-1914* (Paris: Fayard, 2000); P. Mazgaj, "The Origins of the French Radical Right: A Historiographical Essay", *French Historical Studies*, vol.XV (2) (1987), pp. 287-315 등이 있다. 르네 레몽은 프랑스 우파 연구의 고전적 정통설을 정립했다. 레몽 이후에 프랑스 우파 연구자들은 어떤 면에서 레몽 식의 도식을 계승했다 해도 과언이 아니다. 레몽의 우파 연구에 대한 설명은 다음과 같다. 우파의 세 전통은 과격왕정복고주의(Ultras), 오를레앙주의(Orléanisme), 보나파르트

주의(Bonapartisme)가 있다. 그런데 과격왕정복고주의는 정통주의(Légitimisme)로
바뀐다. 레몽은 1815~1830년까지는 과격왕정복고주의, 1830~1848년은 정통주
의와 오를레앙주의, 1848~1870년은 보나파르트주의가 우파의 특징들을 보여준
다고 설명한다. 우파들의 연합은 몇 번에 걸쳐 일어난다.

첫 번째 우파들의 연합은 1871~1879년 도덕질서 시기(l'ordre moral, 1871~
1879)에 일어났다. 두 번째는 1899~1902년에 민족주의 세력들의 단결인 또 한
번의 우파들의 연합이 일어났다. 이전의 전통적 세 우파는 실제 정치세력으
로 고려되지 않게 되었다. 이 시기에 새로운 세 개의 우파가 출현한다. 이
시기에 출현하는 극단적 우익 민족주의에 대해서 레몽은 프랑스 파시즘의 전
통에 대한 생각을 그렇게 많이 신뢰하지 않기 때문에 '극단주의'에 대해서도
분명하게 말하지 않고 있다. 반면 스테른헬(Sternhell)과 수시(Soucy)는 프랑스
에서 파시스트 전통을 확인하고 있고, 이런 점에서 1880~1920년까지의 시기는
그것을 확인할 수 있는 사회적 준거점이 되는 시기로 파악한다. 이 두 번째
우파들의 연합이 일어나는 시기는 '적분적 민족주의(nationalisme intégral)'와
새로운 근왕주의를 표방한 악시옹 프랑세즈(Action française)의 시기이다. 끝
으로 1919~1939년 우파의 세 번째 연합이었던 민족블록, 그리고 1930년대 연
맹들의 시대, 1940-1944년 비시정부 시절의 민족혁명과 우파들, 제4공화국의
우파들의 복고와 제5공화국 우파의 집권으로 크게 세분하고 있다.

프랑스 극우파의 역사는 간단히 무시해버릴 수 없는 주제이다. 데이비스(P.
Davies)는 극우파 정치전통을 가지고 있는 나라로 독일과 이탈리아, 그리고
프랑스를 지목한다. 왜냐하면 프랑스는 이미 1790년대의 반혁명(Counter-
Revolution)이 우익 사상을 낳게 만들었고, 이로부터 200년이 지난 후 르펜의
FN(국민전선)이 출현하였다고 주장한다. 이 FN은 네오-파시즘의 가장 단적인
예로 꼽히고 있다. 특히 1880년대와 1890년대에 프랑스에서는 '전-파시스트'
사상이 뿌리를 내렸다고 주장한다. 간전기에 프랑스는 수백만 개의 원외 파
시스트 연맹들(ligues)들의 본거지였고, 1940년대에 비시(Vichy)는 나치에 협력
하였을 뿐만 아니라 '민족혁명'—극우 전통주의적 우익 십자가—를 발족시켰
다는 것이다. 그렇지만 지금까지 프랑스 우파는 덜 연구되었고, 여전히 논쟁
상태에 있다. 따라서 우익사상과 운동을 이해하고 설명하는 것이 일차적으로
필요한 작업이다. 극우파에 대한 '이야기'보다는 구체적인 시기 그리고 주제
와 관련된 사상과 논쟁점들을 정리할 필요가 있을 것이다. 한편 극우파의 시
기를 데이비스는 다음과 같이 나누어 이해한다. 1789~1830, 1870~1918, 1919~
1939, 1940~1944, 마지막 1945~현재까지이다.

영어로 쓰여진 연구서들을 살펴보면 다음과 같다. 반혁명에 관한 연구자들로
는 로버트(J. Robert), 고드쇼(J. Godechot), 카펜터(K. Carpenter), 망셀(P. Mansel),
그리고 틸리(C. Tilly)가 있고, 제3공화국 초기의 민족주의에 관한 대표적인
연구자들로는 톰스(R. Tombs), 스테른헬(Z. Sternhell), 그리고 마즈가즈(P.
Mazgaj)가 있다. 간전기 파시즘에 관해서는 수시(R. Soucy), 스테른헬(Z.
Sternhell), 팩스톤(R. O. Paxton), 그리고 패스모어(K. Passmore)가 있다. 비시
정부에 대해서는 루소(H. Rousso), 홀스(W. D. Halls), 피쉬맨(S. Fishman) 등이

과 파시즘은 다르다고 본다. 이런 견해를 지지하는 플리뮈엔(Plumyène)
과 라지에라(Lasierra)는 '파시즘은 원래 프랑스와 무관한 현상'[51]이라고
주장했다. 바로 이 지점에서 프랑스 파시즘의 존재를 인정하는 위에서 반
(反)프랑스학파의 일군의 학자들은 19세기 말의 프랑스 민족주의와 전간
기 프랑스에서 파시즘의 영역에 속했던 지적 정치적 행동방식 사이에 직
접적인 계보를 상기시킨다. 따라서 파시즘은 순수한 수입품이 아니었다.
그와 반대로, 그것은 (프랑스의) 민족적 전통에 뿌리를 두고 있는 정치문
화의 산물이었다고 공격했다. 그러면서 바레스에게서 혁명과 보수주의,
민족과 '사회적인 것'의 융합이 일어남으로써 바레스는 그 민족적 전통에
뿌리를 두고 있는 정치문화, 곧 파시즘의 최초의 대변자였다고 주장한
다.[52]

물론 스테른헬이 파시스트 이데올로기와 이『뿌리 뽑힌 사람들』의 작
가가 개진한 몇 가지 주제들 사이에 존재하는 유사성을 지적했던 최초의
사람은 아니었다. 지드(A. Gide)와 티보데(A. Thibaudet)는 1930년대에 이
미 그렇게 보기 시작했다. 또 1950년 보수주의의 역사에 관한 책에서[53]
미국 역사가 비어렉(Viereck)은 바레스가 세기 말의 유럽 보수주의를 전

있고, FN에 대한 연구자로는 디클레어(E. G. Declair), 시몬스(H. G. Simmons),
하인스워스(P. Heinsworth) 그리고 마르쿠스(J. Marcus)가 있다.
  불어권의 우파와 극우파에 관한 연구자들은 다음과 같다. 시리넬리(J.-F. Sirinelli),
비노크(M. Winock), 밀자(P. Milza) 그리고 프티피스(J.-C. Petitfils) 등이 있다. 시
리넬리는 우파의 이념들(idées), 이익들(intérêts)와 기질들(tempéraments), 그리고
정치, 문화, 감성(sensibilités)에 주로 관심을 집중하고 있으며, 프랑스 우파를
이해하는 열쇠는 그것을 복수화하는 것이라고 주장한다. 비노크의 연구서는
1780년대부터 1880년대까지, 이어서 1980년대까지를 살피고 있는데, 정기적인
극우파의 부활을 주장하고 있다.

51) Jean Plumyène et Raymond Lasierra, *Les Fascismes français 1923-1963* (Paris:
Seuil, 1963), p.22.

52) P. Milza, *Fascisme français*, p.22.

53) P. Viereck, *Conservatism from Hohn Adames to Churchill* (Princeton: Van Nostrand,
1950).

환시켰던 거대한 변동에서 주역을 담당했고 귀족적 세계시민주의를 민중 선동적인 민족주의로 바꾸어 놓았다고 평가했다.[54] 비어렉과 동국인인 미국인 프랑스 현대사 전공자인 유진 웨버[55]도 비슷한 시각을 보인다.

다른 한편에 미국의 또 한명의 역사가인 로버트 수시의 견해는 그들과 완전히 일치하지는 않는다. 그는 스테른헬의 바레스에 관한 연구서 발간과 동시대에 바레스에 관한 연구서의 저자[56]였다. 이 책에서 그는 파시즘의 문제에 있어서 바레스에게 아주 강력하게 파시스트라는 작위를 수여한다. '프랑스 파시즘의 본질'[57]에 관한 그의 논문에서 그의 본심을 드러냈다. 즉 그는 프랑스학파의 테제들에 대해 반대한다. 수시에 의하면, 19세기 말 프랑스 민족주의에 스며든 강력한 보수주의와 전간기 연맹들 사이를 단절이 아닌 연장선상으로 본다면, 따라서 강력한 보수주의가 파시즘을 예고하는 것이라면, 보수주의적인 성격을 띠는 19세기 말 프랑스 민족주의의 연장선상에서 생각할 때 전간기 연맹들 역시 외국의 이식이 아니라고 주장한다. 하지만 프랑스학파는 보수주의와 파시즘을 분리시켜 구분하였고, 수시는 그것이 보수주의와 파시즘의 유사성을 은폐했다고 지적했는데, 수시에 따르면 1920년대와 1930년대 프랑스에 파시즘이 있었고 그것은 순수하게 프랑스적인 것이라고 주장한다.[58]

독일의 역사 철학자 에른스트 놀테도 비슷한 결론에 이르고 있다. 1966년에 출판된 한 연구서에서 "프랑스에 파시즘이 없었다고 주장하는 것은 틀렸다. 유럽 대륙 가운데 가장 감지할 수 있는 한 가지가 이 오래된 민

---

54) *Ibid.*, pp.58-60.

55) E. Weber, *Varieties of Fascisme* (New York: Van Nostrand, 1964).

56) R. J. Soucy, *Fascism in France: The Case of Maurice Barrès* (Berkeley CA: University of California Press, 1972).

57) R. J. Soucy, "The Nature of Fascism in France", *Journal of Contemporary History*, no.1 (1966), pp.27-55.

58) P. Milza, *Fascisme français*, p.23에서 재인용.

족 속에 있었다. 그것은 최초의 시도에 있어서 프랑스에서 조숙했고, 그 것이 성숙해질 때는 연장 속에 보다 다채롭고 풍부했으며, 그것이 쇠퇴할 때는 다른 어느 곳보다도 더 뿌리 깊었다"[59]고 주장했다.

이상의 다양한 외국 역사가들의 의견들을 종합하면, 파시즘은 그 원천을 19세기 말 프랑스에 두고 있고 그것이 보수주의적인 사상과 관련되어 있다는 주장이다.

프랑스 파시즘 주장에 대해 반론을 제기한 이는 프랑스 역사가인 피에르 밀자(Pierre Milza)였다. 프랑스 파시즘의 존재에 대한 밀자의 견해[60]를 살펴보면 다음과 같다. 르네 레몽의 프랑스학파에 대해 반격을 가하는 이른바 스테른헬학파의 주장에 대해서 밀자는 시리넬리의 『역사사전』(1995)에 들어있는 「프랑스 파시즘(Fascisme française)」이라는 그의 논문에서, 르네 레몽에 의해 개진된 핵심 논지들이 '광범위하게 유효하다'고 주장한다. 또한 스테른헬의 논지에 대해서 그가 파시즘이라는 용어를 '부르주아 의회민주주의에 대한 모든 적대감의 표현들'에 계속 적용시킴으로써 오류가 지속되고 있다고 비판한다. 그리고 '파시즘의 전사(pre-history)는 프랑스적인 현상이라기보다 초국가적이고 유럽적이었다'고 주장했다.

또한 밀자는 1987년과 1995년에 발표한 논문들에서 바레스의 사상의 진전을 투샤르의 설명에 기대어 구분하고 있다. 밀자는 '신성한 단결

---

[59] E. Nolte, *Les mouvements fascistes. L'Europe de 1919 à 1945* (Paris: Calmann-Lévy, 1966, traduit de l'allemand), p.333; P. Milza, "Fascisme française", p.23에서 재인용.

[60] 파시즘 관련 밀자의 연구물들은 다음과 같다. P. Milza, *Les Fascismes* (Paris: Imprimerie nationale, 1985); *Le Fascisme italien et la presse française* (Brussels, 1987); *Fascisme français. Passé et Présent* (Paris: Flammarion 1987); "Fascisme et Nazisme: qui a couvé l'oeuf du serpent?", in M. Winock, ed., *Histoire de l'extrème droite en France* (Paris: Seuil, 1993), pp.157-189; "Fascisme française", in J.-F. Sirinelli, ed., *Dictionnaire historique de la vie politique français au XXe siècle* (Paris: PUF, 1995).

(Union sacrée)'을 바레스의 민족주의 사상의 중심으로 잡고 있다. 바레스는 처음 단기전을 희망하며 민족방어의 필요성을 강조했다. 민족적 대의 명분 앞에 정파들의 대립과 싸움을 일시적으로 중지하고 '프랑스의 다양한 정신적 가족들'[61)이 연합하여 '결집한 프랑스'가 될 것을 외친다. 그러나 1916~1917년 사이에 바레스의 사상의 새로운 변화가 시작된다. 전쟁 초기의 성스러운 희생에 대한 독려와 낙관주의에서 전쟁에 대한 환멸과 염세주의로 그의 태도가 변하게 된다. 신성한 단결의 '대학살의 나이팅게일'이라고 부를 정도로 복수적이고 호전적인 모습의 바레스는 1917년 봄의 니벨 장군의 공세의 실패와 폭동들, 점점 커지는 후방의 불안들, 그로 인한 신성한 단결의 쇠퇴의 징후들이 나타나자, 그는 애국적 열광이 아닌 전쟁 자체에 대한 혐오뿐 아니라 민족주의 자체에 대한 의구심과 자문이 증폭되었다고 밀자는 설명한다. 최종적으로 바레스는 원천들로 회귀한다. 그 원천들은 가톨릭으로, 더 크고 오래 가는 보편적인 어떤 것에 헌신하고자 했던 것이다.[62)

　여기서 두 시각이 다르다는 것을 알 수 있다. 스테른헬은 드레퓌스 시기의 바레스의 사상이 그가 죽을 때까지 지속되었다고 보는 데 반해, 밀자는 바레스의 사상이 1916~1917년 사이에 변했다고 보고 있다. 또한 밀자는 바레스의 민족 개념의 변화를 이렇게 정리하고 있다. 즉 초기에 민족은 불변하는 유기적인 것에서, 그 다음엔 의지 행위로 바뀌었다. 다시 말해 초기에는 수리의 입장처럼 생물학적 인종주의의 입장을 취하다가,

---

61) *Les diverses familles spirituelles de la France*, 1916.11.28-1917.3.9에 걸쳐 *L'Écho de Paris*에 발표.

62) M. Barrès, *Mes Cahiers*, VIII, p.80, cité dans J. Touchard, "Le nationalisme de Barrès", dans *Maurice Barrès*, p.167. 낭시대학 인문대에서 주최한 콜로키움 자료집(Actes du collpque organisé par la faculté des lettres et des sciences hmaines de Nancy (22-25 octobre, 1962), Nancy, *Annales de l'Est*, no.24 (1963), pp.161-173; Milza, "Présentation", p.17.

그 다음엔 민족(정체)성(nationalité, 국적)은 선택의 결과이며, 끝으로 르낭식의 민족관을 취하는데, 즉 민족에 대한 열린 동화주의적 이념의 대변자들의 입장과 그렇게 동떨어져 있지 않다는 것이다. 그 개념은 프랑스적인 '인종의 도가니'의 공화주의적 전통을 영속적으로 세우는 것[63]이었고 주장한다.

게다가 밀자는 바레스를 파시즘의 선구자로 내세우는 스테른헬의 주장들에 대해서 비판을 덧붙였다. 스테른헬이 바레스의 파시즘적 요소들로 내세우는 것은 바레스의 자코뱅적, 보수주의적(구 프랑스에 속한 인물), 인민주의적 성격, 파시즘에 가까운 특징으로서 군중의 힘과 영도자 신화에 대한 견해, 바레스의 민족주의의 생기론적 성격―'살과 뼈의 민족', '토지과 조상'에 대한 예찬―등이다. 이런 주장을 내세우는 스테른헬과 수시의 시각과 달리, 밀자는 이런 요소들이 바레스에게 있어서 정치적 전통주의에 속한다고 본다. 그러므로 밀자는 바레스의 사상의 구분을 청년기의 바레스는 민족주의적 사회주의자에 아주 가까웠고, 장년기의 바레스는 전통주의의 테마로 되돌아가는 경향을 보인다고 주장한다.[64] 따라서 모라스에게서도 바레스에게서도 전-파시즘은 발견되지 않는다고 파악한다.

이상과 같이 바레스의 민족주의에 대한 주류 연구들 외에도 2000년대에 들어서 제법 새로운 시각으로 발표되는 바레스의 민족주의에 관한 최근의 연구들을 몇 가지 찾아볼 수 있다.

그중에 셔츠의 빅사학위 논문은 우파 지식인으로서의 새로운 정체성

[63] P. Milza, "Présentation", p.29.

[64] P. Milza, "Le cultures politiques du nationalisme français", Serge Bernstein, dir., Les cultures politiques en France (Paris: Seuil, 1999); Histoire generale politique et sociale, Autoritarianisme et Liberalisme dans le monde de XVIII° siècle aux années 1950, Cours de l'Institut d'etudes politiques de Paris (Paris: Press de la Fondation Nationale des Sciences Politiques, 1988).

형성이 바레스의 민족주의로 나타났다고 주장한다. 그녀에 의하면, 드레퓌스 사건을 통해 좌우 지식인이 갈등하고 갈라지게 되었다. 드레퓌스 옹호파인 좌파 지식인이 최종적으로 승리를 거두면서 헤게모니를 잡자 지식인 주류 사회에서 배제된 우파 지식인들은 좌파 지식인들과는 다른 지식인[65]으로서의 정체성을 새롭게 정립하게 되었다. 결과적으로 우파 지식인들의 탄생과 그들이 지향했던 주장들은 좌파 지식인들과 차별화된 주장들이었다. 즉 우파 지식인은 좌파 지식인의 구호였던 보편주의를 거부하고 오직 특수주의에 대한 인정, 사실주의에 대한 헌신, 국제주의에 대해 반대하고 민족주의에 대한 뿌리 깊은 관념을 지지했고, 평등주의에 대한 거부를 지지했다.[66] 특히 우파 지식인에게 민족은 법적 개념이 아니라, 살아있는 본질이었다.[67] 민족은 독특한 역사, 언어, 종교, 전통, 문화, 지역, 그리고 정치적 경험에 의해 창조되었다. 그것은 고대 로마, 여러 세대의 조상들, 역대 국왕들, 그리고 군사적 승리의 산물이었다. 프랑스인이라는 것은 그들의 법적 지위나 동화되려는 노력과 상관없이 외국인들이 공유하지 못한 독특한 본질을 부여받은 것이었다. 우파 지식인은 일차적으로 프랑스인으로 동일시했고, 이차적으로 광범위한 지식인 공동체의 한 일원과 동일시했다.[68] 우파 지식인의 정체성과 민족 개념을 연

---

65) 지식인 개념에 대해서 비노크는 "지식인이란 단순히 청원 서명자가 아니라 사회에 분석, 방향, 도덕성을 제시하는 자"라고 정의하고 있다. Michel Winock et Jacques Jullard, *Dictionnaire des intellectuels français: les personnes, les lieux, les moments* (Paris: Seuil, 1996), p.15.

66) Sarah E. Shurts, *Redefining the Engagé: Intellectual Identity and the French Extreme Right, 1898-1968* (A dissertation submitted to the University of North Carolina at Chapel Hill, Chapel Hill, 2007).

67) Patrick Weil, *How to be French: Nationality in the Making since 1789*, trans. by Catherine Porter (Durham and London, Duke University Press, 2008), ch.7, pp.182-188.

68) S. E. Shurts, *Redefining the Engagé: Intellectual Identity and the French Extreme Right, 1898-1968*, pp.535-536.

결시킨 점은 자못 흥미롭다.

2007년에 발표된 두 논문, 쉔케르와 크륄릭의 논문은 비교할 만하다. 먼저 쉔케르는 바레스의 작품들을 분석하여 그의 민족주의를 검토한다. 쉔케르가 보기에 바레스가 민족적 정체성에 깊은 관심을 갖게 된 이유는 프랑스 국가의 쇠퇴에 대한 위기의식과 그것에 대한 처방을 위해서였다. 그런 바레스에게 민족은 확장된 자아의 반영이며 자아의 염원의 투영이었다. 바레스는 자아 보존을 목표로 진정한 자아주의 예찬을 건설하는 것을 그의 목표로 삼았고, 그런 자아가 야만인들로 간주되는 타자들과 접촉하여 타락하게 되었지만 조상의 땅속에서 그 수액을 빨아올리면서 갱생하게 된다는 것이다. 민족과 개인은 과거, 현재 그리고 미래가 연속되어 있으며 자유의지 원칙을 배제한 채 단순히 긴 줄의 사슬인 인간에게 역사의 주체라는 위상은 거부되고 있다고 말한다. 결정론자인 바레스에 의하면, 세계는 부분의 전체인데, 이것은 미래가 하나 그것도 오직 하나일 수 있다는 것을 의미한다.[69] 그런데 쉔케르는 나와 다른 그 누구든, 타자를 배제하는 바레스의 민족주의는 지독한 에고이스트로 변했다고 결론짓는다. 게다가 전시에 이르러 바레스의 증오에 찬 그리고 복수심에 찬 선전 연설들은 전시에 더욱 분명해지고 전투자들의 애국적 정서를 격앙시키게 될 것이라고 결론을 내린다.[70] 바레스의 결정론을 역사의 주체로서 인간의 자율성에 대한 거부로 연결시키는 것은 결정론을 편협하게 이해하는 것으로 보인다.

[69] Georg Lukacs, *Le Roman historique*. Trad. Robert Sailey (Paris: Payot, 1973), p.24.

[70] Maud Hilaire Schenker, "Le nationalism de Barrès: Moi, la terre et les morts", *Paroles gelées*, 23(1) (2007, UCLA Dept. of French and Francophone Studies, UC Los Angeles), pp.6-11.

2007년도 크륄릭의 논문에서 바레스 편을 살펴보면, 바레스에게 있어서 민족주의가 변할 수밖에 없는 이유를 설명하고 있다. 드레퓌스기의 정치적 분열과 대립을 초월하여 제1차 세계대전부터 바레스의 민족주의는 당파성이 약화되고 내부의 적이 아닌 외부의 적으로 향하게 된다. 이렇게 바레스는 한편으로 신성한 단결의 공화주의적 민족주의를 예고하면서 더 이상 배제의 논리가 아니라 화합의 논리로 조국을 예찬하는 불굴의 예찬자가 되었다는 것이다.[71]

2009년도에 발표된 베롱의 논문[72]은 여러 면에서 흥미로운 논문이다. 바레스의 『뿌리 뽑힌 사람들』과 거의 같은 해에 발표된 바스크 지방의 한 청년이야기를 다룬 피에르 로티의 소설 『라문초(*Ramuntcho*)』를 통해서 바레스와 프랑스 민족주의에 대해 로티가 어떤 반응을 보이는지 고찰하고 있는 논문이다. 베롱은 바레스가 민족주의를 전개했던 이유를 프랑스 사회에 대한 현실인식에서 찾는다. 바레스의 현실인식은 몇 가지로 요약된다. 우선 프랑스는 보불전쟁에서의 패배 이후 유사 이래로 가장 신체적 도덕적 퇴화를 겪는 최고의 쇠퇴기에 접어들었다고 진단했다. 이 도덕적 신체적 쇠퇴는 '민족적' 에너지의 상실로 기술하고 있다. 또한 바레스가 쇠퇴의 원인으로 지목했던 주요 대상은 퇴폐적인 부르주아와 위로부터의 중앙집권화였다. 이런 비판의 대안으로 보다 낭만주의적인 바레스는 프랑스의 위협받고 있는 민족적 활력을 복원하기 위해 타진할 수 있는 대안적인 긍정적 요소를 지방 문화들에서 찾았다는 것이다. 바레스는 원시

---

[71] Brigitte Krulic, *Nation, Une idée moderne*, p.60; "Le peuple français chez Maurice Barrès, une entité insaisissable entre unité et diversité", *Revue électrique internationale* http://www.sens-public.org/spip (2007. 2).

[72] Richard M. Berrong, "Pierre Loti's Response to Maurice Barrès and France' Growing Nationalist Movement: Ramuntcho", *Modern & Contemporary France*, Vol.17, no.1 (2009. 2).

성을 가장 많이 갖고 있는 지방들, 특히 로렌의 사람들이 갖고 있는 인간의 원시적인 과거(=그의 문화의 원시적인 뿌리)와 다시 연결되기를 열렬히 원했다. 그와 다르게 로티의 라문초는 그런 성격을 바스크 인들에게서 찾고 있다. 또한 로티는 지역문화들이 적어도 부분적으로 인간에게 있는 원시성과 여전히 연결되어 있기 때문에 위험한 것으로 설명한다. 왜냐하면 근대 지방민에게 원시성이 존재한다고 보았기 때문이다. 그 결과 로티는 통제되지 않는 폭력은 물론 획일성, 수동성의 모든 가능성을 갖고 있는 낭만주의적 전-원시주의를 바레스에게서 발견했을 때, 로티 자신이 처음 출발했었던 바레스의 낭만주의적 전-원시주의와 결별을 선택했다. 베롱의 논문은 동시대의 두 문학가가 프랑스 쇠퇴에 대한 위기의식과 그 대응이 어떻게 다른지 잘 보여준다는 점에서 흥미롭다.

위에서 볼 수 있듯이 바레스의 민족주의에 대한 연구 동향들을 정리해 보면, 크게 몇 가지로 분류해 볼 수 있다.

첫 번째 경향은 주로 문학가들이 바레스의 민족주의 성격의 소설들을 '토지문학'으로 분류하여 토지와 민족의 연관성에 주로 주목하였다.

두 번째 경향은 우파 지식인으로서의 새로운 정체성 형성이 바레스의 민족주의로 나타났다고 보는 시각이다. 셔츠가 대표적인 학자이다. 그에 의하면, 드레퓌스 사건을 통해 좌우 지식인이 갈등하고 갈라지면서 드레퓌스 옹호파인 좌파 지식인이 승리를 거두었다. 좌파 지식인이 헤게모니를 잡자 지식이 주류 사회에서 배제된 우파 시식인늘은 좌파 지식인들과는 다른 지식인으로서의 정체성을 새롭게 정립하게 되었다.

세 번째 경향은 바레스를 전-파시스트로 보는 시각이다. 스테른헬과 수시가 대표적이다. 그러나 앞에서 보았듯이, 스테른헬이 지적하는 바레스의 파시즘적 요소들을 살펴보면 바레스의 민족주의가 파시즘이라고 하기에는 결여하고 있는 요소들이 아주 많다는 것을 우리는 발견하게 될 것이다.

또한 시대별로 연구 주제를 살펴보면 1970년대, 1980년대, 1990년대까지 바레스의 민족주의에 대한 해석은 주로 정치사상사적으로 연구되었고, 바레스의 민족주의에 대한 파시즘 논쟁이 중심이었다. 2000년대에 들어서 새로운 관점의 해석이 나오는데, '우파 지식인'의 문제와 '토지 문학' 입장에서 연구된 새로운 해석들이 나왔다. 여기에 더하여 2007년부터 민족주의에 관한 논문들이 1~2편 발표된 것을 찾아볼 수 있다. 이는 우파 정부의 집권이라는 정치적 맥락에서 나타난 연구 경향을 반영하는 듯하다. 이처럼 바레스 사상은 해석과 관점들에 따라 지금까지도 여전히 논쟁이 되고 있다.

본 논문은 연구의 시간적 범주를 1880~1914년으로 설정하였다. 시기적으로 프랑스는 1880년대부터 공화국에 대한 모든 불만과 비판 속에서 체제 반대세력들이 서서히 결집하는 양상들이 나타나기 시작했다. 데룰레드의 애국자연맹과 불랑제장군지지운동이 대표적인 운동들이었다. 반공화국적인 이 새로운 우파들이 지식인들과 민중 층에서 광범위한 호응과 지지를 얻어내는 가운데 새로운 민족주의는 1890년대에 드레퓌스 사건을 계기로 급진성과 우익적인 성격을 띠게 된다. 바레스는 이런 조직과 운동의 흐름들에 가담하면서 사상적인 변화가 일어난다. 바레스가 민족주의로 전향하게 되는 출발점은 대략 1885년경으로 간주되고 있다. 바레스는 1890년대에 이르러 민족주의 이론과 사상을 조탁해냈고 그 민족주의는 1914년 제1차 세계대전 전까지 그 흐름을 유지한다. 그러나 세계 대전이라는 엄청난 파국을 맞이하면서 그의 사상은 또 다시 변화를 보여준다.

제2장
19세기 후반 갈라진 사회와
우익 민족주의의 출현

19세기 후반 프랑스 사회는 정부 주도의 위로부터 만들어진 민족주의를 통해서 사회적으로 문화적으로 민족적인 통합이 달성되었다고 설명해왔다. 그런데 실제로 프랑스 제3공화국의 현실은 다른 모습을 보여준다. 상당수의 프랑스인은 그들의 삶의 양상이 민족적이라기보다 여전히 지역적이었고, 언어상으로도 프랑스어가 아닌 지방의 방언사용이 지배적이었다. 그리고 지역주의와 지역적 정체성이 프랑스인으로서의 정체성보다 훨씬 우세했다. 또한 경제저으로도 딘일 경세로 통합되어 있지 않은 상태에서 그들은 프랑스인이라는 단일한 정체성을 확고히 갖기는 어려운 실정이었다. 이런 양상은 19세기 후반에도 계속 지속되었다. 분열을 극복하기 위해 공화국은 교육, 시장 등을 통해 프랑스인으로 단일한 정체성을 만들어나가기 위한 노력들을 경주했던 것이다.

예를 들어 제1차 세계대전 전까지의 제3공화국(1870~1914)은 애국적인 역사의식, 군사적 징병제, 지방을 중앙과 연결시키는 커뮤니케이션 네트워크와 영토 범위의 경제를 고취시키는 민족적인 중등교육 체계를 도입하여 하나의 프랑스인으로 만들어나가는 정책적인 노력들을 진행해 나갔다. 공화국을 통한 모범적인 근대 민족의 형성을 검토하고 있는 유진 웨버의 『농민에서 프랑스인으로』1)에서는 농민의 정치화를 통해 민족적 정치생활로의 농민의 통합 과정을 잘 설명하고 있다. 하지만 갈라진 프랑스인들을 하나로 통합하기 위해서 위로부터 중앙집권적인 대중 민족을 만들고 민족화를 달성하려는 목표는 쉽게 달성되지 않았다. 10세 이상의 남자의 9.4%, 여자의 13.9%가 완전한 문맹이었다고 하는 사실이 이를 단적으로 보여준다. 그래서 뒤로젤(Jean-Baptiste Duroselle)은 1900년경의 프랑스에는 여전히 지방사투리로 말하고 그것밖에 모르는 시골 사람들이 많았고, 훨씬 더 많은 사람들, 아마 농촌 인구의 절반 이상이 프랑스어를 말하고 프랑스어를 이해하면서도 지방사투리를 훨씬 더 선호하고 사투리를 더 편하게 느끼고 있었다고 하면서 이렇게 말한다. "우리가 받은 인상은 프랑스인의 단일성(unité)이 아니라, 극단으로 치우친 다양성이다. 우선 지리적으로 대단히 세분화되어 있었다. 프랑스를 제외한 유럽의 어떤 나라도 알프스의 고산지대, 깊은 열곡지대, 화산지대, 지중해성기후의 해안지대를 동시에 갖고 있지 않다. 게다가 20세기가 시작할 무렵, 지역의 독창성은 정말 굉장했고, 프랑스인은 무한히 다양했다."2)

이렇게 볼 때 19세기 후반에 프랑스가 공화국을 통해 민족 통합을 달성했다는 것도 사실이라기보다는 신화에 가깝다. 즉 프랑스혁명을 통해 프랑스 민족은 불가분의 하나의 민족이 되었다고 우리는 전제해왔고 막

1) Eugen Weber, *Peasants into Frenchmen: The Modernization of Rural France, 1870-1914* (Stanford, California: Stanford University Press, 1976).

2) Jean-Baptiste Duroselle, *La France de la Belle Époque* (Paris: Presses de la Fondation Nationale des Sciences Politiques, 1992)(1972), p.9.

연하게 이것이 제3공화국을 통해 실제로 이루어졌다고 믿고 있는 점이다. 그러나 프랑스혁명 이전에는 모든 것이 얼마나 달랐던가? "모자이크와도 같은 프랑스"[3]는 프랑스혁명 이후 제3공화국이 성립되기 전까지 19세기 내내 지역적, 종교적, 계급적, 문화적으로 갈라져있었고 분열이 많고 갈등이 많고 복잡한 상태에 처해 있었음을 말해준다.

그러므로 보불전쟁의 패배는 프랑스가 통일된 민족(정체)성과 민족이 만들어질 수 있는 중요한 하나의 계기였고, 그것을 바탕으로 한 민족으로의 통합 의식을 더욱 강고하게 할 것을 주장하는 목소리가 드높아지는 것은 19세기 말 드레퓌스 사건 때였다. 하지만 프랑스인의 민족적 통합은 고사하고 두 개로 완전히 쪼개지는 난국을 맞이했다. 드레퓌스 사건으로 인해 공화국의 분열이 더한층 심해지면서 무엇이 프랑스 '민족'이고, 그런 민족이 되어야 하는가에 대한 정파들 간에, 프랑스인들 간에 치열한 논쟁이 가열되었다. 이때 공화파들이나 사회주의자들과는 다른 새로운 민족주의 계열의 바레스, 모라스, 미스트랄 같은 인물들이 출현했던 것이다.

그러므로 새로운 우익 민족주의가 나올 수밖에 없었던 프랑스의 시대적 상황들을 말 그대로 정확히 이해할 필요가 있다. 19세기 후반은 기존에 공화국적인 민족주의가 지배적인 상황에서 우익 민족주의가 새롭게 출현하는 시대적 의미를 갖는다. 우익 민족주의가 출현하는 1880년대와 1890년대의 프랑스의 시대적 상황들을 살펴보자.

---

[3] Brian Jenkins and Nigel Copsey, "Nation, nationalism and national identity in France", Brian Jenkins and Spyros A. Sofos, ed., *Nation and Identity in Contemporary Europe* (London and New York: Routledge, 1996), ch.5, pp.101-124.

1. 19세기 후반 갈라진 사회

1) 공화국을 통한 합의─위로부터의 민족 통합

널리 읽히는『신프랑스 현대사(*Nouvelle histoire de la France contemporaine*)』총서가 보여주듯, 제1차 대전 이전의 프랑스 제3공화국의 정치는 1898년을 기점으로 두 시기로 나눌 수 있다. 즉 1871~1898년이 대체로 기회주의자들(다수파이자 온건파 성향의 공화파)[4]이 집권하는 시기였다면, 이어서 1898~1914년까지는 급진파(radical)가 지배하는 두 시기로 구분할 수 있다.

공화국을 통한 민족 통합 노력은 집권파였던 온건 공화파의 정책들에 의존하고 있었다. 1879년 선거에서 왕정파와 우파를 이겼던 공화파였지만, 1880년대에도 아직도 강한 우파 세력에 맞서야 했던 여러 공화파들은 내부적 파벌을 떠나서 결속과 협력을 필요로 하고 있었다.[5] 공화파는 교육법과 세속법, 언론과 집회의 자유에 관한 법들을 제정했고, 1884년 4월법으로 지방자치 제도를 개선하며 대립이 아닌 화합을, 민족적 통합을 도모했다. 보불전쟁의 상처에서 민족적 애국심을 고양시키며 동시에 정치적 과도기 상태를 끝내고 실질적인 공화파가 집권하는 공화국을 안정시켜야하는 이중의 과제를 안고 있었다.

공화파는 무엇보다 반독일 복수주의(revanchisme)가 우선시되었던 바, 잠재된 독일의 위험에 늘 강박관념을 안고 있었고, 그래서 그들은 민족

---

4) 기회주의 공화국(République Opportuniste)은 1879~1885, 1890~1895년의 프랑스를 집권했던 정부를 일컫는다. 이 기간을 기회주의 공화국이라 부르는데, 기회주의라는 용어는 강베타와 페리에가 추구한 타협과 신중한 정치를 말한다. 1881년 급진파가 강베타를 비판하면서 붙인 명칭이다. 기회주의 정부는 정치적 인물들과 그 저변의 에토스 측면에서 부르주아적이었다. 즉 자본주의적 자유민주주의의 원칙을 노선으로 삼았다.

5) 노서경,『프랑스 노동계급을 위한 장 조레스의 사유와 실천(1885~1914)』(서울대학교 서양사학과 박사학위논문, 1999), 28쪽.

이익의 대변자로서 정권에 대한 애국적 신망을 확립할 필요성을 절감했다. 그런 까닭에 독일과의 대결의 위험에서 진로를 조정해야 하는 문제를 안고 있었다.[6]

이러한 외교 방향의 문제를 스탠리 호프만은 이렇게 분석하고 있다.[7] 전통적인 '세력균형' 전략을 취할 것인가, 아니면 주적 독일을 약화시키기 위한 명분으로 민족주의운동에 지지를 보낼 것인가? '보주산맥의 청색선'으로 국경선을 계속 고정시켜야 할 것인가, 아니면 잃어버린 지위를 되찾는 수단으로 식민지 팽창에 기대를 걸어야 하는가? 아니면 조기전쟁을 준비해야 할 것인가, 힘의 균형을 되찾을 때까지 참을성을 가지고 동맹을 구축하며 기다려야만 하는가? 끝으로, 권력과 복수에 대한 욕망이 그 자체로 목적이 되어야 하는가 아니면 방어 전쟁만이 합법적이라는 공화주의의 인도주의적 가치를 공식화해야 하는가? 이런 진로 고민 속에서 공화국은 민중적 복수주의자들과 보수적 군국주의자들과 적대관계에 있게 되었다.

그럼에도 불구하고 제3공화국 초기에 애국적 충성심을 강조하던 관변 공화국의 민족주의의 성격은 독일에 대해 공격적이고 호전적인 민족주의는 아니었다. 오히려 위로부터의 정치적인 민족 통합을 추구했다. 젠킨스는 세기 전환기에 와서야 민족주의가 보수정치의 중심적인 단일화 테마가 되어가고 있었다고 설명한다.[8]

그러나 공화국을 통한 합의 위에서 성립된 제3공화국은 초반에 애국적 충성심을 이끌어 내기 위한 노력에노 불구하고, 정국을 운영해나갔던 공화파는 예기치 못한 새로운 도전들을 만나게 되었다. 가장 큰 도전은 불

6) B. 젠킨스, 『프랑스 민족주의』, 154쪽.
7) S. Hoffman, *Essais sur la France: déclin ou renouveau?* (Paris: Editions du Seuil, 1974). p.442.
8) B. 젠킨스, 『프랑스 민족주의』, 159쪽.

랑제장군이 일으켰던 불랑제장군지지운동이었다. 이 운동은 공화파의 민족주의 진영으로 총 결집을 일구어냈던 한편, 연이어 불랑제장군의 실각 이후 공화파 안에서의 사분오열하는 분열을 초래했다.

이러한 분열의 근저에는 1880년대에 들어서 공화주의자들의 근본적인 신념들—민주주의, 평등, 과학—에 대한 의구심들이 깔려 있었다. 그와 동시에 그것은 새롭고 예기치 못한 정치적 지적 격변의 시대의 시작을 예고하는 것이기도 했다.[9] 무엇보다 그것은 의회 정파들의 잦은 변동과 체제의 불안정에서 기인했다. 또한 경제적으로 1850년대와 1860년대의 세계적인 호황과 대조적인 19세기 후반에 일어난 경제 침체는 권력을 잃은 보수주의자들과 아직도 권력으로부터 배제되어 있었던 급진파와 사회주의자들 양쪽 모두의 지지층을 넓히는 데 일조했다.[10] 게다가 정권이 여러 추문사건들에 연루되면서 제3공화국에 대한 국민의 신뢰를 떨어뜨렸다. 예컨대 1887년 훈장거래 사건이 발생하여 대통령 그레비가 사임했고, 1889~1893년에 파나마 추문사건[11]이 발생했다. 이런 스캔들에 정계가 연루되어 반의회주의를 부추겼고, 많은 프랑스인들이 기존의 체제를 거부하기에 이르렀다. 무정부주의자인 카세리오가 공화국의 대통령인 사디 카르노를 1894년 6월 24일에 리용에서 암살했다.

이러한 일련의 사건들이 일어나는 가운데 새로운 재편이 일어났다. 제3공화국 정치사에서 1870~1914년 이 시기는 프랑스 우파에서 정치적 이데올로기적 재편이 일어나는 시기로 보고 있다. 특히 1890~1911년까지는 이른바 구정치에서 신정치로의 전환의 시기였다. 1890~1898년은 공화국으로의 가톨릭의 가담이 일어남에 따라 정치적 재편의 출발점이 되는 새

---

9) R. Tombs, *France 1814-1914* (London & New York: Longman, 1996), p.453.

10) *Ibid.*

11) Jean-Yves Mollier, *Le Scandale de Panama* (Paris: Fayard, 1991).

로운 정치시대의 여명처럼 보인다고 평가하기도 한다.[12] 온건공화파인 기회주의자들이 정치를 지배하는 가운데 우파로의 세력 재편이 서서히 일어나고 있었다. 신·구 우파들 간에 서서히 결집이 일어날 수 있었던 것은 공화파 정권에 대한 불만과 반격이다. 특히 우파로의 결집에 더욱 힘을 실어주었던 사건은 결정적으로 드레퓌스 사건이었다. 그것 때문에 공화국을 통한 합의에 분열을 가하고 두 개의 진영이 첨예하게 형성되었다.

20년간 정권을 잡고 있었던 기회주의자들은 드레퓌스 사건을 계기로 위태로워졌고 그들 가운데 다수파(=온건파)가 보수적이고 성직주의적이고 민족주의적인 우파로 기울었다. 그리고 소수파는 급진파와 사회주의자들의 좌파에 합류했다. 이 좌파는 여전히 매우 반성직주의적이고 드레퓌스 사건 이후 군대를 경멸했다. 그러나 드레퓌스의 승리와 함께 1899년 온건파의 다수파가 해체되었다. 급진파와 몇몇 드레퓌스파와 기회주의자들이 결합하여 사회주의자들의 간헐적인 지지를 받아 새로운 다수파를 형성했다. 이리하여 다수파가 좌경화했고, 이후 급진파와 그들의 사회주의 협력자들이 의회에서 우세를 점하게 되고 프랑스의 정치생활을 지배했다. 1902년과 1906년의 두 차례의 총선은 이러한 좌경화의 현상을 확인해주었다.[13] 또한 갑작스럽게 일어난 반성직주의 운동이 1905년 교회와 국가의 분리를 가능하게 하는 상황을 조성했다.

그러므로 세기 전환기에 정권을 잡고 공화국이 진로를 인도했던 급진파의 역할은 참으로 중요했다고 말해진다. "급진주의의 역사는 바로 공화국 건설의 역사"[14]라고 평가할 만큼 급진파는 공화국 성립 후 1890년대부

---

12) R. Tombs, *France 1814-1914*, pp.455-460.
13) D. 리비에르, 『프랑스의 역사』 (까치, 1995), 348쪽.
14) Claude Nicolet, *Le Radicalisme* (Paris: PUF, 1967, Ière édition 1957), p.6; 민유기,

터 사회문제에 관심을 가졌고, 전환기에 프랑스 정계에서 중도좌파에 위치하며 다양한 사회개혁을 추구했다. 이윽고 1901년에 이르러 '급진당'이 탄생했다. 이 정당의 결성 목적은 사회개혁에 있었다.[15] 다시 말해 교육개혁 이후 간접선거에 의해 선출되는 제3공화국의 상원과 대통령직의 폐지를 통해 보통선거제에 기초한 의회민주주의와 반성직주의를 강조하던 급진파는 1890년대 들어 새롭게 경제, 사회 문제에 관심을 갖기 시작했던 것이다. 급진파들이 이와 같은 사회연대(solitarité)와 다양한 사회개혁을 추구했던 것은 공화국의 위로부터의 민족 통합의 과제를 해결하지 못한 기회주의 공화국에 대한 비판에서 비롯된 강구책이었다고 할 수 있다.

급진파 운동의 단일성을 확보해준 것은 교권침투의 위협을 받고 있고 공화국을 방어하라는 공화국 방어라는 테마였다.[16] '위험에 처한 공화국'이라는 수사가 급진파에 이득이 되었다. 이제 공화국 방어의 투사들은 공화국이 방어될 필요가 있다는 것을 뒤늦게야 알게 되었던 것이다.[17]

1899년 6월, 드레퓌스 사건이 한창일 때 우파와 특히 우파 민족주의자들에 맞서 발데크-루소는 "공화국의 방어"를 위한 정부를 구성했다. 처음으로 무소속(indépedant) 사회주의자인 밀랑이 내각에 참여하고 1900년에 하루 최장 노동시간을 10시간으로 고정시키는 법을 통과시켰다. 또한 발데크-루소 내각은 가장 극렬한 몇몇 반드레퓌스파의 지도자들을 체포하여 상원의 심판을 받게 했다. 교회는 반드레퓌스파를 지원했기 때문에 반성직자 투쟁이 다시 격렬하게 재연되었다. 1902년 6월에 새로 수상이 된

「20세기 전환기 프랑스의 급진공화파와 중도정치」, 『프랑스사연구』 제22집 (2010. 2), 101-130쪽에서 재인용.

[15] Jacque Kayser, *Les Grandes batailles de radicalisme* (Paris: M. Livière, 1962), p.7.

[16] Serge Berstein et Marcel Ruby, eds., *Un siècle de radicalisme* (Paris: Presses Universitaires de Septentrion, 2004), p.55.

[17] *Ibid.*, p.57.

에밀 콩브는 반성직자주의 정책을 극단적으로 밀고 나갔다. 그는 1901년의 7월 1일 결사법을 시행하여 허가받지 못한 종교단체를 추방했고, 3,000개의 종교계 학교를 폐쇄하고, 교황청과의 관계를 단절했다(1904년). 이러한 조치들은 지방과 군대 그리고 사법부에 커다란 동요를 불러일으켰다.

이어 1906년부터 1909년까지 좌파 내각을 형성했던 클레망소는 "급진적인 개혁을 벌이겠다"고 표방했지만 질서를 회복하기 위해서 파업을 분쇄했고 실질적인 개혁은 여전히 미흡한 상태였다. 하원에서 조레스의 공격을 받은 급진파는 우경화한다.[18]

다른 한편에서, 세기 전환기인 1898년부터 1906~1907년까지 프랑스인들의 삶은, 인민의 삶이 비혁명적 시기인데도 정치적일 정도로 아주 정열적이었다. 역설적이게도 급진적 공화국이 정착하는 것은 바로 이 시기이다. 그 후 본래의 정치 논쟁은 도시와 농촌에서 퇴색되었다. 사회주의자들을 제외한 그룹들이 해체되었고 신문들은 활기를 잃었다.[19] 1910년 이후로는 파업이 줄어들었고 혁명적 생디칼리슴은 쇠퇴했다. 결국 1910년부터 문제의 성격이 바뀌었다. 즉 중도좌파가 다수파를 이루었고, 정부의 불안정이 커졌다. 대외적으로 상황은 악화되었고 프랑스 민족주의는 새로운 도약을 경험한다.

---

[18] Serge Berstein, *Histoire du Parti Radical*, tome I (Paris: Press de la Fondation Nationale des Sciences Politiques, 1980), pp.15-17. 프랑스 정치사에서 급진당의 변천은 독특하다. 급진당은 여러 사건을 거치면서 민속블록의 좌파였다 좌파 연합의 우파였나 하면서 모습이 변하고, 이런 두 모습 사이에서 동요는 급진주의에 대한 조롱거리가 되어왔다. 급진당의 역사 연구의 중요성을 피력하는 베르스텡은 급진당이 정치세력들 사이를 안정시켜주는 균형추로서나, 그것을 구성하고 있는 단순한 인간 집합체로서의 역할에 그 무게가 두어져서는 안 된다고 말한다. 오히려 연구의 동기는 급진당의 행동양식, 동기들, 급진당이 직면해 있었던 간전기라는 프랑스의 특수한 현실이며, 또한 통치 정당의 사명에서 중도파 형성의 역사라고 주장한다.

[19] Madeleine Rebérioux, *La République radicale? 1898-1914* (Paris: Édition du Seuil, 1975), p.233.

이런 사실들을 통해서 우리는 제3공화국의 정치적 현실을 알 수 있다. 세기 전환기에 프랑스의 정치적 난국 속에 정국을 이끌어나갔던 급진파의 모습은 민주주의가 정착하지 못한 제3공화국의 불안정한 모습 속에서 좌우를 왔다 갔다 하는 양상을 나타냈다. 르베리우는 대학살뿐만 아니라, 문화적, 정치적 가치들의 심대한 위기가 준비된 것은 급진주의의 그늘에 서였고, 사회적 위기의 거의 모든 기본 요인들은 1914년 이전에 이미 존재하고 있었고, 그러므로 전쟁이라는 단절은 그리 적절치 않다고 말한다.[20]

이와 같이 제3공화국이 성립되었지만 공화국 초반은 정치적으로 많은 갈등과 혼란과 불안한 정국이었음을 보여준다. 따라서 위로부터의 공화국을 통한 합의는 그 한계에 부딪칠 수밖에 없었다.

2) 갈라진 사회

제3공화국 체제는 사회적 평등주의를 만족시키지 못했다고 평가된다. 왜냐하면 기회주의 공화국은 자본주의적 자유민주주의 원칙을 노선으로 삼았기 때문이다. 그래서 국가의 입법적·행정적 간섭을 정치적 권리, 시민적 자유, 공교육 같은 한정된 영역에 국한시켰다. 반면에 시민사회의 보다 넓은 영역을 대개는 사회경제 세력들의 자유경쟁에 방임해버렸다. 그로 인해 노동조합의 합법화가 이루어지고(1884), 경제적 보호주의가 부분적으로 채택되었지만, 제3공화국은 노동계급과 도시의 프티부르주아계급을 소외시키는 결과를 낳았다. 다시 말해 민족적 통합에 대한 강조와 애국적 가치들의 주입식 교육에도 불구하고, 제3공화국은 여전히 일부 사람들에게 패배, 항복, 굴욕의 산물로 간주되었다.[21]

---

20) *Ibid.*, p.234.
21) B. 젠킨스, 『프랑스 민족주의』, 164쪽.

앞에서 살펴보았듯이 체제는 민족통합을 위해서 국가가 주도하는 위로부터 강제된 정책들을 실시하면서 공화국을 통한 민족적 합의를 이루어 나가고자 했으나, 그것이 정권의 강화에는 기여했을지 모르나, 곳곳에서 분출되는 다양한 요구들은 프랑스의 갈라진 사회의 명암을 보여주었다.

① 프랑스 산업화와 경제

먼저 19세기 후반 프랑스의 경제를 살펴보자. 프랑스의 산업구조의 가장 중요한 특징은 이원적 성격이다. 프랑스 산업화[22]는 한편으로 새로운

---

[22] P. K. O'Brien & C. Keyder, "Les voies de passage vers la société industrielle en Grande-Bretagne et en France(1780-1914)", *Annales ESC*, vol.34, no.6 (1979), p.1287; 19세기 프랑스 경제발전론에 대해서는 두 시각이 있다. 프랑스 경제 성장의 지연론 또는 비관론에 대해서는 프랑스의 경제적 후진성을 강조하는 연구자로 로스토우(W. W. Rostow), 랜디스(D. Landes), 폴라드(S. Pollard), 킨들버거(C. P. Kindleberger) 등을 들 수 있다. 지연론자들은 그 원인을 프랑스 경제구조의 취약성을 지적한다. 프랑스 농업의 높은 비중, 소규모 기업의 우세, 원면, 철, 그리고 석탄의 낮은 생산 및 소비가 그것이다. 그에 반해 수정론자들은 19세기 프랑스의 경제발전을 평가하는데 국민총생산이 아니라 1인당 생산을 지표로 삼을 것을 주장한다. 1인당 재화생산의 증가율은 오브라이언에 의하면 1815년 이후 1세기 동안 영국에서는 연평균 1.3%, 프랑스에서는 1.2%에 이르렀다. 또한 레비-르부아예(M. Lévy-Levoyer)는 1840~1910년 사이 양국의 1인당 연평균 생산성의 상승을 각각 1.2%와 1.0%로 산정하였다. 그런가 하면 로엘(Roehl)은 19세기 중엽에서 20세기 중엽까지의 1인당 연평균 생산증가율에 있어서 프랑스(1.79%)는 독일(1.79%)과 동일하였고 영국(1.34%)은 물론 미국의 증가율(1.72%)까지 앞질렀다는 수치를 제시하였다. 이런 수치들은 영국과 프랑스가 19세기 경제성장에 뚜렷한 차이가 없었다는 것, 즉 19세기 프랑스의 경제가 결코 지체된 것이 아니었다는 사실을 말해준다. 이런 견해를 주장하는 수정론자들로는 오브라이언과 기더(P. K. O'Brien & C. Keyder), 레비-르브와예(Maurice Lévy-Levoyer), 로엘(R. Roehl)이 있다. Maurice Lévy-Levoyer & François Bourguignon, *L'économie française au XIXe siècle* (Paris: Economica, 1985), p.4; R. Roehl, "L'Industrialisation française. Une remise en cause", *Revue d'histoire économique et sociale*, vol.54, no.3, p.411; 윤승준, 「수정주의적 프랑스 산업화론에 대한 일고찰」, 『프랑스 노동운동과 사회주의』 (느티나무, 1988), 381-420쪽이 있다; Jan Marczewski, "Some Aspects of the Economic Growth of France, 1660-1958", *Economic Development and Cultural Change*, IX, 1961, pp.369-386; Marczewski, "The Take-off Hypothesis and French Experience", in Walt W. Rostow ed., *The Economics of Take-off into Sustained*

기술과 기계화된 생산, 다른 한편으로 전통적 숙련과 수공업적 분산노동이라는 '두발로 걷는' 구조로 이루어졌다. 그래서 근대적 공장이 수공업적 작업장을 소멸시킨 것이 아니라 양자가 상호보완적으로 발전했다. 또 산업 분야에 있어서 대기업보다는 소규모 기업의 비중이 훨씬 큰 비중을 차지하고 있었다.[23] 뿐만 아니라, 19세기에는 사회가 전형적인 산업사회가 아니라 농업사회와 공업사회가 공존하는 이중구조 사회였다. 그래서 20세기 초에도 여전히 산업국가인 영국 및 독일과 농업국가인 유럽의 지중해 연안 국가들 사이의 가운데쯤에 놓인 반(半)산업화된 반(半)농업국가의 모습을 하고 있다.[24]

이러한 산업구조의 이중구조 때문에 1870년대부터 시작된 20년간에 걸친 장기불황에도 불구하고 프랑스는 영국보다 경제적으로 불황의 여파는 덜 받았다고 말해진다. 이런 점에서 19세기 프랑스의 산업화나 도시화는 사회적 부작용을 최소화하면서 경제발전을 할 수 있고, 기존의 근대화에 대한 대안이 될 수 있었다고 주장되기도 한다.[25] 다시 말해 19세기 후반 프랑스의 산업화는 이웃의 영국이나 독일과는 다른 이원적인 산업구조로 인해 지체되지 않고 완만한 변화를 나타냈다.

Growth (New York: Palgrave Macmillan, 1963), pp.119-138; T.-J. Markovitch, "L'Industrie française de 1789 à 1964", *Cahiers de l'Institut de Science Economique Appliquée* (series AF, 4, 6 and 7, 1965-1966).

[23] 김경근, 『프랑스 근대사연구』(한울아카데미, 1998), 282쪽; François Crouzet, "Quelques problèmes de l'histoire de l'industrialisation au IX*e* siècle," *Revue d'histoire économique et sociale*, vol.53, no.4 (1975), pp.534-540; 크루제는 프랑스의 산업화는 영국과의 차별화를 통해 이루어지는데 영국을 능가할 수 없는 대량생산 분야에서 경쟁하는 대신에 풍부하고 숙련된 인력을 활용하여 고품질의 생산을 발달시킬 수 있을 때 가능했다는 것이다. 예컨대 랭스와 루베의 혼합 모직물, 리옹의 견직물이 그런 예들이다. 크루제에 대해서는 김경근, 『프랑스 근대사 연구』, 288쪽.

[24] Jean-Charles Asselain, *Histoire économique de la France* I (Paris: Édition du Seuil, 1984), p.9.

[25] 김경근, 『프랑스 근대사연구』, 261쪽.

〈표 2-1〉 산업과 서비스 분야의 연평균 성장률[26]

	산업생산(%)	서비스 분야(%)
1830년대	1.5	1.2
1840년대	2.2	2.2
1850년대	2.2	2.4
1860년대	1.6	1.8
1870년대	0.6	0.8
1880년대	1.7	2.2
1890년대	1.3	1.6
1900년대	1.6	1.8

그러나 이와 같은 산업구조 속에서 1850년대부터 철도산업을 중심으로 진행되었던 프랑스 산업화의 결과는 두 가지 문제를 안고 있었다. 하나는 산업혁명이 가져온 사회경제적 변화가 모든 지역과 모든 계급에까지 미치지 못했다는 점이다. 산업혁명이 가져온 변화는 구도시를 개조하고 신도시를 만들어냈으나 농촌 지역에는 거의 아무런 변화도 주지 못했다는 것이다. 도시 중산층의 성격을 철저히 바꾸어 놓았고 새로운 공장 노동자 계급을 탄생시켰으나 농민에게는 그렇게 현저한 영향을 주지 못했다. 그래서 농촌과 소도시 민중은 물질적 진보에 아주 근소하게 참여하는 데 불과했다. 그들은 도시에서 흘러 들어오는 사상에 회의적인 보수주의자요 전통주의자였던 것이다.

19세기 프랑스는 도시의 선진 경제와 농촌의 후진 경제가 공존하는 상황에서 농민은 근대적인 농민이 아니라 전통적이고 낙후된 농민의 모습을 간직하고 있었다. 즉 일부 농민들이 보다 많은 토지를 획득하여 농촌

26) Patrick Verley, *Nouvelle histoire économique de la France contemporaine, 2, L'industrialisation 1830-1914* (Paris: La Découverte, 1989), p.10; 윤승준, 「수정주의적 프랑스 산업화론에 대한 일고찰」, 274쪽.

부르주아지에 합류하긴 했지만, 농촌적 계서제는 엄존한 상태였다. 지방의 관습들(수호성인 축제, 사육제, 야외파티), 공동의 가치들(노동, 절약, 소유를 통해 독립을 쟁취하는 것), 그리고 생활방식의 획일성은 농촌공동체를 결속시켰지만, 농촌공동체는 사회계서제가 너무나 강력하고 분명하게 나타났다.[27] 게다가 농촌공업은 사양길에 접어들고 있었다.

농촌과 비교하여 도시는 공업의 진전이 농촌보다는 유리했지만, 도시노동자 또한 전통적 장인층과 공장노동자가 갈라져 있었다. 게다가 수많은 노동자들은 국가가 뒤를 봐주는 사용자들과의 계급투쟁에 갇히게 되었는데, 국가는 자유기업을 이유로, 노동조합이 앙시앵 레짐의 동업조합의 제한 관행들 중 어떤 것을 복원하는 것을 허용하지 않았다. 앞서 1831년, 1848년에 일어난 노동자들의 봉기를 국가는 폭력으로 진압했었다.[28]

다른 또 하나는 경기침체(1873~1895)에 직접적 타격을 입는 사회계층인 프티부르주아와 노동자들에게 유대인들에 대한 편견을 심어주었다. 그들은 유대인들을 뿌리가 없는 지식인, 독일의 친구, 인종적 종교적 이방인, '프랑스 정부, 경제, 언론, 나아가 프랑스 사회 전반에 대해 비밀스러운 지배력을 획득한' 음모를 일삼는 도당이라는 편견을 갖게 된다. 그런 편견들이 반의회제적 권위주의, 복수주의 그리고 민족주의 전체에 새로운 경쟁력을 부여하였고, 이들 계층들에게 흡인력을 갖게 되었다.[29] 이시기 프랑스의 반유대주의는 주로 경제적 측면에 대한 공격이 많았다.

위에서 살펴보았듯이 프랑스의 산업구조와 사회구조, 그리고 산업혁명이 가져온 결과를 감안했을 때 프랑스는 계급적으로 갈라진 것보다는 지역적으로 갈라진 모습들이 더 뚜렷했다. 게다가 이렇게 도시와 농촌의 대

---

[27] Antoine Prost, *Petite histoire de la France XXᵉ siècle* (Paris: Armand Colin, 1996), p.10.

[28] *Ibid.*

[29] B. 젠킨스, 『프랑스 민족주의』, 168쪽.

조적인 생활양식의 공존은 20세기의 사회적 이데올로기적 갈등을 내포하고 있었다.

프랑스 경제는 20년간에 걸친 장기침체(1873~1895) 후에 1895년부터 1914년까지 경제성장이 일어난다. 동시에 제국주의 시대로 접어든다. 이른바 '좋은 시절'(=벨 에포크)은 번영과 안정을 강조하기 위해 향수에 젖어 부르는 용어였다. 그러나 좋은 시절의 또 다른 이면에는 그늘이 드리워져 있었다. 그러므로 20세기 초 프랑스 사회는 다음과 같은 모습을 보여준다.[30]

첫째, 경제 분야에서 지체와 혁신이 공존했다. 성장은 핵심부문들에 의해서 초래되었다.[31] 이 핵심부문들에서는 이 시기부터 대규모 공장들이 생겨나기 시작했다. 예를 들면, 르노 자동차는 비앙쿠르에서 4,000명 이상의 노동자들을 고용했다. 노동의 과학적 조직은 시간측정과 함께 시작하지만, 반면 이것이 1912년과 1913년에 르노(Renault)와 베를리에(Berliet)서 파업을 불러일으켰다. 산업 성장의 이면에 그늘과 지체가 존재했던 것이다. 즉 모든 산업이 동일한 리듬으로 발전하지는 않았던 것이다. 어느 부문들은 뒤쳐져 있었다.[32]

둘째, 이런 점들을 감안할 때 국가적인 경제적 팽창에도 불구하고, 이 시기 프랑스는 사회적으로 극명하게 대조되는 사회였다.[33] 세 개의 계층,

---

30) A. Prost, *Petite histoire de la France XXᵉ siècle*, pp.8-15.

31) 1896년부터 1913년까지, 고무 생산은 4배 증가했고, 하하 산업 생산은 2.7배 증가했다. 철 생산은 연산 8.7% 증가했다(1900년에는 16,000톤, 1913년에는 47,000톤 증가). 기계와 고무 산업의 결합으로 탄생한 자동차 산업은 1904년부터 전쟁까지 연간 28.3%의 속도로 증가를 보이는 선두분야였다. 1913년에 자동차 생산은 45,000대였고, 당시 세계 제1위였다.

32) 그늘과 지체가 존재했던 부문들은 피혁산업, 의류산업, 직물업이 그러한데, 그 생산은 생산 지수가 1900년에 85이던 것이 1913년에야 겨우 100이 되었다. 농업은 미미한 생산성을 보이며 제자리걸음이었다(1901년에서 1910년까지 밀은 헥타르당 평균 1,360kg을 생산했다).

33) A. Prost, *Petite histoire de la France XXᵉ siècle*, pp.10-12.

즉 농민, 노동자, 부르주아 계층들로 분화되어 있었다.

먼저 농민들은 다른 계층보다도 수적으로 우세했다. 1900년에 프랑스인의 60%는 농촌에서 살았고, 40%는 도시에서 살았다. 농민층 안에서도 세 개로 분화된 계층들이 충돌하였다. 그들 간에 불균형은 너무나 컸다. 또한 농촌의 계서제는 지방에 따라 상황에 따라 달랐다. 바랄(P. Barral)은 민주적인 지방^{민주주의가 이루어진 지방-역자}과 계서제적인 지방을 구분하였다.[34] 파리 바생(Bassin)의 대농장들, 오주지방(Pays d'Auge)이나 로렌 고원지역 같은 보다 평등주의적인 농촌들도 있었다. 요컨대 농민들 내부는 세 개의 계층으로 갈라져 있었고, 그들 간의 불균형과 지방들 간에 차이가 심했다.

노동자들의 세계에서도 우리는 노동자들이 종사하는 일, 그들의 생활양식이나 그들의 계급의식을 통해 노동자들의 성격을 규정지을 수 있다. 작업 방식은 드물지만 생산의 조직화에 따라 합리적으로 배치된 작업장에서 동시에 끝마치는 분업화된 작업으로 변경되었다. 작업은 아직도 수공업에 가까웠다. 다른 한편, 가내 노동자들이 여전히 많았고(1906년에 26.3%), 진정한 의미의 공장(100명 이상의 임금노동자들을 고용)은 노동자 전체의 24.3% 외에는 결집하지 못했다(공장 노동자는 24.3%에 불과했다는 의미). 소규모 기업이 지배적이었고, 게다가 작업장(atelier, 공장 내에서 동일한 작업이 이루어지는 작업장 또는 공방)도 지배적이었다.

노동조건은 개선되었다. 가장 큰 문제는 전체 공업부문들에서 나타나는, 심지어 자동차 건설에서도 존재하는 계절실업과 관련된 불안정이었다. 게다가 노동계급의 계급의식은 일정하지 않았다.[35]

---

[34] Pierre Barral, *Les Fondateur de la IIIᵉ République* (Paris: Colin, coll. "U", 1968).

[35] 파업은 1864년 이후 공무원을 제외하고 합법화되었고, 1884년부터는 노동조합이 합법화되었다(발데크-루소법). 두 종류의 노조 결성이 공존했다. 지역별 결성, 즉 지역노동회관(Bourses du travail), 이것은 1892년에 전국연맹을 결성했고, 또 한 가지는 직능별(métier) 또는 산업별 전국 결성, 이것은 1895년에 노

부르주아지는 좁은 층을 이루고 있었다.[36] 19세기 초반의 부르주아지를 대신한 19세기 후반에 와서 사용되는 용어였던 중간계급은 그 자체로 갈라져있었다. 중간계급들 중 일부는 경제적 근대화와 국가기구의 복잡화로 득을 보고 있었다. 행정 관료들, 금리생활자들, 자유직업인들, 노동귀족들은 산업혁명의 승리자로 부상하게 되었다.[37]

사회적 신분이동은 어느 한 세대만을 거쳐 이루어지기는 불가능했지만, 사회적 사닥다리의 빗장들을 뛰어넘는 것은 가능했다. 수직적 신분이동의 첫 번째 통로는 학교교육이었다. 기업은 두 번째 통로 역할을 했다. 상인이나 수공업자는 가게를 통해 출세하려고 했다. 그러나 부자가 되려면 교육 아니면 벼락출세자여야만 했다. 다음 세대에서, 재산이 더 이상 획득되지 않고 세습되었을 때, 그리고 승계자들이 훌륭한 교육을 받았을 때, 그 가문은 부르주아계급에 낄 수 있었다.

이런 사실에 비추어 볼 때, 19세기 후반에 서서히 대두하는 대중민족주의의 출현의 관점에서 보자면, 정치적으로는 선거권의 확대, 대중교육의 확대 등을 통해 사회적 평등주의가 실현되는 것처럼 보였다. 하지만 대다수 프랑스 인민들은 경제적으로 자유주의적 방임주의에 어느 정도 노출되어 있었다. 그래서 1870년대 중반부터 시작된 경기침제와 "대불황

동총동맹(C.G.T)로 귀결된다. 두 조직은 1902년에 통합된다.

[36] 대상인들과 공업가들은 소수였다. 거기에 특히 아무 일도 하지 않고 살아가는 금리생활자(1906년에 560,000명)와 자유전문직종사자들(의사 20,000명, 약사 13,000명, 공증인 8,500명, 변호사 6,500명), 장교들(31,000명), 지방행정관과 고위공무원들의 비중이 컸다. 이들 모두는 많든 적든 토지소유자들이었다. 그들은 재산이 있어 거기서 수입을 얻었다. 그러므로 부르주아지는 가문을 통해 세습되는 유산으로 개념정의 되었다. 그렇기 때문에 결혼에 대한 가문의 통제와 지참금의 역할이 있었다. 생활방식은 외형적으로 부르주아지를 구별시켜주었다.

[37] P. Milza, *Histoire generale politique et sociale, Autoritarianisme et Liberalisme dans le monde de XVIIf siècle aux années 1950* (Cours de l'Institut d'etudes politiques de Paris), p.9.

기(1882~1896)"를 해결하는 출구로 국가는 제국주의를 통해 이를 타개하려고 했다. 게다가 정치적 지배계급은 실업계와 수많은 스캔들에 연루되어 있어 국가의 신뢰를 잃게 되었다. 그런 연유로 사회적으로 하나의 민족이 되기에는 정치적 경제적 지배계급으로부터 소외되어 있었던 프티 부르주아나 일반 민중들의 불만과 불안감이 컸으며 그들 사이에 사회적 간극을 찾아볼 수 있다. 민족적인 통합과 단일성 의식은 약할 수밖에 없었다.

② 지역적 측면

19세기 프랑스는 지역주의를 기반으로 명사들(Notables)[38]이 지배하는 사회였다.[39] 명사들은 1914년까지도 커다란 영향력을 유지하고 있었다.[40]

---

[38] '명사들(Notables)'은 프랑스혁명 이후 1830년까지 19세기 프랑스 지배층을 가리키는 용어이다. 19세기 지배층에 대하여 종래에는 그것을 부르주아지로 보는 시각이 지배적이었다. 즉 부르주아지는 대혁명을 겪으면서 기존의 지배세력인 특권귀족을 무너뜨리고, 부르주아지가 지배하는 새로운 부르주아 사회를 건설하였다고 보았다. 이러한 시각은 프랑스혁명 이전의 귀족과 부르주아지가 서로 다른 계급을 구성하고 있었으며, 대혁명으로 인한 이들 간의 대립이 지배계급은 물론 프랑스 사회를 전면적으로 변화시켰다는 것을 전제로 한다. 이러한 이른바 부르주아혁명론에 대해 근래의 이른바 '수정주의적' 해석은 귀족과 상층 부르주아지를 포괄하는 단일한 하나의 엘리트층이 대혁명 전에 이미 형성되어 있었으며, 대혁명 이후에도 이들은 명사들이라는 새로운 지배층을 이루었다고 본다. 따라서 후자의 입장에서는 귀족과 부르주아지를 확연히 구분하여 적대적인 계급관계로 파악하기 보다는 귀족과 상층 부르주아지를 포괄하는 '명사들(Notables)'이라는 단일한 범주를 통하여 이 두 집단의 공통된 면과 차이를 보이는 면을 살펴보는 것이 오히려 이 시기를 잘 이해할 수 있다고 주장한다. 그리하여 1830년의 7월 혁명은 아직 완전한 승리를 거두지 못했던 부르주아지에게 정치적 권력을 가져다 준 부르주아혁명이 아니라 국가권력을 둘러싼 명사들 내부의 싸움으로 해석된다. 마은지, 「1840~1851 프랑스 名士社會(la société des Notables)'에 관한 연구」, 『숭실사학』 11집(1998. 12), 281-284쪽. '명사들'에 관한 연구서로는 André Jardin et André-Jean Tudesq, *La France des notables : I. II L'évolution générale*, 1815-1848 (Paris: Seuil, 1973); *Les Grands notables en France 1840-1849, Etude historique d'une psychologie sociale* (Paris: P.U.F., 1964), tome I. II. 참조.

[39] Christophe Charle, *Histoire sociale de la France au XIXe siècle* (Paris: Éditions

여기에 공화주의 정신이 농민들에 속에 들어가면서 농민이 새로운 민족으로 꾸준히 통합되어갔다. 이들 농민은 공화국이 든든히 설 수 있는 지지기반이었다. 그런 농민들의 지지를 토대로 한 제3공화국은 농민 공화국이었다.

그러나 지역적 성향에 따라 공화국에 대한 지지도도 지역 편차가 심하게 나타나는 양상을 보였다. 예컨대 파리와 대도시에서는 공화파가 선출되었던 데 반해, 지방에서는 구 지배계급인 귀족들과 명사들이 여전히 선출되었다. 또한 남부지역은 공화주의를 지지하는 반면에, 혁명기 때 반혁명 지역이었던 서부지방은 전통적인 반공화국적인 성격이 여전히 강하게 나타났다. 공화주의자들이 선거에서 당선될 수 있는 정치 전략은 질서와 보수라는 정치 강령이었고, 왕국으로의 복귀는 새로운 혼란과 혁명의 원천이 될 것임을 농민들에게 확신시켜주는 전략이었던 것이다.[41]

이런 이유로 공화파와 우파는 선거 때마다 인구의 다수를 차지하는 농민을 놓고 경합을 벌였다. 지역별 투표 성향들을 보면 어느 농촌 지역에서는 좌파가, 어느 농촌 지역에서는 보수 세력이 다수표를 얻어 각각의 근거지들로 삼았다. 농민들은 사회 위기가 계속 왔기 때문에 그때마다 농민들의 각양각색의 반응들이 지역별로 다르게 나타났다. 따라서 지역성에 기반한 농민들은 계급적으로 하나로 일반화하기에는 어려웠다. 그들은 공화주의 정신을 전해 받으면서 서서히 하나의 민족으로 통합되어 갔던 것이다.[42]

프랑스의 지역적인 다양성과 분열성을 보여주는 섯은 언어정책에서도 찾아볼 수 있다. 이 언어정책은 각 지역에서 사용되는 고유의 언어와 연

---

du Seuil, 1991), pp. 229-239.

[40] Ibid., p. 230. 문제는 이러한 지역적 기반에도 불구하고, 이러한 (우파의) 전진이 왜 명백한 국가적, 전국적 규모로 승리로 귀결되지 못했던가 하는 점이다.

[41] Ibid.

[42] Ibid., p. 148.

관되어 있었다. 특히 지방어는 일부 지역에서는 교리문답과 설교에서 지방어로 쓰는 경우가 많았기 때문에 언어정책은 나중에 국가와 종교 사이에 분쟁의 빌미가 되었다.

국가는 제1언어가 프랑스어가 아닌 지역 사회와 협상을 벌여야 했다. 1880년 이후에, 법적 공포에 따라 학교에서는 오직 프랑스어로만 가르치게 했다. 그러나 북부 플랑드르 지방과 서부의 브르타뉴 지방에서는 플랑드르어와 브르타뉴어가 교회의 교리문답 설교에 교육 언어로 유지되고 있었다. 그것은 그 언어들이 단순히 모국어였기 때문만이 아니라, 신앙의 강력한 매개체로 느껴졌기 때문이다. 반면 프랑스어는 근대적, 비종교적인 사상의 운반체로 보여졌다. 심지어 캉브레 지방의 대주교는 1882년에 "플랑드르어가 천국 언어다"라고 교구 신자들에게 말하기도 했다.[43]

심지어 플랑드르 지방과 브르타뉴 지방에서는 공용어인 프랑스와 사적 언어인 소수민의 언어를 놓고 어디에다 선을 그어야할지 불분명했다. 초등교사들은 "공화국의 검은 경기병"으로 대도시로부터 외진 코뮌에 이르기까지 프랑스어와 공화국의 가치들의 전달자 역할을 감당했다. 그래서 그들은 빈번히 신앙의 수호 사명을 감당하는 사제들과 경쟁을 벌이기도 했다. 노르도(Nord)에서 교육 당국은 플랑드르어를 쓰는 23개의 코뮌에서는 교리문답이 두 개의 언어로 이루지고 있고 또 20개의 코뮌에서는 오직 플랑드르어로만 이루어지고 있는 것을 발견하고, 플랑드르어가 반-프랑스적 감정을 불러일으킬까봐 우려했다. 그래서 당국은 언어 사용에 제재를 가했다. 이에 대해 캉브레 대주교는 "학교에서는 불어를, 집에서 길거리에서 일할 때 놀 때는 본능적으로 플랑드르어를 쓴다", "브르타뉴인들, 바스크인들, 프로방스인들 처럼 플랑드르인들은 그들의 큰 조국 작은 조

---

[43] AD Nord 2V76, subprefect of Hazebrouck to prefect of Nord (16 Oct. 1882); R. Gildea, *Children of the Revolution, The French, 1799-1914* (Cambridge, Massachusetts: Harvard University Press, 2008), p.304.

국 모두를 사랑한다"라고 말했다. 이런 발언들은 당시에 이중 언어의 현실을 그대로 드러내고 있다.[44]

그러나 공화국도 이에 물러서지 않았다. 공화국은 프랑스어에 대한 헌신을 철회하지 않았고 에밀 콩브가 의장이 되자 1902년 9월 29일 칙령을 내려 교리문답 수업과 교회 설교에서 비-불어 언어 사용을 금지시켰다. "브르타뉴인들은 오직 프랑스어를 사용할 때만 공화국 사람들이 될 것이다"라고 그는 선언했다. 이것은 피니스테르에서 특별한 문제를 촉발시켰다. 결국 정부와 교회 사이에 타협점을 찾을 수밖에 없었고, 이것은 1905년에 정교분리 협약으로 종결짓게 된다. 국가는 더 이상 성직자의 봉급을 주는 무기를 갖지 못하게 되었다. 1906년 선거는 공화파의 확실한 다수파 획득을 낳았는데, 이 선거는 지방민이 그들의 지방언어와 공화국에 대한 충성을 동시에 할 수 있다는 것을 증명해주었다.[45]

③ 종교적 측면

갈라진 사회의 한 양상은 종교문제에서도 찾아볼 수 있다. 종교문제는 프랑스에서 언제나 중심 쟁점이었다. 특히 보불 전쟁이 끝나고 '복수'가 불가능하다고 판단되자 프랑스인들은 복수보다는 민족정신을 재건하는 데 더 집중했다. 왜냐하면 패배로 인해 민족정신이 사기가 꺾였고 이제는 정치적이고 종교적인 투쟁에 의해 깊어졌기 때문이었다.[46]

다수파(=급진파)의 안정은 종교 문제에 관해 견고한 다수파의 존재를 통해 설명되는데, 종교문제는 20세기 초에 프랑스 정치를 지배한다. 드레퓌스 사건은 실제로, 가톨릭 언론에 의해 지지되고 증폭된 전국적인 소요

---

[44] AD Nord 1T123/5, notes of the archbishop of Cambrai, II (Dec. 1901); R. Gildea, *Children of the Revolution, The French, 1799-1914*, p.305.

[45] Caroline Ford, *Creating the Nation in Provincial France: Religion and Political Identity in Brittany* (Princeton: Princeton University Press, 1993), pp.161-165.

[46] R. Gildea, *Children of the Revolution, The French, 1799-1914*, p.413.

를 유발시켰다. 공화국은 성직자의 반동에 의해 위협받는 듯이 보였다. 이런 위협에 맞서 발데크-루소는 1901년 7월 2일의 결사법을 채택케 하며 종교 수도회 통제에 착수했다. 이런 정책은 1902년의 하원의원 선거에서 우파에 의해 맹렬히 공격받았지만, 좌파는 이 선거에서 이겼다. 지친 발데크-루소―그는 1904년에 사망한다―는 콩브를 부를 것을 권하지만, 이런 항의에도 불구하고, 대부분의 수도회에 권위를 허락하지 않고 수도회의 문을 강제로 폐쇄하도록 하면서 1901년 법을 당파적인 방식으로 집행한다. 1904년 법은 수도회에서 교육하는 것을 금지하였다. 콩브 내각의 반성직주의적인 공격에 뒤이은 콩브의 실각 이후 그 법의 보고자인 브리앙이 크게 역할을 할 수밖에 없었다. 그의 화해(타협정신)에서 가결된 교회와 국가의 분리법(1905년 12월 9일)은 가톨릭교회에 의해 수용될 정도로 타협적이지는 않았다. 1904년 외교관계가 깨져버렸던 교황은 그 법을 비난했고, 가톨릭은 국가가 공무원들에게처럼 가톨릭에 보장해주고 있던 처우를 사제들이 상실하게 되자 불안해졌다. 법률이 실시하게 만들었던 교회동산 목록작성은 곳곳에서 저항을 불러일으켰다.

그럼에도 불구하고 반성직주의 정책은 인기가 있었다. 탈기독교화된 지역에서 사람들은 무위도식하고 도움이 되지 않는 생활, 그들의 정치적 압력, 그리고 사생활에서까지 죄의 고백을 통해 가정생활을 지배하겠다는 요구에 대해 사제들에게 비난을 퍼부었다. 반성직주의는 급진당의 세력을 얻게 해주는 기반이 되었다.[47]

위의 사실에서 보듯이 정치싸움과 사회적 분열 외에도 종교적 관행에 있어서도 분열이 있었음을 확인한다. 교구에서 프랑스혁명으로 파괴된 종교생활을 복원하고자 하는 이유에서 종교와 프랑스혁명 사이에 붙었던 싸움은 매체에서도 또한 벌어졌다. 어떤 면에서 이는 지적 전쟁이었다.

---

[47] Antoine Prost, *Petite histoire de la France XXe siècle.*, pp.13-14.

보수적인 서클 안에 널리 퍼져있는 한 가지 이론이 있었다. 즉 프랑스혁명이 프랑스 사회 또는 정부에 내재되어 있었던 어떤 근본적인 위기에 의해 야기되었던 것이 아니라, 볼테르와 루소 같은 계몽사상가들의 선동적인 사상들에 의해 야기되었다는 것이다. 그러므로 혁명의 위협이 소멸되려면, 궁극적으로는 사상의 싸움에서 이겨야만 소멸될 수 있다고 주장했다. 이런 쟁점들과 맞붙어 싸웠던 종교인들은 근본적인 문제와 대결했다. 즉 프랑스혁명으로부터 나온 사상들은 모두 거부되어야 하는가, 아니면 그 사상들의 일부라도 기독교화 하고 근대 세계와 보다 효과적으로 싸우기 위해 종교를 근대화해야 하는가를 둘러싸고 선택의 기로에 있었다.[48)]

제3공화국이 성립되고 나서 초반에 있었던 교회나 의회제 공화국에 대한 태도 같은 정치적인 불화의 원인은 계급 장벽을 가로질러 종교적 지역적 구분에 따라 나누어진 문화적 경계를 따르고 있었다.[49)] 이것은 제3공화국이 여전히 문화적 경계를 따라 갈라진 사회였음을 보여주는 단적인 사례를 나타낸다. 프로테스탄트적이고 자유주의적인 자유사상 전통들은 대부르주아 서클들에서 발견되었지만, 반면에 여러 지역에서는 성직자주의적이고 근왕주의적인 충성심이 중간계급과 농민 속에, 심지어 도시 노동자들 속에도 살아있었다.

④ 사회·문화적 측면

갈라진 사회의 모습은 사회·문화적 측면에서도 발견할 수 있다. 19세기의 역사의 흐름에 물꼬를 텄던 프랑스혁명은 밝음과 어둠이 공존했다. 진보와 행복을 성취하기 위한 인간 이성의 힘, 모든 정부가 보호해야 하

---

48) R. Gildea, *Children of the Revolution, The French, 1799-1914*, pp.118-131.
49) B. 젠킨스, 『프랑스 민족주의』, 145쪽.

는 인간의 자유와 평등의 권리들, 인민주권, 자치의 덕성, 그리고 압제 속에 있는 국외의 모든 인민들 속에 자유를 확산시켜야 할 프랑스 시민들의 의무는 희망의 흔적이었다. 그러나 다른 한편으로 프랑스혁명은 새로운 대중의 폭정을 낳았다. 이것은 피선거인 대표자들을 모독하고 악용했던 대중의 폭정을, 그 적들을 공포에 떨게 했던 혁명 독재를, 그리고 정치인 수뇌부들에 대해 불만을 품은 대중들에게 호소했던 나폴레옹 보나파르트의 인민투표적 독재를 낳았다. 자유는 평등을 위해 희생되었고, 차이는 공공 이익의 이름으로 제거되었다. 지역에 기인했던 광신은 혁명적 광신으로 대체되었는데 이것은 그 적들을 박해하고 그 다음엔 동포 간에 싸움으로 소모전이 되었다. 혁명가들은 새로운 군대를 낳았는데 이들이 한 세대 동안 총력전의 최초의 징후를 띠며 유럽에 불을 놓았다.

이와 같이, 프랑스혁명이 프랑스인들을 화해할 수 없는 혁명과 반혁명이라는 두 개의 진영으로 갈라놓았다.[50] 우선 혁명을 바라보는 시각과 사고방식이 달랐다. 무엇이 프랑스이어야 하는지 각기 나름대로 정의하는 것에서 달랐고, 혁명을 찬성하는 이들은 혁명의 정당성을 주장했고, 혁명의 반대자들을 악마로 묘사했다.

한쪽 진영은 앙시앵 레짐으로 되돌아가기를 꿈꾸었다. 즉 신권에 의한 왕정, 귀족 카스트가 지배하는 사회계서제, 그리고 왕정을 축성하고 그것에 의해 보호받는 가톨릭교회의 우위의 사회인 앙시앵 레짐으로 돌아가기를 꿈꾸었다. 이들이 바로 앙시앵 레짐의 회귀를 추구하는 반혁명 세력들이었다. 이와 정반대 진영은 프랑스혁명은 앙시앵 레짐을 전복시키기 위해 필요했다고 믿었다. 앙시앵 레짐이 개혁을 거부했고 모든 사람들에게 자유와 자치의 권리를 거역했다는 것이다. 앙시앵 레짐 세력들은 물러나지 않고 외국 군대를 끌어들였으며 지방에서 시민전쟁을 조장했다. 프

---

[50] R. Gildea, *Childen of the Revolution, The French, 1799-1914*, ch.3.

랑스혁명은 폭군을 폐위시키고 반혁명을 일으켰던 귀족과 성직자들을 분쇄하면서 적들에 맞서 혁명을 방어해야했다. 공화국은 공화국에 의해 자유, 평등 그리고 형제애가 보호받는 완전한 정치질서로 간주되었다. 또한 공화국의 학교교육, 공화국을 기념하는 공공축제에의 참여, 그리고 군복무의 결합을 통해서 공화국의 시민을 애향심이나 시민적 덕성—공동선을 위해 이기적인 이익을 희생하는 것—으로 교육했다. 혁명군 시민들은 시민들을 파괴하려고 시도했던 국왕과 특권귀족의 군대를 몰아내고 아직도 억압받고 있는 민족들에게 자유와 형제애를 가져다준다는 사명의식을 갖고 있었다.[51]

분명 프랑스혁명을 통해 사회는 많이 바뀌었다. 앙시앵 레짐과는 달리, 경제적 변화와 함께 국가의 역할의 증대로 교육 기회의 확대가 주어졌다. 카스트나 동업조합과 같은 계약에 의해 개인이 구속되지 않고, 법적으로도 개인에게 재능에 따른 출세의 길이 열리게 되었다. 한마디로 사회적 유동성이 어느 정도 가능했다. 하지만 19세기에도 여전히 사회는 분열적으로 되어갔다. 앞서 살펴보았듯이, 사회경제적으로 사회계층들 간에, 지역적으로는 파리와 지방간에 갈라져 있었고, 종교적으로도 그러했다. 교육에서도 사회적으로 갈라져 있었다. 일반적으로 좋은 가문의 배경과 사회적 연줄이 필요했다. 프랑스 엘리트 내에 지주계급은 재정가들과 공업가들에 의한 영향으로 도전을 받았다. 사회적 분열은 프랑스혁명과 제국으로 거슬러 올라가는 정치 싸움에 의해 종종 격해지기도 했고, 또 결혼 패턴과 사회적 교류에 깊이 긱인되었다.[52]

대내적인 사회적 분열과 위기 속에서 프랑스 자체에 가장 결정적인 타격을 안겨준 것은 1870~1871년 사이에 벌어졌던 전쟁과 파리코뮌[53]이었

---

51) *Ibid.*, pp.1-3.
52) *Ibid.*, pp.91-117.
53) 파리코뮌(Commune de Paris)은 1871년 3월 26일에서 5월 20일까지 성립한 노

다. 이 두 사건은 밀접한 연관성이 있는 일련의 위기를 말해주었다. 이런 위기는 거의 예외 없이 1799년 이래로 70년간 벌어졌던 프랑스를 다시 세우는 작업을 무효로 만들어버리는 위기들이었다. 보불전쟁은 제국의 붕괴를 초래했고 1792년 이래로 세 번째 공화국이 시작되게 했다. 1871년에 포위된 도시 파리의 주민들은 독일인들에 대한 싸움을 포기하고 공화국 정부에 의한 무장해제를 거부했다. 결과는 반란을 일으킨 파리코뮌과 최소한 2만 명의 생명을 앗아간 시민전쟁이 일어났다. 길데아는 파리코뮌을 "계급 전쟁이면서 동시에 파리와 지방들 사이에 전쟁이었고, 조직화된 종교에 반대하는 전쟁이면서 또한 젠더 역할에서의 전쟁이었다. 이것은 제1차 대전까지도 결코 치료되지 않는 프랑스 사회에 깊은 상처를 남겼다"[54] 라고 평가했다. 이것은 파리와 지방 사이에 전쟁은 곧 농촌과 도시가 갈라져 있었던 모습을 반영한 것으로 볼 수 있을 것이다. 이 둘 사이에 간극은 파리와 지방이 주장하고 요구하는 것에서도 달랐다.

결론적으로 제3공화국 초기에 있었던 보불전쟁에서 패배와 점령은 위대한 프랑스의 지위를 추락시켰다. 전쟁의 패배와 점령은 1871년에 시민전쟁을 야기했고 나라가 심각하게 갈라지게 하는 데 크게 일조했다. 특히 군대가 프랑스 국경을 방어하기 위해 쓰여야 하는가 아니면 국내 혁명을 진압하기 위해서 쓰여야 하는가 여부를 둘러싸고 분열되었다. 파리코뮌이 진압된 후에 파리는 잠잠해졌지만, 프랑스는 정상적인 상태에서 일탈되고 충격적인 상황에 빠지게 되었다. 프랑스는 더 이상 문명국의 우월성을 가진 나라가 아니었다. 혁명적인 폭력사태가 다시 발발하면서, 게다가 보불전쟁에서의 패배는 하나의 민족으로서의 프랑스의 사기를 떨어뜨렸고 민족적 정체성의 허약성을 증명해주었다.

그러므로 프랑스는 세 가지 도전에 직면하게 되었다.[55] 외교적 고립을

동자 혁명정부를 일컫는다.

[54] R. Gildea, *Children of the Revolution, the French, 1799-1914*, p.229.

벗어나고 유럽 밖에서 군사적 위업을 통해 열강들 사이에서 지위를 되찾을 수 있을지의 여부, 민족통합을 다시 이룩하여 특히 군대 안에서 민족에 대한 자부심을 회복할 수 있을지의 여부, 그리고 일관되고 확신에 찬 민족의식을 프랑스의 외교적 군사적 노력에 뒷받침 하게 하는 것으로 정의했다.

이와 같이 대내외적인 분열과 위기는 다른 현상을 야기했다. 무엇보다 1870년 전쟁은 거대한 애국적 시위를 고무시켰다. 오두웽-루조(Audoin-Rouzeau)는 1870년 전쟁에 대한 프랑스 인민들의 반응은 한층 발전된 민족 정체성의 존재를 입증해주었다고 주장한다. 왜냐하면 그들은 처음부터 전쟁이 단순히 정부와 군대의 관심사가 아니라, 모든 사람들의 관심사라고 받아들였기 때문이다.[56] 그 말에 담긴 속뜻은 민족됨(nationhood)에 대한 광범위한 의식이 '농민에서 프랑스인'으로 바뀌는 통합과정의 완성 이전에, 그리고 제3공화국의 지속적인 애국적 교의 주입 이전에도 존재했다는 뜻이다. 그럼에도 불구하고, 호전적인 도시(계속 전쟁을 하고자하는 도시)와 전쟁으로 인해 피폐해진 시골 사이에, 그리고 맹목주의적인 좌파와 패배주의적인 우파 사이에, 그리고 어느 정도는 애국적인 북부와 무관심한 남부 사이에 현저한 차이가 곧 나타났다.[57]

갈라진 사회의 정치적 격변은 단순히 정파 간의 싸움이 아니라, 그 밑에 사회가 갈라져 있다는 것을 이해하지 않으면 안 될 것이다. 게다가 공화국 정부에 대한 불만이 당파를 초월하여 이합집산 현상을 나타냈다. 또한 제3공화국은 정권을 위하고 민족적 통합에 대한 애국적 가치들을 주입시키는 교육, 1870년대의 평화외교정책, 국제적 지위와 영향력의 깊은

---

55) *Ibid.*, p.410.

56) S. Audoin-Rouzeau, *1870: La France dans la guerre*, 1989 (Paris: Armand Colin, 1989), p.56; R. Tombs, *France 1814-1914*, p.316.

57) R. Tombs, *France 1814-1914*, p.316.

상실감은 특히 공화주의적 민족주의 전통의 버팀목으로 유지되어 있었던 1870~1871년의 애국적 저항을 간직하고 있었던 세력들 안에서 체제에 대한 불만과 울분을 터트리는 결과를 낳게 되었다.[58] 반(反)의회주의, 평등주의, 그리고 민족주의가 결합된 우익의 비판을 낳게 된다.

2. 우익 민족주의의 출현과 바레스

19세기 후반 공화국적 민족주의에서 우익 민족주의가 출현하는 데는 당시 공화국이 처해있던 요인들이 크게 영향을 미쳤다. 19세기 말 20세기 초 제3공화국이 탄탄했다고 하지만, 제3공화국은 지역적, 종교적, 반혁명적, 사회주의적 도전에 휩싸여 있었다. 공화국은 가톨릭교회에 대해 교육정책에서부터 결혼법까지 관여를 했고, 급기야 나폴레옹의 정교협약을 폐기하며 1905년 교회와 국가를 분리하기에 이르렀다. 같은 시기에 드레퓌스 사건에서 좌파에게 진 우파는 1899년 악시옹 프랑세즈를 중심으로 근왕주의자들과 가톨릭 세력 그리고 군대 세력이 우익으로 재집결하면서 공화국과 대결하게 되었다. 민족적 단일성을 도모하는 적분적 민족주의[59]의 성격

---

58) B. 젠킨스, 『프랑스 민족주의』, 164쪽.

59) 적분적 민족주의(nationalisme intégral)라는 용어를 처음 사용하고 이런 형식의 민족주의를 주창했던 이는 샤를 모라스였다. 그는 신문 『악시옹 프랑세즈』에서 적분적 민족주의를 "민족적인 정책들의 배타적 추구, 민족이 하나로 통합된 상태로 절대적으로 유지하는 것, 그리고 민족의 힘을 꾸준히 증대하는 것 ―왜냐하면 민족의 힘은 그것을 잃게 될 때 민족은 쇠퇴하기 때문―"으로 개념정의하고 있다. 적분적 민족주의는 인도주의자들과 자유주의자들의 국제주의에 심히 적대적이었다. 또한 적분적 민족주의는 민족을 인류를 위한 하나의 수단이 아니라, 목적 자체로 삼았다. 그것은 다른 민족들과의 협력을 거부하면서 개인들의 이익과 인류의 이익보다 민족의 이익을 위에 두었다. 다른 한편, 국내의 문제들에 있어서 적분적 민족주의는 고도로 자유를 제한하고 폭압적이다. 그것은 모든 시민들이 하나의 공통된 태도와 도덕 기준을 따르고, 또 그것을 위해 똑같은 비이성적인 열정을 공유할 것을 요구했다. 그것

을 띠는 우익 민족주의가 출현하였다.

한편 좌파는 부르주아 공화국인 제3공화국 제도에 참여하기를 거부하였다. 반체제적인 사회주의 이데올로기들이 제2인터내셔널을 포함한 노동계급에서 뿌리를 내리게 되고 혁명적 생디칼리슴은 총파업을 통해 혁명을 옹호했다.

우리는 이 절에서 우익 민족주의의 중추적 역할을 하게 될 이 시기의 바레스의 역할을 먼저 살펴보고, 그가 겪었던 사건들 속에서 사상적 변화와, 그 운동들과 조직들에 참여하게 되는 동기와 요인들을 살펴볼 것이다. 그럴 때 바레스가 민족주의로 나갈 수밖에 없었던 이유들이 해명될 것이다.

1) 우익 민족주의의 출현

1880년대부터 우익적 성격의 민족주의를 예고하는 새로운 민족주의의 출발을 보여주는 단체들과 조직들이 출현했다. 가장 먼저 등장하는 것이 애국자연맹(Ligue des patriotes)이고, 그 다음엔 불랑제장군의 전쟁장관 임명을 통해서 부상하게 되는 불랑제장군지지운동(boulangisme)이었다. 또한 반유대주의의 흐름들을 가장 생생히 드러냈던 드뤼몽의 반유대주의도 주된 흐름을 형성하고 있었다. 바레스는 이러한 일련의 운동들에 참여하고 거기서 주도적인 위치에 있으면서 민족적인 의식을 한발 한발 다져나

은 모든 사적인 자유를 그 자체의 목적에 종속시키고 만일 사람들이 그것에 대해 불평한다면, '민족의 이익'이라는 이름으로 민주주의를 축소시켰다. 적분적 민족주의 철학은 19세기, 20세기의 수많은 이론가들의 저술로부터 유래했다. 오귀스트 콩트(August Comte), 이폴리트 테느(Hippolyte Adolphe Taine), 모리스 바레스(Maurice Barrès) 그리고 샤를 모라스(Charle Maurras)와 같은 이론가들이 그들이다. 적분적 민족주의는 20세기 전반기에, 특히 이탈리아와 독일에서 번성했다. 그것의 영향은 헝가리, 폴란드, 터키, 그리고 유고슬라비아와 같은 나라들에서 감지되기도 했다. Umut Özkirimli, *Theories of nationalism, A Critical Introduction* (London: Palgrave Macmillan, 2010), p.34.

가고 있었다. 그러나 불랑제장군운동이 실패로 끝나자 이에 크게 좌절을 경험했다. 이런 좌절을 기반으로 바레스는 드레퓌스 사건을 통해 확고한 민족의식을 갖게 되었고 민족주의에 대한 교의를 정립하게 된다.

여기서 우리는 바레스가 어떤 배경과 동기에서 이 운동들에 참여하게 되고 초기에 지적 아나키스트로서 "자아"를 추구했던 사상에서 사회와 정치의 변화를 위해 사회참여적인 정치적 행동주의로 바뀌게 되는지 변화의 동력을 살펴볼 것이다.

① 데룰레드와 애국자연맹

먼저 애국자연맹의 출현과 활동을 살펴보자. 1882년 5월 12일 강베타 (Léon Gambetta, 1838~1882)의 지지 지원 속에서 펠릭스 포르 주재로 애국자연맹이 조직되었고 앙리 마탱이 의장으로 선출되었다. 그 모토는 "누구 만세?—프랑스 만세!"로 채택되었다. 연설을 요청받은 데룰레드는 이 조직의 강령을 세 가지로 말했다. "여러분 스스로 책임져야 할 도덕적 프로파간다가 있습니다. 우선 어느 곳에서든, 그리고 누구에게서든지, 조국을 열렬히 사랑하는 애국정신을 함양해야 합니다. 그리고 불굴의 군인정신, 마지막으로 전 민족적 이익과 필요에 대해 정확하고 합당한 지식을, 민족정신을 함양해야 합니다[…] 그리고 배타적인 기업들에 의해 내부적으로 약화되지 말아야 하고 인도주의적인 계획에 의해 외부적으로 분산되지 않도록 하십시오. 집중하고 결집하고 서로 사랑하고 서로 돕는 프랑스인, 다른 것이 아닌 바로 좋은 프랑스인이 되도록 합시다. 민족에 대한 형제애에 대해서는 차후에 논의합시다." 또 "프랑스가 정복지를 해방시키기 전에, 먼저 외국의 점령으로부터 우리 정신을 해방시켜야 합니다"라고 데룰레드는 말했다.[60]

1882년에 강베타의 축복 속에서 창설된 애국자연맹은 돈키호테 같은

60) M. le Bâtonnier Chenu, *La Ligue des patriotes* (Paris, 1916), pp.11-12, 39-40; William Curt Buthman, *The Rise of Integral Nationalism in France*, pp.26-27.

군인-삼류시인 폴 데룰레드에 의해 학교에서 체육과 군사 훈련을 촉진하기 위해 창설되었다. 프랑스의 '보주산맥의 파란선'을 주의 깊게 살펴야하고 앞으로 다가올 복수의 전쟁을 위해 국내의 모든 세력들이 결집해야 한다고 주장함으로써 정치적 힘을 과시했다.

1883년 12월 앙리 마탱이 사망하자, 그 후임에 아나톨 드 라포르주(Anatole de la Forge, 1820~1892)가 의장으로 선출되었다. 그는 곧 이 자리를 데룰레드에게 넘겨주고, 데룰레드는 애국자연맹 의장 자리를 1914년 2월 그가 사망할 때까지 유지한다. 데룰레드가 지도자로 주축이 되면서 그는 1885년부터 공화국 체제에 대해 적대적인 입장을 취한다. 그전까지 데룰레드는 외국상품과 외국 노동력에 반대하는 막연한 보호주의와 노동자들 및 고용주들에게 민족적 이익을 위해 단합하라고 감정적인 호소를 하는 것 이상의 사회문제에 대한 대안을 제시할 수 있는 계획을 가지고 있지는 못했었다.[61] 더욱이 데룰레드가 빈곤, 착취, 부정의를 비난했을 때 그 원인을 사회경제 구조라기보다는 의회제도 탓으로 돌렸다.[62] 그는 애국자연맹이 1885년부터 공화국 체제에 대해 적대적인 입장을 취했던 것은 이 체제가 복수라는 과제를 수행할 능력이 없다고 확신했기 때문이다.[63] 즉 의회제 공화국은 허약하고, 분열적이고, 천박하고, 기회주의적이고, 민족을 하나로 결합시키거나 필요한 도덕적 지도력을 제공할 수 없다고 생각했기 때문이다. 1886년 7월 14일에 거대한 시위가 일어났는데, 이것은 데룰레드와 그의 애국자연맹의 작품이었다.[64]

그의 지침에 따라서 그 조직은 곧 공화파, 보나파르트피, 징통파, 오를레앙파 등등 비당파적인 성격을 버린다. 애국자연맹의 본래의 목적은 '복

---

[61] B. 젠킨스, 『프랑스 민족주의』, 167쪽.

[62] *Ibid.*, p.166.

[63] *Ibid.*

[64] Jérôme et Jean Tharaud, *La Vie et la mort de Déroulède* (Paris: 1925), p.46.

수준비'와 헌법 개정이었다. 1885년부터『르드라포(*le Drapeau*)』라는 기관 지를 발행하며 독일에 복수하기 위한 군사적 · 도덕적 준비를 외친 정치 결사체로 회원이 20만 명에 달했다. 그러면서 드레퓌스 사건 때 민족주의 를 지지했다. 애국자연맹은 1882~1889년까지 존속, 해체되었다가 1896년 에 재건된다. 데룰레드가 죽자 그 이후 1914년부터 바레스가 이끌었다.

그렇다면 이렇게 애국자연맹이 창설되기까지 기회주의자들의 집권 시 기 동안에 제3공화국이 받았던 비판과 공격은 어떤 것이었는지 살펴보 자. 다시 말해 1899년부터 급진파가 집권하기 이전의 프랑스의 집권세력 이었던 기회주의의 문제점이 어떻게 체제 불만의 요소들로 나타났는가? 그리고 1890년대에 이르러 제3공화국에 대한 우파의 비판의 독특한 이데 올로기는 어떤 것들이었고 무엇이 우파의 결집을 추동했던가?

기회주의자들이 받았던 비판과 공격은 크게는 경제정책과 식민지 정책 에 대한 것이었다. 먼저 경제정책을 살펴보자. 많은 노동자들과 농민들은 1880년대 중반에 기회주의자들에게서 돌아섰고, 급진파들이나 사회주의 자들에게 보다 강력한 경제 구제책을 기대했다. 급진파들과 사회주의자 들은 기회주의자들의 소심함에 대해 그리고 관세에 의한 곡물가격, 즉 '몇몇 부유한 농업전문가들'에게 이익이 되도록 하기 위해 '인민의 배를 곯게' 하는, '빵 세금'을 올린 것에 대해 공격했다. 그 대신 그들은 '예수회 가 관할하는' 철도 회사들의 국영화, 세제개혁, 점점 증가하는 노동조합 권리들을 내세웠다.[65] 그러나 이런 조치들을 가능하게 할 수 있는 첫 단 계는 보수적인 원로원을 폐지함으로써 '왕정' 헌법을 민주화하는 것이었 다.[66]

---

[65] Jacques Kayser, *Les Grandes batailles du radicalisme: des origines aux portes du pouvoir, 1820-1901* (Paris: Marcel Rivière, 1962), p.129; R. Tombs, *France 1814-1914*, (London & New York: Longman, 1996) p.446.

[66] R. Tombs, *France 1814-1914*, p.446.

또 한 가지는 1870~1871년에 있었던 보불 전쟁에서의 패배와 제국주의 시대의 열강들의 식민지 정책에 대한 시각을 둘러싼 쟁점이 있었다. 급진파들이 기회주의자들과 싸우는 가장 큰 쟁점은 바로 식민지 정책이었다. 1876년 선거후 새로운 다수파인 공화파의 지도자, 애국적 방어를 상징하는 강베타와 그의 추종자들은 1870년의 패배는 고쳐져야 하겠지만, 독일에 대한 직접적인 '복수'는 불가능하다고 보았다. 강베타를 포함한 공화파 정치인들은 1870년 내내 비스마르크와의 대결을 피하기 위해 평화라는 명분을 내세웠다. 그래서 온건파 기회주의자들에게 식민지 팽창은 프랑스 민족에게 새로운 목표이자 새로운 활력이 될 수 있었다. 1881년 5월 강베타의 압력을 받은 페리는 튀니스를 프랑스의 보호국으로 만드는 정책을 강요했다. 그러나 의회는 여기에 대해 어떤 열정도 보이지 않았다. 6월에 튀니스에서 일어났던 폭동으로 인해 보다 많은 프랑스 군대의 파견이 요구되었을 때, 급진파와 보수파 의원들은 페리가 의회를 잘못 이끈 탓이라고 비난했고, 소수의 이익에 민족의 이익을 굽힌다고 비판했다. 오직 강베타의 지지로 인해 그 정책에 대해서 다수표를 얻을 수 있었다.

이때 우파는 식민지 정책에 대한 농촌 유권자들의 무관심 그리고 군사적인 모험에 대한 그들의 두려움을 이용했다. 기회주의자들에게 피해를 주기를 바랐던 급진파와 사회주의자들은 식민지 침략에 대한 이상주의적인 비판을 해외에서의 모험주의로 인력과 돈을 빼가는 독일의 위협과 결합시켰던 것이나. 기회수의 공화국 현실에 대한 비판들을 적나라하게 보여주는 예들은 얼마든지 있다. 작가였던 옥타브 미르보는 1887년 이 정권에서 "정치는 땅에 떨어지고 문학은 쭈그러들고 예술은 가짜가 되었다."고 토로하면서 "파괴되었고, 남은 쓰레기들이 민주주의의 파고를 따라 이리저리 밀려다니는 이런 사회"를 포기했다. 극좌파는 흥분했다. "도둑과 창부가 권좌에 앉아 있다"고 로슈포르는 썼다. 제정 치하에서 저항의 화신이었던 로슈포르는 "재물을 갈취하는 자들, 노골적으로 뇌물을 요구하는 자들, 권한을 이용하여 부당한 이익을 취하는 자들, 썩어빠진 사회의 관리들이 우리나라 지도자층의 다수를 이루고 있다"고 비난했다.[67] 그 결과 1885년의 선거에서 극단파들이 약진했고(우파 200석, 급진좌파 110석, 극좌측에서 사회주의자들이 12석 획득), 260석으로 줄어든 기회주의자들은 안정된 정부를 구성하기가 쉽지 않았다. 1885년 선거는 의회를 느슨하지만 세 개의 그룹으로 나뉘어졌다. 보수주의자들, 기회주의자들, 그리고 급진파.

이런 선거 결과로 이제 기회주의자들은 이제까지 아주 대립각을 세웠던 급진파의 지지를 필요로 하게 되었다. 1876년 이후로 공화국이 강화되는 전 과정을 무위로 만들어버리는 1885년 총선에서 온건파 기회주의 체제에 대한 불만에 맞닥뜨린 공화파가 패배해버린 것이었다. 상대적으로 페리의 전쟁에 대한 반대 입장을 취했던 급진파[68]와 우파는 모두 크게 득표했다. 그로 인해 대독 우호적인 정책을 추구했던 페리내각이 사퇴하고, 차기 정부인 브리송 정부도 마찬가지로 독일에 대해 친우호적인 정책을 폈다.

애국자연맹은 민족주의자들과 블랑키주의자들에서부터 페리의 사회주의자들까지의 극좌파 사이에 동맹이 맺어진 단체였다. 스테른헬은 "데룰레드의 민족주의는 전통적인 자코뱅 지지자들과 공화국이 서로 적이 되어버린 최초의 민족주의자였다"[69]고 평가한다.

---

[67] 막스 갈로, 『장 조레스』, 노서경 옮김 (당대, 2009), 109-110쪽.

[68] 급진파(radical)는 7월왕국 시기에 '공화파'란 용어가 사용 금지되자 그 대신 사용된 용어이다. 하나의 교의라기보다는 프랑스혁명의 유산을 지켜나가려는 정신 상태를 말하며 반성직주의, 자유, 평등의 완전한 실현을 요구하고 개혁 정치를 주장한다.

[69] Z. Sternhell, "Paul Déroulède in the origines of French nationalism", in J. C. Cairns, ed., *Contemporary France: Illusion, Conflict and Regeneration* (New York: New Viewpoints, 1978), p.11.

뭇 여론의 동향에서 부각되는 젊은 지식인들의 눈에 기회주의 공화국이라면 저열함과 비속함의 상징으로 보이던 때에 공화국을 향해 적대적 경향을 부추기는 이는 바레스였다. 젊고 신경질적이고 약간은 댄디풍이고 어떤 태도를 취하든 오만해 보이는 자부심이 강한 바레스는 1882년 파리에 입성했으며, 1885년 무렵부터 문학적 명성을 날리기 시작했다. 그는 반란을 일으켰다. "나는 평민이다. 하지만 민주주의가 내 나라를 돼지우리로 만들려는 것이라면 민주주의에 항거한다."[70]

② 불랑제장군지지운동

불랑제장군(Georges Boulanger, 1837~1891)의 정치적 등장은 이와 같은 기회주의자들과 급진파의 제휴에서 부상하게 된다. 시기적으로 1885년경이었다. 기회주의자들은 급진파에 손을 내밀 수밖에 없었고 급진파의 당수 클레망소는 1886년 1월에 조직된 프레시네 정부에서 불랑제를 천거하여 전쟁장관으로 임명했다. 클레망소가 불랑제를 천거한 것은 급진주의에 입각해 있는 그의 정신을 보았기 때문이다. 불랑제는 기회주의자들과 급진파들의 연대의 교량적인 인물이었다.

여기서 데룰레드와 불랑제의 접촉을 보게 된다. 이미 애국자연맹에서 중추적인 역할을 하고 있었던 불랑제가 장관 임명(1886년 1월 클레망소가 지명)을 받은 다음날, 데룰레드는 불랑제를 방문했고 면담을 하면서 불랑제에게 데룰레드와 데룰레드를 따르는 사람들이 억압적인 의회제도를 폐지시킬 수 있는 장관을 원한다고 알려주었다. 데룰레드의 이런 발언에 불랑제는 결정을 잠시 보류했음에도 불구하고, 3만 명의 애국자연맹 회원들은 그를 지지하게 된다. 그는 한동안은 클레망소의 지휘 감독을 받지만, 그 자신의 의지를 모든 이들에게 관철시킬 수 있을 정도로 강력하게

70) 막스 갈로, 『장 조레스』, 109쪽.

되었다.[71]

　불랑제가 그토록 전 국민의 인기를 받았던 것은 두 가지 이유에서였다. 즉 독일의 위협(1886)과 윌슨 스캔들(1887)이 그것이었다. 공화국 초기 공화국을 통한 합의에서 소외된 사회적·정치적 세력들이 하나로 수렴되는 일이 일어났다. 쇠퇴하는 토지귀족에서부터 도시의 프티부르주아와 노동자, 가톨릭교도들, 불만을 품은 자코뱅주의자와 사회주의자, 보나파르트 체제 잔당들에 이르기까지 체제에 대한 모든 불만 세력들이 불랑제장군 지지운동으로 결집하게 되었다.[72]

　따라서 모든 프랑스인들의 시선이 이 복수의 장관에게 집중되었다. 복수는 그 당시 군주였고 그 장관은 인기가 높았다.[73] 쉬네블레 사건을 겪은 후, 의장 고블레와 불랑제장군은 복수를 위한 동원령을 이미 구상해놓았다는 것을 독일 정부에 최후통첩하고 싶어 했다. 그러나 쥘 그레비는 복수를 포기한 지 오래였다. 그레비는 의장과 전쟁장관을 위험인물로 보았고 그들을 가능한 한 권력에서 제거하고 싶어 했다. 페리, 프레시네, 그리고 다른 기회주의자들도 공화파 정부 형태에 대한 시기에서든 두려움에서든, 이런 관점을 공유했다. 어쨌든, 그들은 1887년 5월 17일 고블레 내각의 전복을 단행했고, 이어 루비에 내각에서 불랑제를 내쫓았다. 불랑제는 클레몽-페랑으로 추방된다. 불랑제지지자들은 데룰레드의 지휘 하에 모의했던 싸움, 시위에서 패하게 된다. 사람들은 7월 14일 그레비의

---

[71] W. C. Buthman, *The Rise of Integral Nationalism in France*, pp.30-31.

[72] B. 젠킨스, 『프랑스 민족주의』, 169쪽.

[73] 스테른헬은 불랑제장군지지운동에서 프랑스적 전-파시즘을 찾으려고 한다. 왜냐하면 그 지도자에 대한 예찬이 반의회주의적 대중 조직의 최초의 형태를 보여주었다고 평가한다(Z. Sternhell, *La Droite révolutionnaire, 1885-1914*); 그럼에도 불구하고, 불랑제장군지지운동은 1789년에 충실했고 그의 적수들을 제거하는 전체주의적 야망은 없었다. 르네 레몽은 불랑제장군지지운동을 권위주의적, 반의회주의적, 사회적 그리고 '청색(bleue)' 전통의 보나파르티즘의 자취를 따른다고 본다(R. Rémond, *Les Droites en France*); Francis Démier, *La France du XIXe siècle 1814-1914* (Paris: Seuil, 2000), p.354.

행렬에서 "프랑스 만세!", "불랑제 만세!"를 연호하며 그레비를 맞이한다. 어쨌든 이날은 불랑제 장군에게 '첫 실패'로 기록되며 기회주의자들과 그의 벗들이 7월 8일의 피해를 복구할 수 있게 해주었다.[74] 요컨대 기회주의자들에 의해 불랑제지지자들이 패배하게 되었던 것이다.

그러나 기회주의자들의 지위는 보기보다 안전하지 않았다. 왜냐하면 국회 휴회 기간 중에 윌슨 스캔들이 폭로되었기 때문이다. 왕정파와 급진파는 이제 그것을 그들 각각의 정치적 이점에 이용하려고 했다. 불랑제 또한 그런 마음을 갖고 있었다. 기회주의자들에 맞서 좌파와 우파가 연합할 것을 희망하며 불랑제는 권해진 역할을 받아들였고 거짓 이중적인 정책을 시작하는데, 이것이 결국 그의 대의명분과 근왕주의자들의 대의명분을 둘 다 엉망으로 만들어버렸다.[75] 이런 이중적인 정책에 따라, 그는 또 다시 한 달 뒤에 클레르몽-페랑으로 배속되었는데 그의 지팡이를 제외하고 완전 변장하여 스위스에 있는 제롬 보나파르트를 방문했다.

그러나 불랑제가 좌파의 신뢰와 지지를 잃게 되는 것은 우파와 가까워졌기 때문이다. 급진파와 기회주의자들은 세력을 규합하여 사디 카르노를 대통령 자리에 선출하여 급진파, 즉 플로케가 수장인 내각을 구성했다. 그 내각에 불랑제의 자리가 없었다. 급진파들은 불랑제와 그의 새로운 동맹군들에 맞서 기회주의자들을 기꺼이 지지했다.[76] 불랑제장군은 이제 불만의 과녁이 되었고 정부는 사퇴를 종용했다. 이에 불랑제의 언론지인, 『랑테른(Lanterne)』, 『앵트라지장(Intrasigeant)』, 그리고 불랑제장군 지지운동를 선전하기 위해 1888년에 만들어진 『라코카르드』는 입법부를

---

[74] W. C. Buthman, *The Rise of Integral Nationalism in France*, pp.31-34.

[75] Alexandre Zévaès, *Au temps du Boulangisme* (Paris: Gallimard, 1930), pp.79-80; Bruno Weil, *Grandeur et décadence du Général Boulanger*, translated by L. C. Herbert (Paris: 1931), p.437; W. C. Buthman, *The Rise of Integral Nationalism in France*, p.34.

[76] W. C. Buthman, *The Rise of Integral Nationalism in France*, pp.34-35.

"환관들의 결사체"로 그리고 각료들을 프러시아의 급료를 받는 반역자들로 표현했다.[77]

이제 온건파들은 반대 시위들을 조직하고 있었고 그들의 지도자중 한 사람 조프랭은 클레망소, 랑 그리고 다른 사람들과 합류하여 1888년에 5월 25일에 인권협회를 만들었는데, 이 단체는 불랑제장군지지운동에 반대하는 전쟁을 요청하는 프로그램을 꾸몄다. 불랑제의 정적들은 또한 의회를 장악했다. 1888년 6월 4일 그의 첫 연설에서 불랑제가 헌법개정, 정당제도 폐지, 모든 프랑스인들에게 정부에서 평등한 권리 허용 그리고 개정된 헌법을 국민에게 제출할 것 등등, 이와 같은 그의 제안들이 거대 다수파에 의해 크게 거부되었다. 플로케는 그의 연설이 오만방자하다고 말했다. 그러나 한술 더 떠 불랑제가 내각이 의회 해산할 것을 요구하자 플로케는 더욱 화가 났다. 다음날 결투를 하게 되고 불랑제는 목에 심한 부상을 입었다. 이 결투 후에 사퇴한 의석에 불랑제는 재선출 되었고, 두 개의 도에서 당선되었다. 불랑제장군지지운동은 여전히 막강했고, 1889년 1월 27일의 선거 승리가 보여주었듯이, 가공할 성장을 구가하는 것 같았다.

반의회 시위들은 금지되었고 애국자연맹과 그 지도자들에 대해 법적 절차들이 제도화되었다. 연맹은 불법이었다. 그러나 연맹이 초당파적인 한 그 지위는 안전했다. 연맹은 불랑제장군지지운동에 최고 "군인"들을 제공했고 나라에서 최강의 의사진행 방해꾼들의 하나가 되었다. 정부는 불랑제장군지지운동을 분쇄하기로 결정했다. 2월에 중앙위원회 사무실을 급습하여 모든 문서들을 압수해 검토했다. 이것에서 다음과 같은 사실이 알려졌다. 즉 애국자연맹은 파리의 구, 지구, 그리고 가두 위원회를 가지고 "계속적으로 동원을 준비하는 쿠데타 군대"로 조직되었다는 것, 그리

---

77) *Ibid.*, p.36.

고 파리에서 연맹의 모든 회원들은 어떤 엽서나 전보 다른 공공 서비스를 이용하지 않더라도 2시간 이내에 중앙 위원회의 어떤 명령이라도 하달 받을 수 있었다[78]는 사실이다.

정부는 이 비밀 조직을 위험하다고 신속히 분쇄하여 그 지도자들을 체포했다. 거기에는 3명의 의원이 들어있었는데, 데룰레드와 상원의원 나케(Naquet)가 들어있었다. 그러나 내각은 그들의 의회면책 특권을 요구했다.

불랑제는 간신히 프랑스 영토를 벗어나 도망갔다. 하지만 그의 공화주의에 대한 단호한 재확언에 기뻐했던 공화파 지지자들을 속이고 총선에 출마했다. 그는 근왕주의자들이 3/4을 차지하고 있는 후보 명단에 입후보했던 것이다. 데룰레드와 로슈포르는 불랑제가 후보 명단을 바꾼 이런 "배신"에 불같이 화를 냈다. 왕정파들과 불랑제파가 함께 승리를 거두었지만 1885년 단독 승리를 거두었던 이전만큼 의석을 별로 차지하지는 못했다. 새 의회에서 불랑제 당선의 가결을 묻는 투표에서 350대 217로 당선 무효가 가결되었다. 공화파들은 환호성을 질렀지만 반대파들은 이것에 더 많은 실망을 하게 된다.[79]

불랑제를 낙마시킨 제도적 조치는 불랑제의 인기에 위기의식을 느낀 기회주의자들이 강경하게 대응하기 위한 조처로 취해진 투표방식 개정이었다. 즉 한 사람이 여러 선거구에 입후보하는 것을 금지시키고 군 단위 투표방식을 재도입하고 검거령을 내렸다. 놀란 불랑제는 벨기에로 도주했고 그의 지지자들은 농촌에 기반이 약하여 1889년의 총선에서 40석을 얻는 데 그쳤고, 불랑제는 1891년 9월 30일에 자살했다. 불랑제의 자살과

78) Bruno Weil, *Grandeur et décadence du Général Boulanger*, translated by L. C. Herbert (Paris, 1931), p.326; W. C. Buthman, *The Rise of Integral Nationalism in France*, pp.37-38.

79) W. C. Buthman, *The Rise of Integral Nationalism in France*, p.39.

1889년 선거는 급진파와 우파 모두를 약화시키고 기회주의자들의 지배를 다시 복구시켰다.

그 뒤를 이어가는 것이 바로 바레스였다. 바레스의 민족주의 교의 원칙들은 데룰레드와 불랑제의 교의를 중심으로 하여 구축되었다. 그것은 이들의 교의와 운동에서 배울 것은 취하지만, 동시에 비판이 동반되었다.

시기상으로 바레스가 민족주의적인 성격으로 바뀌는 시점이 프랑스가 쇠퇴기에 접어든 대략 1885년경이었다는 점을 감안하면, 바레스가 불랑제장군지지운동에서 상당한 민족 의식을 영향받았던 것으로 보인다. 바레스는 민족에너지가 복원되어야 할 필요가 있다는 의식을 갖게 되었다. 이 당시 프랑스는 불랑제장군지지운동 열풍이 불고 있었고 바레스도 이에 가담하게 된다. 1887~1889년은 기회주의 공화국의 참담한 모습들이 적나라하게 폭로되는 순간이었다. 불랑제장군지지운동 열풍은 바레스의 현실참여에 상당한 영향력을 주었던 것으로 추정된다.

이 시기 바레스는 1886년부터 1888년까지 공화주의적이고 반성직주의적인 잡지 『볼테르(*Voltaire*)』에 함께 참여했다. 또한 수많은 잡지와 신문들에 글을 쓰고 활동했다. 이어서 불랑제장군지지운동에 가담했던 것이다.[80] 작가로서의 명성 위에 1889년 낭시에서 불랑제파 수정사회주의자로 국회의원에 당선되면서 정치계에 입문했다. 특히 1891년 9월 30일 브뤼셀에서 불랑제 장군이 자살하고 불랑제장군지지운동이 실패로 끝나자 그것이 그의 프랑스 민족에 대한 의식과 정치적 행동주의를 더욱 적극적이고 극단적으로 밀고 나가게 만들었다.

바레스는 불랑제장군지지운동이 실패한 것이 교의가 없었기 때문이라

---

[80] 바레스는 1888년 『라르뷔앵데팡당트(*La Revue indépendante*)』에 "불랑제장군과 신세대(*Monsieur le général Boulanger et la nouvelle génération*)"라는 제목의 글을 기고했다.

고 분명히 말했다.[81] 왜 프랑스인들이 프랑스인이어야 하는지, 그러므로 우수한지, 그리고 왜 그들이 궁극적으로 애국적이어야 하는지 설명하는 정교한 이론을 불랑제장군지지운동 지지자들은 갖추지 못하고 있었다는 것이다. 그들은 한때 최고의 열강국가에서 이제는 5~6등 국가로 전락해 버린 프랑스의 처지에 대한 울분으로, 하나의 민족으로서 프랑스의 2등 지위에 대해서만 더 관심을 두고 있는데 그 원인을 그들은 깊이 분석하지 못했다는 것이다. 만일 그들이 교의가 있었다고 말할 수 있다면 그것은 행동의 교의였다. 그것은 강베타가 1879년에 만들었고 그가 죽을 때까지 따랐던 강령과 별로 다를 게 없다. 그들은 복수, 빼앗긴 지역들과 유럽에서 일등 프랑스를 회복하는 것에 관심을 가졌다. 이것을 달성하기 위해 그들은 몇 가지 사항을 주장했다.[82]

1. 프랑스는 민족 속에서 단호하고 호전적인 도덕에 의해 지지되는 강한 군비를 확충해야 한다. 이런 이유로 체육, 사격 연습, 애국 교육 등등, 온갖 수단과 방법으로 힘을 키워야 한다.
2. 프랑스는 범-게르만주의에 대한 어떤 적이라도, 예컨대 러시아와 프러 동맹을 맺어야 한다.
3. 프랑스는 의회체제보다는 권위주의 정부가 필요한데, 지속적이 정책을 추구하고 힘으로 행동할 수 있기 때문이다.
4. 몇몇 정당이 자리와 힘을 놓고 싸울 것이 아니라, 하나의 민족 정당이 있어야 한다.

이런 원칙들은 데룰레드와 더 건강한 정신 상태에 있을 당시의 불랑제장군의 원칙들이었다. 바레스는 대부분 이 원칙들을 유지했고 그것들을

---

[81] M. Barrès, *Mes Cahiers* (Paris: Plon, 1929), I, p.250; cf. C. Maurras, "Sur un mot de Barrès", *L'Action française* (Apr. 19, 1935).
[82] W. C. Buthman, *The Rise of Integral Nationalism in France*, p.40.

중심으로 하여 그의 교의를 세웠나갔다. 1889년 불랑제장군지지운동의 실패 이후에, 바레스는 민족주의 교의의 필요성을 의식했다. 그의 발표에 따르면, 1894년에 교의를 공식화하는데, 그는 '프랑스를 프랑스인에게로'라는 이념들에 깊이 영향을 받았다.[83]

그는 드레퓌스 사건 동안 드레퓌스파와 치열한 사상투쟁을 벌였다. 1899년 3월 프랑스조국연맹에 민족주의 교의를 제안하면서, 드레퓌스 사건이라는 이 사태를 형이상학자로서가 아니라 역사가들로서 판단하고, 또 도덕적 통합이나 민족의식을 복원하는 데 도움이 되어야 한다고 바레스는 주장했다. 바레스의 민족주의 사상에서 핵심을 이루는 요체는 '토지와 죽은자들(la terre et les morts)'이다. 이것은 프랑스의 민족정체성을 정의한 개념이다. 이 개념을 바탕으로 바레스는 프랑스 민족의 기원을 토지, 역사, 그리고 전통 속에서 발견했다. 그것을 통해 프랑스인들은 외국인들과는 다르다는 생각을 개진하게 될 것이다.[84] 바레스는 단순히 민족주의 교의를 조탁한 사상가로서 뿐만 아니라, 그가 가담한 단체와 조직들을 통해서 그의 사상을 펼쳐나가기도 했다. 그가 관여한 민족주의 성향의 단체들로는 애국자연맹(la Ligue des patriotes, 1882년에 창립),[85] 불랑제장군지지운동(1889~1891), 프랑스조국연맹(la Ligue de la patrie, 1898년 12월 31일 창립, 1904년 공식 해체)[86]이 그것들이다. 1914년 7월부터 애국자연

---

83) *Ibid.*, p.54.

84) Gilbert D. Chaitin, *The Enemy Within: Culture Wars and Political Identity in Novels of the French Third Republic* (Columbus: Ohio State University Press, 2009).

85) R. Tombs, *France 1814-1914*, p.53; "http://en.wikipedia.org/wiki/Ligue_des_Patriotes"; 애국자연맹 총서가 시리즈 Petite Bibliothèque de la Ligue des Patriotes(1916-1930년대까지)가 있다. 변호사협회 회장 슈뉘(M. le Bâtonnier, Charles Chenu)에 의해서 작성된 총서의 제1권은 *La Ligue des Patriotes: Son Programme-Son Passé-Son Avenir* (Librairie de la Société du Recueil Sirey, 1916). 제1권은 모리스 바레스의 서문과 함께 폴 데룰레드의 연설문들을 발췌한 것이다.

86) 프랑스조국연맹은 사교적이고 보수적으로 머물러 있게 될 것이다. 이 단체는

맹의 회장으로 '신성한 단결'(Union sacrée)의 유지와 필승의 신념을 외치며 전쟁의 대의명분에 관한 글을 꾸준히 썼다.[87] 신성한 단결의 시기는 바레스의 민족주의가 절정에 달하는 시기였다 할 것이다.

이상의 설명들에서 불랑제장군지지운동의 이면에 들어있는 정서는 크게 세 가지로 추려볼 수 있을 것이다. 반독-민족주의(1887년 프랑스 경찰 쉬네블레가 독일 영토에 들어가게 되고 첩보혐의로 체포되었다. 전쟁이 일어날 뻔했다), 반유대주의(파나마회사의 모험가들 아르통, 코르넬리우스 에르츠, 레나슈 남작이 유대인 아닌가? 그리고 1882년 위니옹 제네랄 은행 파산은 '가톨릭' 은행을 무너뜨리기로 결심한 '유대 금융계'의 도발 아닌가?) 그리고 반공화정, 반민주주의 경향으로 바뀌어간 반의회주의 정서 등 이들 모두가 페리 반대 대열에 합류했다.

③ 드뤼몽
이 시기 다른 한편에서 우익 민족주의의 한 흐름으로 나타나는 운동이 에두아르 드뤼몽(Edouard Drumond, 1844~1917)[88]의 민족주의적 반유대주

드레퓌스파 지식인들에 대해 분개한 교사들과 예술가들, 예전의 불랑제지지자들과 보나파르트주의자들이 재집결하였다. 인권연맹 창립에 대한 반발로 창립된 프랑스조국연맹은 반드레퓌스파 세력을 연합하고 조직하는 데 목적이 있었다. 그 활동은 제한적이었다. 이 연맹은 1904년에 공식적으로 해체되었다. 이 연맹의 두 명의 주요 인물은 작가인 모리스 바레스와 문학비평가인 쥘 르메트르(Jules Lemaître)였다. 그 시기 보수적 민족주의의 또 한명의 사상가인 샤를 모라스와는 달리, 바레스는 공화파로 남아있었지만, 통치에 대해서는 보나파르트주의적 사상에 가까운 "제왕주의적(césariste)"이었다. 이 연맹은 (미셸 비노크의 유형론에 따르면) "열린(개방적) 민족주의"에서 19세기 말 프랑스와 유럽에서 일어나고 있었던 "닫힌(폐쇄적) 민족주의"로의 이행을 구체적으로 보여주었다.

87) 이 시기의 기사들을 모아 『프랑스의 영혼과 전쟁(L'Ame française et la guerre)』 이라는 제목으로 11권으로 발간되었다.

88) 드뤼몽(Edouard Drumond, 1844~1917)은 지라르댕의 신문 『라리베르테』의 기자 출신으로 반유대주의자였다. 1892년 『라리브르파롤』이라는 민족주의적·반유대주의적 일간지를 창간, 이 일간지가 파나마 사건과 드레퓌스 사건을 파헤

의였다. 1885년부터 이미 사회적 불만에 새롭게 초점을 맞추면서 공격적인 민족주의에 반유대주의가 첨가되기 시작했다. 반유대주의는 유대인과 자본가들은 한통속이라고 몰아붙이면서 유대인이 소유한 자금과 상업에 대한 적대감을 드러냈다. 이 운동은 1880년대에 데룰레드를 추종하던 도시의 프티 부르주아들, 그리고 노동계급과 사회주의 운동 자체에 특히 로슈포르(Rochefort)와 같은 인물들 주변의 블랑키주의자들에게서 확산되었다. 당시 반유대주의는 민족주의 이데올로기에 핵심적인 통합요인이었다.[89]

1886년에 출간된『유대인의 프랑스(*France juive*)』라는 저서에서 드뤼몽은 공화파인 강베타가 유대인 은행가들과 제휴를 맺고 있는 것으로 그릴 뿐만 아니라, 그를 유대인으로 맹비난하고 있다. 또한 드뤼몽은 불랑제가 보수주의자들과 제휴한 결과로 불랑제장군지지운동을 향한 그의 마음이 변하는 것을 경험한다. 왜냐하면 드뤼몽은 1889년 1월 27일 선거에서 불랑제장군에게 표를 던졌기 때문이다. 그리고 1890년에 그는 데룰레드가 사심이 없는 조국에 대한 열렬한 헌신자라고 묘사했다.[90] 이런 점에도 불구하고 불랑제장군지지지자들과 드뤼몽과의 관계는 다소 불분명하다.

역사 속에서 반유대주의의 세 가지 일반적인 변형은 종교적 반유대주의, 경제적 반유대주의, 족류적 반유대주의인데, 드뤼몽의 반유대주의는 주로 경제적인 측면이 강조되었다.[91] 드뤼몽의 다음과 같은 발언은 반유대주의의 성격을 잘 드러내고 있다.

쳤다.

[89] R. Tombs, *France 1814-1914*, pp.167-168.

[90] W. Buthman, *The Rise of Integral Nationalism in France*, pp.41-42.

[91] Edouard Drumont, *La Dernière bataille*, xi-xii; Bernard Lazare, *L'Antisémitisme: son histoire et ses cause* (Paris, 1894), p.238.

프랑스에 존재하는 1500억의 부 가운데, 그들은 800억을 갖고 있다.[92]

유대인들은 사회주의 운동을 그들이 원하는 방향으로 지시했다. 또한 제국
주의를 통제하고 장려했는데, 왜냐하면 프랑스 군인들이 튀니지와 통킹에서
장티푸스와 콜레라로 쓰러진 것은 그들의 부를 채우기 위한 것이었기 때문
이다.[93]

부정하게 얻은 그들의 부의 과시는 구역질이 나는데, 특히 미국계 유대인들
의 것이 그렇다. 이들은 원래 독일 출신이고 수만 프랑을 모아 파리로 와서
그것들을 요란하게 쓰고 있다. 프랑스 귀족들은 미친 듯이 써대는 그들의
부 때문에 유대인 가문과 결혼하고 나서 금광이 물밀듯이 쏟아져 들어온다
는 것을 발견한다. 몇몇 예외가 있기 하지만, 이들 미국인들은 시끄럽게 떠
들고, 시끄럽게 웃고, 고약한 냄새를 풍기는 '대단히 유쾌하지 못한 피조물'
이다.[94]

드뤼몽은 그의 경제적 논거를 추적하면서 프랑스 유대인들이 과시의 잘
못을 저질렀음을 발견했다.[95] 또한 드뤼몽의 이념이 확산되는 되는 것에
는 1890년 자크 드 비에즈(Jacques de Biez)가 결성한 프랑스 반유대주의
민족연맹(Ligue nationale antisémitique de France)이 있었다. 이 연맹의 임
무는 민족적 자각, 각자의 의식 보호, 상호간의 형제애적 조력이었다. 드
뤼몽은 이 조직에 가담하여 열성적으로 활동했다. 그러나 반유대주의적
선전의 가장 효과적인 매체는 신문,『라리브르파롤』이었다. 이 신문은 드
뤼몽이 파나마 스캔들[96]이 터지기 바로 몇 달 전인 1892년 4월에 창간되

[92] E. Drumont, *La France juive*, I, pp.520-521.

[93] E. Drumont, *La France juive*, II, p.227.

[94] *Ibid.*, pp.252-254.

[95] W. C. Buthman, *The Rise of Integral Nationalism in France*, p.43.

[96] 파나가 스캔들은 의회의 채권 보장이 결국 건실하지 못한 민간사업을 거금의

었다.[97] 드뤼몽의 표현에 따르면, 파나마 스캔들은 두 가지를 만천하에 폭로했다. 첫째, 의원과 공무원이 사업가가 되었다는 사실이고, 둘째, 사적인 사업과 국가기관을 연결시켜준 중개인이 거의 유대인이었다는 사실이다.[98] 이와 같이 유대인이 제3공화국 정권과 모종의 거래 관계들을 형성할 수 있었던 것에는 제3공화국이 설립될 때까지 국가의 재정을 담당하는 일을 로스차일드가가 거의 독점했다는 점이다. 더욱 더 놀라운 사실은 국가 기관과 밀접한 관계를 맺고 있던 유대인은 새로운 인물들이었다는 점이다.[99]

이상하게도 반유대주의에서 우연의 일치가 일어났다. 드뤼몽이 그의 악의에 찬 증오심을 『유대인의 프랑스』에 쏟아내고 있을 때, 코르넬리우스 에르츠(Cornelius Herz)는 1885년 파나마 운하 회사에 다음과 같이 제안을 했다. 즉 그 회사가 채권을 발행하는 조치에 대해 의회와 상원에서

횡령 사건으로 변화시킨 정권의 최대의 추문사건이었다. 파나마 스캔들이 일어난 사건의 전모는 이렇다. 1880년에서 1888년까지 수에즈 운하를 건설한 기술자 드 레셉스가 사장으로 있던 파나마 회사는 건설 작업을 크게 진척시키지 못한 상태였다. 그럼에도 불구하고 프랑스 내에서는 이 기간 동안 13억 3553만 8454프랑의 사채를 모금하는 데 성공했다. 금전문제에 상당히 신중했던 프랑스 중간계급이 투자를 한 것이었다. 이러한 사채 모금 성공에는 회사가 시도한 몇 차례의 공공 대출이 항상 의회의 지원을 받았다는 것이 성공의 비결이었다. 운하 건설은 기업의 사적 사업이라기보다 국가의 공공사업이라는 것이 일반적인 견해였다. 그래서 회사가 도산했을 때 실제로 타격을 입은 것은 공화국의 외교정책이었다. 그러나 이보다 더 중대한 문제는 프랑스 중산층 50만 명의 파산이라는 사실이 몇 해 지나지 않아 드러났다. 언론과 의회의 조사 위원회는 파나마 회사가 몇 년 전부터 이미 파산 상태였다는 동일한 결론에 도달한다. 이들의 주장에 따르면 드 레셉스는 내내 기억을 바라며 신규 대출을 승인받기 위해 언론과 절반가량의 의원들 그리고 모든 고위 공무원을 매수해야만 했다. 이 일의 중개인 역할에 부르주아 정당의 우파 진영에서 일한 자크 라이나흐와 급진파에서 일한 코르넬리우스 에르츠였다. H. 아렌트, 『전체주의의 기원』 1 (한길사, 2006), 224-225쪽.

[97] *Ibid.*, p.46.

[98] Levaillant, "La Genèse de l'antisémitisme sous la troisième République", in *Revue des étuclues juives*, vol.LIII (1907), p.97.

[99] H. 아렌트, 『전체주의의 기원』 1, 227쪽.

의 승인을 얻어내 주겠다는 제안이었다. 에르츠는 저명한 기회주의자이면서 『프랑스 공화국(*Républic française*)』의 편집장인 조제프 라이나흐와 모종의 관계를 맺고 있었던 것이다.[100] 라이나흐는 1880년대 정부의 비밀 재정고문이었고 따라서 파나마 운하 회사와 정부의 관계를 조정하는 역할을 했다. 이에 반해 에르츠는 이중역할을 수행했다. 한편으로 에르츠는 라이나흐가 접촉할 수 없었던 의회의 급진파를 연결시켜주었다. 다른 한편 그는 부패의 전모를 알게 되자 자신의 보스를 협박하여 그를 더 깊은 수렁으로 빠뜨렸다.[101] 반유대주의의 흐름은 프랑스 경제에 대한 침범과 이해관계 때문이었고, 특히 의회에 유대인 기업가들의 로비활동으로 발생하는 파나마 운하 사건 같은 부정부패에 의회가 연루되어 있는 일련의 사건들 때문이었다. 이런 가운데 드레퓌스 사건이 터지면서 반유대주의적 민족주의 흐름의 방향을 결정적으로 좌우했다.

1890년대에 새로운 우익으로의 결집이 이루어진 배경에는 프랑스인들의 민족에 대한 강한 의식이 자리 잡고 있었다. 민족이 이렇게 정치적 가치로 절대 우선시되었던 것은 여러 역사적 경험들이 그들 안에 있었기 때문이다. 기존의 정치적 분열을 초월하여 다양한 범위의 지지자들, 예컨대 참을 수 없는 사회주의자들, 필사적인 근왕주의자들, 지식인들, 파산한 상점주들, 그리고 인민주의적인 사제들을 끌어 모으는 하나의 운동을 창출하려고 시도했다. 그것은 폴 데룰레드의 애국자연맹(1882), 그 뒤에 이어지는 프랑스조국연맹(1899), 그리고 악시옹 프랑세즈(1900)와 같은 원외 연맹들로 구체화되었다.[102] 이른바 적분적 민족주의가 출현하게 되

---

[100] *Ibid.*, p.51.

[101] 바레스는 이 문제를 간결하고 표현하고 있다. "라이나흐가 무언가를 삼킬 때마다 이를 다시 토해내게 하는 방법을 알았던 자는 에르츠였다" Georges Bernanos, *La grande peur des bien-pensants, Edouard Drumond* (Paris: 1931), p.271; H. 아렌트, 『전체주의의 기원』 1, 226쪽에서 재인용.

[102] R. Tombs, *France 1814-1914*, p.317.

었던 것이다. 특히 이런 연맹들을 조직하거나 이끌어가는 지도자들과 주요 인물들을 주목할 필요가 있다. 그들이 내세웠던 이념과 행동강령은 많은 추종자들을 동원하는 매개체가 되었다. 이들은 공화주의적 토양 위에서 자라났지만, 새로운 현실과 환경 앞에 치열한 고민을 현실화 했던 문제적 지식인들이었던 것이다. 데룰레드, 불랑제, 바레스와 모라스는 대표적인 지식인이자 우익 민족주의자들이었다.

여기서 우리는 우파와 민족주의의 결합을 주의 깊게 주목하지 않을 수 없다. 19세기 말 마지막 10년간 정치계의 모든 수준에서 전력을 기울인 이 싸움에서, 정통 우파는 모험적인 이 새로운 민족주의에 핵심 지지층이 되었다. 스테른헬에 의하면, 정통 우파는 교회, 군대 그리고 수많은 지식인들의 지지를 민족주의에 제공했다. 그 속에서 정치세력의 역할을 하고 자유주의 공화국의 토대를 세우도록 허용하면서, 우파는 우파에게 있는 고유한 가치들이 민족주의에 베어들게 했다는 것이다. 민족주의와 우파의 이런 동맹은 이 두 정신적 가문이 직접적인 같은 목표들―자유민주주의와 프랑스혁명의 정신적 가치들에 대한 파괴―을 추구했다고 판단한다.[103] 이 시점이 민족주의 세력이 이전에 자유주의와 결합하려던 시도를 끊고 우파와 손을 잡는 시기였다.

④ 드레퓌스 사건

온건파 기회주의자들이 불랑제장군지지운동을 물리치자 또 다른 위기가 터져 나왔다. 공화국은 안팎으로 끝없이 위협과 소동에 휩싸였던 것이다. 1894~1899년에 일어난 드레퓌스 사건은 많은 여파를 낳았다. 드레퓌스 사건이 정치화 하는 1898년 초까지만 하더라도 민족주의 세력이라고 규정된 단체나 조직이 존재했던 것은 아니다. 10년 전에 있었던 불랑제사

---

103) Z. Sternhell, *Maurice Barrès et le nationalisme français*, p.403.

건에서 민족주의를 부르짖는 사람들이 나타나서 주목을 끌었으나 그 후로 조직적인 운동은 없었다. 그러다가 1898년과 1899년 드레퓌스 사건을 거치면서 좌파 드레퓌스파에 반대하는 민족주의 세력이 부상했다. 이데올로기적으로 일치되기에는 아닌 장벽이 남아있었던 신·구 우파가 새롭게 결집한 것이었다. 반(反)드레퓌스 연합으로 우파는 더욱 그 세를 더해갔다.

좌파에서 우파로 민족주의의 이행에 대한 한 설명에 의하면, 우익 민족주의가 출현하기 이전에 프랑스에서 민족주의는 1890년대 초까지만 하더라도 압박받는 민족의 자결권을 요구하는 공화국적인 혁명적 민족주의로서 그 성격이 좌파적이었다. 이런 점에 비추어보았을 때 민족주의는 1792년의 유산이라고 할 수 있었다. 그러던 것이 불랑제사건에서 민중이 의회제도와 집권 공화파에 적대적인 캠페인을 벌이고 민족주의를 표방하면서 '민족주의자'라는 말을 극우파가 독점해 버린 격이었다.[104] 여기에 좌우가 결정적으로 갈라지게 되는 것은 드레퓌스 사건이었다. 드레퓌스 사건은 단순히 좌우의 대결이 아니라, 프랑스 전 민족적 차원에서 대립과 분열을 낳았던 민족주의의 중대한 전환점으로 기록되었다. 드레퓌스 사건을 기점으로 민족주의와 보수주의가 손을 잡고 구제도들의 옹호자가 되었다. 체제에 이런 결합은 위험했다.[105]

민족주의자들의 생각에 드레퓌스가 저지른 가장 큰 범죄는 프랑스 기밀을 독일에 넘겨준 단순히 독일의 스파이 노릇에 있었던 것은 아니었다. 그것은 그 이상의 프랑스 민족을 양 진영으로 완전히 찢어놓았고, 그로 인해 국가의 존망 자체가 위태로운 지경으로 몰아넣은 것에 더 큰 잘못이 있다고 간주되었다. 따라서 드레퓌스 사건이 초래한 의미와 결과들은

104) B. 젠킨스, 『프랑스 민족주의』; E. Cahm, "Le mouvement socialiste face au temps de l'affaire Dreyfus", *BSEJ*, no.79 (octobre-décembre, 1980), pp.3-14.

105) M. Curtis, *Three against the Third Republic. Sorel, Barrès et Maurras*, p.44.

다음의 몇 가지로 요약할 수 있다.

첫째, 프랑스 전체가 온통 드레퓌스 사건의 소용돌이에 휘말리면서 완전히 쪼개지는 데 일조했다. 프랑스의 갈라진 모습을 슈발리에에 의하면, "5년 동안 군대와 민족 전체를 불안정하게 만든"[106] 장본인 드레퓌스 때문에 프랑스는 양대 진영으로 갈라져 싸웠다. 슈발리에는 "보습과도 같이 모든 것을 휘저어 놓고, 정당과 심지어 가족 내에서도 노선이 갈라지고 그들 사이의 고랑을 깊이 파는 일이 일어나게 만들었다"[107]고 표현하고 있다.

둘째, 반유대주의 쟁점을 둘러싸고 '지식인'이라는 용어와 실체가 처음 대두하게 되었다. 지식인이 선언됨으로써 지식인의 사회적 역할과 위상이 천명되었다. 반유대주의의 단면을 보여준 이 사건을 계기로 프랑스 사회는 또 다른 심각한 내분에 휩싸였다. 두 개의 진영이 형성되어 대립했다. 한쪽엔 급진파, 사회주의자들, 그리고 처음으로 "지식인"[108]이라고 불린 사람들(아나톨 프랑스, 샤를 페기, 앙드레 지드)이 결합하여 드레퓌스파를 형성하여 국가이성에 의해 짓밟힌 개인의 옹호자가 되었다. 다른 한편에서 "반드레퓌스파"는 무엇보다도 군대의 명예를 지키기를 바랐다. 반드레퓌스파는 수많은 가톨릭 인사들, 민족주의자들, 반유대주의자들뿐만 아니라 지식인들(바레스, 모라스, 폴 발레리, 레옹 도데)을 규합했다. 반드레퓌스파가 우익으로, 드레퓌스파가 좌익으로 지목받기는 했지만, 그 구분은 보다 복잡하여 모든 정치세력과 사회층에서 분열과 대립이 나타

---

106) M. Barrès, *Scènes et doctrines du nationalism*, vol.I, p.219.

107) J.-J. Chevallier, *Histoire des institutions politiques de la France moderne, 1789-1958*, p.445; B. 젠킨스, 『프랑스 민족주의』, 176쪽.

108) '지식인'에 대해서는 Pascal Ory, Jean-François Sirinelli, *Les Intellectuels en France: De l'affaire Dreyfus à nos jour* (Paris: Armand Colin, 1992); Alain Pagès, *Emile Zola, Un intellectuel dans l'affaire Dreyfus: histoire de "J'accuse"* (Paris: Librairie Séguier, 1991); Christophe Charle, *Naissance des intellectuels, 1880-1900* (Paris: Minuit, 1990).

났다. 각 진영은 연맹을 결성했다.[109]

셋째, 드레퓌스 사건을 겪으며 연맹들(ligues)의 구성이 활발해진다. 사회주의자 레옹 블룸은 '인권과 정의를 위한 영원한 군대'를 형성하기를 희망했다. 그런 의도로 인권연맹(Ligue des Droits de l'Homme)[110]이 1898년에 재창설되었다. '드레퓌스파'는 그 사건을 반동, 교회와 귀족-전사 계층에 맞선 투쟁으로 그리고 멜린 연정을 붕괴시키고 새로운 좌익 연맹을 창출할 수 있는 기회로 보았다. '반드레퓌스파'는 프랑스조국연맹(la Ligue de la patrie français)[111]으로 응했는데, 그 회원은 파리 노동자 1만 명을 포함해 10만 명에 달했다. 프랑스조국연맹 회원들에게, 그것은 민족 단일성과 위대한 민족적 제도들인 군대와 교회를 잠식하는 세력들에 맞선 투쟁이었다. 그들이 생각하기에, 방대한 '유대인 생디칼리슴은 독일인들의 묵인아래, 언론인들, 관료들, 정치인들과 판사들을 매수함으로써 드레퓌스 사건을 눈가림하려 한다고 확신했다. 사건이 한창 진행 중일 때인 1898년 1월 2월에 파리, 낭트, 렌, 생말로, 낭시, 에피날, 디종, 샤롱, 마르세유, 툴루즈 그리고 알지에를 포함한 대부분의 대도시에서 반유대주의 폭동과 데모가 69건이 일어났다.

넷째, 드레퓌스 사건은 민족주의의 이상을 바꾸어놓았다. '민족'='인민'이라는 이전의 급진주의적 등식, 즉 인민의 자결을 위한 해방투쟁을 의미하지 않고, 질서와 기율의 보수적인 제도들—군대, 교회, 그리고 국가들—

---

109) D. 리비에르, 『프랑스의 역사』, 347쪽.

110) 인권연맹에 대해서는 Henri Sée, *Histoire de la Ligue des Droits de l'Homme* (Paris: la Ligue des Droits de l'Homme, 1927).

111) 프랑스조국연맹에 대해서는 Jean-Pierre Rioux, *Nationalism et Conservatisme, la Ligue de la patrie française 1899-1904* (Paris: Beauchesne, 1977) 참조; 1899년 1월에 창설된 이 단체는 반드레퓌스파 계열이 결집한 것으로, 지식인들과 예술가들이 모여들었다. 거기에 지도자가 바레스였다. 지식인들과 예술가들로는 폴 발레리(Paul Valéry), 폴 부르제(Paul Bourget), 프랑스와 코페(François Coppée), 르느와르(Renoir), 세잔(Cézanne), 툴루즈-로트렉(Toulouse-Lautrec), 포렝(Forain), 로댕(Rodin) 등이 있다.

과 동일시되었다. 이제 민족적 이상은 바레스, 드뤼몽, 데룰레드, 모라스의 사상 안에서 인종, 족류적 전통, 뿌리내림, 오래된 프랑스라는 테마들로 바뀌었다. 자유롭고 평등한 시민권이라는 공화국적 민족 이상은 '영원한 프랑스'를 천명했던 라비스의 공화주의적인 애국심 속에서 그대로 되풀이 되었다.[112] 그 결과 드레퓌스 사건 기간 중에 민족주의는 우파 속에서 확고히 자리 잡게 되고, 이러한 우파의 새로운 민족주의의 현실적 논리는 이제 국내적인 것으로 돌아선다. 즉 국내의 갈등을 진정시키고 기존의 사회질서를 공고히 하는 통합 이데올로기로 기능하게 될 것이었다.[113]

드레퓌스 사건의 결말은 1898년 8월, 드레퓌스의 유죄판결을 얻어내기 위해서 사용된 한 재판자료가 위조임이 드러났고 그 장본인인 앙리 대령이 자살했다. 이리하여 재심리가 불가피해졌다. 그로 인해 체제의 위기가 뚜렷해졌다. 국가는 분파들의 대결로 위협을 받았고, 일부 민족주의자들과 반유대주의자들은 그 사건을 활용하여 공화국을 타도하려고 했다.[114] 드레퓌스는 이미 갈라져 있었던 프랑스 민족의 분열과 대립의 정치 선전에 초점이 됨으로써 극단적인 양진영의 대결로 치닫게 했다. 게다가 드레퓌스로 인해 프랑스 군대의 도덕적 권위는 손상되고 실추되었다. 그로인해 체제와 정권의 위기, 국가의 존립 자체를 위태롭게 하는 결과를 초래했다.

2) 바레스와 반드레퓌스파

드레퓌스 사건은 이미 갈라져 있던 모든 프랑스인들의 사고방식을 완전히 더 쪼개놓았다. 드레퓌스 대위의 유죄를 둘러싼 논쟁이 유발한 프랑스 안에 싸움을 심지어 '정신적 내전'[115]이라고 표현하기도 한다. 따라서

---

112) B. 젠킨스, 『프랑스 민족주의』, 177-178쪽.

113) 같은 책, 180-181쪽.

114) D. 리비에르, 『프랑스의 역사』, 348쪽.

115) 마르셀 고셰, 「우파와 좌파」, 『기억의 장소』 4, 43쪽.

당시 신설되는 우익 연맹들의 창설과 그들의 대의명분에서의 주장도 그러하고, 바레스의 발언들도 이와 같은 국내의 갈등을 진정시키고 기존의 사회질서에 기율을 세우는 통합 이데올로기의 연장선상에 있었다. 다시 말해 한 유대인 대령의 군사기밀 간첩 혐의로 시작된 드레퓌스 사건이 불러일으킨 싸움은 시간이 흐르면서 민족적 차원의 정치 싸움으로 변해갔다. 에밀 졸라를 필두로 하여 드레퓌스를 두둔했던 몇몇 인물들에 이어서, 불의에 대한 불같은 분노는 몇몇 정치 지도자들에게로 확대되었고, 그리고 나서 지식인들 그룹, 부자와 서민들, 프리메이슨단, 자유사상협회, 그리고 정파들로 확산되어 나아갔다.

반면에 반드레퓌스주의는 공화국체제의 보수주의에 의존하고 있는 한 보다 복잡한 양상을 보였다. 반드레퓌스주의는 우선 군대, '프랑스 그 자체'를 방어하는 데 신경을 썼다. 반드레퓌스주의는 연맹들과 서민들을 교대로 움직이며 의회제 공화국에 대한 반격을 가했다.[116] 반드레퓌스파 조직들이 형성되기 시작했다. 이 시기에 반드레퓌스라는 용어는 단순히 드레퓌스 사건에 국한된 반대만이 아니었다. 반공화적, 반민주주의 그리고 반유대주의의 경향을 띠는 모든 것에 대한 공인된 명칭으로 사용되었다.

그런 까닭에 드레퓌스 사건은 공화국에 일대 시련이었다. 왜냐하면 쟁점이 되는 이 드레퓌스 사건은 사회계급들 사이에 투쟁, 우파와 좌파 사이에 분열, 체제의 형태에 대한 싸움보다도 공화국에 대한 개념정의 자체를 둘러싼 보다 근본적인 대결이었는데, 공화국의 이미지와 민주주의 정착은 1890년대의 흐름에 따라 동요하게 되고 흔들리게 되었다.[117] 드레퓌스 사건은 공화국이 민주주의로 정착하기에 넘어야 할 시험대였다. 반드레퓌스파의 민족주의적 절대주의에서 보자면, 민족과 군대에 대한 숭배

---

116) F. Démier, *La France du XIXᵉ siècle 1814-1914*, p.383.
117) *Ibid.*, p.381.

는 그것의 척추이며, 다른 모든 가치를 없앨 수 있는 절대적으로 우선시 되는 가치였다.118) 또한 데미에는 드레퓌스 사건을 "두 개의 프랑스의 싸움"으로 표현했다. 반드레퓌스파 진영은 명사들에 의해 지배되었는데 그들은 그들의 싸움을 국가, 사회, 군대의 방어와 동일시했다. 하지만 지식인들이 없지 않았고 그들의 입장들은 언론과 신문들에서 신랄하게 표출되었다.119)

그 각각의 진영이 연맹들을 구성할 때, 1899년 1월 지식인 및 가톨릭적인 우파 가운데서 프랑스조국연맹이 창설되었다. 프랑스조국연맹은 보수적인 민족주의를 표방했지만, 의장인 부르네티에르(Burnetière)를 모방하여 드뤼몽이나 모라스 같은 사람의 광신적인 반유대주의를 따르기를 주저했다. 반드레퓌스파의 이러한 강력한 모호한 상태(성운)는 1902년 선거에서 보수주의자들과 극단적 우파 사이를 해체시켰다. 모리스 푸조와 앙리 보주아에 의해 1898년 4월에 만들어진 악시옹 프랑세즈 위원회에게 자유로운 길을 허용했는데, 이 조직은 1899년에 『르뷔악시옹프랑세즈』를 발행한다. 또 1901년부터 모라스가 합류한 위원회는 '적분적 민족주의' 전략과 공화국을 쓸어버릴 실력행사(폭력) 준비로 전향한다.120)

그러므로 이 시기 프랑스 민족주의의 두 가지 노선이 전통을 형성한다. 바레스와 모라스는 프랑스 우익 민족주의의 두 노선의 지도자로 부상하게 된다. 그 중에 바레스가 반드레퓌스 입장을 취했던 것은 다음의 몇 가지 이유에서였다.

---

118) *Ibid.*
119) *Ibid.*, pp.382-383; 당시 증오에 찬 위조사진들과 캐리커처를 사용하기를 주저하지 않았던 신문은 *L'Éclair, La Patrie, L'Intransigeant, La Libre Parole, La Croix*이다. 그 가운데 발행부수가 많은 신문은 *Le Petit Journal, La Matin* 등이 있다.
120) F. Démier, *La France du XIXᵉ siècle* 1814-1914, pp.383-384.

첫째, 바레스가 드레퓌스 사건에 가장 크게 격노했던 것은 프랑스의 단일성과 통합을 해쳤다는 점이다. 갈라지고 무뇌상태인 프랑스를 더욱 쪼개 놓았다고 간주했던 것이다.

둘째, 바레스는 드레퓌스 사건을 공화국이 아주 최근에 귀화한 사람들에 정치적 영향력을 허락한 위험한 사례의 하나로 생각했다.

셋째, 바레스는 드레퓌스 사건을 그의 토지와 죽은자들의 전통의 계승자인 프랑스인이 귀화인과 외국인들의 도전을 받아들여야 하는 하나의 전쟁터로 여겼다.

바레스는 항상 민족적 집중과 통합의 필요성을 강조했다. 바레스가 1914년의 신성한 단결, 잔다르크의 축제를 모든 정파들을 초월하여 프랑스인들이 나라의 영웅을 중심으로 위대한 형제애적 모임으로 하나가 될 수 있다고 본 것도 바로 통합과 단일성을 위해서였다.

지금까지의 고찰한 바에 의하면, 1880년대까지 공화주의적 민족주의가 지배적인 상황에서 1890년대에 들어와 새로운 우익 민족주의가 등장하는 원인들을 몇 가지 들 수 있다.

첫째, 프랑스 사회는 지역적, 종교적, 계급들 간에 갈라져 있었기 때문에 민족통합에 어려움이 컸던 공화국체제의 한계를 나타냈다. 제3공화국의 프랑스인들을 민족화하기 위한 노력은 이런 갈라진 사회의 요구를 반영하지 못한 위로부터 단행된 민족화였다. 예컨대 앞에서 살펴보았듯이 공화국적인 민족주의는 경제성장 및 근대화가 목표였다. 프랑스 산업화에 국가의존도가 높았다는 것을 확인할 수 있었다. 결과적으로 위로부터 국가에 의한 프랑스인 만들기는 체제 강화에 일조는 했지만, 사회문제들을 해결하지는 못했다. 공화국을 통한 합의가 최종적으로 완결되는 것은 제1차 대전 기간 동안에 신성한 단결을 통해서 합의를 발견하게 될 것이다.

둘째, '기존의 공화국적인 민족 개념에 닥친 위기 때문'이었다.[121] 보불

전쟁에서의 프랑스의 패배는 좌파의 가치들과 하나로 뒤섞여 있는 민족 개념을 흔들어 놓았다. 그때까지도 민족, 프랑스혁명의 유산, 자유와 평등이라는 보편적 가치들은 논리적으로 연결되어 있었다. 권위주의적, 군국주의적 그리고 귀족적인 프러시아에 맞선 프랑스의 패배는 공화국의 계획의 건실함에 대해 의문을 던지게 했고 1848 이래로 프랑스에 부여된 보통선거의 해로운 결과와 엘리트들을 완전히 덮쳤던 대중들의 주권적 지배에서 찾아져야 한다고 생각하기에 이르렀다.[122]

셋째, 1890년대의 분위기에서 민족주의의 성격의 급격한 변화를 초래한 것은 불랑제장군의 실패와 그의 죽음이었다.[123] 불랑제장군지지운동[124]은 당파를 초월하여 좌우의 모든 프랑스인들이 결집할 수 있는 발판이었다. 그만큼 이 운동은 프랑스 전체에 열풍을 일으켰다. 장군 주위로 급진파, 보나파르트파, 사회주의자들, 지식인들―낭시의 불랑제파 후보였던 바레스―이 막연한 강령을 중심으로 재집결하고 대중적인 반유대주의 이데올로기가 발전하게 되었다. 그러나 불랑제장군지지운동을 통해 부르주아적인 반의회주의 공화국 체제에 대해 가해졌던 비판은 불랑제장군지지운동이 실패하고 그가 죽자 급진적인 우익 민족주의로 변하게 된다.[125]

---

[121] *Ibid.*, p.373.

[122] *Ibid.*, pp.373-374.

[123] *Ibid.*, p.374.

[124] 레몽은 불랑제장군지지운동을 보나파르트체제와 유사한 전(前)산업적 현상으로 해석하는 데 반해, 스테른헬은 불랑제장군과 그의 운동을 '새로운 우파' 정치의 산물이자 '전-파시즘'의 징후로 보고 있다. 또 다른 해석은 바레스가 주요 대변인이었던 불랑제장군지지운동은 공식적으로 '체제수정주의자들(Revisionist, 헌법개정론자들)'의 운동이었다. 왜냐하면 그것은 제3공화국의 헌법을 '개정하고' 싶어 했기 때문에 '체제수정주의자들'의 운동으로 공식 알려지게 되었다. Peter Davis, *The Extreme Right in France, 1789 to the Present: From de Maistre to Le Pen* 참조.

이 시대를 살아간 바레스도 시대의 흐름에서 예외일 수 없었다. 바레스는 초기에 스스로를 발견하는 존재, 즉 자신을 추구한 인간형에 속했었다. 그러면서 전 생애를 진리를 찾고 추구하는 그런 인물이었다. 그는 그의 자아, 다시 말해 그 자신의 영원히 불안하고 불만스러운 이 부분을 개발하는 것을 선택했었다. 또 한편에 바레스의 모습은 전통주의적 낭만주의자의 면모를 늘 간직하고 있었던 것으로 보인다. 그는 꿈에 대한 취미와 행동에 대한 취미를 가지고 있었으나, 그것은 둘 다 자기의 인격을 완전히 개화시키려는 깊은 욕망에 응한 것으로 생각되며, 그런 점에서 그는 낭만주의자임이 분명하다. 바레스는 쉽게 이해되지 않는 복잡한 인간형이었다.

그러나 바레스가 불랑제장군지지운동에 참여하면서 개인주의에서 개인과 사회의 연대로서 사회적 개인주의로 사상의 변모를 겪게 되었다. 그 안에서 자신의 민족의식을 키워나가고 있었다. 그리고 드레퓌스 사건을 계기로 사상의 변화를 결정적으로 나타낸다. 최종적으로 민족과 민족주의에 대한 사상을 조탁하게 되었다. 1880년대의 자아예찬을 주장했던 한 에고이스트 작가에서 1890년대 후반에는 '토지와 죽은자'를 경배하는 민족주의자로 변모하게 되었다. 이제 그는 자아를 예찬하던 입장에서 개인적 자아는 민족적 자아에 예속되어야 한다고 입장을 바꿨다. 왜냐하면 드레퓌스 사건을 통해 프랑스인들의 사고방식이 산산조각이 났고 분열되어 있어 프랑스라는 나라가 파멸 직전에 있다고 보았기 때문이다. 그것은 그 민족에 속해 있는 한 개인의 실존의 문제와 직결되어 있나고 판단했던 것이다.

바레스는 우익 민족주의의 출현을 거치면서, 1892년에 '민족주의'라는

---

125) 레몽(René Rémond)은 우파의 연합이 세 번에 걸쳐 일어난다고 설명한다. 첫 번째 연합은 도덕질서 시기(1871~1879), 두 번째 연합은 민족주의 세력들의 연합(1899~1902), 세 번째 연합의 시기는 민족블록의 시기(1919~1939)가 그것이다. R. Rémond, *Les Droites en France* (Paris: Aubier-Montaigne, 1982).

용어에 현재의 정치적 의미를 최초로 부여했다. 그의 이름은 불랑제장군 지지운동과 드레퓌스 사건 동안에 민족주의라는 용어와 동일시되었다. 바레스의 민족과 민족주의에 대한 사상은 지금까지 살펴본 일련의 우익 민족주의 운동들의 연장선상에서 형성될 것이다. 그렇다면 바레스의 민족 개념이 무엇인지 다음 장에서 살펴보자.

제3장

바레스의 민족 개념

1. 민족 개념의 이원성

1) '민족'에 대한 패러다임

민족주의의 호소력에 들어있는 공통된 뿌리는 바로 민족의 이상을 실현하고자 하는 민족 구성원들의 염원이다. 민족의 이상이란 근본적으로는 공통된 역사와 문화를 공유한 모든 사람들이 그들의 고토에서 자치적이고, 하나가 되고 독특해야 한다는 신념이다.[1] 이러한 민족의 이상의 실현을 위해서 민족 구성원들은 역사 속에서 늘 부단한 노력을 경주해왔음을 확인할 수 있다. 왜냐하면 그것은 각 개인의 존재이 정체·성과 소속과 밀접히게 관련되어 있고 결국 각 개인의 삶을 규정하는 생존의 문제와 깊이 연결되어 있었기 때문이다. 또한 인간이 자신들의 정체성을 발견할 뿐만 아니라 우애와 자치를 달성할 수 있는 것도 진정한 민족됨의 상태에서 뿐

---

[1] A. D. Smith, *Nationalism in the Twentieth Century*, p.2.

임을 역사는 말해준다. 결국 민족이란 각 개인의 삶을 규정짓고, 완전한 자유와 조화를 실현할 수 있으며, 또 이기적인 목적보다 만인의 선이 실현되는 실체라 할 수 있다. 그런 까닭에 이 민족적 이상은 그렇게 수많은 나라들에서 역사적으로 뭇 사람들이 민족을 위해 자신의 목숨을 희생하는 충성심을 명할 수 있었고, 사람들은 기꺼이 그것을 따를 수 있었다. 그래서 민족적 이상은 근대 세계에서 사람들의 충성심을 놓고 경쟁하는 모든 비전들과 신앙들 중 가장 광범위하고 지속인 것이었다.

일반적으로 민족 개념은 사회문화적 의미를 갖고 있는 역사적 개념이면서 이데올로기적 개념이기도 하다. 또한 서구적 근원을 갖기 때문에 그것이 전파되고 확산되는 역사적 경로에 따라 민족 개념은 변용되어 다의성을 갖게 되었다. 그래서 민족에 대한 개념 자체도 통일되어 있지 않아서 민족과 민족주의에 대한 개념 정의도 일원화하기가 어렵다. 그것을 반영이라도 하듯 민족 개념은 개념 투쟁이라고 할 정도로 학자들에 따라 연구의 패러다임이 다양하다. 그 만큼 민족을 하나의 개념으로 정의하지 않는 현재의 상황이다. 이렇게 민족 개념의 복잡함 속에서 오늘날 민족에 대한 논의는 크게 네 개의 패러다임으로 나눌 수 있다.[2]

① 근대주의(Modernism)

근대주의는 제2차 대전 이후 주류를 이루는 패러다임이다. 민족과 민족주의를 새로운 근대화 과정에서 도출하고 있고, 국가, 민족과 민족주의, 그리고 특히 엘리트들이 어떻게 근대적인 조건들과 근대적인 정치적 지상명령에 대처하기 위해 새로운 방식으로 주민들을 동원하고 하나가되게 했는지 설명하려고 한다. 예컨대 베네딕트 앤더슨(Benedict Anderson)

---

[2] A. D. Smith, *The Cultural Foundations of Nations: Hierachy, Covenant, and Republic*, pp.2-11; *Nationalism and Modernism: A Critical Survey of Recent Theories of Nations and Nationalism* (London and New York: Routledge, 1998), pp.222-224.

과 에릭 홉스봄(Eric Hobsbawm)은 특히 광범위한 커뮤니케이션의 네트워크들과 민족공동체들을 만들 때 의례활동과 상징주의의 역할을 밝혀내려고 시도했다. 마이클 만(Michael Mann), 존 브로이(John Breuilly), 찰스 틸리(Charles Tilly) 그리고 앤서니 기든스(Anthony Giddens) 같은 학자들은 국가, 전쟁, 그리고 관료제의 역할을 입증해 보이는 데 많은 작업을 해보였다.[3] 한편 정치 엘리트들의 결정적인 역할과 그들의 전략들에 대해서는 폴 브라스(Paul Brass)와 헥터(Michael Hechter)와 같은 학자들에 의해 탐구되었다.[4] 미로슬라브 흐로흐(Miroslav. Hroch), 톰 네언(Tom Nairn) 그리고 에르네스트 겔너(Ernest Gellner)나 엘리 케두리(Elie Kedourie)[5] 같은 연구자들의 인텔리겐치아의 역할에 대한 연구도 중요하다.

---

[3] M. Mann, *The Sources of Social Power*, 2 vols (Cambridge: Cambridge University Press, 1993), vol.2; M. Mann, "A Political Theory of Nationalism and its Excesses", *Nations of Nationalism*, Periwal ed. (1995); J. Breuilly, *Nationalism and the State*, 2nd edition (Manchester: Manchester University Press, 1993); J. Breuilly, "Approaches to Nationalism", in Gopal Balakrishnan, ed., *Mapping the Nation* (London and New York, Verso, 1996); J. Breuilly, "Dating the Nation: How old is an old Nation?," in Ichijo and Uzelac, *When is the Nation? Towards an Understanding of Theories of Nationalism* (2005); "Changes in the Political Uses of the Nation: Continuity or Discontinuity?," in Scales and Zimmer, *Power and the Nation in European History* (Cambridge: Cambridge University Press, 2005); C. Tilly, ed., *The Formation of National States in Western Europe* (Princeton: Princeton University Press, 1975); A. Giddens, *The Nation-State and Violence* (Cambridge: Cambridge University Press, 1984).

[4] P. Brass, ed., *Ethnic Groups and the State* (London. Croom Helm, 1985); P. Brass, *Ethnicity and Nationalism* (London: Sage, 1991); M. Hechter, *Internal Colonialism: The Celtic Fringe in British National Development* (Berkeley: University of California Press, 1975); M. Hechter, *Containing Nationalism* (Oxford: Oxford University Press, 2000).

[5] M. Hroch, *The Social Preconditions of Nation Revivals in Europe* (Cambridge: Cambridge University Press, 1985); T. Nairn, *The Break-up of Britain: Crisis and Neo-Nationalism* (London: Verso, 1977); Ernest Gellner, *Nations and Nationalism* (Oxford: Blackwell, 1983); E. Gellner, *Nationalism* (New York: New York University Press, 1997); E. Kedourie, *Nationalism* (London: Hutchinson, 1960).

'민족은 언제 출현 하였는가'라는 민족의 기원에 관한 문제는 가장 많은 시각차를 불러일으키는 쟁점이다. 근대주의자들은 민족의 출현에 관한 워커 코너(Walker Conner)의 연대 설정6)에 동의하지 않는 일군의 학자들이다. 근대주의자들은 민족과 민족주의의 출현 시기를 대개 18세기 후반으로 설정한다. 그들은 민족과 민족주의는 모두 근자의 것이고 새로운 것이며, 근대성의 산물로 간주한다. 근대주의자들은 대체로 민족의 근대성에 의견일치를 보이지만, 민족이 출현하는 원인에 있어서는 약간씩 차이를 보인다. 어떤 이들은 그 원인을 산업자본주의에서 찾고, 어떤 이들은 중앙집권화된 전문적인 국가의 성장에서 찾으며, 또 어떤 이들은 근대적인 매스 커뮤니케이션과 세속교육의 본질에서 찾는다. 겔너와 같은 근대론자는 근대 사회의 사회적 분업과 유동성의 문제를 민족주의 출현의 원인으로 보았다.

② 영존주의(Perennialism)

영존주의는 민족을 근대 이전으로 거슬러 올라가 장기지속적(longue durée)으로 바라본다. 그리고 민족들의 역할을 역사발전의 장기적인 구성요소들로 파악한다. 즉 근대에 와서 만들어진 발명품으로 근대성과 관련시켜서만 보는 관점을 벗어나려고 한다. 즉 민족이라는 것이 일시적으로 연속적으로 나타나는 것이든, 아니면 없어졌다 다시 깨어나는 반복적인 것인지에 상관없이 말이다. 영존주의자들은 민족을 근대화의 과정보다는 족류공동체의 유대로부터 도출해내는 경향을 보인다. 조슈아 피쉬맨(Joshua Fishman), 존 암스트롱(John Armstrong), 시튼-왓슨(Seton-Watson), 그리고

---

6) Walker Conner, "When is a Nation", *Ethnic and Racial Studies* 13, 1(1990), pp.92-103; *Ethno-Nationalism: The Quest for Understanding* (Princeton: Princeton University Press, 1994).

족류성에 관해 워커 코너(Walker Connor)와 도날드 호로비츠(Donald Horowitz)같은 영존주의적 접근방식은 민족주의에 대한 민중의 지지를 불러일으키는 데 있어 언어, 족류적 유대의 기능, 기원 신화, 가족이라고 하는 메타포의 힘을 우리가 이해하는 데 크게 기여했다.[7] 이점에서 영존주의자들은 보다 극단적인 근대주의적 해석을 수정하는 데 가치 있는 기여를 했고 족류적 현상의 연속과 반복을 깨닫게 해주었다.

여기서 한 걸음 더 나아가 신-영존주의(Neo-Perennialism)는 영존주의를 계승하여 근대주의에 대해 비판적 입장을 취한다. 패트릭 워말드(Patrick Wormald), 존 질링엄(John Gillingham), 수잔 레이놀즈(Susan Reynolds), 그리고 아드리안 헤스팅스(Adrian Hastings)와 같은 이들이 신-영존주의자들이다.[8]

---

7) J. Fishman, "Social Theory and Ethnography: Neglected perspective on Language and Ethnicity in Eastern Europe", in Peter Sugar, ed., *Ethnic Diversity and Conflict in Eastern Europe* (Seattle: University of Washington Press, 1980); J. Armstrong, *Nations Before Nationalism* (Chapel Hill: University of North Carolina Press, 1982); H. Seton-Watson, *Nations and States* (London: Methuen, 1977); W. Connor, "When is a Nation?", *Ethnic and Racial Studies* 13 (1990); *Ethno-Nationalism: The Quest for Understanding* (Princeton: Princeton University Press, 1994); "The Timelessness of Nations", in Guibernau and Hutchinson, *History and National Destiny: Ethno-symbolism and its Critics* (Oxford: Blackwell, 2004); D. Horowitz, *Ethnic Groups in Conflict* (Berkeley and Los Angeles: University of California Press, 1985); "The Primodialists", in D. Conversi, ed., *Ethno-Nationalism in the Contemporary World: Walker Connor and the Study of Nationalism* (London: Routledge, 2002).

8) Patrick Wormald, "The Emergence of Anglo-Saxon Kingdoms", in Lesley Smith ed., *The Making of Britain: The Dark Ages* (Basingstoke: Macmillan, 1984); "Germanic Power Structures: The Early English Experience", in L. Scales and O. Zimmer, eds., *Power and the Nation in European History* (Cambridge: Cambridge University Press, 2005); J. Gillingham, "The Beginnings of English Imperialism", *Journal of Historical Sociology* 5 (1992); J. Gillingham, "Henry Huntingdon and the Twelfth Centiry Revival of English Nation", in Forde et al., *Concepts of National Identity in the Middle Ages*, Leeds Texts and Monographs, new series 14 (Leeds: School of English, 1995); S. Reynolds, *Kingdoms and Communities in Western Europe 900-1300* (London: Oxford University Press,

구분	근대주의	신-영존주의
민족의 기원과 연대	18세기 후반	13, 14세기
대중 현상	19세기 말 대중의 민족감정과 참여를 기준으로 한 대중 민족 가능	농민대중의 감정과 민족의 존재 사이에 연관성이나 민족에 대한 애착심 확인
제도적 연속성	국가, 교회 같은 전근대로부터의 제도적인 연속성을 인정	'제도'라는 용어가 근대세계의 경제적, 정치적, 그리고 법률적 형태뿐만 아니라, 문화적 형태들—삶의 방식, '조국'의 애착심, 제국의 정치조직구성신화—을 포함, 족류성 및 종교와 결부된 족류정치적인 연속성 강조
종교의 역할	근대 세계의 잉여의 범주로 종교는 아무 역할도 할 수 없다고 주장. 민족과 민족주의는 중세시대의 강력한 종교적 문화적 체계로부터, 그리고 그것에 대항해서 나온 것	종교와 성스러운 것의 형태 사이에, 또 민족적 상징들, 기억들과 전통들 사이에 지속적인 관계들의 복잡성을 인식하면서 현대 민족들이 지속적으로 성스러운 의미를 고취시키는 방법을 인식

③ 원생주의(Primodialism)

원생주의는 언어, 종교, 영토 그리고 혈연 같은 기본적인 사회적 문화적 현상들의 원생적 속성들로부터 도출해냄으로써 민족과 민족주의에서 나타나는 열정과 자기희생적 특징을 이해하려고 애쓴다. 원생주의는 문화적 또는 사회생물학적 변종들로 나누어진다. 원생주의적 접근방식은 족류성과 혈연관계 사이에, 또 족류성과 영토 사이에 친밀한 관계에 민감하며, 강력한 집단 소속감을 만들어낼 수 있는 방식을 밝혔다. 이점은 반덴 베르그(Pierre van den Berghe)10)와 고대 이스라엘에 대한 클리포드 기

1997); A. Hastings, *The Construction of Nationhood: Ethnicity, Religion and Nationalism* (Cambridge: Cambridge University Press, 1997).

9) A. D. Smith, *The Cultural Foundations of Nations: Hierachy, Covenent, and Republic*, pp.4-8.

10) Pierre Van den Berghe, "Does Race Matter?", *Nations and Nationalism* 1 (1995); "Ethnies and Nations: Genealogies Indeed", in A. Ichijo and G. Uzelac, eds., *When is the Nation? Towards an understanding of theories of nationalism*

어츠(Clifford Geertz)의 연구에서도 분명하다. 원생주의자들은 족류성, 혈연, 영토가 어떻게 강력한 집단 소속감을 일으키는지에 연구의 초점을 맞춘다.

원생주의는 근대주의자들이 간과해온 질문들, 예컨대 왜 많은 사람들이 자신의 신념을 위해, 또 오늘날 민족을 위해 자신을 희생하는지에 대해 원생주의자들은 설명하려 한다. 이 질문은 '원생성' 개념에 있다. 원래 여러 종류의 유대 개념들—사적인, 성스러운, 시민적, 그리고 원생적—로 구분했던 쉴즈(Edward Shilds)에 의해 발전된 원생적 유대의 개념을 기어츠가 받아들였다.[11] 원생주의의 맹점은 원생주의 자체가 족류 집단의 형성과 해체 과정을 알 수는 있지만, 민족의 기원과 문화적 모양에 대해서는 거의 알려주지 않는다는 사실이다. 반 덴 베르그는 이런 주장을 극단적으로 밀고 나가지만 민족들의 기원이라는 질문에 관한 기본적인 발생론적 출현 동력 이론은 모든 확대된 친족 집단을 망라하는 생물학적 수준에 그치고 있다.

원생주의자들의 독특한 기여는 족류성과 민족주의가 그렇게 자주 환기시키는 강렬함과 열정에 우리의 관심을 맞추도록 했다는 점이다. 다른 한편, 원생주의는 민족의 기원 설정과 성격을 포함하는 다른 질문을 남겼을 뿐만 아니라, 민족의 형성과 형태에 관한 인과론적인 역사분석을 불가능하게 만들었다.

④ 족류-상징주의(Ethno-symbolism)

족류-상징수의는 근대성의 문제들에 직면함에 따라, 특수한 민족들에

(London and New York: Routledge, 2005).

[11] E. Shilds, "Primodial, Personal, Sacred and Civil Ties: Some Particular Observations on the Relationships of Sociological Research and Theory", *British Journal of Sociology* 8, 2 (1957); C. Geertz, "Integrative Revolution", in C. Geertz, *The Interpretation of Cultures* (New York: Fontana, 1973).

서 족류정체성들의 상징적 유산들을 밝혀내고, 또한 어떻게 근대 민족주의와 민족들이 그들의 족류-역사들의 상징, 신화, 기억, 가치 그리고 전통을 재발견하고 재해석할지 보여주는 것을 목표로 한다. 존 암스트롱(John Armstrong), 존 허친슨(John Hutchinson), 그리고 앤서니 스미스(Anthony D. Smith)는 족류적이고 민족적인 애착심을 일으킬 때, 또 문화적 사회적 네트워크를 주조해 낼 때 작용하는 신화, 상징, 가치, 그리고 기억의 역할을 추적했다. 이런 시도들은 민족과 민족주의에 대한 주관적이고 역사적인 차원들에 대한 평가에 덧붙여진 것이다. 이것은 민족주의자들이 민족적 목적을 위한 족류-상징적 레퍼토리를 재발견하고 사용했던 방식들, 족류 선별, 성스러운 영토, 집단운명 그리고 황금시대에 대한 신화와 기억들을 조사한다. 이들이 기억들과 상징들을 매개체로 사용하는 것은 그 민족의 특성과 역사를 개념정의 하는 데 있어서, 그리고 특정한 민족에 대한 많은 사람들의 애착심을 굳건히 하는 데 중요한 역할을 할 것으로 간주되기 때문이다.

족류-상징주의는 민족과 민족주의에 대해 족류 중심주의적 시각을 견지하는 연구방법론이다. 민족에 대한 일차적 관심은 '근대성'에 있지 않으며, 정체성과 역사를 강조한다. 족류-상징주의에서 강조하는 문화는 단순한 상징이나 전통, 혹은 의례 그 자체가 아니며, 그것들이 불러일으키는 집단 활동의 의미이자 지향점이다. 또한 족류-상징주의 연구에서의 핵심은 근대 민족을 이해하기 위한 첫 단계로 족류와 민족사이의 관계에 있다.

족류-상징주의에서 중요하게 취급하는 전통과 문화의 모든 요소들─법률과 관습, 제도, 종교, 미술, 음악, 춤, 건축, 가족의 관행 그리고 언어에서 암호화된 신화, 상징, 가치 그리고 기억─은 가족들을 조상공동체 안으로 묶는 데 기여해왔다.12) 무엇보다, 상징은 공동의 유산과 운명을 계속 반복해서 전달해주는 역할을 한다.

그러므로 전통과 문화의 모든 요소들은 우리에게 우리가 공통의 먼 조상들 기억하게 해주고, 새로운 세대들에게 우리의 부모들의 습속과 전통들을 심어주며, 공동 생활방식과 공동체의 제도들에 이정표가 된다. 그것들은 경외와 향수의 감정들에 가시적인 자극제가 된다. 그것들은 우리를 우리 가족의 유산으로 되돌아가게 하고 운명공동체로 나아가게 한다. 이런 식으로, 족류-상징주의는 집단의 노력과 경험에 있어서 중대한 신화와 기억들을 도표로 작성하게 하고 조명하게 하며 족류공동체를 구성하고 있는 각각의 가족은 그것들로부터 그것의 자양물과 신념을 끌어낸다.[13]

족류-상징주의를 대변하는 스미스는 장기지속적인 사회적 문화적 요소들을 분석하는 데 있어, 민족과 민족주의는 분리시켜 다루어져야 하고, 현재, 과거, 미래로 나누어 다루며, 족류와 민족의 사회적 문화적 특징들이 서로 연결되는 방식으로 연구해야 할 것을 권한다.

위에서 살펴보았듯이 이 네 가지 패러다임 중에 주요 입지를 차지하고 있는 민족에 대한 이해는 근대주의적 패러다임이다. 근대주의적 패러다임은 민족을 근대사회의 필요에 의해서 엘리트들이 의도적으로 만들어낸 사회적 구성물이자 문화적 인조물로 간주했다. 그런 민족은 다수에게 각양각색의 문화적 미디어와 사회적 의례를 통해 그것을 표상함으로써 민족을 "발명"하고 "상상"하게 했다는 주장이었다. 하지만 근대적 조건이었기에 가능했던 민족주의는 전지구화 시대에 폐기될 것이라 예상했다. 따라서 이런 주장을 내세우는 이른바 근대론자들은 민족이 민족주의를 만든 것이 아니라, 민족주의가 민족을 만들었고[14] 지금도 계속해서 민족들을 창조한다고 전제한다.

---

12) A. D. Smith, *The Ethnic Origins of nations* (Oxford: Blackwell, 1986), p.49.

13) *Ibid.*, pp.49-50.

14) Ernest Gellner, *Nations and Nationalism* (Oxford: Blackwell, 1983); *Nationalism* (New York: New York University Press, 1997).

이런 견해를 제시한 근대주의적 민족주의론의 가장 영향력 있는 연구자는 아마도 홉스봄과 앤더슨일 것이다. 근대주의적 시각에 따르면, 필요에 따라 민족주의자들이 민족의 전통들을 발명했는데, 이것이 대규모의 도시화와 공업화의 결과인 대중 민주주의와 동원화의 시기에 나타나고 널리 확산되었다는 것이다. 대략 서유럽은 시기적으로 1870년경에 민족의 전통들이 발명되는 조건들이 우세해졌다고 본다. 따라서 근대주의적 시각을 대변하는 로저 브루베이커(Rogers Brubaker) 같은 경우 민족이 진짜 공동체라는 관념을 거부한다.[15] 민족은 근대화를 해나가는 과정에서 역사적 주체가 필요에 의해 만들어낸 '도구'로 간주한다.

근대주의적 시각에서 바라보는 민족은 문화적 인조물이기 때문에 그것들이 해체될 때 민족은 완전히 사멸하게 된다. 그러나 실제로 민족이라는 외면적 형식은 가능할지 모르지만, 민족을 이루는 그 내용조차 완전히 없어질 수 있는 것일까? 우리는 반드시 그렇지 않다는 것을 오랜 역사적 시공간 속에서 확인할 수 있다. 민족은 해체될 수 있지만, 인종청소와 같은 대량의 살상에도 그 민족의 존재와 잔재들은 면면히 이어가는 것을 볼 수 있었다. 바로 그와 같은 존재와 잔재들은 무엇인가? 민족의 심층에 켜켜이 쌓여 있으면서 양피지처럼 지워도 지워도 어렴풋이 희미하게 그 흔적이 유지되어 발견되는 그 힘은 무엇인가? 그리고 그것은 어떻게 전해져오는가?

우리는 여기서 근대주의 시각의 문제점들을 몇 가지 지적할 수 있다.

첫째, 민족이라는 인조물이 해체되거나 흩어져 버린 경우에도 왜 많은 인민들이 지속적으로 자신들이 살아있고 실제 민족공동체로 정의하거나, 그 엘리트의 구조물과 인조물들을 위해 기꺼이 자신의 목숨을 바치

---

15) Rogers Brubaker, *Citizenship and nationhood in France and Germany* (Cambridge, Mass.: Harvard University Press, 1992); *Nationalism reframed: Nationhood and the national question in the Europe* (Cambridge: Cambridge University Press, 1996); A. D. Smith, *The Nation in History*, pp.61-62.

기를 선택하는지 근대주의적 시각으로는 민족이 인간 사회에서 실제 작동하고 있는 의미를 충분히 설명하지 못한다. 마이클 빌리히(Michael Billig)는 민족과 고토(homeland)라는 개념들은 우리의 언어와 일상의 관행에 깊이 각인되어 있는 것이고, 그것이 쉽게 흩어질 수 없는 사회적 실체라고 말해준다.[16] 민족이 해체될 때 민족은 그것의 구성 성분인 족류의 부분들로 흩어진다. 즉 민족이 해체되더라도 남는 것은 족류적 요소들이다.

둘째, 근대주의적 시각의 약점 중에 한 가지는 엘리트주의이다. 정치학자, 장교, 지식인, 귀족, 그리고 사업가 계급 같은 부류의 엘리트들이 민족주의를 만들었다는 시각은 민족주의의 대중적 기반이나 민족의 창조 내지 보전에 다른 계급들이 관여하고 있다는 사실을 도외시하는 태도다. 위로부터 만들어지는 민족주의만이 아니라, 대중의 관점, 문화 그리고 전통이 엘리트의 인식과 활동에 영향을 미치는 방식에 대해서도 분석하는 것이 중요하다. 즉 대중들의 아래로부터 올라오는 뜨거운 일상의, 평범한 민족주의(hot and banal nationalism)와의 유기적 관계를 살펴볼 필요가 있다.

셋째, 대개 포스트모던적 입장에서는 역사적 민족과 민족주의에 대한 충성심의 감정적 깊이를 포착할 수 없고 그것을 믿지도 않는다. 포스트모던적 인간은 역사적으로 실제 있었던 민족과 민족주의에 받치는 충성심의 희로애락을 잘 모른다고 본다. 그러나 근자에 들어서도 수백만의 사람들이 자신들의 소유물과 목숨을 기꺼이 전쟁에 참여해 '보국의 방어'를 위해 희생하고자 했던 사실을 어떻게 설명해 주지 못한다.

마지막으로, 근대 민족주의를 전근대로 환원시키는 문제점이 있다. 근대주의자들은 현재의 필요성과 현대 세대의 구미에 맞는 족류적 과거의

---

[16] Michael Billig, *Banal nationalism* (London: Sage, 1995), p.139.

모습이 그들에게 중요하다. 그러나 과거에 대한 족류공동체의 관점은 현재의 관심사에 의해 단지 부분적으로 영향을 받는다. 전근대주의자들은 과거가 미친 영향을 더 크게 바라본다.

그러므로 민족의 출발점은 근대적 개념이 아니다. 민족 개념의 함의를 풍부하게 하기 위해서 민족의 족류적 기원이 되는 족류공동체의 개념을 살펴보아야 할 것이다. 족류공동체(ethnie)의 어원이 되는 ethnos는 생물학적 혈연적 차이가 아닌 문화적 차이를 나타내는 데 적합한 용어이다. 그리스어 ethnos는 함께 살고 같은 문화를 가지고 있다는 두 가지 개념을 합친 말이다. 그러나 1차적 의미의 유전학적 혈연적 유대보다는 공통의 가족적 유대를 통해 부족 소속감을 덧붙인다.[17] ethnos라는 용어가 사람들에게 더 관심을 끄는 것은 한 집단에 들어있는 문화적 속성의 유사성 때문이다.[18] 우리는 nation과 ethnie의 공통점과 차이점을 〈표 3-2〉와 같이 비교해 볼 수 있다.

---

[17] A. D. Smith, *The Ethnic Origines of nations*, p.24; 인종(race)과 족류성(ethnicity)의 구분에 관한 참고 문헌들은 다음과 같다. P. van des Berghe, "Contemporary nationalism in the Western world", *Daedalus*, 95(3) (1966), pp.826-861; L. Kuper, *Race, Class and Power* (London: Duckwoth 1974), p.44; Genocide (Harmondsworth: Penguin, 1981); Donald L. Horowitz, *Ethnic Groups in Conflict* (Berkeley and Los Angeles: University of California Press, 1985), pp.41-50; 스미스는 특정한 '생득적이고 불변의 신체적 특성들'의 속성에 대한 (자아 또는 타자에 의한) 사회적 의식에서 'race'는 그보다 광범위한 족류 현상들의 하나의 하위형식으로 다룬다. '공동의 조상 신화'는 순전히 주관적이며 생득적이고 불변하는 신체적 또는 유전적 특징들의 이런 속성과 이를 나위 없이 같다.

[18] A. D. Smith, *The Ethnic Origines of nations*, p.21.

족류공동체(Ethnie)	민족(Nation)
고유의 이름	고유의 이름
조상 등에 대한 신화들	공통된 신화들
공유된 기억들	공유된 역사
문화적 차이	공동의 공공문화
고토와의 연결	고토를 차지
어떤(엘리트) 연대	공동의 권리와 의무들
	단일경제

위에서 보듯이, 스미스는 족류공동체를 "이름이 있는 주민의 한 단위로, 공동의 조상신화와 공유되는 역사적 기억, 공유되는 문화의 요소들을 가지며, 역사적 영토와 결합되어 있고, 엘리트들 사이에서는 어떠한 유대의 수단을 가진다"고 개념정의하고 있다.[20] 다시 말해 "그 구성원들이 최소한 상위계급 안에서 영토와의 연계 및 상당한 연대를 포함한, 공동의 조상, 공유된 기억, 하나 또는 그 이상의 공통의 문화적 구성요소를 소유한, 이름과 자체 정의를 지닌 인간 공동체"로 정의한다.[21]

족류공동체와 비교하여 민족 개념은 "구성원들이 공유된 신화, 기억, 상징, 가치와 전통을 양성하고, 역사적인 고토에서 살면서 그곳과 일체화하고, 독특한 공공문화를 창조하고 퍼뜨리고, 공유된 관습들과 공통의 법을 지키며 살아가고 있는, 하나의 이름과 자기-규정된 인간 공동체"[22]라

---

19) A. D. Smith, *Nationalism: Theory, Ideology, History* (Cambridge: Polity Press, 2001, 2010), pp.13-14.

20) A. D. Smith, *Ethno-symbolism and Nationalism: A cultural approach* (London & New York: Routledge, 2009), p.29

21) *Ibid.*, p.27.

22) A. D. Smith, *The Ethnic Origines of nations*, p.19; 스미스의 민족에 대한 개념 정의는 연구가 진척될수록 약간씩 변하고 있다. 그의 저서 *Nationalism: Theory, Ideology, History* (2001, 2010)에서의 민족 개념과 "When is a Nation",

고 정의내리고 있다. 다시 말해, "그 구성원들이 공유된 기억, 상징, 신화, 전통 그리고 가치를 기르고, 역사적 영토나 '고토(homeland)'에 살고 거기에 애착을 느끼며, 독특한 공공문화를 창조 및 전파하고, 공유된 관습과 표준화된 법률을 준수하는 이름과 자기정의를 지닌 인간 공동체"23)이다. 여기서 우리는 스미스의 연구가 진척될수록 족류공동체와 민족의 개념들이 진전된다는 것을 알 수 있다.

이 도표에서 위쪽의 세 가지는 족류공동체들과 민족들이 현상들이 동일한 범주에 속하는 속성들을 보여준다. 즉 족류공동체들처럼 민족들은 집단의 이름들, 공동신화들 그리고 공유된 기억들을 갖고 있다. 다른 한편, 아래의 나머지 절반은 민족이 그 구성원들에게 공동의 권리와 의무를 부여하고 있고 단일한 하나의 경제를 갖고 있다는 점에서 족류공동체와 차이를 보인다. 게다가, 이상형으로 민족은 고토를 차지하고 있고, 그 반면에 족류공동체들은 단지 그들의 고토에 상징적으로 연결되어 있다 할 수 있다. 마찬가지로, 족류는 공공문화가 있을 필요가 없고, 단지 몇 가지 공통된 문화적 요소―그것은 언어, 종교, 관습 또는 공유되는 제도들―가 필요하고, 반면 공통된 공공문화가 민족의 핵심 속성이다. 이런 연계속에서, 이 세 번째 속성은 변화를 겪는다. 즉 족류공동체들에서 발견되는 여러 기억의 전통들로부터 성문화되고 표준화된 민족적 역사로 변한다.

족류공동체와 민족은 공통적 속성들로 겹쳐지기도 하고 차이를 나타내기도 하지만, 근대 민족의 전제가 되는 족류공동체와 족류주의가 없다면

Geopolitics, 7(2), (2002)에서의 민족 개념이 변하는 것을 볼 수 있다. 2002년에 발표한 "When is a Nation"에서는 2001년의 *Nationalism: Theory, Ideology, History*와 달리 '공동의 경제'로서의 단일경제를 민족 개념에서 빼버림으로써 족류공동체 개념과 민족 개념이 더욱 비슷해진다.

23) A. D. Smith, *Ethno-symbolism and Nationalism: A cultural approach* (London & New York: Routledge, 2009), p.29.

민족들도 민족주의도 있을 수 없다. 왜냐하면 민족들이 미래를 가지려면 신화와 과거가 필요하고, 그와 같은 과거는 무로부터 주조될 수 없고, 공명을 일으키는 신화는 발명될 수 없기 때문이다. 혁명적 신화들조차도 그 대부분이 과거를 전제로 한다. 이러한 과거들과 그것들의 신화들은 족류적이다. 그것들은 문화적으로 경계가 지어지고 역사적으로 규정된 주민에게 속한다. 그래서 가장 근대적인 민족들도 먼 족류적 과거 속의 그것들을 근거로 하여 정의되고 위치 지어지며, 가장 혁명적인 신화들도 사라지고 그래서 재발견되어야 하는 원시적 상고시대를 불러낸다.[24]

그러므로 이 족류공동체와 민족이라는 개념은 두 가지 다른 방식으로 연계되어 있다. 첫 번째는 족류적 형성과 민족적 형성은 전근대와 근대 사이를 오가는 반복적인 요소들의 결과이며, 두 번째는 근대 이전에 앞서 존재하고 있던 족류적 정체성들은 근대 민족들의 형성 과정의 형태를 크게 좌우하며 정한다.[25]

이런 연계성 속에서 민족의 근원을 이루는 족류집단은 단지 육체적인 혈통이나 그것에 관한 신화를 통해서 정의되는 것이 아니다. 족류집단은 도덕적 공동체이며, 공동의 기원의식으로 특징지어지고, 영토와 동일시되며, 특별한 문화에 헌신하는 집단이다. 족류집단과 비교하여 스미스는 민족을 문화·상징의 공동체로 파악하면서, 민족은 족류공동체가 가진 혈통의 신화, 공유되는 역사적 기억, 그리고 족류의 상징이 구체화된 것임을 강조한다. 여기에 민족적 전통에 대한 존중도 수반된다. 즉 민족을 구성하는 것은 문화의 영역이다. 그 영역에서 구성원들은 자신의 독특한 정체성을 달성하게 된다. 따라서 스미스는 이런 민족적 정체성을 "민족의 독특한 유산을 지속적으로 재해석하는 것, 그리고 그 유산과 그것의 패턴을 개인들 사이의 일체감"으로 정의내리고 있다.[26]

---

[24] A. D. Smith, *The Ethnic Origines of nations*, p.214.

[25] J. Hutchinson, *Nations as zones of conflict*, p.14.

민족에 대한 이와 같은 다양한 시각들 가운데 바레스의 민족과 민족주의를 들여다볼 수 있는 방법론은 족류-상징주의에 가깝다. 바레스의 민족과 민족주의에 대한 개념들과 사상들이 상당 부분 족류-상징주의 방법론에서 그 유사성을 찾을 수 있고 구사하는 개념들이 중첩되는 것을 발견하기 때문이다. 바레스의 민족은 '토지와 죽은자들'로 집약된다. 민족의 뿌리가 되는 토지와 조상들은 한 사람을 민족의 일원으로 만들어준다. 영토적 민족과 족류적 민족을 모두 포괄하고 있는 바레스의 민족 개념에는 근대적 민족 개념만으로 설명되지 않는 역사와 과거, 전통, 전설과 같은 요소들이 민족 사상을 구성하고 있다.

20세기 후반에 동구권에서 일어난 민족주의의 실상은 민족주의가 사멸할 것이라는 예견과 달리 극적인 민족주의의 부활을 목격하게 했고, 그 민족의 실체가 무엇인지 새로운 학문적 관심을 불러일으켰다. 어떻게 보면 대중적 수준에서 새로운 활력을 받게 된 이 민족주의는 족류적 민족주의(ethnic nationalism)라 할 것이다.

2) 민족의 두 얼굴

민족은 유구한 역사가 있는데 그 민족은 족류공동체에 뿌리를 두고 있다. 족류-상징주의의 연구에 힘입어 장기지속적 관점에 따르면, 민족 이전에 민족을 배태하고 있는 민족의 '배꼽'에 해당되는 족류공동체는 역사적 지역적으로 광범위하게 존재했다. 민족은 갑자기 근대에 와서 민족이 된 것이 아니다. 족류공동체라는 거대한 지층 위에서 민족이 되었던 것이다. 그러므로 민족을 족류공동체의 개념으로 접근해가면 민족의 족류적-계보적 개념이 되고, 민족을 근대적 입장으로 접근해가면 그것은 영토적·시민적 개념으로 나아가는 것이다. 여기서 족류공동체가 민족의 진

---

26) Atschko Ichijoand Gordana Uzelac, eds., *When is the Nation? Toward an Understanding of Theories of Nationalism*, p.90.

로에 많은 영향을 미치는 것을 알 수 있다. 또한 근대의 민족이 된다는 것은 이렇게 과거와의 연속성 속에서 형성되는 것이다.

민족에 대한 영토적-시민적 개념은 민족이 영토적으로 경역(境域)을 갖추고 있고, 주권을 가진 법률적 정치적 공동체이다. 그 구성원들은 공공의 민족 문화에 참여하며, 표준화된 민족의 법률을 준수하는 시민들이다. 이러한 개념에 토대를 이루는 민족주의는 의지주의적이고, 합리주의적이며, 실천주의적이다. 이 개념은 민족을 어떠한 영토에 거주하고 민족의 법을 준수하는 시민들의 연합으로 간주하는 동시에, 개인들이 민족에 속해야할 필요성을 주장하지만 그러한 민족을 선택할 수 있는 여지는 열어두고 있다. 반면에 족류적-계보적 개념은 조상과 혈통의 신화와 관련되어 있다. '민족'은 역사와 문화를 공유하는 공동체이고 그 구성원들은 계보적인 유대, 토착적인 족류사의 전통, 지방어, 관습 그리고 종교와 같은 전통들로 연결되어 있다.[27] 전자의 민족은 주어진 영토 안에 같은 정부와 법률들 아래서 살아가고, 공동의 가치들과 이상들을 공유하는 시민들의 정치적 공동체로 간주된다. 후자의 민족은 계보상의 유대와 공동의 조상 문화로 묶여진 확장된 친족 집단으로 생각되었다.

여기서 역사 안에서 볼 수 있는 자연스러운 단위로서 문화적 형성물인 민족을 중점적으로 살펴보자. 이 자연스러운 단위로서 문화적 민족은 본질적으로 굉장히 오래된 고대의 역사적 문화적 실체이고, 그 기원에 있어서는 대개 종교적이며, 언제나 그 족류공동체가 자리 잡고 있는 자연의 리듬(자연환경)과 밀접하게 연결되어 있다. 그것을 족류적 민족(ethnic nation)이라 할 수 있다. 그것은 흔히 족류중심주의의 집단감정을 불러온다. 여기서 그 사람의 족류공동체적 뿌리는 토지와 연결되어 있는바, 그것은 당연시 되고 의문의 여지없이 받아들여진다. 그런 족류적 민족은 기

---

27) G. Delanty and K. Kumar, "Introduction", in G. Delanty and K. Kumar, eds., *The Sage Handbook of Nations and Nationalism* (London: Sage, 2006), p.170.

원과 혈통, 다른 한편에는 토지와 영토와의 밀접한 연관관계가 가장 오래되고 가장 기본적인 형태의 인류의 조직이다. 이런 것들이 근대 세계에서 문화적 역사적 데이터로 살아남아 지속되었다. 그런 데이터는 대중들의 감정을 지속적으로 환기시키고 근대 기술과 근대의 비민족적 이데올로기의 침투에 맞서 부동의 장벽을 이룬다.[28]

그런데 이 두 개념의 민족은 서로 별개로 존재하는 것이 아니다. 근대 세계에서 민족형성에 관한 스미스의 견해는 시사하는 바가 크다. 즉 모든 민족은 영토적 원리와 족류적 원리, 영토적 구성요소와 족류적 구성요소, 그리고 사회적 문화적 조직의 보다 근자의 '시민적' 모델과 보다 오래된 '계보적' 모델 모두를 갖고 있으면서 불편하지만 서로 합류하고 있다는 것이다. 어떤 장래의 민족도 공동의 기원과 혈통신화 없이는 존재할 수 없다. 반대로, '민족이 되기를 열망하는 족류공동체'는 공통의 노동 분업과 영토적 유동성, 혹은 각 구성원의 공동의 권리와 의무에 대한 법적 평등, 즉 시민권을 실현시키지 않고는 그 목표를 달성할 수 없다. 물론 주어진 민족들은 그들의 역사에서 특정한 순간에 족류적 구성요소와 영토적 구성요소가 다른 비율로 나타날 것이다. 본래의 서구 민족들은 그들의 족류적 요소를 대단히 당연하게 받아들였다. 그래서 그들의 민족주의는 영토적 모델을 강조했다. 훗날, 내부적 분열과 외부적 압력이 영국과 프랑스로 하여금 그들의 족류적 토대를 다시 생각하게 할 것이다.[29] 19세기말 바레스가 처한 시대적 상황은 바로 이와 같았다. 요컨대 민족의 형성과 그 민족이 유지되는 역사를 살펴보면, 이 민족 개념 안에는 영토적 시민적 개념과 족류적 계보적 개념이 뒤얽혀 공존하고 있다.

---

[28] A. D. Smith, *Nationalism in the Twentieth Century*, p.168.

[29] 마은지, 「모리스 바레스의 귀환—바레스 연구 100년」, 335쪽.

154 · 민족주의의 재발견

우리는 위에서 근대적 민족과 연결되는 근대 이전의 ethnie의 역할을 살펴보았다. nation과 ethnie는 서로 연결되어 있고, ethnie가 nation 형성에 지대한 영향을 끼치는 것을 알 수 있었다. 곧 민족의 뿌리는 족류공동체라는 실체였다. 족류집단은 단순히 육체적 혈통이나 그것에 관한 신화를 통해서만 정의되는 것이 아니었다. 족류공동체가 가진 혈통의 신화 외에도, 공유되는 역사적 기억, 그리고 족류의 상징들이 구체화되어 그것이 민족을 형성한다.

그러므로 우리는 근대적인 민족은 아닐지라도 프랑스인의 정체성을 설명해주는 족류공동체들을 근대 이전으로 거슬러 올라가 찾아 볼 수 있다. 일반적으로 매우 불완전하기는 해도 군사적 행정적 행위에 의해 창출된 족류 국가(ethnic state)의 가장 놀라운 사례는 중세 프랑스였다. 예컨대 이전에 내부의 투쟁으로 인식되었던 골족과 프랑크족 간의 해묵은 논쟁은 어떻게 보면 그 성격이 족류들 간의 투쟁들이었음을 인정하게 된다. 서유럽은 삼중혁명을 통해 족류국가가 민족국가로 발전해나갔다. 즉 경제적 통합, 영토적 중앙집권화, 더 많은 계급이 법적 평등을 누리고 공공교육 제도가 발달하여 모든 사람들이 공동의 문화를 갖게 됨으로써 민족국가가 형성되었다.

근대 시기에 프랑스의 사례를 통해서 민족 개념을 관찰하면, 민족이 형성되어 만들어진 서유럽의 영토적 민족 모델에는 두 개의 다른 특징이 들어있다. 한 가지 특징은 시민권이다. 최근까지 nationality(국적)라는 영어 단어가 전달해주는 것은 시민권의 의미에 해당된다. 즉 'nationality'의 의미에는 한 개인이 어디서 살고 있고 부모는 어디서 사는지 그 이상의 문제를 함의하고 있다. 본질적으로 시민권은 적극적인 사회적, 정치적 참여를 통하여 연대와 형제애를 나눈다는 의미이다. 실제로 오늘날 '시민권'은 그 권리와 의무 그리고 국적 서류를 가진 사람들만이 참여할 수 있다. 그리고 거주자들(살고 있는 사람들)과 부모가 거주자인 사람들만이 이런 권리를 누리고 참여할 수 있다. 하지만 더 나아가 참여하고자 하는 의지, 즉 르낭의 '매일 매일의 인민투표'에 참가하고자 하는 의지가 나라에 대한 애착과 공동체에의 소속, 즉 그 부모들이(할아버지 세대나 그 조상들) 해왔던 형제애 의식에 근거를 두고 있다는 가정이 커지고 있다. 다시 말해 공식 시민이라 할지라도, 이제 막 새로 들어온 사람들은 실제 국민(pays réel), 즉 출생을 통한 거주자들의 연대 공동체의 일부가 될 수 없다. 예컨대 프랑스에서 대혁명 초기 이데올로기적 친화력을 근거로 시민권을 부여하고자 했던 혁명 초기의 추동력은 이후 오랜 거주와 족류적 조상을 기반으로 한 역사적인 그리고 계보적인 공동체 의식으로 대체되었다.30) 요컨대 프랑스는 오래 살고 족류적 계보, 족류적 공동체가 확인되어야 시민권이 주어졌다. 어느 경우에든, 시민권은 절대적 멤버십, 그리고 거주 구성원과 적극적 참여에 걸맞은 권리와 의무의 법적 평등을 가져왔다. 결과적으로 시민권은 계급이 달라도 이론적으로 평등한 자들과 인사이더들을 하나로 묶는 공동의 공동체로 묶어주었다.31)

서유럽의 영토적 민족 모델의 다른 또 하나의 특징은 공동의 문화이다. 여기에서도 '국가에서 민족으로(state-to-nation)' 나아가는 루트는 공동의 신화와 상징, 그리고 암암리에 공유되는 가치와 의미를 갖고 있는 맥락에서 작동하고 있음이 발견된다. 역설적으로 말하자면 신화, 상징, 가치가 안통하면 민족이 아니라고 할 수 있다. 즉 이런 요소들이 민족의 문화적 경계가 된다. 따라서 영토적 민족은 문화적 공동체라 할 수 있다. 시민권이라는 연대는 공유되는 신화와 기억 그리고 상징을 통하여 만들어지는

---

30) 19세기 프랑스인들의 태도의 변화에 대해서는 J. Weiss, *Conservatism in Europe, 1770-1945* (London: Thames & Hudson, 1977), chs.4 and 7; Ernest Nolte, *Faces of Fascism*, trans. L. Vennewitz (New York and Toronto, Mentor Books, 1969), Part I; R. Kedward, ed., *The Dreyfus Affair* (London: Longman, 1965); A. D. Smith, *The Ethnic Origines of nations*, pp.135-136.

31) A. D. Smith, *The Ethnic Origines of nations*, p.136.

공동의 '시민종교'를 필요로 하며, 교육제도를 통해 공유된 언어로 소통해야 한다. 그래서 영토적 민족은 대중교육 사업이 된다. 그 목표는 문화적 동질성이다. 사람들은 균일하고 공유되는 삶의 방식과 신념-체계를 통하여 사회화되어야 하는데, 그러한 것들은 이웃 나라와는 다른 것으로 민족의 상징과 신화에 공감하지 못하고, 그들에게 있어서 민족의 가치와 기억이 아무런 의미도 가지지 않는 타자들로부터 그들을 구별지어주는 것이다.[32] 요컨대 영토적 국가에서 발전하여 민족을 이루는 중요한 두 가지 구성요소는 시민권 관념과 공동의 문화를 통해서였다. 서유럽은 정치 공동체에 필요한 평등한 시민권, 법의 준수가 있었다. 다시 말해 같은 법을 존중하고 평등한 시민권을 갖고 있지만, 이런 요소들 못지않게 역사적 기억, 혈통 신화, 공통의 문화가 필요했다. 연대를 얻어내고 그 시민종교(민족주의)를 만들어낼 수 있는 유일한 길은 잠재적 신화와 공동의 상징체계를 통해서이다. 예컨대 프랑스혁명기 때 제3신분이 바로 그러하다. 제3신분은 그들의 이데올로기적 혈통신화의 계보를 본래의 갈로-로마인 거주자들에게까지 거슬러 올라갔고, 그렇게 확장하여 초기 로마 공화정과 스파르타까지 소급해 올라갔는데, 이들을 그들의 정신적 혈통과 상속인들이라고 주장했다.[33] 프랑스는 18세기 중엽 이후 왕국과 상층계급은 혈통신화(계보신화)를, 제3, 4신분은 이데올로기 신화를 주장했다. 양자는 경쟁적 상호작용을 한다. 이 두 신화는 프랑스의 영토 확장과 공동체의 갱생에 기여했다.[34]

---

[32] *Ibid.*

[33] A. D. Smith, *The Ethnic Origines of nations*, pp.147-148; A. D. Smith, "National identity and myths of ethnic descent" *Nationalism Critical Concepts in political Science*, vol.IV, Edited and with new introductions by John Hutchinson and A. D. Smith (London and New York, Routledge, 2000), pp.1409-1411.

1789년 이후 대부분의 민족주의는 계보적 이데올로기적 혈통신화를 추적함으로써, 끊임없이 민족에 대한 '족류적 모델'의 영향을 받았다. 이것은 민족에 대한 혈통신화를 중요시 여기는 것이다. 일단 민족주의자들이 민족형성으로의 도정을 시작하자, 족류와 정치 사이의 조화로운 관계의 문제와 더불어 문화적 사회적 통합의 문제가 무엇보다 중요하게 여겨졌다. 통합을 달성하고 국경선과 국경선으로 둘러싸인 고토를 정당화하기 위해서 혈통 신화는 외부적 소비를 위해서 뿐만 아니라, 내부적 동원과 협조체제를 위해서 필요했던 것이다. 이런 신화들은 타자에게도 의미가 있다. 이보다 훨씬 더 중요한 것은 내부의 연대와 자기 영토에 뿌리박고 있어야 한다는 점이다. 또한 민족통합은 단결의식, 형제의식, 그리고 하나로 꽉 짜여 있고 안정되고 인정된 영토나 고토를 요구한다. 이런 요소들은 하룻밤 사이에 만들어지는 것이 아니라 오랜 집단 경험의 역사를 전제로 한다.[35] 이런 긴급하고 고질적인 필요성 때문에, 근대 민족주의는 사람들을 하나로 통합시키는 족류 신화에 의존할 수밖에 없다. 대안 전략은 영토 국가 내에 여러 족류적 전통들로부터 새로운 '정치문화'를 구축하는 것이다.[36]

프랑스는 종종 하나의 정치공동체로서의 시민적 민족주의의 원형으로 간주되곤 한다. 그러나 사실, 프랑스에는 두 가지 종류의 집단적 애착심, 즉 정치적인 것과 문화적-역사적 것이 결합되어 있었고, 18세기경에는 귀족적이고 왕정적인 국가로 향해나갔다. 골족의 조상 신화는 조국을 단일한 족류 민족에 토대를 두는 데 일조했다. 더욱이, 문화적 균질화를 향한

---

34) A. D. Smith, "National identity and myths of ethnic descent", p.1410.

35) 민족적 목적을 위한 역사의식의 이와 같은 갱생에 대해서는 Harold Isaac, *The Idols of the Tribe* (New York: Haper & Press, 1975), ch.7 그리고 A. D. Smith, *The Ethnic Revival* (Cambirdge: Cambridge University Press, 1981), ch.5 참조; A. D. Smith, *The Ethnic Origines of nations*, p.148.

36) A. D. Smith, *The Ethnic Origines of nations*, p.148.

추진력이 커지고 지역 방언들과 관습들을 약화시키기 위한 목적으로 기획된 대혁명기간 동안에 파리의 프랑스의 언어상의 획일화를 새롭게 강조하게 되자 시민적 조국이 정착하고 정치적으로 통합된 하나의 족류를 기반으로 한 프랑스 민족을 건설할 수 있게 했다. 그와 관계된 어느 정도의 문화적 사회적 제작이 있었다는 것이 시민적-공화국적이고 족류 민족적인 정체성들과 공동체들의 독특한 혼합을 손상시키지는 않을 것이다.[37]

지금까지 우리는 민족 개념 속에 민족에 대한 이원성, 즉 민족에 대한 영토적 개념과 족류적 개념이 공존하고 있는 민족의 두 얼굴을 확인할 수 있었다. 문제는 이런 이원성이 민족 안에 있는 족류공동체와 국가 사이에서 굉장히 애매모호하게 작동한다. 그렇기 때문에 민족 개념에는 본래부터 불안정한 데가 있다. 즉 족류공동체와 국가 사이를 왔다 갔다 하며, 족류공동체를 포괄하고 국가를 초월하려는 이리 치이고 저리 치이는 민족의 불안정한 모습을 발견한다. 또한 두 계급 사람들의 민족관에서도 두 계급이 대립하는 상황이 사회가 새롭게 두 개로 갈라지는 상황으로 대체되는 것을 우리는 발견한다.[38]

민족에 함의된 이원성은 민족에 대한 개념을 역사적 환경에 따라 다르게 주장하고 내세우게 했다. 통상 민족에 대한 개념정의를 서양에서는 '프랑스적' 관념과 '독일적' 관념으로 이항적으로 대비시키는 것이 일반적이다. 이러한 '이상적인 유형론적' 대비는 차종, 교환 그리고 상호영향, 끊임없는 운동을 침묵 속에 묻어두고 있다. 각각의 역사적 민족은 실제로 두 관념으로부터 영감을 얻은 요소들의 결과로 생겨났다. '순수한' 유형은

---

[37] A. D. Smith, *The Cultural Foundations of Nations, Hierarchy, Covenant, and Republic*, p.145.

[38] A. D. Smith, *The Ethnic Origines of nations*, pp.149-150; 마은지, 「모리스 바레스의 귀환— 바레스 연구 100년」, 334-335쪽.

없지만, 반면 대개의 경우 이런 저런 민족을 특징짓는 지배적 경향을 결정할 수는 있다.[39] 일반적으로 '독일의' 문화적 민족/관념과 '프랑스'의 정치적 민족/관념의 동화는 이론적 역사적인 이중의 준거를 먹고 자라났다.

일반적으로 프랑스적 관념의 이론적 준거로 프랑스의 에르네스트 르낭(Ernest Renan)을 전형으로 내세운다. 그는 정치적 민족에 대한 고전적 개념정의를 내렸다. 이 고전적 개념은 대혁명에 의해 물려받은 유산 속에 새겨져 있고 민족적 주권에 대해 정의하고 있다. 즉 르낭은 민족이란 "공동의 삶을 지속하려는 명백한 의지의 표현"을 통해 형성되며 일종의 "매일매일 반복되는 국민투표"에 의해 유지된다고 보았다.[40] 즉 "민족이 존재한다고 하는 사실은 매일 매일의 국민투표이다. 마치 개인의 생존방식이 삶에 대한 부단한 확인인 것처럼 말이다."[41] 프랑스적 시각에서 민족이라는 공동체를 규정하는 것은 소속된 개인들이 공유하는 의지라고 보고 있는 것이다. 이것은 로크와 루소의 사상에서 정의되듯이 민족은 계약을 통해 형성되는 것으로 간주한다. 민족 공동체는 개인의 의지에 의해서 또는 계약적 관계를 통해서 형성된 집합인 것이다.[42]

하지만 르낭은 민족이 정치적 의지만 가지고는 충분하지 않다고 설명한다. 예컨대 게르만족의 침입자들이 유럽에 소개한 것은 왕좌(=왕권), 군사적 성격의 특권계급, 쪼개진 영토이지 인종, 언어, 문화가 아니었다. 왜냐하면 그들은 소수자들이었기 때문이다. 민족정체성은 개개인이 선택

[39] B. Krulic, *Nation*, p.9.

[40] E. Renan, "Qu'est-ce qu'une nation?" in Ernest Renan, *Discours et conférences* (Paris: Calmann Lévy, 1887), pp.887-906;『민족이란 무엇인가』, 신행선 옮김(책세상, 2002) 참조.

[41] Homi Bhabha, ed., *Nation and narration* (London and New York: Routledge, 1990), p.19; A. D. Smith, *The Nation in History: historiographical debates about ethnicity and nationalism*, p.12.

[42] 조홍식, 「민족의 개념에 관한 정치사회학적 고찰」, 『한국정치학회보』 39집, 3호(2006), 132쪽.

할 수 있는 것이 아니다. 그것은 민족에 대한 정치적 개념정의에 대한 옹호이고, 이차적으로는 군주정이라고 하는 역사적으로 중요한 권력에 대한 옹호이다. 그렇다고 정치만으로도 충분하지 않다. 국가 자체는 시민들 사이의 강한 연대감이나 사회적 시멘트 역할을 할 수 없다. 그것은 오직 역사, 아니 역사적 기억, 조상에 대한 숭배에 의해 가능할 수 있음을 강조했다.[43]

여기서 우리는 그동안 르낭의 민족 개념을 상당 부분 정치적 의지로만 이해해왔다는 것을 발견한다. 정치적 의지 외에도 르낭은 역사적이고 문화적인 차원의 중요성을 민족에서 발견했던 것이다. 즉 "개인처럼, 민족은 오랜 과거의 노력들, 희생과 헌신의 절정이다. 모든 숭배 가운데, 조상의 숭배는 가장 정당하다. 왜냐하면 조상들은 우리를 우리답게 만들었다. 영웅적인 과거, 위인들, 영광, 이런 것들은 사람들이 민족적 사상을 그 토대 위에 놓는 사회적 자원이다. 과거에 공통된 영광을 갖고 있고, 현재에서 공통된 의지를 갖고 있고, 더욱 더 수행하기를 바라는 것 ─ 이런 것들이 하나의 인민이 되기 위한 핵심 조건들이다."[44] 르낭에게서 민족적 기억과 관련하여 공유된 고통이 공유된 기쁨보다 더 중요한 역할을 한다. 왜냐하면 그런 것들이 사람들에게 의무를 부과하고, 공통된 노력을 요구하기 때문이다.[45]

위에서 인용된 문장에서, 의지주의는 개개인에 의해서 삶이 연속적으로 확인되는 것과 대조적으로 제한적이다. 르낭은 민족들이 영원하지 않을 수 있다고 말한다. "민족들은 그들의 처음이 있고 끝이 있을 것이다. 그러나 민족들은 자의적이지도 선택적이지도 않다. 민족은 단순한 이익

---

[43] A. D. Smith, *The Nation in History: historiographical debates about ethnicity and nationalism*, p.11.

[44] Renan 1882, in H. Bhabha, ed., *Nation and narration*, p.19.

[45] *Ibid.*

공동체가 아니다. 르낭의 유명한 표현에 의하면, "관세동맹은 조국이 아니다." 즉 민족은 이익공동체가 아닌 것이다. 이익만 가지고 설명되지 않는 존재가 민족이라는 것이다. 그러므로 어떤 사람이 그렇고 그런 언어에 갇혀있기 이전에, 그렇고 그런 민족의 구성원이기 이전에, 그렇고 그런 문화에 속하기 이전에, 분명 합리적이고 도덕적인 존재이다. 프랑스, 독일, 또는 이탈리아 문화 이전에 인간의 문화가 있다.[46] 르낭은 민족 개념을 19세기의 정치적 개념 위주로 썼지만, 그 밑에 문화적인 것이 깔려 있음을 우리는 발견한다.

이와 같은 르낭의 사상적 기반은 18세기 루소로 거슬러 올라간다. 루소의 사상 역시 우리가 어느 일면만을 강조해왔음을 발견한다. 자연주의와 의지주의 그리고 문화와 정치 사이에 근본적인 대비가 등장하기 시작한 것은 루소의 후기 저서들에서였다. 일찍이, 루소는 자유와 정의에 헌신하게 될 계약적인 의지적 결사체로서 민족에 대한 일반적인 계몽주의의 믿음에 동의했다. 그러나 1760년경에 그는 이 합리주의적인(=이성주의적인) 이상에 새로운 감정적 열정과 종교적 열정을 전해주었다. 즉 루소는 민족(정체)성을 주어진 것으로 전제했다. 아베 시예에스가 나중에 그것을 표현했던 것처럼, 민족들이 "자연 상태"로 실제로 이 세상에 존재한다는 것이다.[47]

루소는 계몽사상가들의 일반적인 생각에서 한걸음 더 나아가 사회의 기반이 단순히 개인들의 의지에 의한 계약에만 있다고 보지 않고, 사람들이 믿고 있는 과거부터 존재해오고 있는 개인이 인민과 하나가 되는 인

---

[46] *Ibid.*, p.17.

[47] Hans Kohn, *The idea of nationalism*, 2d ed. (New York: Collier-Macmillan, [1944] 1967), pp.237-259; Josep Llobera, *The God of modernity* (Oxford: Berg, 1994), pp.157-164; Anne Cohler, *Rousseau and nationalism* (New York: Basic Books, 1970); A. D. Smith, *The nation in history: historiographical debates about ethnicity and nationalism*, p.8.

민됨(peoplehood)과 문화나 '민족성(national character)'에 대한 강한 유대감 속에 사회적 기반이 있다고 보았다.[48] 버나드(F. M. Barnard)의 표현에 의하면, 루소에게는 민족건설(Nation-building)이[…]단순히 민족적 목적과 정치의지의 문제가 아니었다. 하나의 민족이 되기 위해서는 정체성뿐만 아니라 지속성, 정치구조를 만드는 것뿐만 아니라 문화의 전통도 필요했다는 것이다.[49]

집단의지와 사람들이 믿고 있는 문화 사이에, 계약적 입법과 집단적 성격과 전통 사이에 이런 근본적인 긴장은 루소의 다음과 같은 명언으로 간결하게 표현되었다. 즉 루소는 "우리가 따라야만 하는 첫 번째 규칙은 민족적 규칙이다. 모든 사람은 캐릭터를 갖고 있거나, 또는 갖고 있어야만 한다. 그것이 없다면, 우리는 그 사람에게 캐릭터를 부여하는 것으로 시작해야 한다"[50]고 말했다. 그와 동시에, 루소는 법을 제정함으로써 민족교육에 의해서 캐릭터(=민족성)를 개조하거나 향상시킬 수 있고 중요하다고 생각했다. 그는 조국(*la patrie*)은, "법률, 관습, 정부, 헌법, 그리고 이 모든 것으로부터 비롯된 이 세상에서 실제로 존재하고 있다는 사실의 존재방식이다. 조국은 국가와 그 구성원들의 관계 속에 있다. 그 관계가 변하고, 또는 소멸할 때 조국은 사라진다"[51]고 말했다. 자연과 문명, 문화와 정치적 의지라는 이러한 이원론은 민족주의가 가지고 오는 변화를 이

---

[48] A. D. Smith, *The Nation in History: historiographical debates about ethnicity and nationalism*, p.8.

[49] F. M. Barnard, "National culture and political legitimacy", *Journal of the History of Ideas* 44 (1983), p.239.

[50] J-J. Rousseau, *The political writings of Rousseau*. 2 vols. Edited by C. E. Vaughan (Cambridge University Press, 1915), 2:319, *Project Corse*; A. D. Smith, *The Nation in History: historiographical debates about ethnicity and nationalism*, p.8.

[51] J-J. Rousseau, *Correspondance générale*, ed., T. Dufour (Paris: Colin, 1924-34), 10:337-338, cited in Kohn [1944] 1967a, 659 no.113; A. D. Smith, *The Nation in history: historiographical debates about ethnicity and nationalism*, pp.8-9.

해하고 평가하려는 초기의 시도를 통해 깊은 공명을 일으켰다. 요컨대 루소는 민족이라고 하는 것을 설명하면서 민족은 자연과 (물질)문명, 문화와 정치적 의지라는 이원론으로 구성되어 있다고 보았다. 즉 루소에게서 우리는 민족에 대해 문화적 요소와 정치적 의지주의적 요소 모두를 가지고 있고 공유하고 있음을 발견한다. 또한 프랑스혁명의 민족주의적인 차원을 맨 처음 선언한 공로도 루소에게 돌려진다. 이처럼 루소와 르낭은 프랑스적 민족 개념을 확립하고 후대에 전해준 프랑스적 민족 관념의 사상적 원조들이라 할 수 있다.

루소의 민족 개념은 후대에 바레스에게서도 발견될 것이다. 위에서 살펴보았듯이, 루소에게서는 집단의식과 계약에 의해 법을 제정하는 것과 집단적인 전통 사이에 근본적인 긴장이 있음을 알 수 있었다. 루소는 우리가 따라야할 첫 번째 규칙은 민족성이라고 인식했다. 루소에게서 문화는 민족성을 의미했다. 문화와 민족성이라고 하는 과거부터 유지해오는 강한 결속감 속에 사회적 기반이 있다는 것이다. 이러한 루소의 표현 속에서 우리는 바레스가 프랑스 민족성을 자각하고 프랑스의 쇠퇴에 대한 하나의 방안으로 지적했던 족류적 민족성의 부분을 재발견하는 것을 볼 수 있다. 루소가 지적했던 의지주의적 민족과 유기적 민족, 두 가지 요소들은 프랑스혁명 이후로 의지주의적인 정치적 민족을 지나치게 강조함에 따라 다른 한쪽이 소홀히 여겨졌음을 지적할 수 있다.

민족 개념의 이항적 대립은 역사에서 두드러지게 벌어졌다. 1870~1871년에 일어났던 보불 전쟁은 화해할 수 없는 두 논리의 대결을 만천하에 드러냈다. 알자스-로렌의 병합은 역사적 권리, 언어공동체, 그리고 새로 건설된 독일제국과 관련된 주민들을 객관적으로 하나로 묶는 문화적 언어적 공동체의 이름으로 정당화되었는데, 이것이 상대국 프랑스에 의해 자유롭게 민족으로 구성된 인민의 권리의 이름으로, 즉 모든 언어적 문화적 계보로부터 독립적으로 함께 살고자하는 의지의 이름으로 비난을 받았다. 이 두 가지 관념은 한편으로, '국적법'과는 현저히 다른 전통들에 영향을 받았는데, 이것은 프랑스에서 속지주의 전통에 입각해있고 선택적 민족 관념과는 떼려야 뗄 수 없었다. 그 반면 독일의 법은 문화적 민족과 상호 관련된 속인주의에서 영감을 받았다.[52] 예컨대 1889년 법은 프랑스 시민권의 귀속에 관한 규칙에 지속적인 형태를 부여한 법이다. 프랑스에서 19세기 말에 이주자에게 시민권의 속지주의 법이 확고하게 적용되었다. 시민권에 관한 법 개정 ─1927, 1945, 그리고 1973년─ 과 속인주의 시민권의 귀속에 관한 법 개정도 있었지만, 이주민 2세의 속지주의 원칙은 건드리지 않았다.[53]

크릴릭은 민족의 이와 같은 두 가지 관념을 나란히 대비시켜 보여주고 있다. 즉 정치적 민족 대 문화적 민족, 계약-민족 대 태생-민족, 승인된 민족 대 세습된 민족, 혁명적 민족 대 낭만적 민족으로 표현하고 있다. 이런 대립 개념들은 개념상으로 급격하게 다른 논리를 보여준다. 한쪽은 특수주의적인 것으로, 계보, 전통, 개인보다 공동체의 우위를 나타내는 개념인데, 이것은 성, 족류적 기원, 사회적 소속, 역사적 정황같이 '객관적인' 결정의 산물로 생각되었다. 다른 또 하나의 민족 개념은 보편주의적인 것으로, 자유의 원칙을 더 가치 있게 보고, 개인의 우위를 확실히 하는데, 이런 것들은 그것의 특수주의에도 불구하고 한 사회에서 다른 사회로 양도 가능한 추상적 원칙들에 의거해 조직화된 사회의 토대로 이해되었다.[54]

크릴릭은 또한 외관상으로 보다 깜짝 놀라게 하는 점이 발견되는 두 사람이 있다고 한다. 바로 미슐레와 바레스이다. 이 두 사람들을 통해 '독일적' 관념은 프랑스 민족주의의 원천들 중 하나라고 설명하고 있다. 미

---

[52] B. Krulic, *Nation*, pp.9-10.

[53] R. Brubaker, *Citizenship and Nationhood in France and Germany*, ch.5.

[54] B. Krulic, *Nation*, p.11, ch.1 et 2.

슐레(Jules Michelet, 1798~1874)에게서 나타나는 주제들이 그 점을 예증하고 있다. 그렇지만 미슐레는 애국적이고 공화국적 역사서술에 역량을 쏟았던 인물이다. 바레스 역시 그의 지적 여정은 너무나 복잡해서 얼른 드러나지 않는다. 이것은 너무나 다른 사상의 흐름들간에 상호작용을 증명해주는 것이며, 또한 프랑스와 독일 사이에서 사상이 오가는 것을 보여주는 증거라고 설명한다. 이러한 크륄릭의 관점은 민족의 두 얼굴을 바로 지적한 것이라 할 수 있을 것이다.

결론적으로 민족 개념은 프랑스식 개념과 독일식 개념이 갈라져서 사용되어 온 것이 현실이다. 그러나 민족에는 이 두 가지 성질이 모두 다 들어있으므로 이분적인 사고에서 벗어나 유연성을 가질 필요가 있다. 특히 19세기 말에 프랑스의 정치 상황이 의지주의를 좀 더 강조하는 분위기 속에서 바레스와 같은 민족주의의 등장은 특이한 경우로 여겨질 수 있었다. 홉스봄이 19세기 말의 이와 같은 민족주의의 대두를 '민족주의의 변질'이라고 표현할 만큼 부정적인 시각이 지금까지 우세했다. 그러나 홉스봄의 이런 평가는 민족 개념에 원천적으로 내재해 있는 이원성을 보지 않고 도외시한 채 어느 한쪽만을 보았기 때문인 것으로 판단된다. 사실 민족 개념에는 본래 두 얼굴이 모두 들어있었다. 바레스는 그동안 드러나지 않았던 다른 한 면을 포착하고 재발견해냈던 것이다.

앞서 살펴보았듯이, 민족의 영토적 시민적 이상과 족류적 문화적 이상은 많은 경우 역사적으로 뒤얽혀있다. 19세기 프랑스 민족주의의 극적인 역사는 이런 두 관념이 사용될 수 있거나 사용될 때 얼마나 애매모호하고 양자 사이에 긴장이 있고 수미일관하지 않은지 보여준다. 즉 민족의 이 두 가지 이상들은 동시에 일어나기도 하고, 드레퓌스 사건에서처럼 갈등하기도 한다.[55] 왜냐하면 19세기 프랑스 사회는 내부적으로 갈라진 사

---

55) R. Kedward, *The Dreyfus Affair* (London: Longman, 1965); R. Gildea, *The Past in French History*; A. D. Smith, *The Nation in History: historiographical debates*

회의 모습을 보여주었기 때문이다. 프랑스가 크게 갈라지는 것은 왕정, 교회 그리고 귀족을 공격하는 1789 프랑스혁명에 의해 돌발적으로 시작되었다. 대혁명의 경험은 프랑스 민족에 대한 아주 다른 세 가지 판본을 만들어냈다. 그 때부터 '민족' 개념은 각 정파들에 의해 각기 다르게 전유될 것이다.

허친슨은 프랑스 민족정체성을 세 가지로 구분하고 있다. 프랑스에서 공화주의는 지배적 전통이었지만, 우익의 종교적 민족주의 대안들과 또 보나파르트적 대안들과 경쟁해야 했는데, 각각의 대안들은 하나의 사회로서 프랑스라는 시각을 내놓았고 유럽의 전도 사업을 규정하고 있다.[56] 그리하여 프랑스는 혁명 이후로 19세기는 적어도 이 세 개의 민족들로 나뉘어져 문화충돌이 벌어진다.

첫 번째 신화로 공화국 신화는 프랑스에 유럽적인, 나아가 세계적인 사명(전도사업)을 부여했다. 즉 군주의 그리고 사회적인 억압으로부터 인류를 구원한다는 전도자의 사명이었다. 또한, 프랑스 역사를 두 적대적인 인민들 사이의 투쟁으로 정교화했다. 즉 프랑크인 귀족과 고대 로마의 (공화국적 전통을 포함하여) 많은 유산을 가지고 있었던 갈로-로마인 제3신분 사이에 투쟁이었다.[57] 혁명기 동안에 (수탉과 같은) 골족 상징들은 로마의 신고전적 모델들과 나란히 중요하게 부상되었다.[58] 공화주의는 지방의 분리주의, 성직자의 미신(특히 교육에 있어서) 그리고 사회적 불평등에 반대하여 하나이면서 불가분의 민족에 대한 방어를 필연적으로

---

about ethnicity and nationalism, p.18.

56) J. Hutchinson, *Nations as Zones of Conflict*, p.94.

57) P. J. Geary, *The Myth of Nations: The Medieval Origines of Europe* (N.J: Princeton University Press, 2002), pp.20-22; J. Hutchinson, *Nations as Zones of Conflict*, pp.78-79.

58) M. Pastoureau, "The Gallic Cock", in P. Nora ed. *Realms of Memory*: vol.3. Symbols (New York: Columbia University Press, 1998), p.417; J. Hutchinson, *Nations as Zones of Conflict*, p.79.

동반했다.[59]

　원래 공화주의는 프랑스를 하나이면서 불가분의 민족으로, 그 시민들의 민주적인 자유들의 보증자로 그리고 혁명의 유산 때문에, 계몽과 근대성을 전파해주는 세계적 사명의 전달자로 정의내리고 있다. 공화주의는 프랑스를 유럽문명을 이끌어나가고 갱생시킬 운명을 지닌, 근대의 최초의 민족으로 신성화한다. 또한 근대의 이 최초의 민족은 지방적이고 종교적인 자유를 정치적 반동을 은폐하려는 것으로 의심해서 파리 주도의 중앙집권적인 국가를 만들어냈다.[60] 참고로 프랑스에서 지역감정의 부활은 군주정이 세금을 올리고 세금에 대한 승인을 얻기 위해 대의제 제도로 되돌아가야 할 필요성에서 생겨났다. 1787년 세금 인상을 지주들과 결부시키기 위해, 왕정은 지방신분회(états provinciales)가 없는 프랑스 중심지역에 지주들의 지방의회(assemblées provinciales)를 만들었다. 소불은 이것이 지역감정이라는 말을 일반화시켰고 'pays'에 대한 소속감 위에 지역정체성을 심어주었다고 주장한다.[61]

　두 번째 신화는 가톨리시즘의 전통이 있다. 반혁명 신화는 프랑스가 유럽 크리스트교 문명의 대의를 지키기 위해 왕권, 제단(교회), 그리고 귀족의 제휴를 통해서 오랜 신의 섭리에 따른 사명을 가지고 있다고 제시했다.[62]

---

59) R. Gildea, *The Past in French History*, p.169; J. Hutchinson, *Nations as Zones of Conflict*, p.94.

60) R. Gildea, *The Past in French History*, p.169.

61) Albert Soboul, "De l'Ancien Régime à la Révolution: problème régional et réalités sociales", in Christian Gras and Georges Livet eds, *Régions et régionalisme en France du dix-huitième siècle à nos jours* (Paris: Presses Universitaires de France, 1977), p.26. See also Alan Forrest, "Regionalism and Counter-Revolution in France", in Colin Lucas, ed., *Rewriting French History* (Oxford: Clarendon Press, 1991), p.157; R. Gildea, *The Past in French History*, p.169.

62) D. Johnson, "The Making of the French Nation", in M. Teich and R. Porter, eds., *The National Question in Europe in Historical Context* (Cambridge:

반공화주의 적수들은 그들 주장의 논리적 근거의 핵심 제도가 가톨릭 교회였다. 그들은 중세 황금시대에 뿌리를 두고 있는 지방적 자유(=특권들)를 강조하는 프랑스라는 아주 강한 가부장적, 종교적 그리고 농촌적 시각을 정교하게 만들었다. 이것은 세속적인 근대의 도덕적 사회적 혼란과는 반대되는 입장이었다. 그것은 클로비스로부터 내려오는 고대의, 사실상 시원적 유럽공동체로서의 프랑스에 무게를 두고 있고 또 십자군운동의 지도자 같은 유럽 그리스도교왕국의 건설자이자 방어자로서, 고딕 건축 같은 표준이 되는 토착지방의(vernacular) 양식의 창안자로서, 프랑스 언어의 명성을 통해 유럽 궁정들에 본보기가 되는 하나의 문화의 모델로서, 그리고 유럽 대륙의 군사 강국으로서 프랑스의 위대한 유산에 무게를 두었다. 프랑스 가톨릭은 서부와 남부지역에서 강력한 지지 세력을 얻었다.[63]

세 번째 신화는 나폴레옹제국의 전통이다. 이 신화는 공화주의와 왕정주의의 분열을 초월하여, 유럽 민족들에 대한 프랑스의 지도력을 확립한 근대의 샤를마뉴 같은 민족적 구원자로 나폴레옹 보나파르트를 불러냈다. 보나파르트적 전통은 나폴레옹 같은 카리스마를 지닌 영웅을 주목했다. 그는 교회와의 결연을 통해 사회질서와 프랑스 군대의 영광을 회복하였고, 샤를마뉴 대제의 유산을 찾아내면서 민족들의 자유를 존중한다고 공언하긴 했지만, 프랑스를 유럽의 제국의 지배자로 만들려고 했다.[64]

미래의 청사진을 제시하는 이 세 가지 경쟁 프로젝트가 다양한 사회적

Cambridge University Press, 1993), pp.53-54; J. Hutchinson, *Nations as Zones of Conflict*, p.94.

[63] D. Johnson, "The Making of the French Nation", pp.53-54.

[64] B. Fontana, "The Napoleonic Empire and the Europe of Nations", in A. Pagden, ed., *The Idea of Europe: From Antiquity to the European Union* (Cambridge, Cambridge University Press, 2002); J. Hutchinson, *Nations as Zones of Conflict*, pp.94-95.

선거구민을 확보하고 반복되는 정치적 불안정을 양산하면서 프랑스 근대 역사를 지배했다. 제1공화국(1792~1804), 나폴레옹-제국(1804~1814), 부르봉 왕정복고(1815~1830), 입헌왕국(1830~1848), 제2공화국(1848~1851), 제2제국 (1852~1870), 제3공화국(1871~1940), 비시(1941~1945), 제4공화국(1945~1958) 그리고 드골의 제5공화국(1958~). 이와 같은 수많은 정체가 프랑스 민족 의 세 가지 판본의 전통 때문에 나타났다.[65] 그래서 혹자는 19세기 프랑 스를 "분열증에 빠진 사회"라고 불렀다.

공화주의의 눈으로 보는 프랑스, 전통적인 가톨리시즘으로 보는 프랑 스, 그리고 나폴레옹 보나파르트주의로 보는 프랑스, 프랑스에 대한 전통 은 이렇게 세 가지로 나누어졌었다는 것[66] 자체가 세 개의 다른 프랑스 가 가능하다는 것을 보여주는 증거이기도 하다. 이때부터 적어도 세 가지 이상의 프랑스관이 19세기 내내 그대로 전해졌다. 갈로-로마적-공화주의 적-세속적 해석, 보나파르트적-제국주의적 해석, 그리고 프랑크적-가톨 릭적-보수주의적 해석,[67] 그 각각은 여러 위기 때마다 주도권을 다투게 되었다. 이런 전통들은 19세기 프랑스사에 대한 인식의 지평을 확장시켰 다.

프랑스관에 대한 서로 다른 세 가지 전통은 잔다르크 전설에 대한 해 석에 있어서 세 가지로 갈라지는 것을 확인할 수 있다. 망각 또는 무관심 의 세기들에서(16, 17, 18세기) 활발한 기념의 세기들(19, 20세기)로 민족 의 화신을 재현하는 잔다르크의 제식은 상징을 둘러싼 당파적인 민족 개 념의 전유와 분열을 나타내는 것이다.[68] 잔다르크 신화는 프랑스인의 민

---

[65] J. Hutchinson, *Nations as Zones of Conflict*, p.79.

[66] Maurice Agulhon, "The center and the periphery", trans by Mary Trouille, *Rethinking France*, vol.1 (University of Chicago Press, 2001), p.67.

[67] Gerard Delanty, John Hutchinsons, Eric Kaufmann, Umut Özkirimli and Andreas Wimmer, "Debate on John Hutchinsons's *Nations as Zones of Conflict*", *Nations and Nationalism* 14 (1) (ASEN/Blackwell Publishing, 2008), pp.9-10.

족정체성이 복잡하다는 것을 말해준다. 즉 민족정체성들 밑에 존재하는 족류정체성들이 존재하기 때문에 족류적 싸움과 경쟁 속에서 힘 있는 민족정체성으로 발전해 나간다는 것을 말해준다.

때로는 이와 같은 민족의 경쟁 프로젝트 간에 적대감들이 시민전쟁으로 심지어 족류적 분열 시도로 분출되었다. 프랑스혁명은 시민전쟁이었고, 민족적 갈등과 위기 시에 교회와 국왕에 충성하는 방데 지역은 1815년, 1832년, 1879년에 반란을 일으켰고, 1830년과 1848년 서부와 남부에서는 시민적 불화와 싸움이 있었다.[69]

이러한 민족관을 둘러싼 경쟁 프로젝트는 무엇을 의미하는 것일까? 그것은 민족 저변에 깔려있는 지역적, 종교적, 계급적 이념들이 투영되어 나타난 것이라고 할 수 있다. 이것이 이른바 족류공동체의 족류성(ethnicity)이다. 엘리 케두리는 그와 같은 시민적이고 족류적인 전쟁들이 벌어지는 것이 전혀 놀라운 일이 아니라고 주장한다.[70]

이런 현상들은 우리로 하여금 프랑스혁명에 의한 민족국가의 통합에 대해서 의문을 제기하게 한다. 이는 하나의 민족이라는 단일한 의식 저변에 계급, 지역, 종교와 같은 족류적 요소들이 함께 공존하고 있었고 여전히 지배적이었음을 반증해준다. 19세기는 근대 이후로 민족정체성이 가지고 있는 힘이 계급적, 지역적, 종교적 정체성에 의해 밀리는 시기였던 것이다.

길데아는 그와 같은 치열하고 지속적인 투쟁들은 '프랑스 과거의 갈라진 성격'[71]이 일련이 가치들을 그러모아 그 위에 프랑스인의 최종 합의가

---

68) 미셸 비노크, 「잔다르크」, 『기억의 장소』 5, 277-358쪽.

69) R. Gildea, *The Past in French History*, pp.27-30.

70) E. Kedourie, *Nationalism* (London: Hutchinson, 1960), ch.6. 종전에는 '시민적 (civic)' 개념과 '족류적(ethnic)' 개념을 대립적으로 사용해왔는데, 케두리를 비롯한 허친슨은 'civic and ethnic wars'라는 표현을 썼다. 민족 내부의 갈등과 분쟁이 시민적이면서 족류적인 성격을 동시에 가지고 있음을 말해준다.

구축될 수 있는 상징들이 거의 없었다는 뜻임을 입증해 준다고 주장한다. 그는 말하기를, 유일한 공통된 분모는 영광의식(강대국)인데 왕정파, 공화파, 그리고 보나파르트주의자들은 각자 편의대로 프랑스의 재앙들을 무시해버림으로써 영광의식에 대한 권리를 주장할 수 있다. 그러나 성인 잔다르크의 신화는 어떻게 족류적 상징들이 경쟁 집단들에게 공통의 준거점으로 역할을 하는지 그리고 정치적 과정에 이제 갓 들어온 신참자들에게 그들을 민족화 하는 주체로 역할을 하는지를 보여준다. 그와 같은 상징들은 공유되는 언어를 제시하고 그 언어를 통해 차이들이 표출되고 세세하게 만들어진다. 정당화하는 장치로서 상징물들에 호소함으로써, 집단들은 더 크고 안으로 감싸 안는 민족적 실체의 존재를 은연중에 나타내는데, 이 민족적 실체 안으로 집단들은 누구나 다 참여하고 그래서 그들에 대한 강압적인 힘을 행사하는 것을 그들은 인정한다. 즉 공통된 상징물을 통해서 집단들 모두가 참여한다.[72]

이렇게 대성당과 잔다르크는 민족의 해방자이자 프랑스 정신을 구현하고 있다. 그와 같은 프랑스 정신이 공화주의자들과 그 적들을 제각각 하나로 묶는 역할을 했다. 족류상징적 정체성은 바로 이 같은 상징물들을 통해 프랑스인의 민족적 정체성을 하나로 형성시켜주었던 것이다. 그 동안 몇개의 민족으로 갈라져 있던 각각의 민족이 민족적 상징물을 통한 족류적 기반 위에서 하나가 되게 해주었다. 이는 어떻게 보면 하나의 민족으로 합쳐지는 진정한 프랑스 민족의 탄생의 순간을 나타내는 것이었다.

또한 내부적인 분열을 더욱 견고하게 결속시키게 만든 것은 전쟁이었다. 1870년 독일에게 프랑스의 비극적인 패배와 독일에게 빼앗기는 알자

---

[71] R. Gildea, *The Past in French History*, p.170 참조. 그런 의미에서, '하나의 불가분의 공화국뿐 아니라, 모든 프랑스인들은 하나의 민족으로 동화될 것을 주장했다.'

[72] J. Hutchinson, *Nations as Zones of Conflict*, p.104.

스 로렌 지역의 상실, 그리고 제2차 세계대전 당시 독일의 침공, 이 모든 것들은 성 잔다르크를 민족의 해방자로 그리고 대성당의 의례를 공화주의자들과 그 적수들을 하나로 묶는 프랑스정신의 구현으로서 대중적인 부활을 가져왔다.[73] 공화주의자들과 그 적수들에게, 대성당은 잠들지 않은 프랑스 민족의 지속적인 상징물이었다 — 메스와 스트라스부르 대성당은 1871년 이후에 포로가 된 비통한 지역들을 상기시키는 것이었고, 1914년에 파괴된 랭스 대성당은 고통 받는 인민을 재현했다.[74]

이러한 족류 신화(ethnic myth)는 역사적 사회학적으로 일정한 상황에서 정치적 조명을 받는다. 즉 심각한 문화적 충돌, 가속적인 사회경제적 변화의 시기에, 공동체의 생존능력에 대해 밖으로부터 결정적인 정치적 군사적 위협이 가해졌을 때, 그리고 문화적 충돌과 경제적 변화, 군사적 투쟁이 결합했을 때 족류 신화가 조명을 받는다. 예컨대 1800년 이후 유럽 전역에서 족류 신화들이 정치적으로 출현한다. 이는 문화적 충돌, 상업화 그리고 나폴레옹 전쟁과 러시아-터키 전쟁의 영향 때문이었다. 아울러 이것은 세속화의 초창기에도 출현한다.[75]

그런데 내부적 분열을 극복하기 위한 통합 노력은 19세기 후반 공화국이라는 민족국가가 서서히 공고해지는 시기에 대내적으로 프랑스 인들에게 공화국을 위태롭게 하는 드레퓌스 사건이 터지면서, 또다시 흔들리게 되었다. 이 사건은 19세기 프랑스가 세 개의 정체성들로 갈라져 있는 사회를 더욱 분열시키고 찢어놓는 사건이었다. 게다가 보불전쟁에서의 패배는 '공화국의 도제기간'을 거쳐 간신히 성립시킨 공화국의 존립 자체를 뒤흔들어놓았다. 따라서 반민족적인 대내외적 충격 속에서 '공화국 방어'

---

73) R. Gildea, *The Past in French History*, pp.154-165.

74) A. Vauchez, "The Cathedral", in P. Nora ed, *Realms of Memory*, vol.2 Traditions (New York, Columbia University Press, 1992), pp.64-66.

75) A. D. Smith, "National identity and myths of ethnic descent", p.1418.

라는 민족적인 절실함이 요구되는 시기였다.[76] 이전에는 내부적 충돌로 인식되었던 골족과 프랑크족 간의 해묵은 족류적 충돌이 이제 프랑스인 과 독일인 간의 민족 사이에 영원한 투쟁을 성격짓는 것으로 사용되었 다.[77]

이와 같은 허친슨의 설명은 근대 민족을 국가가 만들었다는 해석을 깨 고 있는 것이다. 그동안 근대주의자들은 민족국가를 단일하고 주권적인 하나의 민족국가(national state) 안으로 점차 대중을 들어오도록 위로부터 두들겨서 만들어진 19세기 말의 제도라고 설명해왔다. 허친슨은 이러한 근대주의자들의 주장에 대해 거부한다. 왜냐하면 허친슨은 프랑스혁명 이후 민족국가의 통합에 대해 의문을 제기했다. 즉 근대시기 전체를 통틀 어 민족들과 민족국가들은 계급적, 지역적 그리고 종교적 투쟁에 의해 공 격을 받았으며, 민족국가는 주권을 지닌 행위자였던 적이 없었다. 민족들 은 대부분의 유럽 나라들에서 대중적 성격을 점점 띠어왔지만, 민족정체 성들은 국가보다는 시민사회(=개인이 살고 있는 사회)에서 생겨났고, 그 런 정체성들은 다른 정체성들과 공존하였으며, 또 민족정체성들이 두드 러지는 것은 나라마다 다르고 시간이 흐르면서 등락을 거듭했기 때문이 다.[78]

---

[76] J. Hutchinson, *Nations as Zones of Conflict*, pp.65-66.

[77] *Ibid.*, p.139.

[78] *Ibid.*, p.116; 근대국가의 형성과정과 그 역할에 대한 연구는 대표적으로 에릭 홉스봄, 마이클 만, 유진 웨버, 기든스, 틸리히 등등을 들 수 있다. E. J. Hobsbawm, *Nations and Nationalism Since 1780* (Cambridge: Cambridge University Press, 1990); M. Mann, *The Sources of Social Power* vol.2 (Cambridge: Cambridge University Press, 1993); A. Wimmer, *Nationalism and its Exclusions* (Cambridge: Cambridge University Press, 2002); A. Giddens, *The Nation-State and Violence* (Cambridge: Polity Press, 1985); C. Tilly, "States and Nationalism in Europe, 1492-1992", *Theory and Society* 23 (1) (1994), pp. 131-146; B. Posen, "Nationalism, the Mass Army and Military Power", in J. L. Comaroff and P. C. Stern, eds., *Perspectives on Nationalism* (Amsterdam, Gordon and Breach Science Publishers, 1995); E. Helleiner, *The Making of*

위에서 살펴보았듯이 프랑스는 근대 이전부터 계급적, 지역적, 종교적 차이들이 지속되었다. 족류공동체를 공통분모로 하지만, 그 이전에 실재했던 내부적 차이들이 완전히 사라진 것은 아니었다. 국가 밖의 외부적 요인이나 잠재된 내부적 차이들 때문에, 이따금씩 불규칙적으로 어느 날 갑자기 돌발적으로 생기기도 하고 사라지기도 하는 근대적인 도전들 앞에서 족류적 정체성은 흔들릴 수밖에 없었다. 그렇다면 족류적 정체성을 기반으로 세워진 민족은 어떻게 공고하게 유지될 수 있을까? 이런 차이를 넘어서 어쩌면 그런 차이들을 위에서 덮어씌울 수 있는 것이 만인의 통합 의식으로 이끌 수 있는 조상, 국토, 역사적 기억, 피와 같은 족류상 징적 요소들은 아니었을까? 체제나 집권계급이 어떠하든 간에, 족류적 공동체의 역사는 프랑스의 영토적 통일과 팽창의 경향을 띠는 한편, 공동체의 갱생에 미친 그 영향은 보다 복잡했다.[79] 다시 말해 프랑스혁명기 때 '하나의 민족'이었다는 것은 이념이었을 뿐 지역문화들이 여전히 남아있었고, 하나이면서 불가분의 공화국이라는 민족 개념은 구호였을 뿐 실현되지 못했으며, 19세기 말에 그 공화국의 승리의 역사였다고 보기도 어렵다. 그렇다고 해서 계급 차이에 의해 민족이 좌우로만 나눠져 있었던 것도 아니었다. 적어도 세 개의 다른 민족 개념이 공존해오던 상태가 바레스의 시대까지 엄존하는 상황이었다. 바레스는 그 속에서 민족 개념을 고민하고 모색했던 것이다.

위의 설명들에 비추어 볼 때, 우리는 민족의 단일성과 통합을 이끌어내는 방식들을 생각해 볼 수 있다. 하나는 족류-상징적 정체성이 바로 이와 같은 상징물들을 통해 프랑스인의 민족적 정체성을 하나로 형성시켜 주

National Money: Territorial and Currencies in Historical Perspective (Ithaca NY: Cornell University Press, 2003), p.11; W. Connor, "When is a Nation?", *Ethnic and Racial Studies*, 13 (1) (1990), pp.92-103.

[79] A. D. Smith, "National identity and myths of ethnic descent", p.1410.

었다는 점이다. 그동안 몇 개의 민족으로 갈라져 있던 각각의 민족이 민족적 상징물을 통한 족류적 기반 위에서 하나가 되게 해주었다. 이는 어떻게 보면 하나의 민족으로 합쳐지는 진정한 프랑스 민족의 탄생의 순간을 나타내는데 그 공통된 기반은 문화적 토대들이었다.[80]

다른 또 하나는 엘리트와 대중 사이의 상호작용이 중요하다. 어느 한쪽의 획일적인 민족화 방식은 반발과 저항을 낳기 때문이다. 민족을 이루는 구성원들 사이에서 여러 족류공동체들로 분열되어 있어 그들 간에 민족 개념이 충돌하고 부딪칠 때는 사회개혁이나 혁명은 불가능하다. 민족 구성원들 간에 통합이 이루어질 때 개혁과 혁명도 가능하다. 19세기 말 프랑스의 상황 또한 공화국 중심의 개혁의 주장에 대해서 바레스는 족류적 통합이 선행되어야 개혁도 가능하다고 생각했던 것 같다. 우리는 그의 연방주의 사상에서 족류적 통합과 그런 기반 위에서 가능한 그의 개혁 사상의 일면을 찾을 수 있다.[81]

2. 바레스의 '민족' 개념

역사적 실체이자 정치적 이상이라는 두 가지 의미를 함축하고 있는 민족은 여러 요소들로 구성되어 있어 그것들이 서로 혼재되어 나타난다. 하나의 실제적이고 지속적인 공동체로서 민족의 자원은 인물, 사건, 경관, 자연 등등 여러 가지가 있다. 그 중에 역사, 과거, 전통, 전설, 그리고 경관 같은 요소들은 인간을 그 민족의 일원으로 만드는 데 중요한 요소들이다. 인간은 전설과 경관 속에 살아가면서 만들어지는 존재라 해도 과언

---

80) 마은지, 「모리스 바레스의 '민족' 개념(1880-1914)」, 『프랑스사 연구』 제31호 (2014. 8), 95쪽.
81) *Ibid.*

이 아니다. 그 경관이 인간을 결정론적으로 만들어낸다. 그러므로 한 민족이 민족이 되려면 과거와 역사가 있어야 한다. 특히 세기말 프랑스에서 본격적인 산업화와 근대화로 인간의 삶이 유동적일 때, 더욱이 국가적으로 내우외환이 끊이지 않을 때, 민족적 위기의식에 닥쳤을 때, 프랑스 민족이 무엇인지 정체성의 자각을 하지 않은 사람은 없었을 것이다.

바레스 또한 예외가 아니었다. 바레스의 민족에 대한 고민은 프랑스의 쇠퇴에 대한 위기의식과 문제의식 속에서 싹텄다. 세기말의 '데카당스 (décadence)' 그리고 유대인들, 프로테스탄트들, 프리메이슨의 영향으로 가톨릭적인 프랑스의 쇠퇴에 대한 강박관념이 바레스의 민족에 대한 의식을 강하게 성찰하게 만들었다. 바레스의 민족 개념은 19세기 후반에 논쟁의 도마에 올랐던 '민족' 개념들에서 많은 영향을 받았다. 특별히 르낭은 1882년에 발표된『민족이란 무엇인가(Qu'est-ce qu'une nation?)』로 동시대인들에게 크게 영향을 끼쳤다. 바레스도 상당 부분 그의 영향을 받았음을 입증해주고 있다. 누구보다 시대의 지식인이자 정치가로서 민족적 위기의식을 갖게 된 바레스는 민족 문제를 어떻게 보았고, 그렇다면 바레스가 생각하는 프랑스 민족은 무엇이었고, 그 민족을 이루는 구성 요소는 무엇인지 살펴보자.

1) 바레스의 민족 개념의 계보―민족 개념 논쟁

19세기 후반에 이르러 민족주의자들은 국적을 재정의 하려고 시도했다. 앞서 언급했듯이 1889년 국적법은 이데올로기적인 이유보다는 실질적인 이유에서 법률상의 국적을 재정의 했다. 공화국은 다음과 같은 뜻이 내포된 계약을 외국인들에게 제시했다. 즉 외국인들은 그들이 인종적 정체성을 포기하고 프랑스 문화와 프랑스의 (공화국적) 원칙들을 받아들인다는 조건으로 동등한 시민으로 받아들여질 수 있다는 것이다.[82] 그러나 이 시기 출현하고 있던 새로운 민족주의 사상가들에게 이것은 전혀 만족스럽지 않았다.

퓌스텔 드 쿨랑주(Fustel de Coulanges, 1830~1889)[83]는 국적(=민족 (정체)성)의 독일식 개념에 반대하며, 의지, 이념, 이익, 애정에 토대를 둔 또 다른 국적(=민족 (정체)성) 개념으로 그것에 응수했다. 그 개념은 "조국은 우리가 사랑하는 것이다". 즉 "국적(=민족(정체)성)을 만드는 것은 인종도, 언어도 아니다. 언어는 더 이상 민족(정체)성을 특징짓는 표시가 아니다. 프랑스는 5개의 언어가 말해지고 있다. 그러므로 민족들을 구분하는 것은 인종도, 언어도 아니다. 민족들은 그들이 의지, 사상, 이익, 애정, 추억 그리고 희망의 공동체를 갖게 될 때 자신들이 하나의 같은 인민이라고 그들 마음속에 느낀다. 조국을 만드는 것은 바로 그것이다. 사람들이 함께 정진하고, 함께 일하고, 함께 전투하고, 서로를 위해 죽기를 원하는 것도 그런 이유에서이다. 조국은 사람들이 사랑하는 것이다. 알자스 지방은 인종이나 언어상으로 독일일 수 있다. 그러나 국적(=민족(정체)성)과 조국에 대한 감정을 통해서 보면 프랑스다. 그리고 여러분도 잘 알다시피 그런 감정이 알자스를 프랑스가 되게 만들었다. 알자스 지방이 프랑스의 모든 운명을 따르게 되었던 것은, 즉 프랑스로 만들었던 것은 루이 14세가 아니라, 1789년의 프랑스혁명이었다. 이때부터 알자스는 프랑스인이

---

[82] Patrick Weil, *Qu'est-ce qu'un Français?* (Grasset: Éditions Grasset & Fasquelle, 2002 et 2004), pp.86-91.

[83] 독일 역사가 몸젠(Mommsen)은 『이탈리아 인민에게 보내는 편지(lettre adressée au peuple italien)』라는 형식으로, 보불전쟁 전투의 초반부터 족류적 언어적 고찰을 통하여 그의 주장을 전개하면서 프랑스 지방 알자스가 독일에 속한다고 단언했다. 퓌스텔 드 쿨랑주(Fustel de Coulanges, 1830~1889)는 1864년에 『고대도시(*La Cité antique*)』를 출간했고 스트라스부르 대학의 인문학부 역사학 정교수직을 막 사임하고 고등사범학교 조교수가 되었다. 그는 역사적 권리(le droit historique)에 기초한 민족(정체)성(nationalité)에 대한 독일식 개념에 반대하면서 "의지, 이념, 이익, 애정"에 토대를 둔 다른 민족 개념으로 몸젠에게 응수했다. Raoul Girardet, *Le nationalisme français, 1871-1914* (Paris: Seuil, 1983), p.63.

되었다"[84]고 발언했다.

쿨랑주에게서 민족을 구분하는 것은 인종이나 언어가 아니다. 민족(정체)성을 만드는 것은 사람들이 의지, 사상, 이익, 애정, 기억 그리고 희망, 이런 것들의 하나의 공동체를 갖게 될 때 그들은 같은 인민이라고 마음속에 느끼는 것이다. 그와 같이 느끼는 마음의 감정 상태에서 사람들은 민족(정체)성을 갖게 되고 바로 그것이 조국을 만드는 것이다. 조국은 우리가, 사람들이 사랑하는 것, 사랑의 대상이다. 곧 조국사랑, 나라사랑은 그 사람 마음에 달려있다. 따라서 민족(정체)성과 조국을 판별하는 기준은 감정, 마음에 따라 좌우된다.

> [...]여러분, 여러분은 탁월한 역사가이다. 하지만 우리가 현재를 이야기할 때, 역사에다 시선을 그토록 고정시키지는 않는다. 인종은 역사이고 과거이다. 언어 또한 역사이고, 먼 과거의 흔적이고 기호이다. 현재적이고 살아있는 것은 의지, 생각, 이익, 애정이다. 역사는 우리에게 알자스가 독일 땅이라고 말한다. 그러나 현재는 우리에게 그것이 프랑스 땅이라고 증명해준다. 수세기 전부터 알자스가 독일의 일부였기 때문에 독일로 되돌려줘야 한다고 주장하는 것은 유치한 일이다.[85]

이 글에서도 쿨랑주는 인종과 언어는 역사이고 과거에 속하는 것이고 현재적이고 살아있는 것은 의지, 생각, 이익, 애정이고 이런 것들이 현재의 민족(정체)성을 결정하는 중요한 요인으로 보았다. 쿨랑주는 또한 다음과 같이 봄젠에게 응수했다.

[84] M. Fustel de Coulanges, *L'Alsace est-elle allemande ou française? Réponse à M. Mommsen, professeur à Berlin* (Paris: Dentu, 1870); R. Girardet, *Le nationalisme français, 1871-1914*, pp.62-65.

[85] Fustel de Coulanges, *L'Alsace est-elle allemande ou française? Réponse à M. Mommsen, professeur à Berlin*; R. Girardet, *Le nationalisme français, 1871-1914*, p.64.

우리는 당신들의 소위 말하는 국적(=민족(정체)성)의 원리보다 훨씬 더 분명하고 이론의 여지가 없는 공적 권리의 원리를 19세기에 갖고 있다! 우리에게 속하는 우리의 원리는 주민은 그가 자유롭게 인정한 제도들을 통해서만 통치될 수 있고, 또한 그 사람의 의지와 자유로운 동의에 의해서만 국가의 일원되어야 한다. 그것이 바로 근대적 원리이다. 근대적 원리는 질서의 유일한 토대이고, 평화의 벗과 인류 진보의 지지자는 어느 누구든지 이것으로 결집해야한다.[…]알자스가 프랑스이고 또 프랑스로 계속 남는다면 그것은 오로지 알자스가 그렇게 있고 싶어 하기 때문이다.[86]

독일의 국적(=민족(정체)성)의 원리와 달리, 19세기 프랑스에서 공적인 권리로 제시되는 근대적 원리는 주민은 그가 자유롭게 인정한 제도들에 의해서만 통치를 받고, 그 사람의 의지와 자유로운 동의에 의해서만 국가의 일원이 된다는 것이다. 알자스가 현재 프랑스인 것은 알자스인의 자유로운 동의에 의해 프랑스 국가의 일원이 되었다는 것이다. 결국 쿨랑주의 주장은 국적(=민족(정체)성)은 해당 주민의 자발적인 동의와 의지에 의해 결정된다는 것이다. 이와 같은 민족 개념에 대한 쿨랑주의 새로운 시도에서 당시 민족 개념을 둘러싼 독일과 프랑스간의 논쟁을 읽을 수 있었다.

 하지만 프랑스식 민족 개념에 대한 결정적인 인식의 기준을 마련한 것은 르낭이라고 할 것이다. 르낭은 동시대인들에게 민족 개념에 상당한 영향력을 끼쳤다. 특히 바레스에게 직접적인 영향을 끼친 사람은 르낭이라 해도 과언이 아니다. 르낭(1823~1892)은 1882년 3월 11일자 소르본 대학에서 있었던『민족이란 무엇인가』라는 주제로 발표한 강연에서 족류적, 지리적, 언어적, 그리고 종교적 기준들을 차례차례 거부하면서 민족을 '정신, 즉 하나의 정신의 원리'으로 개념정의 했다. 그는『민족이란 무엇인가』를 발표하기 이전에『지적 도덕적 개혁(*Réforme intellectuelle et morale*)』

---

86) *Ibid.*

(1871)이라는 저서에서 민주제도에 대해 신랄한 비판을 표시한 상태였다. 이후, 1882년경에는 르낭은 승리를 거둔 공화국에 완전히 가담하고 있었다. 여기서 르낭은 민족을 '하나의 영혼이며 정신적 원리'라고 정의내렸다. 둘이면서도 사실 하나인 것이 바로 이 영혼, 즉 정신적인 원리를 구성하고 있다. 한쪽은 현재 속에 있고, 다른 또 한쪽은 과거 속에 있다. 즉 한쪽은 기억에 대한 풍부한 유산을 공동으로 소유하고 있다. 다른 또 한쪽은 현재의 동의, 함께 살아가려는 의지, 공동으로 받은 유산을 계속해서 드높이려는 의지이다. 개인처럼, 민족은 기나긴 과거, 노력, 희생 그리고 헌신의 결과이다. 조상에 대한 숭배는 모든 것 중에 가장 정당하다. 조상들은 현재의 우리를 만들었다[87]라고 민족을 정의했다. 따라서 민족은 과거에도 그랬고 또 다시 앞으로도 기꺼이 그럴 수 있는 희생의 감정으로 이루어진 거대한 연대이다. 요컨대 르낭은 민족에 대한 과거의 기억들과 유산에 대한 공동 소유가 현재의 의지주의적인 사상의 측면을 구성하는 하나의 요소임을 강조하면서 과거와 현재의 변증법적 종합을 구사했다. 현재의 우리의 존재가 조상들의 희생과 노력, 헌신의 결과인 것이다. 그러므로 현재의 우리를 만든 것은 조상이고, 조상에 대한 숭배는 가장 정당하다고 본다. 결국 민족은 과거와 현재가 결합된 '정신'인 것이다.

여기서 쿨랑주와 르낭을 비교해 보자. 쿨랑주는 사람들이 느끼는 마음의 감정 상태에 따라서 민족(정체)성을 갖게 되고, 그러므로 그 사람의 민족(정체)성을 결정하는 것은 현재적 의지와 자유로운 동의라고 보았다면, 르낭도 상당 부분 쿨랑주의 견해와 비슷한 점들을 나타내고 있다. 즉 민족은 정신이다. 그 정신을 이루는 것은 과거와 현재이다. 과거에서는 기억에 대한 풍부한 유산을 공동으로 소유하고 있다는 것, 그리고 현재에서는 현재의 동의, 함께 살아가려는 의지, 불가분 유산을 계속 가치 있게 만

---

[87] E. Renan, *Qu'est-ce qu'une nation?: Conférence faite en Sorbonne* (le 11 mars 1882) (Calmann Lévy, 1882), p.28.

들려는 의지로 보았다. 그러나 쿨랑주와의 차이점은 르낭의 민족은 "기나긴 과거, 노력, 희생 그리고 헌신의 결과"라는 점이다. 그러면서 조상에 대한 숭배는 모든 것 중에 가장 정당하고, 조상들은 현재의 우리를 만들었다고 말한다. 따라서 민족은 희생의 감정으로 이루어진 거대한 연대이다.

이와 같은 민족 개념에 대한 논쟁 속에서 이 시대에 민족 개념은 의지주의를 좀 더 강조하는 분위기임을 읽을 수 있다. 이런 분위기 속에서 지적으로 르낭의 영향을 받았던 이는 그와 동시대인이었던 1890년대의 바레스라고 할 수 있다. 그의 유명한 한 구절을 보면, "조국, 우리의 조국에 대해서 르낭만큼 잘 말한 사람도 없다. 민족이란 무엇인가? 정신이다"[88]라고 르낭에 대한 적극적 지지를 표명했다.

바레스의 민족 개념은 상당부분은 르낭의 전제들에서 비롯되었음을 알 수 있다. 즉 민족, 그것은 "기억의 풍부한 유산의 공동 소유", "개인에게 받아들이게 했던 유산을 계속 원하게 만드는 의지"[89]라는 것이다. 그러나 바레스는 여기서 한 걸음 더 나아가 민족 개념을 이렇게 정의하고 있다. 즉 "민족은 '사람들의 기억들, 습속들, 그리고 세습된 이상을 공통으로 가지고 있고 하나의 영토[90]이고, '죽은자들이 더해진 모든 정신들이 우리의 영토 위에 만든 에너지',[91] 또는 '고대의 묘지를 공동소유하고 이 개인적인 유산을 계속해서 드높이려는 의지'이다."[92] 르낭이 과거의 유산과 현재적 의지를 변증법적으로 종합하면서 그러면서도 의지에 무게를 두는 의지주의 입장이었다면, 바레스는 과거의 유산, 조상 외에도 영토적 측면

88) M. Barrès, *Scènes et doctrines du nationalisme*, pp.79-80.

89) E. Renan, *Qu'est-ce qu'une nation?*, p.26.

90) M. Barrès, *L'Appel au soldat* (Paris, E. Fasquelle, 1900), in-12, xi-552p; Z. Sternhell, *Maurice Barrès et le nationalisme français*, p.392.

91) M. Barrès, *L'Appel au soldat*, p.282.

92) M. Barrès, *Scènes et doctrines du nationalisme*, p.107.

을 강조했다는 점이 특이하다. '죽은자들(les morts)'이 더해진 모든 정신들이 영토위에 만든 에너지가 민족에 중요한 기능을 하게 된다. 다시 말해 바레스는 '영토'와 '에너지', '의지'의 민족을 강조했다. 사실 민족에 대한 르낭의 개념과 바레스의 개념 사이에 실질적으로 겹치는 부분이 상당히 많다는 것을 우리는 확인하게 된다. 이것은 19세기 말의 시대상황에 대한 인식이 비슷했음을 보여주고 있다. 그럼에도 불구하고, 르낭이 좀더 비중 있게 강조했던 1789년의 계승자들에게서 표명되었던 민족 개념 ─함께 살아가려는 의지를 가진 자유로운 시민들의 결속을 통한─과 달리, 그는 위기에 처한 유기적 결속을 이야기 한다. 바레스는 민족을 '귀결된 것, 즉 우리의 죽은자들이 더해진 것이자 우리의 토지가 산출해낸 것이다'[93]로 정의내리고 있다.

또한 루소의 사회계약론과 반대로, 바레스는 민족(바레스는 인민 (peuple)이라는 용어를 대신 쓰기도 했다)을 이미 역사적으로 세워진 것으로 간주했다. 바레스가 보기에, 민족은 그 자체를 설립하는 데 "일반 의지"만을 필요로 한 것은 아니었다. 바레스가 민족에 대한 의지적 측면 이외에, 유기체적 관념을 발전시키는 데는 버크(Edmund Burke), 르 플레 (Frédéric Le Play), 그리고 테느(Hippolyte Taine)의 영향이 있었다. 그 민족 개념은 1789의 인권선언의 보편주의와 대조적이었다. 바레스에 따르면, 인민은 그 토대가 자율성의 행위에 있는 것이 아니라, 그 기원이 토지 (땅), 역사(제도, 삶 그리고 물질적 조건), 전통 그리고 유산("죽은자 les morts")에 있었다. 이러한 바레스의 민족 개념에는 의지적 측면과 유기체적 관념이 혼합되어 나타나는 것을 볼 수 있다.

바레스의 이러한 사상의 혼합을 지적한 밀자(Pierre Milza)는 바레스의 민족 개념이 몇 단계의 변화를 보여준다고 평가한다. 즉 초기에 민족은

---

93) M. Barrès, *Scènes et doctrines du nationalisme*, p.80.

불변하는 것에서 의지행위로 바뀌었다. 다시 말해 초기에는 쥘 수리(Jule Soury)의 입장처럼 생물학적 인종주의의 입장을 취하다가, 그 다음엔 민족(정체)성은 선택의 결과라는 입장을 나타내며, 끝으로 르낭식의 민족관을 취하는데, 즉 민족에 대한 열린, 동화주의적 개념의 대변자들의 입장과 그렇게 동떨어져 있지 않다. 즉 르낭의 민족 개념을 계승하고 있다. 이 개념은 프랑스적 '인종의 도가니'의 공화국적 전통을 영속적으로 세우는 것이다.[94]

바레스가 이와 같은 민족 개념을 정립함으로써 가장 염원하고 기다리는 제일의 목표는 프랑스에서 도덕적 통일을 재건하는 것이었다. 드레퓌스 사건은 그런 점에서 볼 때 결정적인 역할을 할 수 있었다. 즉 나폴레옹 전쟁이 독일의 도덕적 통일을 만들어내는 데 대단히 크게 기여했던 것과 마찬가지로, 프랑스가 이제 막 지나온 시련(고난)은 잠재가능성 있는 전쟁의 시련과 비슷한 효과가 있을 것이다. 왜냐하면 '바로 고통 속에서 사람들은 도덕적 삶에 눈뜨기 시작하고, 단결하고, 몸을 구부려 토지와 죽은자들의 목소리를 듣기 때문이다.'[95] 어쩌면, 엄청난 집단적 고통이 없었으면 세기말의 프랑스는 체제의 관건이 되는 문제들, 라이시테와 사회적 질문에 대한 문제들로 심히 분열되어 있어 산산조각이 나고 말 것처럼 보였다.

2) 바레스의 민족 개념

① 토지와 죽은자들(la terre et les morts)
바레스의 민족 개념을 이해하기 위해서 우리는 가장 먼저 프랑스 인종(race)과 민족(nation), 즉 인민(peuple)을 각각 구분해서 이해해야 할 것이다.

---

94) P. Milza, "Présentation", p.29.
95) M. Barrès, *Scènes et doctrines du nationalisme* I, p.108; Z. Sternhell, p.319; W. C. Buthman, p.215.

바레스에게 있어 인종에 대한 관념을 살펴보자.

> 엄밀히 말해 프랑스 인종(race française)이라고 말하는 것은 정확하지 않다.
> 우리는 하나의 인종(une race)이 아니라, 하나의 민족(une nation)이다. 민족
> 은 계속해서 매일 매일 만들어진다. 우리가 축소되지 않고 소멸되지 않으려
> 면, 민족이라는 틀 안에 있는 개인들인 우리가 그것을 보호해야만 한다.[96]

바레스는 프랑스 인민, 즉 프랑스 민족은 인종이 아니라, 정치적 구성물
로 설명하고 있다. 즉 인민 또는 민족은 인종이 아니라, 역사가 남긴 자취
를 따르려는 의지에 의해 살아 움직이는 연속적인 역학이다.

> (민족의) 프랑스 유형, 영국 유형은 있지만 인종은 없다. 인민들은 역사의
> 산물들이다. 인종들, 그 이름 아래 놓을 수 있는 그 모든 것들은 사회의 산
> 물, 즉 구현된 감정들과 사상들이다. 어떤 인종들은 유기적으로 자기 자신
> 을 자각하기에 이른다. 앵글로-색슨과 튜튼 집단들의 경우가 그러한데 이들
> 집단은 점차 인종처럼 구성되어 가고 있다(아아! 프랑스 인종은 없지만, 프
> 랑스 인민, 즉 하나의 프랑스 민족, 다시 말해 정치적 구성물인 집단은 있
> 다).[97]

인종과 민족에 대한 이런 전제 위에서 바레스가 민족이라는 것에 그토록
민감하게 하는 많은 비유들 중에서 그 자신이 기뻐하는 민족에 대한 그
의 비유에 귀를 기울여보자. 바레스는 민족을 이렇게 표현하고 있다.

> 나는 기꺼이 하나의 민족을 돌로 만든 결합체(=푸딩)에 비유하고 싶다. 돌
> 로 된 푸딩은 대개 자연수 안에서 만들어지고 우리는 그 돌들을 뭉쳐진 덩

---

96) M. Barrès, *Scènes et doctrines du nationalisme*, pp.19-20.
97) *Ibid.*, p.85; *La Terre et les Morts*, p.7.

어리라고 부른다. 이 돌들을 연결시키는 회반죽은 부분적으로는 그 돌들의 마모와 운동에서 난 것이다. 이 돌더미가 떠내려가면, 돌들은 서로 결합하고 서로 접합된다. 층들은 서로 포개진다. 그러나 설령 외부층(=표면)을 구성하는 각각의 요소가 얼핏 보기에 개성을 간직하고 있다 하더라도, 물리적인 행위에, 즉 오늘날 은폐된 모든 층들과 모든 요소들에 비교적 결합되어 있는데, 그것들은 맨 처음의 핵에 서로 굳게 결합되어 있다. 그리고 이런 결합은 자연적인 힘들에 맞서 저항을 만들어낸다. 하나의 돌이 응집된 것에서 떨어져 나온다고 하자. 떨어져 나온 돌은 굴러다니다가 닳아서 먼지가 된다. 설령 그것이 또 다른 어떤 응집된 것과 결합한다 할지라도, 감소되고 부분적으로는 닳게 된다. 그러므로 개인은 개인과 개인에 앞서 존재했던 희생이라는 과업을 통해 고인이 된 모든 조상들에 연결되어 있는 것 같이 내게는 보인다. 마치 돌의 연속된 층들의 작업이 만들어낸 회반죽 덩어리에 돌이 응집하듯이 말이다.[98]

바레스는 민족을 돌로 만든 결합체에 비유하고 있다. 일반적으로 '돌'은 응집, 불멸성, 영원성, 안정을 상징한다. 돌은 견고성과 내구성을 암시한다. 또한 변화, 부패, 죽음의 법칙에 종속되는 생물들과 대립되는 세계를 암시한다. 그리고 각 개체의 돌은 통일성과 강한 힘을 상징한다. 그에 반해 부서진 돌은 해체, 심리적 분열, 무정형, 죽음, 전멸 등을 상징한다. 때에 따라 돌은 '모두 완성되어 있는 것', 혹은 '독자성'을 지니는 것으로 인식된다. 각 개체의 돌들이 뭉쳐져 있는 덩어리는 통일체 나아가 전체를 상징하는 것으로 해석한다.[99] 위에서 표현되고 있는 민족의 비유에서 볼 수 있듯이, 각 개체로서의 돌은 민족을 구성하는 각각의 개인을 의미한다. 민족은 이들 수많은 개인들이 결합하여 이루어진 하나의 덩어리이다. 그러므로 이 덩어리에서 떨어져 나온 개별적인 개인의 존재는 이리저리

---

98) M. Barrès, *Scènes et doctrines du nationalisme*, p.20.
99) 이승훈, 『문학으로 읽는 문화상징사전』 (푸른사상, 2009), 158-159쪽.

물리작용에 의해 마모되고 닳고 부서져버리며 종국에는 먼지로 사라져 버린다. 그러므로 민족은 서로 결속해야 하는 실체이다. 그럴 때 각각의 개인은 자연적인 힘들에 맞서 저항을 해낼 수가 있다.

바레스는 민족을 인민[100]이라는 용어로 대신하여 표현하기도 한다. 한 인민의 정체성은 "돌 푸딩"에 비유한 지질학적 퇴적작용의 역동성의 결실이고, 각각의 요소가 제자리에 있고 모두가 기능하는 가운데 의미를 갖는

---

[100] nation(민족) 개념과 peuple(인민, 영어의 people) 개념의 유사성에 대해서는 마은지, 「프랑스 민족주의」, 『숭실사학』 20집 (2007. 12), 77-82쪽 참조; 서양에서 민족(nation) 개념의 기원과 의미의 전환을 살펴보면, 그 기원은 중세대학의 동향단과 교회의 공의회 파견 대표 엘리트를 가리키던 용어였다. 16세기 초에 이르러 영국의 한 주민에게 적용되어 '한 지역의 주민'을 가리키는 의미로 전환되면서 'people'이라는 단어와 동의어가 되었다. 'people'이 'nation' 화 하기 이전의 'people'의 원래의 의미는 특별히 하층계급에게 적용되어 대개의 경우 '어중이떠중이' 또는 '하층민'이라는 의미로 사용되었다. 'people'이 'nation'화 했다는 것은 서민이 정치적 엘리트의 지위로 상승했음을 뜻했다. 즉 people을 격상시킨 개념이 nation이었다. 이들은 nation을 구성하고 있는 자신을 그 인민의 일원으로 보며 스스로 존엄성을 높이게 되었다. 이제 'people'은 경멸적 함의를 상실했으며, 아주 분명한 실체를 나타내면서 정치적 연대의 토대이자 충성의 최고 대상인 주권의 소지자라는 의미를 획득하였다. 즉 이것은 단순히 변한 것이 아니라, 구조적 변화를 겪으면서 해당 주민의 성격이 완전히 전환되어 주권자(sovereign)의 성격을 갖게 되었음을 의미한다. 다시 말해 본래의 (비-배타적인) 주권 인민으로 전환되었던 것이다. 그리고 최종적으로는 최초의 nation처럼, 자연스럽게 그것들을 구별케 해주는 정치적, 영토적 그리고/또는 족류적 특성을 갖고 있었던 그와 같은 지정학적 족류적 부속물과 결합되어 (배타적인) 하나의 단일한 주권 인민으로 전환되었다. 이러한 배타적인 성격은 18세기에 등장한다. 한편 프랑스에서 nation이 출현한 배경은 귀족들이 절대왕정을 부정하는 가운데 스스로를 nation으로 자처하며 nation을 그들의 도구로 삼았기 때문이다. 귀족이 배타적 특권과 정치적 영향력을 점점 잃어가고 있을 때, 상실해가고 있던 자신들의 지위를 재주장하는 방법은 두 가지가 있었다. 자신들을 '인민(people)'에서 확실히 분리시키거나, 아니면 자신들을 '인민(people)'으로 재정의 하는 방법이 그것이었다. 프랑스 귀족은 후자의 방법을 취한다. 중세의 nation에서 일차적인 의미의 전환을 겪고, 영국으로부터 nation이 수입되어 또 다시 프랑스로 이식되면서 2차적인 의미의 전환을 겪고 난 후에 프랑스적 nation이라는 독특한 개념이 생겨나게 되었다. Lia Greenfeld, *Nationalism: Five Road to Modernity* (Cambridge, Mass.: Harvard University Press, 1992), pp.7-9.

하나의 집적이다. 거기에서 실체는 사회적이고 역사적인 경험적 현실로서만 존재한다. 인민, 또는 민족은 '인종'이 아니라, 역사에 의해 남겨진 자취들을 따르고자 하는 의지에 의해 살아 움직이는 계속되는 역학이다.[101]

그렇다면 마치 뭉쳐진 돌덩어리와 같은 이 '민족'은 무엇으로 이루어져 있는가? 즉 개체적인 돌 하나하나에 불과한 개별적 인간들을 묶어주는 이 회반죽은 무엇일까? 바레스는 그것을 '토지와 죽은자들'로 설정한다. 토지와 죽은자들이 개인들을 하나의 민족으로 결속시켜준다고 본 것이다.

'토지'는 지상의 존재들을 양육하는 양육자, 다산(多産), 창조력을 상징한다. 인간은 흙에서 나서 흙으로 돌아가기 때문에, 흙, 땅, 토지는 탄생과 죽음, 고향, 조국을 상징한다.[102] 바레스는 토지를 민족의 핵심이자 토대로 삼고 있다. 토지는 사람들이 살아가는 땅이다. 단순히 거주지의 개념뿐만 아니라, 그 땅을 갈고 그 안에서 소출되는 생산물로 사람들은 살아가는 것이다. 그 만큼 토지는 인간의 삶에 절대적으로 필요로 하는 중요한 것이다. 바레스는 그런 토지는 죽은자들과 마찬가지로, 우리에게 말을 걸고 우리의 민족의식에 협조한다고 말한다. 또한 죽은자들의 활동에 가득한 효력을 주는 것도 토지이다. 죽은자들, 곧 조상들은 영속적인 토지의 활동을 통하여 그들의 정신에 축적되어 있는 유산을 다는 아니라 할지라도 우리들에게, 즉 후손들에게 물려준다고 설명한다.[103] 우리가 우리의 민족의 전통들을 말로서가 아니라, 현실들로 이해하고, 또 동시에 우리의 땅에서 커졌던 새로운 힘들에 우리가 감사하게 될 것은 지금 우

---

101) B. Krulic, "Le peuple français chez Maurice Barrès: une entité insaisissable entre unité et diversité", pp.6-7.
102) 이승훈, 『문학으로 읽는 문화상징사전』, 590쪽.
103) M. Barrès, *La Terre et les Morts*, p.24.

리 눈앞에 있는 프랑스 땅의 자원들, 그것이 요구하는 노력들, 그것이 주는 도움들, 끝으로 숲으로 덮여있고, 농사를 짓고 또 포도를 재배하는 우리의 인종이 발전했던 조건들이다라고 바레스는 말한다.[104]

그러므로 그런 토지와 죽은자들은 민족의 고토이다. 토지에 일정한 경계가 쳐진 영토는 민족을 이루는 중요한 한 요소이다. 그것은 한 민족을 타자와 구분시켜주는 표식이자, 그들만의 삶의 공동체가 된다. 따라서 영토를 못 갖고 있는 민족들의 경우, 예컨대 유대인들 같은 민족은 일정한 국토를 자기 것으로 삼고자 한다. 특히 토지는 대대로 간직되어 내려오는 조상의 땅이다. 바레스에게 토지는 그의 신앙이었다. "나는 나의 신앙을 토지, 나의 죽은자들의 토지로 귀결지었다"[105]는 그의 고백에서 알 수 있듯이 그가 믿고 따르는 신앙과도 같은 대상이었다. 또한 토지로 이루어진 국가의 영역인 영토는 하나의 공동체가 살아가는 곳이다. 공동체들은 특정한 거주지들과 떼려야 뗄 수 없는 관계다. 공동체는 한때 그들만의 경관이 있었는데 이것을 그들의 전례, 교육 또는 구전, 전통들에 새김으로써 그들의 집단의식을 계속 퍼져나가게 한다.

영토가 개인들에게 가져다주는 신화와 상징의 역할들을 우리는 스미스를 통해 이해할 수 있다. 각 개인은 신화와 상징에 새겨진 집단인식에 직접적으로 영향을 받는다는 것이다. 예컨대 험준한 지형은 특정한 삶의 방식을 한계 짓고 특정한 생산 방식들과 정착 방식을 고무시킨다. 그렇긴 하지만 민족정체성과 '민족적 성격'은 곧게 뻗은 특별한 영토에 대한 족류적 '의미'와 그렇게 뻗은 시억들이 '그들의' 공동체들의 운명과 불가분하게 묶여진 '고토들'로 변하게 되는 방식들에 관해 신화와 상징에 새겨진 집단인식에서 직접적으로 영향을 받는다고 한다.[106]

---

104) *Ibid.*

105) R. Girardet, *Le Nationalisme français, 1871-1914*, pp.187-188에서 재인용.

106) A. D. Smith, *The Ethnic Origines of nations*, p.183.

역사적으로도 대부분의 공동체들에서 인구의 대부분은 그들의 본거지나 제2의 조국에서 머무른다. 세대들의 흐름을 살펴보면 실제로도 그렇고, 그들의 인식에서도 그렇고, 또 다른 사람들의 인식에서도 그렇고, 그들을 토지와 굳게 맺어지게 한다. 그러나 중요한 것은 특정한 영토적 특징들과 삶의 방식들에 대한 그들의 내면화이고, 또 연이은 세대들에게 스며든 개인의 환경과 전통에 그것이 가져다준 기여이다.[107] 다시 말해, 토지는 이렇게 개인의 삶의 방식을 결정짓고 내면화한다. 또한 대를 이어 후손들에게 그 토지에 대한 신화와 상징들을 통해 집단인식을 만들어주고 확산시킨다.

영토 소유에 따른 영역성에 관한 집단의식을 연구한 스티븐 그로스비 (Steven Grosby)에 따르면, 족류집단들과 민족(정체)성들이 존재할 수 있는 이유는 다음과 같다. 즉 그것들이 존재할 수 있는 것은 생물학적 특징들과 특히 영토적 위치와 같은 원생적인 대상들을 향한 신념의 전통들이 있기 때문이다. 그러므로 가족, 장소 그리고 그들 소유의 '인민'은 삶을 지탱하고 전달하고 보호한다. 이것이 왜 인간이 원초적 대상에 신성함을 부여하고, 왜 그들이 그들의 가족과 민족을 위하여 계속 희생하는지 그 이유이다. 그로스비가 보여주고자 하는 것은 오늘날에도 중요하다.[108] 그러므로 토지가 민족정체성을 형성하고 존재하는 데 얼마나 중요한 기여를 하는지 우리는 이해할 수 있다.

민족을 이루는 또 하나의 요소인 '죽은자들(les morts)'의 상징성은 우선 죽음의 의미에서 비롯된다. 사전적 의미에서 죽음은 존재의 변화(삶과 죽음)를 상징하며, 죽은자는 모든 것을 본다는 의미에서 전지(全知)를 상징

---

107) *Ibid.*

108) Steven Grosby, "Territoriality: The Transcendental, Primodial Feature of Modern Societies", *Nation and Nationalism* 1, 2, pp.143-162; A. D. Smith, *The Cultural Foundations of Nations: Hierachy, Covenent, and Republic*, p.9.

하고 영적 재생을 상징한다. 한편 죽음은 자기파괴에의 욕망, 혹은 희생을 상징하기도 한다. 희생적 죽음, 예컨대 국가를 위한 희생은 '위대한 희생'으로 숭상된다. 삶과 죽음은 근원적으로 연결되어 있다.

바레스는 죽은자들에 대한 관용어가 어떻게 확립되었는지 설명해준다. 죽은자들은 영웅들, 익명의 무명인사들 모두를 포함한다. 그런데 프랑스는 그들을 사랑하고, 조국의 길잡이가 되는 대표할 만한 영웅들뿐만 아니라, 익명의 사람들, 무명 인사들도 사랑한다. 그 이유는 다음과 같다.

> 우리가 슬퍼하는 것은 흙으로 돌아간 육신이 아니라, 우리를 둘러싸고 있는 것은 하나의 감정, 우리를 지배하는 하나의 의식이다. 그 의식이었던 것, 그것의 충고들, 그것의 선행들, 그것의 사례들이다. 그 모든 것이 우리의 기억 속에 살아있다. 그 사유가 삶의 투쟁 속에서 항상 우리 기억 속에 나타나 있어야 할 것이다. 그림자가 상당히 매우 짙은 시간들이 있다. 그것은 우리의 자리에 무엇을 만들까? 그것은 우리에게 무엇을 하라고 말할까? 바로 그것이야말로 의무의 자리이다. 그것을 통해서 우리는 그것을 생각하고, 그것의 유익한 힘은 그의 생애 동안처럼 우리 위에 펼쳐진다. 바로 그런 식으로 죽은자들은 산자들에게 손을 내미는 것이다.[109]

죽은자들은 비록 그들의 육신은 사라져버렸지만, 우리의 의식 속에 지속적으로 살아있다. 그 의식은 기억을 통해 존속된다. 그들은 기억들 통해 산자들에게 말을 하는 것이다.

궁극적으로 토지와 죽은자들은 조국 개념으로 이어진다. 그 조국의 구성원이 민족들이기 때문이다. 바레스가 판단한 민족은 프랑스인이었고, 그 프랑스인은 국적법에 의해 귀화한 시민적 평등을 누리는 정치적 민족

---

109) M. Barrès, *La Terre et les Morts*, p.22.

이 아니라, 계속해서 매일 매일 만들어지는 존재였다. 우리가 축소되지 않고 소멸되지 않으려면 민족이 외화된 하나의 결집체인 조국을 구성해야 한다. 그 조국은 우리에게 있어서 땅이고 조상이며 우리 죽은자들의 토지이다. "조국은 조상들의 희생과 헌신으로 이루어진 오랜 과거의 노력들을 통해 만들어졌다. 그 조상들이 우리를 우리 되게 했다."[110] 그런 까닭에 조상들은 우리의 숭배와 기도를 받을 만하다. 위인들, 영광의 영웅적 과거, 이런 것들은 조국을 세우는 토대가 되는 자산이었고, 각 세대는 그런 조국을 지키기 위해서 무기로 조국에 봉사할 의무가 있다. 조국에 대한 개인의 헌신의 마음이 곧 민족을 지탱해주는 중요한 요소들이었다.

또한 바레스는 프랑스인됨은 어떤 사람이 어떤 것에 합류한다고 되는 것이 아니라, 그 사람에게 절대적으로 속속들이 물들어 있는 어떤 것이라고 말한다. 그런데 프랑스에 귀화한 그렇게 많은 사람들은 그들의 사적인 장점과 좋은 의도들이 어떠하든 간에, 우리의 인종, 혈통, 그리고 역사 공동체를 갖고 있지 못하기 때문에 특히나 민족적 쟁점들에 있어서 우리만큼 느끼지 못한다고 보고 있다. 따라서 진짜 프랑스인됨은 인위적으로 만들어지는 것이 아니라, 태생적으로 몸속에 베어들어 있고 습득된 감각적인 것이라고 할 수 있다. 바레스는 조국을 이루는 '토지와 죽은자들'은 현재를 살아가는 우리가 뿌리내려야 하는 대상이고 우리는 그들의 목소리에 귀를 기울일 수 있어야 한다고 말한다.

프랑스와 같은 나라의 의식이 해방되기 위해서 개인들은 토지에 그리고 죽은자들에 뿌리 내리게 해야 한다. 피의 목소리와 토지에 대한 본능을 억누르는 그런 생각들보다 더 고양된 이상에 도달했다고 믿는 사람들에게 그것

---

110) M. Barrès, *Scènes et doctrines du nationalisme*, p.107.

은 매우 물질적인 생각처럼 보인다.[111]

이상의 설명들에 비추어 보았을 때, 우리는 토지와 죽은자들에 담긴 사상들을 다음과 같이 몇 가지로 해석해 볼 수 있다.

첫째, 토지와 죽은자들은 조국 사상으로 이어진다. 민족이 외화한 가시적인 결집체로 구성된 것이 조국이다. 바레스는 "조국은 뿌리 뽑힌 자의 정신 보다는 뿌리내린 자의 정신 속에서 보다 강하다"[112]고 말한다. 조국은 뿌리가 있는 사람의 정신을 담는 그릇이다. 그 그릇 속에 담겨진 실체가 곧 민족이다. 바레스는 민족이 살아있는 곳은 바로 정신과 가슴속이라고 여겼지만, 그 정신이 어느 곳에 뿌리를 내리고 있는지를 더 중요하게 여겼다.

바로 그런 이유로 민족은 끝없이 위협받고 있는 상태에 있게 된다. 1870년 정복자가 독일화 하려고 시도했던 알자스-로렌의 병합지역의 사례는 영원한 영토 싸움을 예시한다. 또한 조국이라는 개념에서 실제로 있었던 것을 느끼게 해주었다. 어떻게 우리 프랑스 민족이 이루어지고 어떻게 소멸하게 될지, 그것이 우리들 각자에게 어떤 도움이 되고 민족의 쇠퇴가 아주 보잘 것 없는 시민들을 얼마간은 지배한다는 교훈을 보여주었다. 이런 교훈을 바레스는 1902년에 메스에서 가까운 샹비에르 프랑스 군인 묘지를 방문하고 얻었다.[113] 그곳은 1879년 전쟁으로 프랑스 병사들이 7,200명이 묻혀있는 곳이었다.

둘째, 도지와 죽은자들은 조상과 혈통에 대한 관념과 인식으로 연결되면서 그 개념과 사상이 확대된다. 왜냐하면 조상과 혈통이 뿌리내리고 이어지는 곳이 곧 토지이기 때문이다. 나의 조상이 누구인가 하는 정체성의

---

[111] *Ibid.*, p.88

[112] *Ibid.*, p.92.

[113] R. Girardet, *Le Nationalisme français, 1871-1914*, p.189.

문제는 프랑스인이 아닌 타자에 대해 적대적 감정을 드러낸다.

셋째, 토지와 죽은자들은 곧 민족의 '고토(homeland)'라는 사상과 동일시할 수 있다. 스미스에 의하면, 근대적 민족은 그들만의 것이라고 상정하는 과거에 민족들이 뿌리박고 있음을 나타내는 전제들이 있다. 그중에 하나가 민족은 고토가 필요하다는 것이다. 민족은 그들의 정체성, 통일성, 자율성을 키우기 위한 단순한 땅이 아니라, '우리의 조상'이 살았고 '우리가 우리 가슴 안에 지니고 있는' 역사적 영토가 필요하다는 것이다. 그것이 '우리의' 조상의 권리증과 기억을 구체화한 기념물과 성소(聖所)들을 낳는다. 이런 가시적인 구체물들이 공통의 민족(정체)성의 의식을 생겨나게 하는 데 있어 아주 중요하다.[114] 그러므로 민족이라는 것은 고대의 묘지를 공동으로 소유하고 이 불가분의 유산을 계속 가치 있게 만들려는 '의지'인 것이다.

넷째, 토지와 죽은자들에서 발견되는 것은 전통에 대한 사상이다. 전통은 그 의미와 가치가 상당히 과거 지향적이며 보수적인 성격을 띤다. 바레스는 전통이 개성의 확장과 발전을 허락한다고 보고 개성에 대한 개념을 전통 개념과 연결시킨다.[115] 그는 스스로 자아의 내면의 깊은 원천에서, 사람들이 인정할 수밖에 없는 것은 과거로부터 비롯되는 거대한 힘들이라고 그는 확신하고 있다.

과거와 전통에 대한 사상은 바레스의 다음과 같은 글에서 찾아볼 수 있다. 즉 바레스는 자신을 베네치아, 톨레도, 스파르타, 페르시아에 있는 묘지들을 사랑했던 "죽은자들의 옹호자"라고 불렀다. 그는 그 안에서 위안을 찾았고, 그들을 옹호했고, 자신이 그들에 의해 지배되도록 허용했다. 과거로부터 내려온 유산은 보존되어야 하고 다른 사람들에게 전해져야 했다. "오늘 내안에 살아있는 영혼은 수 천 명의 죽은자들로 이루어져

---

114) A. D. Smith, *The Ethnic Origines of nations*, p.213.
115) R. Girardet, *Le Nationalisme français, 1871-1914*, p.185에서 재인용.

있고, 그 총합은 내가 죽고 잊혀 질 때에 나에게 살아있을 것이다." 개인은 그의 인종의 발전에서 한 찰나, 장구한 문화에서 한 순간, "나를 앞서 가고 나를 생존하게 할 천 가지 힘 속에 있는 한 가지 운동"이었다. 개인은 가족, 인종, 민족 속에서, 즉 무덤에 의해 무가치해져 버렸던 수천 년 속에서 그의 진짜 본질을 발견했다. 그래서 바레스는 '과거가 아니라, 영원한 것'[116]을 옹호한 자였다. "사실, 나의 사상의 작업은 개인적 자아는 전적으로 사회에 의해 지지되고 부양되고 있음을 결국 인정하는 것으로 귀결되었다"[117]고 고백했다.

결론적으로 인민(=민족)은 특수한 영토적 역사적 환경들 속에서 축적된 습관들에 의해 가공된 집단적 실체이다.[118] 한 인민의 소속의식은 물질적이고 비물질적인(제도들, 관습들, 언어) 고유한 삶의 조건들의 결과에서 기인하는 결정들에 대한 무조건적인 수용에 있다. 프랑스 인민의 일원이라고 스스로 인정하는 것, 즉 인민의 프랑스적 민족(정체)성을 의식적으로 받아들이는 것은 기존 질서에 대한 정당성을 인정하는 것이고, 개인이 전통에 대한 순응을 받아들이는 것이며,[119] 규정에 의해 획득되는 권리를 얻는 것이고, 원칙들에 대한 지지를 표명하는 것이다.[120]

---

116) M. Barrès, *Mes Cahiers*, XIII (Paris: Plon, 1929-1957), p.25; Michael Curtis, *Three Against the Third Republic. Sorel, Barrès et Maurras*, p.113.

117) M. Barrès, *Scènes et doctrines du nationalisme*, p.16.

118) M. Barrès, *Appel au soldat* (Le Roman de l'énergie national I), in *Romans et voyages*, p.890 sq. (Chap XI "La vallée de la Moselle. Sturel et Saint-Phlin recherchent leurs racines nationales").

119) M. Barrès, *Scènes et doctrines du nationalisme*, I (1925), p.85; Brigitte Krulic, "Le peuple français chez Maurice Barrès: une entité insaisissable entre unité et diversité", p.7.

120) M. Barrès, *Appel au soldat* (Le Roman de l'énergie national I), in *Romans et voyages*, pp.906-907.

② 민족정체성

정체성은 모든 인간에게 없어서는 안 될 존재로 가정된다. 손으로 만질 수 있거나 눈으로 볼 수 있는 가시적인 구체적 형태를 지니지는 않았지만, 인간이라면 자신이 어디에서 왔고, 또 누구인지 자기의식을 갖게 되고 이것은 곧 그 사람의 정체성의 문제로 귀착된다. 그러므로 정체성은 한 개인의 실존의 문제와 직결된다고 볼 수 있다. 나아가 그가 속한 집단과 연계되어 있으므로 개인의 정체성은 그가 속한 집단 안에서 형성된다.[121] 그러므로 정체성을 갖는다는 것은 한 개인이 하나의 집단/범주와 일치된다는 것을 의미한다. 또한 다른 집단/범주와 다르다는 것을 의미한다. 예를 들어 노동계급의 정체성은 이러한 형태의 정체성을 공유하는 각 개인들이 어느 정도 일체화된 계급적 지위를 가지고 있다는 것을 함축하고 있다. 즉 유사한 임금, 유사한 주거지에서의 삶 등에 좌우되는 육체노동자들은 동일한 교육자격을 가지며 동일한 문화적 가치를 공유한다. 동시에 이 집단은 그 외 다른 계급들(중간계급 내지 상위계급)과의 정체성에 있어서도 서로 다르다는 것을 보여준다.[122] 렉스와 델란티는 정체성이 '이익(interest)과는 반대되는 그 무엇이다'라고 주장한다.[123]

어느 개인은 어느 때 자신이 특정 공동체에 소속되어 있다고 느끼게 되는 것일까? 국적과 같은 객관적 요건만으로 충분할까? 그것만으로는 충분한 것 같지 않아 보인다. 분명한 사실은 감정과 정서적 동의가 필요

---

121) 마은지, 「조상신화와 민족정체성—모리스 바레스를 중심으로」, 『서양사학연구』 제33집 (2014. 12), 71-73쪽 참조.

122) Siniša Malešević, *Identity as ideology: understanding ethnicity and nationalism* (palgrave, 2006), pp.15-16.

123) G. Delanty, "Beyond the Nation-State: National Identity and Citizenship in the Multicultural Society"– A Response to Rex's *Sociological Research Online* 1(4). http://www.socresonline.org.uk/1/3/1.html#2.3 [검색일: 2014. 11. 30]; J. Rex, "National Identity in the Democratic Multicultural State", *Sociological Research Online* 1(3). http://www.socresonline.org.uk/1/2/1.html [검색일: 2014. 11. 30].

하다는 사실이다. 공유된 기억과 영토, 또는 공유된 조상신화와 밀접하게 자신이 연결되어 있다고 느끼는 감정적 연대가 필요하다는 것이다. 이런 느낌은 그 자신과 그가 속한 공동체가 누구이고 무엇인지를 확인하려는 노력으로 나타나는데, 그것이 공동체에 대한 이름을 통해 자기정의하게 된다.

특정 족류공동체의 성격은 사회 구성원들이 자신이 속한 집단에 대해서 갖고 있는 신화·상징·기억·가치에서 표현된다. 그렇기 때문에 "공유된 기억 위에 건설된 역사적 공동체"로서의 족류공동체의 구성요소 가운데 역사적 기억과 혈통신화가 가장 중요하게 간주된다. 족류공동체 구성에서 역사적 기억과 혈통신화가 아주 중요한 요소가 되는 만큼, 민족의 근원을 이루는 족류공동체의 역사적인 집단 기억은 민족을 구성하는 데 아주 중요한 요소가 될 수밖에 없다. 그러므로 민족은 장기적인 역사적 과정을 통해 사람들이 갖게 된 민족의식이나 민족정체성, 바로 거기에 거한다고 할 수 있다.

물론 민족 개념에는 신화와 기억 외에 훨씬 더 많은 것들이 구성 요소들로 채워져 있긴 하다. 그러나 민족정체성의 성격에서 그와 같은 신화와 기억이 더 무게를 갖고 있기 때문에 신화와 기억이 없으면 그 민족 본연의 민족적 성격은 지닐 수 없다. 이 두 가지가 없으면 정치적 공간 안에 자리 잡고 있는 수많은 사람들은 한낱 어중이떠중이 주민집단에 지나지 않는다. 개별적인 주민집단에게 그들 사이에 결집력과 연대성을 가져다주는 것은 농질성 즉 민족정체성이라 할 수 있을 것이다. 기억이 없으면 정체성이 있을 수 없고, 신화가 없으면 집단적 달성 목표도 없다. 그래서 정체성과 달성목표 또는 운명은 민족 개념 그 자체에 필수적인 구성요소라 할 수 있다.[124]

---

124) 김인중, 『민족주의와 역사』, 543쪽.

그런 점에서 하나의 범주로서 민족정체성은 "한 민족의 독특한 유산을 구성하는 상징, 가치, 기억, 신화, 전통의 패턴의 연속적인 재생산, 재해석 및 전달과 그런 유산의 문화적 요소들과 개인들의 동일시라"고 정의하고 있다.[125] 이런 요소들은 민족정체성을 평가하는 데 사용될 수 있을 것이다. 그 민족정체성이 영속적인 것인지 아닌지를 가늠할 수 있는 기준들이 될 수 있을 것이다. 한 공동체 안에 이러한 문화적 자원들이 많고 세심하게 배양되면 될수록 그 민족은 강하고, 활기차고, 정태적이지 않으면서도 지속적인 민족정체성의 성격을 갖게 된다. 반면 이런 자원들이 적고 덜 공경되면 민족정체성에 대한 공동체의 인식은 더 약해지고 지속적이지도 못하게 된다.

이렇게 어느 한 공동체의 역사적인 집단 기억이 민족적 기억으로 기능을 하게 되는 것은 그 민족이 함께 살아오면서 기쁨과 슬픔을 함께 겪는 경험들 때문이다. 그런 경험들은 공유된 기억을 만들어낸다. 그리고 그 기억들은 시간이 흘러도, 또 설혹 그 집단이 설자리인 영토가 없어질지라도 그 집단들의 머릿속에 오랫동안 각인되어 전수되는 것이다. 그런 점에서 그러한 경험들이 녹아 있는 "특별한 장소"는 그 민족의 집단 기억이 체현된 장소이다. 따라서 기억의 장소는 그 민족의 정체성을 심어주기에 절대적인 역할을 한다고 볼 수 있다.

르낭도 민족정체성에 있어서 민족적 기억과 관련된 공유의식이 얼마나 중요한지 일찍이 말했다.[126] 르낭은 민족이 정치적 의지만 가지고는 충분하지 않다고 설명한다. 국가 자체는 시민들 사이의 강한 연대감이나 사회적 시멘트 역할을 할 수 없다. 그것은 오직 역사, 아니 역사적 기억, 조상에 대한 숭배에 의해 가능할 수 있음을 강조했다.[127] 르낭에게는 민족

---

125) 같은 책, 1011쪽 각주10) 재인용.
126) 조홍식, 「민족의 개념에 관한 정치사회학적 고찰」, 132쪽.
127) A. D. Smith, *The Nation in History: historiographical debates about ethnicity*

적 기억과 관련하여 공유된 고통이 공유된 기쁨보다 더 중요한 역할을 한다. 왜냐하면 그런 것들이 사람들에게 의무를 부과하고, 공통된 노력을 요구하기 때문이다.[128]

민족정체성의 출현을 구체적인 역사적 현상과 밀접한 관련을 갖고 있다고 설명하는 존 암스트롱의 논의도 귀 기울일 만하다. 암스트롱은 오늘날 민족이라고 부르는 그 하나의 집단으로 각 개인들이 묶어주는 것은 무엇이며, 그 강렬한 집단적 동일시의 출현을 어떻게 설명할 수 있을 것인가에 대한 해답을 제시하고자 했다. 또한 암스트롱은 특정 민족들은 어떻게 그리고 왜 또 다른 민족들이 사라지는 가운데서도 존속할 수 있었는지 설명을 시도했다. 지리, 기술, 생산방식은 인간들의 경제적 양상을 고찰하는 데 있어서 분명히 유용하게 작용하지만, 인간의 사고체계에 결정적으로 영향을 미치는 것은 역사적 기록이라고 주장한다. 역사적 기록에서 신화들, 상징들, 커뮤니케이션 패턴은 족류정체성을 구성하고 있으며 근대 기술의 발전도 이런 요소들의 힘을 약화시키지는 못했다고 설명한다. 다시 말해 족류정체성이 지리, 기술, 생산양식에 크게 영향을 주는데, 이상하게도 신화, 상징, 커뮤니케이션 패턴 같은 것은 아주 옛날부터 내려오며 영속성을 갖고 있다고 본다. 그렇다면 이런 정체성이 왜 오랜 정체성을 갖게 되었는가? 프랑스인을 프랑스인으로 만든 것은 무엇인가? 암스트롱에 의하면 족류정체성이 장기지속성을 발휘하여 존속하게 되면 이것이 민족의 족류적 토대를 이루기 때문이며, 민족이 장기지속적인 영속성을 깃게 되는 것은 이와 같은 신화들, 상징들, 커뮤니케이션과 같은 요소들이 작용하기 때문이다.[129] 그러므로 민족정체성 형성에서 결정적

and nationalism, p.11.

128) *Ibid.*

129) John Amstrong, *Nations before Nationalism* (Chapel Hill, NC: University of North Carolina Press, 1982), p.283.

인 것은 공동의 운명의 물질적인 측면보다 '상징'적인 측면이 강하다는 암스트롱의 주장에 상당한 일리가 있는 것으로 여겨진다.

이로부터 우리는 민족들의 차이를 이루는 요소들 가운데 가장 중요한 것은 "특유의 역사적 경험에 의해서 그리고 이 집단 경험이 남긴 침전물에 의해서 결정된다"는 역설을 확인하게 된다. 민족정체성의 기본을 이루는 정체성의 구성은 족보적으로 영토적으로 되어있으며 이는 굉장히 영속적이고 또한 극적인 문명과 신념체계에서의 전복으로 인해 생각보다 더 빈번히 변화되기도 한다. 그만큼 민족 개념에서 정체성이 굉장히 중요하고 민족과 민족정체성은 긴밀히 연관되어 있음을 알 수 있다.

바레스 또한 예외가 아니었다. 바레스의 민족에 대한 고민은 프랑스의 쇠퇴에 대한 위기의식과 문제의식 속에서 싹텄다. 세기말의 '퇴폐(décadence)', 그리고 유대인들, 프로테스탄트들, 프리메이슨의 영향으로 가톨릭적인 프랑스의 쇠퇴에 대한 강박관념이 바레스로 하여금 프랑스 민족에 대한 의식과 정체성의 문제를 강하게 성찰하게 만들었다.

그렇다면 프랑스 민족에 대해 공통된 개념정의와 이념을 위해서는 어떻게 할 것인가? 곧 프랑스 민족이라는 공통된 정체성을 어떻게 이루어낼 것이며, 어떻게 찾아낼 것인가?

첫째, 바레스는 민족정체성을 지난 날 거쳐 왔던 과거의 시간들, 즉 프랑스의 '역사' 속에서 찾는다.

우리는 우리를 프랑스 역사의 모든 시간과 함께 뒤섞임으로써, 모든 죽은자들과 함께 살아감으로써, 우리를 그러한 경험들 가운데 어떠한 것 밖에다 놓지 않은 데서 우리는 보다 확실한 이익을 발견하게 될 것이다.[…] 통령정부 시기의 프랑스 이후, (복고)왕국시기의 프랑스, 1830년의 프랑스, 1848의 프랑스, 권위주의적 제국의 프랑스, 자유주의적 제국의 프랑스, 마침내 모순적인 과잉에 이르게 된 프랑스들은 같은 토대에서 유래하고 같은 목표를 향해 나아간다. 이 모든 프랑스는 같은 씨앗의 발전이고 같은 나무에 열린 여

러 계절의 결실들이다.130)

다시 말해, 바레스는 하나의 민족을 이룬다는 것은 공통된 역사적 시간과 경험들을 같이하고, '죽은자들' 곧 조상들과 함께 살아가고, 같은 유산을 소유하고, 또 같은 목표를 지향할 때 프랑스라는 민족의식을 갖게 되는 것이라고 말한다.131) 바레스에게는 역사, 경험, 조상, 유산, 목표를 같이 하는 것이 참다운 프랑스 민족이었다. 문제는 여기에 시간이 필요하다는 점이다. 즉 시간을 매개로 하여 과거가 미래로 이어지고 과거와 미래는 함께 존재한다.

　여기서 우리는 과거의 의미를 살펴볼 수 있다. 과거는 먼지에 덮여있는 것이다. 그러나 그 먼지가 날라 가면 과거는 다시 일어난다. 과거에 대한 향수, 특히 자기 인민의 족류적 과거에 대한 향수는 인민이 죽음과 죽음의 공허를 극복하려고 애쓴 것에서 나왔다. 자기 자신을 '역사와 운명 공동체'와 연결함으로써 개인은 그 자신과 업적들을 망각으로부터 보존하는 불멸의 수단을 성취하기를 희망한다. 사람들이 과거에 행했던 것과 기억이 계속 살아남으려면 그것은 현재의 후손을 통해 이어갈 수 있어야 할 것이다. 산자와 죽은자를 이어주는 긴 사슬은 과거의 조상들과 현재의 우리 사이에 진정한 공동체의식과 민족정체성을 만들어준다. 그러므로 족류적 민족주의는 개인과 공동체를 연결하는 대용종교가 된다. 즉 각 세대들이 기억과 정체성의 영원한 연결 고리를 형성한 지속적인 공동체들과 개인을 연결시킴으로써, 죽음 이후의 비전을 완전히 제거해버림으로써 생겨난 허무감을 극복하는 것을 목표로 하는 대용종교인 것이다.132)

---

130) M. Barrès, *Scènes et doctrines du nationalisme*, pp.82-83.

131) *Ibid.*, pp.107-108.

132) A. D. Smith, *The Ethnic Origines of nations*, p.176.

근대적인 족류공동체와 민족이 그들의 집단 공동체의 과거를 재발견하고 재구축하려고 할 때 사용되는 두 가지 판단 기준이 있다. 교훈적이고 드라마틱한 것이 그것이다. 근대세계에서 역사는 도덕선생이기도 하고 구원의 현세적 지상드라마이다. 이 두 가지는 밀접한 연관성이 있다.[133] 민족주의적 구원의 드라마의 재료들은 낭만, 미스터리, 드라마와 같은 요소들이다. 이것들은 '우리가 누구인지'에 대해서 알려주며, 세대를 거듭하여 우리의 조상과 후손 그리고 우리를 연결해주는 하나의 고리라는 의식을 만들어준다는 점에서 중요하다. 또한 우리가 우리자신을 발견한다면, '우리가 어디에 있는지', '우리가 무엇이 되어야 하는지'에 대해서 알려준다는 점에서도 중요하다. 공동체의 삶 안에서 지난 시대의 분위기와 드라마를 전달해줌으로써, 우리는 우리 조상의 삶과 시대를 다시 살게 되고 우리 자신을 '운명 공동체'의 일원으로 만들어준다. 이것이 과거의 재발견을 통해서 현재의 세대들에게 주는 과거의 의미이다.

　둘째, 바레스는 언어와 전설의 요소들을 강조했다.[134] 이것은 국적(=민족(정체)성)의 원리이기도 하다. 프랑스혁명이 가져다준 직접적 결과는 민족정체성의 원리였다. 같은 언어, 공통의 전설들, 민족(정체)성을 구성하도록 제시한 것은 바로 자연권사상이었다. 또한 민족주의적인 가치들로서 보다 실질적인 것은 땅이나 인종보다도 각각의 작은 조국의 정신(=지방정신)이었고, 또 그 정신은 주로 언어에 있었다. 프랑스 조국은 영토보다도 어떤 면에서 언어를 통해서 보다 분명히 존재해왔다고 할 수 있다. 왜냐하면 조국은 민족(정체)성들을 구성하는 같은 언어와 공통된 전설을 갖고 있기 때문이다.

---

[133] *Ibid.*, p.179.
[134] M. Barrès, *Scènes et doctrines du nationalisme*, pp.444-445, 473.

그러므로 바레스는 프랑스인들의 참된 배경은 공통된 본성, 즉 사회적 역사적 산물이라는 것을 깨닫게 되었다.[135] 그 배경은 특정한 장소들 및 인물들과 연결되어 있었다. 시온산과 동레미 같은 장소들은 정신이 다른 어떤 곳보다도 더 민감한 곳이었다.[136] 또 특정 인물들은 그 안에서 영웅주의나 행동의 모델이었다—마르샹(Marchand), 갈리에니(Gallieni), 모레스(Morès), 나폴레옹, 파스카르 그리고 잔다르크 같은 인물들이 그들이다. 잔다르크는 특히 로렌과 프랑스를, 이교도신앙(시온 언덕을 통치했던 여신 로스메르타를 통해)와 크리스트교를 모두 하나가 되게 해주었기 때문에 중요했다.[137]

특히 19세기 후반 프랑스는 지방적 성격이 강한 특성상 지방어가 국어인 프랑스어와 공존한 상태였다. 바레스는 1892년에 "연방주의 펠리브리주의 선언"과 같은 지방언어 보존 순화운동에 일원으로 활약하기도 했다. 지방어 부흥운동이 일어난 배경은 이러하다. 즉 19세기 후반 이전에는 프랑스의 수많은 전통주의자들에게 민족 개념은 시민들의 공동체의 주권적 표현이자 시민 종교로서 혁명 원칙들의 편린들로 이루어져 있었다. 그러나 19세기 후반에 이르러서 이제 이것이 거부되었다. 그들이 보기에 받아들일 수 있는 유일한 민족주의는 앙시앵 레짐의 지방(province)과 일체화되는 육신의 고향땅에 붙여졌다. 그것은 한 주민, 한 문화 그리고 한 영토 사이에 특별한 유대관계를 전제로 했다. 돌이켜보면 그것은 1843년과 1854년에 결성된 프랑스의 플랑드르 백작과 족류적 지역주의 속에서 구현되었고 또한 펠리브리주^{Félibrige, 1854년 프로방스어와 기타 남프랑스 사투리 보존, 부흥을 위해 미스트랄 등 7인 작가로 결성된 문학단체 필자} 같은 조직들을 통해 나타날 것이다.[138]

135) M. Curtis, *Three Against the Third Republic: Sorel, Barrès et Maurras*, p.251.

136) M. Barrès, *Mes Cahiers* (Paris: Plon, 1963), p.153.

137) *Ibid.*, p.252.

138) S. Berstein, dir., "Les cultures politiques du nationalism français", *Les Cultures politiques en France*, p.320.

셋째, 프랑스의 민족(정체)성은 지방적 민족성들로 이루어져 있다고 보았다. 앞서 살펴봤듯이, 프랑스는 아주 오랜 옛날부터 모자이크 같이 조각조각 나누어진 지방들로 이루어져 있었다. 바레스는 민족을 다수의 지방의 충성심들이라고 간주했다. 즉 맨 먼저 가족, 마을, 지역, 그리고 궁극적으로는 민족-국가에 대한 다수의 지방의 충성심이 민족을 구성한다고 본 것이다.[139] 바레스는 이러한 다수의 지방들을 작은 조국으로 여겼다. 작은 조국인 지방에 대한 의식이 없으면 민족의식도 없다. 그러므로 지방의 민족(정체)성들 중에 하나라도 없다면, 프랑스라고 하는 정치적 건설은 그 요소들 중에 하나라도 잃게 된다고 강조한다.

바레스의 역사의식은 그의 작은 조국 로렌의 뼈아픈 역사적 경험으로부터 만들어졌다. 그런 경험이 그의 민족정체성과 의식에 반영되었다.

여러분 나는 로렌 사람입니다. 나의 작은 나라가 프랑스가 된 것은 겨우 한 세기 전부터입니다. 솔직히 터놓고 역사가들처럼 말해봅시다. 우리는 우리가 좋아서 프랑스 조국에 들어간 것이 아니었습니다. 정말이지 프랑스에 들어오게 된 이유는 우리는 때로는 프랑스에 짓밟히기도 하고 독일에 짓밟히기도 했습니다. 왜냐하면 우리의 공작들은 우리를 조직화하는 것을 알지 못했기 때문에, 우리를 방어해주는 것이 없었고, 그리고 프랑스인들이 우리에게 저질렀던 만행이 일어난 후에, 우리는 질서와 평화를 만들어야했기 때문에 프랑스로 오게 되었습니다.[140]

이와 같은 로렌의 역사에 대한 의식은 오래전 그의 로렌의 선조들의 삶과 그의 아버지 세대의 보불전쟁에서의 패배에서 생겨난 것이었다.

바레스가 그의 전통을 발견한 것도 로렌 특히 로렌의 죽은자들 속에서

139) M. Barrès, *Assainissent et fédéralism: discours prononcé à Bordeaux* (le 29 juin 1895), pp.11-12.
140) M. Barrès, *Scènes et doctrines du nationalisme*, p.83.

였다. 즉 "나의 이념은 내 것이 아니다. 나는 그것들을 로렌의 사상에서 발견했고 출생부터 그것들을 호흡한다."[141] 인생 말년에 그는 자신이 몸 받쳤던 모든 사상들 가운데 그의 가족과 로렌에 대한 그의 의존 감각보다 더 깊이 뿌리 내린 것은 없다고 썼다.[142] 『민족주의의 교의와 현장 (*Scènes et doctrines du nationalism*)』의 "11월 2일 로렌에서"라는 장에서, 『숭고한 사랑과 고통(*Amori et dolori sacrum*)』에서, 그리고 『병사에 호소 (*L'Appel au soldat*)』에 나오는 모젤 계곡을 따라 여행하는 장면을 묘사하면서 바레스는 계속적으로 로렌의 유산을 찾고 있다.[143] 로렌의 애국주의는 감정적이고 물질적인 이유들 때문에 표명되었다. 바레스는 로렌이 본래 "우리 시골, 예술작품, 관습, 자원들, 요리들이 아니며, 심지어 우리의 역사도 아니라…그것은 하나의 특별한 느낌의 방식이었다."[144] 그것으로부터 바레스는 "나의 발전 법칙"을 구했던바, 그것은 스스로를 성찰하며 비춰보는 거울이었고, 그의 본성, 그의 습관, 그리고 그의 작업과 일치하는 개념이었다. 한 비평가는 로렌이 바레스를 창조한 것이 아니라, 바레스가 로렌을 창조했다고 말했다.[145] 바레스는 이 로렌을 통해서 지역 정체성이 강하고 탄탄할 때 민족정체성도 든든하게 설 수 있다고 보았다.

③ 민족의식과 민족구성원

세기 말에 프랑스 민족주의자 바레스는 그의 글들 곳곳에서 "우리 프랑스는 분열되어 있고 무뇌상태이다"라는 말을 수 없이 되풀이 하는 것을 두려워하지 말자고 역력한다.[146] 민족의식은 불분명하고, 모순들과 싸움

---

[141] M. Barrès, *Mes Cahiers*, III (Paris: Plon, 1929-1957), p.395.

[142] M. Curtis, *Three against the Third Republic · Sorel, Barrès et Maurras*, p.111.

[143] *Ibid.*, p.112.

[144] M. Barrès, *Mes Cahiers*, IX (Paris: Plon, 1929-1957), p.121.

[145] M. Curtis, *Three against the Third Republic · Sorel, Barrès et Mauras*.

[146] M. Barrès, *Scènes et doctrines du nationalisme*, pp.95-96.

들로 가득하다는 것이다. 다음의 발언은 바레스의 프랑스의 민족적 위기 의식을 잘 표현하고 있다.

> 민족(정체)성들의 진화에 대해 조금이라도 숙고해보고 또 인민들 모두가 그
> 들의 날도 얼마 남지 않았다는 것을 알고 있는 사람들은 우리 민족이 자체
> 안에 갖고 있는 파괴의 씨앗을 스스로 깨닫게 될 것이다. 우리의 출생률의
> 감소, 100년 전부터(프랑스혁명을 의미함) 아주 적극적인 애국파가 전쟁과
> 혁명 속에서 파괴했던 우리의 에너지의 고갈, 이런 것들이 우리를 복속시키
> 고자하는 외국 분자들에 의해 우리의 영토와 우리의 피가 침범 받게 했
> 다.[147]

바레스는 이와 같은 프랑스 자체 내부의 위기를 프랑스혁명의 발발과 전
쟁에서 기인한다고 판단하고 있다. 그러면서 당시의 프랑스의 문제가 무
엇인지 짚고 있다. 출생률이 감소하고 혁명과 전쟁을 통해 민족적 에너지
가 고갈되어 버렸다는 진단이다. 그의 이런 인식은 프랑스혁명 이후 프랑
스의 국제적 지위를 보여주는 역사적 지표를 통해서도 확인할 수 있다.
1789년에는 프랑스인이 유럽인의 26%를 차지했으나, 1900년에는 그 비중
이 9.7%로 감소했다[148]는 사실을, 그리하여 1800년에는 러시아에 이어 유
럽 제2의 인구 대국이었던 프랑스가 1901년에는 5위의 나라로 축소되었
다는 사실을 바레스는 정확히 문제 삼고 있는 것이다.

　거기에 더하여 프랑스 영토와 혈통이 외국의 요소들에 의해 침범 받고
있다고 우려를 표명하고 있다. 외부적인 원인으로 프랑스에 들어오는 외
국인들의 유입이 점차 증가하고 있음도 지적하고 있다. 바레스에게는 이
런 것들이 민족적 위기의식으로 전해져왔다.

---

[147] *Ibid.*, p.96.
[148] J.-B. Duroselle, *La France de la Belle Époque*, p.8.

오래전에 우리는 공통된 이념의 지도 아래 살아왔고 그리고 우리 영토 전역에 걸쳐 보편적으로 좋게 받아들여졌던 본능에 따라 살아왔다. 오늘날, 우리들 속에 어마어마한 수의 새로운 식민자들(여러 형태의)이 밀려들어오고 있는데, 이들을 동화시킬 만한 여력이 우리에게는 없고, 아마도 동화될 만한 사람들이 아니고, 적어도 신분을 고정시켜 놓아야 할 사람들이며, 그리고 우리에게 그들의 느끼는 방식을 강요하고 싶어 하는 사람들이다.[149]

이러한 엄청난 수의 외국인들이 프랑스 안으로 유입되고 있지만, 프랑스인들 자체는 그들을 동화시킬 만한 힘이 역부족임을 토로하고 있다. 도리어 외국인들에게로 프랑스인들이 동화될까봐 걱정했다. 그로 인해 세기 말에 이르러 프랑스의 영토와 혈통이 외국 분자들에 의해 침범 받고 있다고 강한 우려를 표명하고 있다. 바레스에게는 이런 내부적인 원인이든 외부적인 원인이든 그 모두가 민족적인 위기의식으로 전해져 오는 것을 우리는 느낄 수 있다.

여기에서 바레스가 생각하는 민족 개념을 다시 한 번 엿볼 수 있다. 즉 프랑스인들의 자연스러운 집단들은 공통된 민족적 이념들을 중심으로 만들어져야 한다는 것이다. 그들의 정치적, 종교적, 그리고 경제적 다양성 위에서, 그 집단들은 그들의 프랑스적 신념의 강도와 깊이의 차이에 의거하여 등급이 매겨져야 한다는 것이다. 프랑스적 신념의 강도와 깊이, 이것은 프랑스인으로서의 '민족의식'을 표현한 말이다. 그래서 바레스가 가장 염려했던 것도 바로 민족의식의 부재었다.

또한 우리나라 주민들은 민족의식이 없다. 모든 것이 갈라져 있고 특수한 의지들과 개인적인 상상력 사이에서 의견이 충돌하고 있다. 우리는 산산조각이 났다. 우리는 우리의 원천에 대해, 우리의 필요에 대해, 우리 중심에

---

149) M. Barrès, *Scènes et doctrines du nationalisme*, p.96.

대해 공통된 인식이 없고, 우리의 목표에 대해서도 공통된 인식이 없다. 공통된 인식은 너무 과도한 요구이다. 공통된 감정으로 우리에게는 족할 것이다![150)

이런 공통된 민족의식이 결여되어 있으므로 바레스는 프랑스인들이 도덕적 통일이 안 된다고 지적한다. 그렇다면 도덕적 통일을 어떻게 이룰 수 있는가? 바레스는 프랑스인들이 함께 고통을 겪고 그것을 함께 나눌 때라고 말한다.

> 인민들이 도덕적 삶을 낳고, 서로 결속하고, 또 그들 자신들을 되돌아보고, 토지와 죽은자들의 목소리를 듣는 것은 특히 고통 속에서이다. 나폴레옹의 세찬 말발굽 아래서, 독일은 스스로 눈을 뜨고, 자기규정하고, 오스트리아 치하의 북 이탈리아처럼 독일의 운동들을 연결시켰다. 고통은 우리를 형제로 다시 만들었고, 우리의 민족(정체)성을 재창조 할 것이다. 전쟁이 없었어도 유익했겠지만, 물론 누구도 감히 바라지 않았겠지만, 잔인한 드레퓌스 사건은 수많은 프랑스인들로 하여금 숙고하고, 그들 속으로 침잠하고, 또 민족의 저 깊은 곳에서, 종신이 아닌 것, 즉 유전적인 부분과 마주하도록 강요했다.[151)

위의 글에서 볼 수 있듯이, 민족들이 도덕적 삶에 눈뜨고(=도덕적 삶을 살게 되고), 통일되고, 또 자신의 내면의 세계에서 토지와 죽은자들의 목소리를 듣는 것은 특히 고통 속에서였다. 다시 말해 고통 속에서 인간은 자신이 누구인지 내면 깊이 자각하게 되고, 고통을 함께 나누는 그들 간에 형제가 되고, 그런 관계를 나누는 그들 속에서 민족의식을 자각하게 되어 민족이 되는 것이다. 그러면서 민족의 저 깊은 곳에서 종신적인 것이 아닌 유전적으로 세습되는 부분을 마주하게 된다. 여기에는 전쟁과 드

---

150) *Ibid.*, pp.101-102.

151) *Ibid.*

레퓌스 사건 같은 역사 속에서 함께 겪은 고통과, 또 그것에 감정적, 정서적으로 공유하기 때문에 진짜 민족이 될 수 있음을 시사한다.

이런 의식을 바탕으로 바레스는 모든 프랑스인들을 재결합할 수 있는 지상명령을 창조할 것을 주창했다. 어떻게 결합하고 결속력을 다질 수 있을까? 바레스는 민족구성원의 두 부류인 대중과 소수 지식인의 위상과 역할에 대해서도 견해를 밝히고 있다. 바레스는 그런 점에서 민족의 구성원 중 대중들에게 지배적 권위를 인정할 필요가 있다고 결론 내린다. 왜냐하면 이 대중들은 프랑스를 가장 잘 보존하고 있고 간직하고 있으며, 프랑스의 피를 지키고 있기 때문이라는 것이다. 그 반면, 소수 지식인들은 드레퓌스 사건에서 여실히 보여주었듯이 반역을 했다는 것이다. 그러면서도 민족주의자들 그룹 자체에서 민족을 이끌 수 있는 지도자의 모습을 상정하고 있다. 여기서 바레스가 생각했던 이상적인 민족의 정신적 지도자(chef)의 모습을 엿볼 수 있다.

> 우리는 정직하고 능력 있고, 나라에 도덕적 통합을 재창조하고, 서민들을 행복하게 만들고, 프랑스에 영광을 가져다 줄 수 있는 사람이 권력을 잡으리라는 생각에 전혀 이상할 것이 없다.[152]

바레스는 모든 프랑스인들을 재결합시킬 수 있는 정신적 지도자를 원했던 것이다.

제3장의 결론으로 우리는 바레스의 민족 개념의 구성요소들을 다음과 같이 몇 가지로 정리할 수 있다.

첫째, 바레스의 민족(정체)성을 한마디로 집약하고 있는 용어는 '토지와 죽은자들(la terre et les morts)'이다.[153] 토지는 조상들의 땅이다. 그리

---

152) *Ibid.*, p.97.

153) M. Barrès, *La Terre et les Morts*, (la 3ème conférence brochure de la Ligue de

고 죽은자들은 나의 부모이고 우리의 조상들이다. 그러므로 우리가 나고 자란 토지는 우리의 뿌리이고 우리를 조상들과 연결시켜주는 매개체가 된다. 토지와 죽은자들은 영토적 민족과 계보적 민족이 동시에 존재하면서 균형을 이루고 있음을 나타낸다. 이것은 민족이 영토적이고 족류적인 의미를 동시에 갖는다는 것을 표현한 말이다.

둘째, '고대의 묘지를 공동으로 소유하면서 이 유산을 지키려는 의지'[154]가 있어야 한다. 조상들의 고유의 유산을 함께 갖고 있다 하더라도 이것을 지키려는 의지가 동반되어야 하는 것이다. 이것은 민족에 대한 개인들의 '의지'의 결집의 필요성을 말해준다. 바레스는 라탱가에서 멀리 떨어진 곳에서 살고 있었다. 한밤중에 오데옹에 면한 볼테르 카페에서 열린 청년민족주의단(Association nationaliste de la Jeunesse) 개막식을 마치고 돌아와 그 밤에 깊은 생각에 잠겨 술회하는 모습을 보여준다.

> 잘못 지도받아, 뿌리 뽑힌 자들이 될 수밖에 없는 이 학생 공중에게 나는 무슨 말을 했던가? 민족이라는 것은 고대의 묘지를 공동으로 소유하고 이 불가분의 유산을 계속 가치 있게 만들려는 의지이다.[155]

셋째, 위인들, 영광의 영웅적 과거를 기반으로 하여 조국을 만들어낸 조상들에 대해 숭배를 나타낸다.[156] 왜냐하면 조국을 세우는 토대가 위인들이고 영광스러웠던 영웅적 과거였기에 그들은 후손들의 숭배 대상이 되는 것이다. 이는 과거의 역사에 대한 기억들을 후대에 공유하는 의례 행위라 할 수 있다. 또한 대대로 내려오는 조상들의 유산을 공동으로 소

---

la Patrie française, 1899.03.10).

[154] M. Barrès, *Scènes et doctrines du nationalisme*, p.107.

[155] *Ibid.*, p.107.

[156] *Ibid.*, pp.107-108.

유하고 그것을 유지해가고자 하는 민족의 외적인 구현체는 조국이다. 민족은 조국과 일체화되어 있다. 조국에 대한 바레스의 관념에서도 민족 사상이 드러난다.

> 조국은 개인처럼, 오랜 과거의 노력들, 즉 희생과 헌신의 귀결이고, 조상들은 우리를 현재의 우리로 만들었고 그로 인해, 우리의 숭배, 우리의 기도(다시 말해 우리의 사회적, 가족적, 개인적 운명에 대한 성찰)를 받게 만들었다. 위인들의, 영광의 영웅적 과거, 이것이 조국을 세우는 토대가 되는 사회적 자산이고 각 세대의 무기는 봉사할 의무가 있다. 나의 기여는 불가분의 유산을 계속 가치 있게 만들고자 하는 이런 의지를 강조했다.[157]

요컨대 바레스에게 조국은 희생과 헌신으로 이루어진 오랜 과거의 노력들을 통해 만들어졌다. 그 헌신의 노고들은 우리 조상들의 몫이었다. 그 조상들은 우리를 우리 되게 했고, 그로 인해 조상들은 우리의 숭배와 기도를 받을 만하다. 위인들, 영광의 영웅적 과거, 이런 것들은 조국을 세우는 토대가 되는 자산이었고, 각 세대는 무기로 조국에 봉사할 의무가 있다고 말한다.

넷째, 같은 언어, 공통의 전설들이 민족(정체)성을 구성한다.[158] 그러므로 바레스에게 민족이란 "어느 정도 긴 시간 동안 같은 환경 속에서 공동의 전설들, 전통들, 습속들을 공유하면서 하나가 된 하나의 인간집단"[159]이었다. 즉 민족은 역사적 문화적 집단을 말한다. 결코 생물학적인 치인

---

157) *Ibid.*

158) *Ibid.*, pp.473, 444-445.

159) *La Cocarde* (Oct. 1894); M. Curtis, *Three Against the Third Republic, Sorel, Barrès et Maurras*, pp.203-204; 바레스의 민족 개념은 여러 저서에서 조금씩 다르게 표현되어 있지만 거의 같은 의미를 내포하고 있다. 바레스의 민족 개념에 대해서는 *L'Appel au soldat* (1911), p.402; *Scènes et doctrines de nationalism* 등 참조.

이나 인종적 차원의 민족 개념이 아니라는 것을 의미한다. 바레스가 프랑스인들을 재결합하고 단결시키기 위해서 찾은 해법은 조상들의 목소리, 죽은자들의 연장, 결정론(déterminisme)[160]의 수용이라는 사상들이었다. 민족주의 이면에 있는 공통된 개념정의와 이념도 조상들의 목소리, 죽은자들의 연장, 결정론을 받아들이는 것이었다.

---

[160] 결정론(déterminisme)은 현재에 미친 과거의 결정적인 비중을 인정하는 태도이다. 또한 혈통의 신성한 법칙에의 순종을 말한다.

제4장
바레스의 민족주의

1. 흔들리는 민족 개념과 새로운 민족주의

1) 흔들리는 민족 개념과 바레스

제3공화국 공화파들이 내건 민족주의는 국가가 교육을 전담하고 문화와 언어를 통일하며, 전국을 국가 중심의 위로부터의 일련의 정책들을 통해 사회적 기반 시설들을 구축함으로써 민족 통합을 이루어가는 이데올로기이자 정치였다. 그러나 실제로 공화파는 그들의 구상에 맞게 일련의 개혁들을 추진했지만, 공화국의 공고화와 정권강화에는 기여했으나 국내의 갈라진 사회의 분열 양상들을 해결하지 못했다. 지역적, 종교적, 계급적, 사회·문화적 분열은 늘상 정권에 대한 위험 요소들로 존재하고 있었다. 문제의 원인은 공화파가 생각하는 개혁에는 프랑스인들의 전체의 열망을 담기에는 한계가 있었던 것이다. 다시 말해 공화파가 꾀하는 민족적 통합의 범위와 내용들이 협소하고 불완전했다. 정치적 주권체로서의 시민들로 구성된 시민적 민족 개념만으로는 프랑스인들의 요구나 근본적인 의식을 바꿀 수는 없었다.

그 결과 프랑스인을 위한 프랑스, 즉 "프랑스를 프랑스인들에게"를 외치는 우익 쪽의 일련의 흐름들이 1880년대와 1890년대에 조성되었다. 이들의 주장은 결국 시민적 민족 개념 이면에 감춰져 있던 족류적 민족을 새롭게 인식하고 재발견하고 강조했던 것이다. 앞에서 살펴보았듯이, 민족 개념에 함의되어 있는 민족의 두 얼굴은 언제나 시민적 민족 개념과 족류적 민족 개념이 균형을 이룰 때 제대로 기능할 수 있다. 어느 한쪽만이 강조되어 불균형을 이룰 때 그 민족은 흔들리게 된다. 기존의 공화국적인 민족 개념에 위기가 닥친 것이다. 그러므로 새롭게 출현하는 새로운 민족주의는 족류적 민족의 내용들을 당연히 강조할 수밖에 없었다. 족류적 민족 개념의 구체적 형식은 족류적 민족주의로 표출될 것이다. 그런 흐름을 같이 하며 새로운 민족주의가 출현한다. 이 민족주의자들은 새로운 민족주의를 통해 공화국에 대한 반격에 나섰다.

이 새롭게 출현하는 민족주의의 시류에 가담하면서 바레스는 좌파권에 닻을 내리고 있었던 불랑제장군지지운동(Boulangisme)에서 그의 정치 여정을 시작했다. 불랑제장군지지운동은 당시 구 우파가 갖고 있지 못했던 민중적 기반과 지식인의 기반을 새로이 얻고 있었다. 민중적 기반을 얻을 수 있었던 것은 바로 공화국에 대한 비판 때문이었다. 즉 공화국을 변질시킨 '부르주아적' 편류에 맞서 공화국의 분발과 부흥에 대한 호소가 인민의 지지를 얻었다.

그러므로 1890년대 초반까지도 바레스는 사회주의 지도자들과 연결되어 있으면서 민족주의와 사회주의적 성향을 띤 테마들을 동시에 구사했다. 그와 더불어 바레스는 르낭의 민족 개념과 그의 사상에 강하게 영향을 받았고 그의 자취를 따르고 있었다. 바레스는 프랑스가 현재 퇴폐(=데카당스)의 길에 들어서 있다는 사고방식에 공감했다. 하지만 프랑스혁명이 민족적인 전통을 넘어서서 거부되어서는 안 되며 공화국은 그것의 미래의 재건의 틀이 되어야 한다는 생각을 갖고 있었다.[1] 이런 점에서 바레스는 상당히 공화주의적인 면모를 간직하고 있었다고 보여진다.

이로부터 바레스는 조상들의 토지에 대한 애착, 태어난 지방(=고향)의 죽은자들로 이루어진 반동적인 지역주의의 길을 열었다. 또한 그는 시민권에서 배제된 무국적자 유대인에 대해서 적대적인 반유대주의의 성향을 종종 나타내기도 했다. 하지만 이런 운동들은 한 공화국 지식인이 프랑스의 도덕성에 대한 비판과 프랑스의 민족적 갱생을 부르짖은 방편이었다.[2] 그리하여 '민족'을 최고의 충성 대상으로 삼는 민족에 대한 이데올로기이자 행동강령인 바레스의 민족주의로 나타났다.

그렇다면 우리는 바레스가 민족주의 교의를 만들어내는 동기가 되었던 원인들이 무엇이었는지 살펴보아야 할 것이다. 바레스는 프랑스 쇠퇴의 가장 근본적인 원인들을 다음과 같이 몇 가지로 규정하고 있다.

하나는 현실의 어려움을 제공한 가장 큰 문제점은 프랑스인들이 수많은 의지들과 상상력에 의해 갈라져 있어 프랑스에 대한 공통된 인식이 없다는 것이다.

> 나는 먼저 우리 프랑스가 쇠약해진 원인들을 이해하는 것으로 시작한다. 드레퓌스 사건은 전반적인 상태의 비극적인 신호일 뿐이었다. 우리의 가장 심각한 병은 천 가지의 특별한 의지들로 인해 천 가지의 개인들의 상상력에 의해 갈라지고 문제가 많아졌다는 것이다. 우리는 산산조각이 났고, 우리는 우리의 목표, 우리의 자원, 우리의 숭심에 대한 공통된 인식이 없다.[3]

바레스가 민족사상과 민족주의의 원칙과 방향성을 찾은 것은 바로 프랑

---

[1] F. Démier, *La France du XIXe siècle 1814-1914*, p.376.

[2] *Ibid.*, pp.376-377.

[3] M. Barrès, *Scènes et doctrines du nationalism*, pp.80-81.

스 민족의 현재의 쇠퇴 원인들에 대한 진단 때문이었다. 이런 진단은 특별히 바레스의 프랑스조국연맹[4] 연설에서 잘 나타나 있다.

> 1870년의 프랑스는 병들었고, 무뇌상태이고 산산조각이 났다. 그 병으로 말하자면 그것은 뿌리 뽑힘이라고 부를 수 있고, 그 치료는 원천으로 돌아가는 것이다.[5]

바레스가 '프랑스는 분열되어 있고 무뇌 상태'라고 표현한 현실의 진단은 그의 소설 『뿌리 뽑힌 사람들』에서 그려지고 있는 부테이유에와 드레퓌스 사건이 그 좋은 예이다. 다시 말해 프랑스의 '민족의식은 불분명하고, 모순들과 싸움들로 가득하다[6]는 것이다.

다른 또 하나의 원인은 프랑스혁명으로 인해 민족을 결집시키는 데 구심점 역할을 하던 왕조와 그 제도들이 없어져서 프랑스는 더더욱 어려운 상태에 빠지게 되었다는 것이다. 그러므로 바레스는 왕정이 없어진 상황에서 구심점 역할을 할 수 있는 것은 바로 '전통적 제도들'이라고 간주했다. 전통적 제도들이 중심을 잡고 민족을 결집시킬 수 있는 구심점 역할을 할 수 있다고 주장한다.

> 군주를 중심으로 한 충성심이 하나의 민족을 결집시킬 수 있다. 왕조가 없

---

4) 프랑스조국연맹의 첫 선언은 25명의 아카데미 프랑세즈 회원들과 80명의 프랑스학사원 회원들이 서명했다. 그러나 그 시도는 이내 실망스러운 것으로 드러났다. 이 연맹은 정치적 사회적인 진부한 보수주의를 옹호하는 유일한 입장들에서 벗어날 수 없음을 드러냈다. 조국연맹은 다양한 부침을 겪었고 깊은 흔적을 남기지도 않은 채 5년 후 소멸했다. 반면, 드레퓌스 사건으로부터 탄생한 프랑스 민족주의의 두 가지 교의상의 공식은 전체적으로 볼 때, 정치사상사와 무관하지 않다. 즉 모리스 바레스와 샤를 모라스가 거의 동시에 민족주의에 대해 개념정의 하려고 노력했다.

5) M. Barrès, *Les Déracinés, dans Romans et Voyages*, tome 1, p.616.

6) M. Barrès, *Scènes et doctrines du nationalism*, p.96.

다면, 전통적 제도들이 하나의 중심을 제공할 수 있다. 그러나 우리 프랑스는 한 세기 전에(=프랑스혁명), 프랑스 왕조와 그것의 제도들을 느닷없이 저주했고 없애버렸다. 마침내 어떤 인종들은 유기적으로 자기 자신을 자각하기에 이른다. 인종들로 만들어지고 있는 앵글로-색슨과 튜튼 집단들이 바로 그런 경우다. 아! 프랑스 인종은 없지만 프랑스 인민, 프랑스 민족, 다시 말해, 하나의 정치적 형성 집단은 있다.[7]

여기서 바레스는 프랑스 민족의 쇠퇴의 근본적인 원인 중에 한 가지를 프랑스혁명으로 간주한다는 점이 특이하다. 프랑스혁명을 통해서 바레스는 민족의 중심이 없어졌다고 보는 것이다. 또한 프랑스가 이념적으로도 더더욱 갈라지고 찢어져 프랑스에 대한 공통된 인식이 없게 된 것을 개탄했다. 요컨대 '왕조도 전통적 제도도 없고 인종도 없는 프랑스는 도덕적 통일도 없다는 것이다. 그러므로 프랑스와 관련된 문제를 해결하기 위한 것이 민족주의'[8]라고 선언한다.

마지막으로, 바레스는 위로부터의 중앙집권화, 퇴폐적 부르주아, 그리고 외국의 침범과 같은 요소들이 갈라지고 중심이 없는 프랑스의 쇠퇴를 더 한층 부추겼다고 보았다.

그렇다면 어떻게 프랑스 민족을 갱생시키고 통합을 이루어낼 것인가? 민족에 대한 충성심을 최고의 가치로 여기는 이데올로기이자 프로그램으로 나타나는 운동이 민족주의라고 할 때, 바레스는 뿌리내림, 연속성, 그리고 혈통을 최고의 가치로 여겼으며, 이에 근거하여 민족주의를 구상하였다. 그가 프랑스 민족주의에 스스로 헌신하기로 한 것은 바로 이런 중요한 임무 때문이었다. 특히 알자스-로렌의 병합지역에 대한 독일의 침략에 맞서 저항적인 프랑스의 연대기 작가가 되어 이런 임무에 전념하기

---

[7] *Ibid.*, pp.80-81.
[8] *Ibid.*, p.81.

로 결심했다.

우리는 여기서 사람들의 행동은 그들 자신이 스스로를 어떻게 정의하느냐에 따라 그 방식이 좌우된다는 것을 바레스를 통해 보게 된다. 정치적 정체성이 결정되는 것은 자신이 처한 현 상태의 처지에서 할 수 있는 평범한 선택에 따라 좌우되는 것이 아니다. 오히려 정치적 정체성은 사회의 안녕에 대한 궁극적인 대안들 사이에서 좌우되는 것이다.[9]

그 결과 민족의 데카당스에서 느끼는 위기의식 속에서 여러 성향의 민족에 대한 교의 가운데 바레스는 현실의 프랑스의 쇠퇴를 극복하기 위한 처방으로 그 자신만의 '민족' 개념을 새롭게 발굴하고 발전시켜 나갔던 것이다. 그 과정에서 그는 민족정체성과 민족에 대해 새롭게 인식하고 재발견하게 되었다. 뿐만 아니라, '프랑스의 쇠퇴'에 대한 자각은 민족정체성을 자각하고 이것을 추구하게 만든 원동력이 되었다.

따라서 이에 대처하기 위해서는 중요한 한 가지 원칙이 고안될 수밖에 없다고 주장한다. 다시 말해 이런 침범에 맞서 새로운 프랑스 정치는 모든 민족적인 것들을 보호해야 한다는 원칙을 표명했다. 또 조국 방위를 약화시키는 너무나 세계주의적이고 너무나 독일적인 이 사회주의에 맞서 이 중요한 한 가지 원칙은 지켜져야 한다고 주장했다. 이 원칙이 바로 민족주의 원칙이었다. 바레스는 민족주의 원칙에 반대하는 국제주의자들의 오류를 지적하면서, 기나긴 수세기 동안 역사는 민족주의로의 진전이 이루어졌다고 말한다. 그 증거로서 우리 시대로 다가올수록 형성과정 중에 있는 민족들을 목격하고 있다고 강하게 피력했다.[10]

바레스는 이와 같은 민족형성에 가장 크게 기여한 것이 프랑스혁명이라고 내세우고 있다. 즉 프랑스혁명에서 천명된 〈인간과 시민의 권리〉는 어디서나 평등하고 인민에게 스스로 통치한다는 원리를 제시했다. 프랑

---

9) 마르셀 고셰, 「우파와 좌파」, 『기억의 장소』 4, 75-76쪽.

10) M. Barrès, *Scènes et doctrines du nationalism*, pp.472-473.

스혁명이 제시한 자연권은 인민을 전쟁이나 혼인 또는 유언에 따른 역사적 계약으로부터 해방시켰다. 역사적으로 오래된 계약으로부터 해방된 인민들은 대신 자연권에 기초하여 민족(정체)성들로 조직되었다.[11] 그런 점에서 프랑스혁명은 민족(정체)성을 만천하에 선포했다는 의의가 있다.

바레스는 프랑스혁명 이후의 역사발전의 법칙과 전체적인 방향은 "계약에 의한 오래된 조직이 같은 언어를 말하고 공동의 전설들로 가까워진 사람들의 연합으로 바뀌어간다"[12]고 설명한다. 같은 언어를 말하고 전설과 공동생활의 기반을 갖고 있는 사람들 사이가 자발적으로 집단화하여 조직될 때, 이것이 '민족'의 탄생이고 민족 개념이라는 것이다. 따라서 오늘날의 유럽을 비롯한 인간사회가 조직되는 방식이 민족주의 추세로 나가기 때문에, 바레스는 민족주의에 의한 운용이 이상할 것이 없다고 여겼다.

그는 천 가지 의지로 갈라진 상황에서 만일 프랑스에 대해 공통된 개념정의와 공통된 이념이 없다면 어떻게 되겠는가라고 반문한다. 그러므로 프랑스에 공통된 개념정의와 이념은 바로 '민족주의'가 되어야 할 것이다. 다시 말해 '민족주의, 이것은 프랑스와 관련된 각각의 문제를 해결하는 것'임을 천명했다.

> 민족주의는 이 나라에서 물질적 이익(=관심)을 보살피기 위한 하나의 방법이다. 모든 것을 국가의 중대성과 관련하여 판단한다. 하지만 그것은 시와 함께하는, 또는 당신이 원한다면 도덕성과 함께하는 개인들의 삶에 우리가 제안하는 교육적인 것이기도 하다. 그것은 일종의 귀족서임이다. 그것은 영혼의 발전을 도와주는 가장 강력한 수단이다. 그것은 우리들 각자에게 우리 부모의 위대한 것에 참여하게 하는 것이다.[13]

---

11) *Ibid.*, p.443.
12) *Ibid.*, pp.444-445.
13) M. Barrès, *Mes Cahiers* (Paris: Plon, 1963), pp.163.

바레스는 이런 관념이 없으면, 삶은 시적, 철학적 그리고 도덕적 운동에서 고립되고, 각자는 그의 직접적인 이익에 빠져들게 된다. 사리사욕이 없다는 것이 문제가 아니라, 민족 전체를 관찰함으로써 각자의 상황, 행위, 위기를 해석할 것을 제안한다.

구체적으로 바레스가 프랑스조국연맹에서 발표한 "우리는 민족주의자들이다"라는 선언문을 살펴보면 그의 민족주의는 다음과 같은 다층적 특징을 갖는다.

첫째, 민족주의는 프랑스와 관련된 모든 것을 판단하도록 지시한다는 사상을 담고 있다. 이 민족주의 원칙을 따르는 것은 우리가 프랑스의 경험을 벗어나지 않으면서, 프랑스 역사의 모든 시간과 함께하며, 또 프랑스의 모든 죽은자들과 함께 살아가며, 프랑스의 특정한 이익을 발견하게 해줄 것이다.

둘째, 민족주의는 보호주의라는 사상을 담고 있다. 특히 바레스는 민족주의가 보호주의적인 성격을 강조할 수밖에 없는 이유를 이렇게 설명하고 있다.

> 내가 지금까지 강조했던 것은 민족주의는 보호주의라는 것이다. 이는 조국의 중대한 이익에 대한 관심이다. 어떻게 그것들을 보호하고 그것들을 방어할 것인가? 어떻게 프랑스의 에너지를 다시 만들 것인가? 물이 거기에서 흐르게 만들지 못하면 놀라운 운하를 건설한 엔지니어의 모든 노력은 무익하게 되지 않겠는가?[14]

바레스는 이와 같은 사상 아래, 프랑스의 이익을 보호하기 위한 일련의 활동들을 펼쳤다. 우선 리에뱅과 랑스에서 있었던 1892년 8월 노동자들의 파업에서 노동자들이 농업인들과 공업가들뿐 아니라 프랑스 노동자들도 보

---

14) M. Barrès, *Scènes et doctrines du nationalism*, pp.449-450 각주 참조. 폴 부르제의 편지 인용.

호를 요청하는 시위를 목격하고 노동자 보호에 관한 문제를 의회에 제안하며 "민족주의는 프랑스 노동자들의 보호를 뜻한다"[15]는 제목으로 일련의 기사를 썼다. 그리하여 1892년의 입법화된 관세법은 농림수산물 종량관세의 예에서 보듯 보호주의적이었다.[16] 또한 1893년 바레스는 의회와 공중에게 프랑스에서 외국인 노동자들의 채용을 금지하는 법을 입법화하도록 호소했다. 그 이유는 국내 노동자들이 외국인 노동자들에 비해 여러 면에서 불리하다고 보았다. 특히 외국인 노동자들은 군복무에서 면제받기 때문이다. 바레스는 외국인 노동자들에 비해 국내 노동자들의 처지에 동정을 보냈다. 이것은 민족주의(nationalisme)라는 용어의 새로운 사용을 나타내는데, 민족주의가 '보호'의 의미를 띠게 되었다. 민족주의에 담긴 보호주의는 외국에 대해서 국내 시장과 노동력을 모두 보호하기 위한 것이었다.

바레스는 우리의 보호 조치를 불신하려고 하는 이들은 민족주의자들의 원리와 대혁명의 원리 사이에 대립을 설정하려고 한다고 반박한다. 그러나 우리 프랑스 조상들이 내국인 노동력을 보호하기 위한 보호법을 상정하려고 했을 때, 이에 반대자들은 그 근거가 될 만한 원리와 사상이 무엇인지 반문하는데, 그렇게 반문할 수 있는 근거는 바로 "민족주의는 프랑스 노동자들의 보호를 의미한다"[17]라고 바레스는 다시 한 번 응수했다.

셋째, 보호주의 사상의 또 하나의 근거로 제시되는 것으로서 바레스는 경제학자들과 집산주의 사회주의자들 같은 국제주의 사상가들에게 '조국' 개념을 피력한다.[18] 정통 경제학자들과 집산주의 사회주의자들은 다음의

---

15) "Le Nationalisme implique la protection des ouvriers français", *Le Figaro* (Mai, Juin and Juillet, 1893).

16) Percy Ashley, *Modern Tariff History* (London: J. Murray, 1920), 3d ed., pp. 332-333.

17) 이 연구는 『르피가로(*Le Figaro*)』(1893. 5, 6, 7월)에 세 편의 논문으로 발표했는데, 1893년 국회의원선거 때 팸플릿으로 발간되었다—프랑스 노동자들의 보호를 위한 연구인 "외국인들에 맞서(*Contre les Etrangers*)"로 발표됨.

18) M. Barrès, *Scènes et doctrines du nationalism*, pp.463-464.

동일한 국제주의 사상에서 서로 만난다. 즉 "세계는 하나의 작업장이다"라고 레옹 세(Léon Say)는 말했고 쥘 게드(Jules Geusde)는 그 점에 동의했다. 하지만 이 두 사람 모두 사회경제 측면에서는 조국 개념을 버렸다. 즉 그들은 "내가 가장 돈을 많이 버는 곳, 그리고 내 삶이 가장 안락한 곳, 바로 그곳에 나는 내 조국을 건설할 것이다"[19]라고 말한다. 그 두 사람의 의견이 갈라진다면, 레옹 세는 세계를 사람들의 자유경쟁에 맡기는 반면, 게드는 거기서 그들의 노동을 규제하려고 한다.

정통 경제주의자들과 집산주의 사회주의자들의 견해와는 정반대로, 바레스에게 조국 개념은 땅이고 조상이며, 우리 죽은자들의 토지이다.[20] 그리고 조국은 '아름답고, 좋은 것이고, 정당한 것'이라고 생각했다. 바레스는 '세계는 작업장이 아니라, 어쩌면 연계된, 하지만 차별화된 이익을 가지고 있는 작업장들의 모음'이라는 결론에 도달한다. 위의 두 가지 사상인 조국 개념과 내국인 노동자들의 보호는 깊숙이 연결되어 있는바 자국의 노동자들을 보호하는 것은 대단히 수세적이고 방어적인 태도를 보여준다.

넷째, 민족주의의 또 하나의 의미가 발견되는데, 그것은 외국의 모방이 아닌 프랑스 고유의 과거의 전통을 찾고 계승해간다는 사상이다. 과거의 선조들의 전통에 대한 강조는 바레스의 시대 인식에 대한 비판에서 비롯되었다.

이런 사상을 도출해내는 배경에는 다른 한편에 민족주의에 대해 대립각을 세우고 반대하는 국제주의자들의 비판이 있었다. 바레스 또한 이에 맞서 사회주의자들의 국제주의에 대해 비판을 나타낸다. 바레스에 의하면, 그들은 국제주의를 내세워 민족주의를 곡해하고 있다는 것이다. 프랑스에 위험스러운 것은 아무 것도 정착하지 못하게 뿌리를 뽑아버리는 폭

---

19) *Ibid.*, p.463.

20) *Ibid.*, p.63.

력들과 곡해하는 국제주의라는 것이다. 민족주의가 국제주의를 반대하는 것도 바로 이런 이유 때문이다.[21] 민족주의인가 국제주의인가를 놓고 벌어지는 싸움의 시각은 1892년에 "민족주의자들과 세계주의자들의 싸움"[22]이라는 글에서 찾아볼 수 있다.

끝으로, 민족주의는 결정론이라는 사상으로 이어진다. 바레스는 1889년부터 시작된 "10년간에 걸친 민족주의 연구"로 부를 수 있는 이 모음집[23]에서, "민족주의자, 이는 자신의 형성을 의식하고 있는 프랑스인이다. 민족주의는 결정론을 받아들인다"[24]라고 정의하고 있다. 바레스는 결정론을 받아들이는 민족주의를 토대로 하여 민족주의 운동이 나아가야할 방향을 설정한다. 바레스는 여기서 한걸음 더 나아가 민족주의를 단순히 "교의(이론)로서가 아니라 전기로, 즉 프랑스인 우리 모두의 전기로 느끼게 해줄 것"[25]이라고 말한다. 왜냐하면 바레스가 민족주의 교의를 만들 것을 결심하게 된 계기가 된 것은 드레퓌스 사건 때문이었다. 드레퓌스 사건은 바레스의 생애에서 그의 문학 활동뿐만 아니라, 정치 활동에 결정적인 사상의 변화를 낳게 했다. 즉 바레스는 자아중심의 개인주의에서 개인과 사회의 연대로 나아가며, 새로운 민족주의 사상을 발견하고 조탁하게 하는 동기가 되었다.

이렇게 조탁하여 1899년 프랑스조국연맹에서 발표된 그의 새로운 민족주의 교의는 다음과 같은 실천적 행동주의로 이어졌다.

첫째, 바레스는 프랑스를 기준으로 하여 메사의 문제를 해결하고자 했

---

21) *Ibid.*, p.448.

22) M. Barrès, "La Querelle des nationalistes et des cosmopolites", *Le Figaro* (4 juillet 1892), in Barrès, *Journal de ma vie extérieure, Présentation de François Broche et Éric Roussel* (Paris: Julliard, 1994), pp.82-86.

23) 그의 저서 *Scènes et doctrines du nationalism*을 가리킨다.

24) M. Barrès, *Scènes et doctrines du nationalism*, p.10.

25) *Ibid.*, p.8.

다. 이것이 민족주의로 이어지는데, 민족주의는 프랑스에 대한 공통된 개념정의와 이념을 갖고 있는 것이 핵심이다. 이것은 민족주의에 보호주의를 포함하는 것을 말한다. 이 보호주의는 당시의 사회주의 성격을 부분적으로 담고 있다. 그러므로 당시에 바레스는 '민족주의-보호주의-사회주의' 이 세 용어를 같은 맥락에서 서로 혼용하고 있다.

둘째, '토지와 죽은자들'이라는 바레스의 민족 개념이 그것에 대한 강한 인식과 감정적 예찬으로 표출되었다. 이성적이기보다 감정적인 그의 논조는 반지성적으로 보이며, 반지성적인 규율로서 토지와 죽은자에 대한 애착과 끌림이 일어난다. 왜냐하면 토지와 죽은자는 민족을 구성하는 핵심 요소들이기 때문에, 토지와 죽은자를 통하여 민족에 대한 감정 상태를 적나라하게 보여준다. 이런 측면을 가리켜 스미스는 민족을 '사람들이 마음속의 느낌으로 공유하는 공동체'라고 했다.[26]

셋째, 죽은자들에 대한 이런 시각은 결정론으로 이어진다. 바레스는 현재에 미친 과거의 결정적인 비중을 인정하면서, 특히 혈통의 신성한 법칙에 순종하는 태도를 지닌다. 이것은 구체적으로 귀화법에 대한 제한과 국적(nationalité)의 문제와 연결된다. 다시 말해 진짜 민족과 명목상의 민족 사이에 의구심을 나타낸다. 왜냐하면 프랑스에 온 외국인들은 그들의 부모들의 연속체였다. 그리고 그들은 프랑스인으로 살고 생각하기 위해 최대한 노력함에도 불구하고, 심리적 결정론의 불가항력적인 법칙 때문에 그렇게 할 수 없었다.[27] 아주 근자에 드레퓌스 사건을 통해서 프랑스인들은 민족의식에 혼란과 어려움을 심하게 겪었다. 따라서 외국인들의 문제, 그 중에 유대인에 대한 문제가 당대인들과 바레스에게 가장 첨예한 문제였다. 프랑스 민족과 다르고 차별화된 외국인들을 통해서 무엇이 진짜 프랑스인과 프랑스 민족인지 바레스는 말해준다.

---

[26] A. D. Smith, *The Ethnic Origines of nations*, p.23.

[27] M. Barrès, *Scènes et doctrines du nationalism* I, 1902, pp.94-96.

넷째, 토지에 대한 감정적 애착은 논리적으로 지역주의 조직으로 이어진다. 죽은자들이 그러했듯이, 토지 또한 그들에게 말을 걸었고 민족의식을 고양시키는 데 협력한다. 조상들이 그들 영혼의 축적된 유산을 완전히 전달해준 것은 토지의 활동을 통해서였다. 그런 이유로 그것이 지역주의 조직 활동으로 이어질 수 있게 된다. 바레스는 "지역주의는 프랑스의 모든 면들에서 민족주의적인 감정에 활력을 불어넣고 있다"[28]고 말했다.

끝으로, 이런 민족의식이 실효성을 지니기 위해서는 그것이 민족을 결집시키고 도덕적 통일을 이룰 수 있는 가시적인 권위로 표현될 것을 바레스는 상정했다. 갈라지고 중심이 없는 상황에서 지도자는 구심점 역할을 할 것이다.

2) 퇴폐적 시대인식과 전통의 재발견

바레스는 프랑스의 퇴폐(데카당스), 체제의 약화, 프랑스 고유의 전통적인 가치들이라고 생각하는 것의 쇠퇴에 관심을 집중했다. 퇴폐의 신호는 프랑스가 일등 강국으로서의 역사적 지위를 유지하지 못하게 되고 민족들의 위계에서 정치적이고 문화적인 지도자가 되지 못하게 되었다는 점이다. 바로 세계열강들 속에서 쇠퇴하는 프랑스의 지위에 대한 이런 관심이 퇴폐에 대한 비판으로 나타났다.[29]

당시 공화국에 대한 반격의 주요 사상가들이었던 바레스, 모라스, 소렐은 정치제도와 정치인들에 대한 인식은 비슷했지만, 프랑스의 퇴폐 눈제에 대해서는 각각 서로 다른 측면을 강조했다. 바레스는 공화국의 부정적 성격들, 즉 교의, 에너지, 영웅적 자질의 부족을 강조했다. 또한 사적이고 이데올로기적인 외국의 요소들을 강조했다. 이 외국적인 요소들은 문화

---

28) *Ibid.*, p.502.
29) M. Curtis, *Three Against the Third Republic. Sorel, Barrès et Maurras*, p.98.

적, 경제적, 정치적, 그리고 금융의 세계에서 프랑스의 섬유질을 부패시키고 있다고 인식했다.[30]

이와 같은 퇴폐에 대한 공격의 대안이자 개인과 사회를 지배하는 법칙으로 제시된 것이 전통과 규율이었다. 이 규율은 개인을 지배하는 법칙인 도덕률이었다. 그래서 이런 비판의 대안으로 보다 낭만주의적인 바레스는 프랑스의 위협받고 있는 민족적 활력을 복원하기 위해 타진할 수 있는 대안적인 긍정적 요소를 지방 문화들에서 찾았다.[31] 심리적 특징으로서 전통주의는 그것이 과거이기 때문에 오래된 생활방식의 고수 그리고 과거의 가치의 수용을 의미한다. 정치현상으로서 프랑스에서 전통주의는 정치적 과거로의 회귀, 앙시앵 레짐의 가치들과 제도들을 선호하는 반응, 따라서 프랑스혁명의 이데올로기, 유산, 그리고 제도들을 파괴하고자 하는 반응을 의미한다.

그러나 모든 전통들이 전통주의적 태도의 일부가 되지는 않을 것이다. 19세기 이래로 앙시앵 레짐과 프랑스혁명이라는 두 전통이 있었고, 후자의 승인이 전통주의를 의미하지는 않았다. 전통주의가 왕국 또는 가톨릭 제도들을 지지한다는 것을 의미한다면, 모라스와 바레스는 정치적 사회적 제도들을 재건하려는 바람에 있어서, 개인의 사회에 대한 절대 의존성을 강조한다는 점에서, 또 토지, 죽은자, 프랑스의 영광의 상징들을 사용한다는 점에서, 그리고 혁신을 비난한다는 점에서 전통주의자들이었다.[32]

바레스는 위기에 닥친 프랑스를 구원할 여러 사상들과 방식들이 있었지만, 프랑스혁명 저편에서 프랑스가 살길을 찾아야 하는 것은 아주 멀리 떨어진 전통 속에, 즉 가장 뿌리 깊은 전통 속에 있다고 판단했던 것이다.

---

[30] *Ibid.*

[31] M. H. Schenker, "Le Nationalisme de Barrè: Moi, la terre et les morts".

[32] M. Curtis, *Three Against the Third Republic: Sorel, Barrès et Maurras*, p.101.

즉 프랑스의 쇠퇴에 대한 처방책은 프랑스의 전통을 새롭게 발견하고 그와 더불어 전통적 제도들에 대한 재인식에 있다고 본 것이다.

그런데 프랑스인에게는 공통된 인식과 제도가 현재 없다. 전통적 제도들이 무엇인가? 프랑스의 해체되고 무뇌상태인 민족을 결속시킬 수 있는 방향과 오늘날 프랑스를 떠받치고 있는 힘들을 바레스는 설명하고자 했다. 그것을 바레스는 전통에서 발견한다. 바레스가 이와 같은 전통을 발견한 것은 로렌, 특히 '죽은자들' 속에서였다.[33]

이 전통은 규율과 연결되어 있다. '규율'이라는 용어는 바레스가 가장 좋아하는 단어 중에 하나로 개인에게, 로렌에, 프랑스에 중요했다. 모든 사람들이 생디칼리슴, 민족주의, 가톨리시슴, 또는 왕정에 애착을 갖더라도 규율의 필요성을 느꼈다. 왜냐하면 규율의 수용은 완전한 자유보다 덜 어려웠기 때문이다. 1889년 바레스는 각 개인은 그 자신의 규율을 선택하는 것이 중요하고, 또 그가 선택하지 않은 규율에 굴복한다면 그것은 끔찍할 것이라고 느꼈다. 1922년 그의 인생의 말년에 그는 규율이 인간에게는 필요하다고 쓰고 있다. 사물과 물질세계를 지배하는 법칙들을 아는 것으로 충분하지 않았다. 개인을 지배하는 법칙, 즉 도덕률을 아는 것이 또한 필요했다.[34] 그런데 전통과 규율은 조상들의 업적들에서 나오는 것이고, 그러므로 전통과 규율이 없다는 것은 조상들과의 연속성이 끊어진 뿌리 뽑힌 사람들, 뿌리 뽑혀 파편화된 개인들을 의미했다.

바레스에게 있어서 전통과 규율이 없음으로써 야기되는 위험의 가장 좋은 예는 '뿌리 뽑힌 사람들',[35] 또는 뿌리 뽑힌 개인들이었다. 뿌리 뽑힌 사람들의 비극은 그 인종의 경험이 간직되어있는 모든 전통들을 그

---

[33] *Ibid.*, p.111.

[34] *Ibid.*, p.108.

[35] 바레스의 작품 『뿌리 뽑힌 사람들(*Les Déracinés*)』은 7명의 로렌 청년들 가운데 파리로 떠나 버린 6명과 끝까지 로렌을 지키는 한 친구 이야기를 다루고 있다.

사람이 잃어버렸다는 것이다. 개인적 관점과 민족적 관점 모두에서 볼때, 그의 민족으로부터 고립된 젊은이는 텍스트에서 고립된 단어보다도 더 가치가 없는 존재였다. 즉 그 사람은 전승이 없는 젊은 야수였다. 뿌리 뽑힌 자는 일단 그가 그의 고토를 떠나면, 단지 일개 개인에 지나지 않는데, 왜냐하면 뿌리가 뽑혔다는 것은 세상에서 어떤 설 자리가 없기 때문이다.

그러므로 전통은 두 가지 점에서 바람직했다. 그것은 삶의 잔혹한 압력들에 맞서 보호의 수단이자 개인적인 강렬한 행복감의 수단, 그리고 프랑스의 운명을 성취하기 위해 프랑스의 에너지를 조직화하는 토대이기도 했다.[36] 프랑스는 그의 조상들로부터 물려받은 에너지를 되찾고, 보호하고, 늘리는 것이 필요했다.[37]

2. 지역주의

바레스의 민족주의 교의에서 핵심 가운데 하나가 토지이고 이것이 지방분권과 연방주의 개념으로 나타나는 지역주의 사상이다. 민족을 이루는 토지에 대한 감정적 애착은 논리적으로 지역주의 조직으로 이어진다. 죽은자들이 그러했듯이, 토지 또한 그들에게 말을 걸었고 민족의식을 고양시키는 데 협력한다. 조상들이 그들 영혼의 축적된 유산을 완전히 전달해주는 것은 지역주의적인 조직의 활동을 통해서였다.[38] 바레스는 토지로, 조상으로, 과거로 되돌아가 그곳에서 프랑스 민족의 에너지를 끌어올 수 있음을 역설했다. 바레스가 이와 같이 지역주의를 강조한 것은 프랑스

---

[36] *Ibid.*, p.110.

[37] M. Barrès, *Scènes et doctrines du nationalism*, p.274.

[38] *Ibid.*, pp.96-97.

의 민족(정체)성들은 지방적 정체성들로 이루어져 있다고 간주했기 때문이다.[39]

프랑스 민족(정체)성은 지방의 민족(정체)성들에서 태어났다. 만일 이런 것들 중에 하나라도 결핍되면, 프랑스라고 하는 정치적 건물은 그 기본 요소들 중에 하나를 잃게 된다. 더욱이, 개인들은 이런 지방의 민족(정체)성들에 붙어 있어야하는데, 왜냐하면 나라를 향한 느낌(감정)은 항상 뿌리 뽑힌 자의 영혼보다 뿌리내린 자의 영혼에서 보다 강하기 때문이다. 다시 말해 프랑스의 갱생을 가져다 줄 수 있는 원천은 조상들의 땅에서 흘러나오는 에너지를 통해서 이루질 수 있다고 보았다. 바레스가 그런 감정을 갖게 된 것은 빼앗긴 영토, 특히 메스와 스트라스부르를 상실하게 된 것도 중앙집권체제의 문제점에 있다고 보았기 때문이었다. 지역주의 사상이 외형적으로 표출된 것이 중앙집권에 대한 비판이었다.

1) 중앙집권체제에 대한 비판—족류적 통합인가 정치적 통합인가

샤를 뒤팽의 생말로-제네바선의 '두 프랑스' 주제는 프랑스 지방들이 하나의 '동질적인 실체'가 아니라는 사실을 일찍이 나타낸 표현이었다.[40] 프랑스의 지역주의는 오랜 역사적 경험의 산물이었다. 모자이크같이 조각조각 이루어진 프랑스 국토를 통합하기 위한 노력들은 앙시앵 레짐으로 거슬러 올라간다.

절대주의 시대에 혼잡한 다양성과 타협하려는 개혁의 시노가 좌절된 것은 지역주의와 지방주의의 특성 때문이었다. 혁명과 제국시대의 자코뱅주의는 중앙집권화를 추구하는 권력과 조각난 국가 사이의 이러한 공존관계를 자제시키고 변화시키는 데 주력했다. 정치권력과 그 권력의 행

---

39) *Ibid.*, p.502.
40) R. 샤르티에, 「생말로-제네바 선」, 『기억의 장소』 4, 260쪽.

사영역 사이의 새로운 유기적 결합을 위한 시도는 국토의 동질성을 향한 염원으로 간주되었다.[41] 이런 노력은 파리와 지방간의 오랜 구분과 차이에 가치판단이 더해진 차별과 폄하 내지 우월성이 양자 간에 뿌리 깊은 간극을 낳기 때문이었다. 혁명기 제헌의회 때 국토개편 계획에 의해 새로운 행정단위인 도 창설[42]에 따라 확실히 도를 기반으로 한 새로운 정체성 확립은 그 자체로서는 파리와 지방의 이미지 자체를 바꾸지는 않았다. 그러나 도의 출현에도 불구하고 개인들은 갈수록 강한 지방의식을 갖게 되었다.[43]

새로운 행정구역 개편 때문에 수도는 국토 전체에 대해 훨씬 더 막강한 영향력을 갖게 되었고, 수도는 "중앙집권화라는 개념의 중요성, 그리고 프랑스를 하나의 통일체이자 단 하나의 민족으로 만들려는 새로운 의지 등으로 이익을 얻었다. 민족의 위대성은 수도의 위엄으로 측정되었기 때문이다. 산악파에 의해 이루어진 행정구역 재조정은 이후 통령정부 시절과 제1제국 시대에도 이루어졌는데, 이것은 중앙집권화하려는 의지의 표현이었다."[44] 이것은 파리를 장악함으로써 프랑스를 장악한 자코뱅파에 의한 중앙집권을 이후에도 더욱 강화시키는 것을 의미했다. 그 결과로 1789년 가을에는 파리와 각 지방 사이가 아니라 파리와 지방 전체 사이에 평형이 깨지고 불균형이 나타난다.

그리하여 1790년 7월 14일 연맹제[45]는 파리와 지방 사이의 관계에서

---

41) *Ibid.*, 259쪽.

42) 도(département)에 대한 연구로는 Marie-Vic Ozouf-Marigner, *La Formation des départements. La représentation du territoire français à la fin du XIIIᵉ siècle* (Paris: École des hautes études en sciences sociales, 1989); François Furet et Mona Ozouf, *Dictionnaire de la Révoluttion* (Paris: Flammarion, 1988) 참조.

43) A. 코르뱅, 「파리와 지방」, 『기억의 장소』 4, 288-289쪽.

44) 같은 책, 290쪽.

45) 연맹제(Fédération)는 지방의 애국파들이 반혁명 세력의 선동에 대항해 '연맹'을 조직하고 제전을 열어 민족이 혁명적 대의에 결속되어 있음을 과시하고자

혁명의 요람 수도에 신성함을 부여하는 일련의 행사가 진행되기도 했다. 오주프에 의하면, 파리와 지방 사이를 오고가는 도중에 연방주의자들은 "지형평등주의"의 증거로서 "중앙의 신성함"과 프랑스 국토 전체의 신성함을 동시에 확립하려는 노력의 일환이었다.[46]

그럼에도 불구하고 자코뱅적 획일성은 지역적 관습들과 특수지방주의를 없앨 수는 없었다. 중앙과 지방은 여전히 대립했다. 결국 자코뱅의 중앙집권의 시행은 지방들의 항의를 사게 되고, 1793년에 와서 반자코뱅 감정은 연방주의[47]로 표출되었다. 즉 이 저항운동이 연방주의적 성격을 띠는 것은 각도가 스스로 결정을 내리고 오직 도 당국에만 복종하려는 경향을 가졌기 때문이다. 게다가 지롱드파는 산악파의 파리 주도의 중앙집권화에 반대하여 연방주의를 제안했고, 프랑스는 그 연방주의로 기울고 있었다. 연방주의자 대부분은 혁명을 지지했고 심지어 공화파였다. 그러나 여기에 저항을 이용해 보려는 반혁명 세력과 근왕주의자들이 침투했다.[48]

했다. 여러 지방에서 열린 연맹제에 이어 1790년 7월 14일 파리에서 프랑스 전역의 대표와 민족방위대가 모인 대규모 연맹제가 거행되었다. 장 마생, 『로베스피에르, 혁명의 탄생』(교양인, 2005), 124쪽 참조.

[46] Mona Ozouf, "La Révolution française et la perception de l'espace national: fédérations, fédéralisme et stéréotypes régionaux", L'École de la France (Paris: Gallimard, 1984), p.38.

[47] 연방주의(fédéralisme)는 산악파가 지롱드파를 비난하면서 사용한 용어이다. 지롱드파는 파리 민중들이 폭력을 통해 자신들의 의지를 의회에 강요하는 데 반대하여 파리는 프랑스의 83개 도 중 하나에 불과하며 따라서 그만큼의 영향력만 가져야 한다고 주장했다. 산악파는 지롱드파의 이런 주장이 프랑스에 연방주의를 수립하여 프랑스를 분열시키려는 것이라고 비난했다. 장 마생, 『로베스피에르, 혁명의 탄생』(교양인, 2005), 511쪽 참조.

[48] F. Furet and M. Ozouf, A critical Dictionary of the French Revolution, trans by Arthur (Goldhammer, 1989), pp.59-63; J. 고드쇼, 『반혁명』, 양희영 옮김 (아카넷, 2012), 317-335쪽.

각 도들은 저마다 반란을 획책했다. 파리에 대한 대항 활동을 준비하기 위한 도 공안위원회들이 수립되었다. 지방 곳곳에서 있었던 반란들 중에 방데반란은 대표적인 반혁명이었다. 이에 대해 공안위원회는 하나의 불가분의 공화국을 고집했을 뿐만 아니라, 모든 프랑스인이 하나의 민족으로 동화될 것을 주장했다. 그래서 그들은 정치적 통합과 행정적 중앙집권화뿐만 아니라, 종교적 언어적 획일화를 요구했다. 이것은 민족통합을 위해 정치적 통합만으로는 그 한계를 보여주기 때문에 족류적 통합으로 구성하려고 시도했던 것이다.

제2제국기 루이 나폴레옹 보나파르트와 그의 협력자들은 쿠데타와 그에 동반되는 억압적인 강경책이 정부 정책을 자코뱅과 나폴레옹처럼 고도로 중앙집권적인 통치방식으로 구사하게 했다.[49] 그런 전통을 이어받아 1870~1871년 전쟁은 중앙집권적인 프랑스 국가를 우선시하고 프랑스 민족의 통합에 극적인 영향을 끼쳤다. 그러나 이런 체제에 대한 반격이 일어나는 두 가지 사건이 벌어진다. 파리코뮌과 보불 전쟁이 그것이었다.

피에르-조제프 푸르동의 후기 연방주의 사상에 고무된 파리코뮌은 1871년 4월 19일 파리인들에게 '독재적이고, 어리석고, 전제적이고, 힘든 중앙집권화'를 포기하고 '모든 지방의 자기주도적인의 자발적인 제휴'에 바탕을 둔 새로운 정치적 통합을 요구하는 선언문을 발표했다. 또 한 가지 보불전쟁의 종식을 나타내는 1871년 5월 10일의 프랑크푸르트 조약으로 프랑스는 알자스-로렌 지방이 잘려나갔다. 이 지역 주민들에게는 그들이 프랑스인이 되어 떠나든지 아니면 독일인이 되어 남거나 어느 한쪽을 결정하도록 1년 남짓의 유예기간을 주었다. 이 사건들은 행정의 중앙집권화냐 지방분권화냐에 관한, 그리고 1789년 이래로 족류적 또는 언어적 획일성보다는 정치적 통합으로 생각되어왔었던 하나의 프랑스 민족을

---

[49] M. Agulhon, "The center and the periphery", trans. by Mary Seidman Trouille, *Rethinking France*, vol.1 (Chicago: University of Chicago Press, 1999), p.64.

구성하고 있는 모자이크식의 주민들의 충성심에 관한 해묵은 논쟁을 공론화시켰다.[50]

제3공화국에서 연방주의적이고 지역주의적인 감정의 부활은 파리코뮌에 대한 두려움에서 크게 기인했다. 1871년에 일어난 파리코뮌은 의회와 지방의 이익을 위협하는 것으로 여겨졌다. 이것은 1871년 이후 결코 총선에서 이겨본 적이 없었던 우파의 좌절에 의해 혼합되었던 한편, 집권 공화파들은 계약, 일자리, 그리고 공공사업을 협의하는데 중앙집권화된 행정부를 이용하는 체제에 완벽을 기했고 그렇게 해서 그들은 반복해서 선거에서 재당선되었다.

그에 못지않게 우파가 1885년에 멜린 내각 하에서 불랑제장군을 통해 거의 재집권에 이르게 되었고, 또한 드레퓌스 사건동안에, 거의 집권할 뻔한 승리를 거두었다는 사실은 우파로 하여금 의회체제와 중앙집권화된 국가의 두 가지 해악을 비난하도록 고무시켰다. 더욱이, 1892년 이후 지방 선거와 총선에서 사회주의 정파들의 세력이 커지고 그런 사회주의 정파들이 급진파와 정기적인 동맹을 맺음으로써, 1895~1896년도에 온건 공화파가 급진파로 교체되는 일이 심지어 일부 온건공화파들에게까지도 그것이 극단주의자들의 수중에 떨어질까 우려하여 중앙집권화된 체제의 덕성에 의문을 제기하게 되었다.[51]

중앙집권화는 단순히 권력의 지리적인 조직화 이상의 훨씬 더 많은 것을 내포하고 있다. 불가분의 수권을 내두하는 새로운 사회에 맞출 필요성에서 나온 모든 입법 및 실제 개혁들과 관련되어 있다.[52] 그런 점에서 보면 '대혁명은 중앙정부를 전복하기에 앞서서 중앙정부를 발전시킨 셈이었

---

[50] R. Gildea, *Children of the Revolution, The French*, 1799-1914, p.289.

[51] R. Gildea, *The Past in French History*, pp.177-178.

[52] Y. Fauchois, "Centralization", *A ctritical dictionary of the French Revolution*, F. Furet and M. Ozouf, ed., vols.2 (Cambridge, Massachusetts: Harvard University Press, 1989), p.632.

다.'[53] 그 전통은 그들 중 일부에게는 정당했지만, 일부에게는 의문을 불러 일으켰다. 소수의 사람들은 왕정복고의 기치아래 지방주의에 확신을 두고 용기를 가졌다.[54] 그 반면, 급진파들은 중앙집권적인 일원화된 공화국의 자코뱅적 시각에 찬동했다. "이들 열렬한 지방분권론자들에게 물어보라, 그러면 그들의 계획이 자유가 아니라 반동을 지방분권화 하는 것을 발견할 것"이라고 클레망소는 1904년에 충고했다.[55]

공화파 진영에서 지방분권에 대한 지지자들은 설득에 의해 온건파가 되는 경향을 보였다. 그들의 시각은 1871년의 도의회의 법과 1884년의 시의회의 법이 단지 시작일 뿐인 그것이었다. "1789년의 공식으로 되돌아가는 것은 한편으로 (파리 시민들의 정치적 영향력이 절정이던) 1793년 [구산악파]의 공식을 물리치는 것이면서, 그것은 우리의 프로그램이다"라고 진보주의자인 폴 데샤넬(Paul Deschanel)은 진술했다.[56] 공화국 방어 시기 내각 때 발데크-루소의 개인 비서였던 조세프 폴-봉쿠르(Joseph Paul-Boncour)는 1903년에 이렇게 술회했다. "지방분권화가 하나의 야성적인 꿈으로 제쳐놓아졌었다는 것은 진실이다" 또 발데크-루소의 피보호자인 앙드레 타르디외는 "만일 폴-봉쿠르처럼, 지방분권은 공화국과 양립할 수 없다고 우리가 믿는다면, 지방분권은 급진적-사회주의와도 양립할 수 없

---

[53] A. 토크빌, 『앙시앵 레짐과 프랑스혁명』, 이용재 옮김 (박영률출판사, 2006), 75쪽.

[54] R. Gildea, *The Past in French History*, pp.178.

[55] La Dépêche (8 April 1904), cited in Joseph Paul-Boncour and Charles Maurras, *Un Débat nouveau sur la République et la Décentralisation* (Toulouse: Société provinciale d'édition, 1905), p.121; R. Gildea, *The Past in French History*, p.178.

[56] Paul Deschanel, *La Décentralisation* (Paris-Nancy: Berger-Levrault, 1895), p.43; 1793년 파리 시민들의 정치적 영향력이 절정이던 때, 지롱드는 전제적인 도시 독재를 비판했다. '연방주의가 야기한 위기의 책임은 지방에 있지 않았다. 파리 도당들의 오만한 연방주의를 타도하자'고 주장했다. 1794년 7월 테르미도르 반동 때 1794년 7월 수도 권력이 약화되고 그들의 자치권이 박탈된다; A. 코르뱅, 「파리와 지방」, 293쪽.

다고 생각한다. [⋯] 이 역사적 다양성보다 지금의 프랑스에 책임 있는 자코뱅파의 마음에 더 해로운 것은 없다"고 말했다.[57]

　온건파들은 확고히 공화국적 전통 안에 있었고 프랑스의 도의 구조를 건드리고 싶어 하지 않았다. 그러나 다른 일부 사람들은 행정적 중앙집권화 체계의 기본 단위인 도(départment)에 대해 공격했는데, 이것을 그들은 의회제 과두제의 선거상의 필요에 적당한 것으로 보았다. 지방에 대한 그들의 충성을 주장하는 것은 반혁명의 혐의에 대해 환심을 사려는 것이었다. 그러므로 그들은 '지역(région)'[58]이라는 용어를 선호하는 경향을 보였고 도보다는 지역이라는 용어의 우월성을 설명하기 위해 과학적 이유들을 전개했다. 마지막으로, 그들 대부분은 그들의 공화주의를 큰 소리로 선언한 반면, 다른 한 진영은 오직 왕정만이 만족할 만한 지방분권을 보증할 수 있다고 주장했다.[59]

　중앙집권에 비판적이었던 테느는 앙시앵 레짐 이래로 중앙집권적인 획일적 통치를 비판했다. 획일적인 통치에 의해 파괴된 개인성과 그 개인이 속한 전통적인 공동체성이 약화되고, 그로 인해 민족에너지는 약화될 수밖에 없었다. 그렇기 때문에 이러한 개인과 공동체의 연대가 필요하게 되고 이것이 '사회적 개인주의'라고 할 수 있다. 펠리브리주 회원들은 그것

---

57) Paul-Boncour in *La Renaissance latine* (15 July 1903), p.104, reprinted from *Le Temps* (28 July 1903).

58) 프랑스 지방을 나타내는 용어들의 어원들을 살펴보면, 'province'는 로마의 속주 'provincia'를 가리키던 용어였다. 또 'pays'의 어원은 속주 안에 있는 작은 단위의 지방을 가리키던 'pagus'에서 찾는다. 'province'가 넓은 지방을 가리킨다면, 그보다 작은 단위인 'pays'는 '군' 정도의 단위로 예컨대 백작령 정도를 가리킨다. 그러나 이 두 용어는 행정단위는 아니었다. 사람들이 전통적으로 지방을 지칭할 때 사용하던 전통적 지방 관념이었다. 일례로 '노르망디 province 안에 작은 단위인 포(paux) pays'라고 썼다. 'department(도)'는 프랑스혁명기 때 새로 만들어지는 행정단위였다. 몇 개의 도를 묶어 '도'보다 넓은 권역을 'région(지역)'으로 구분했다. local은 라틴어로 '지점'을 나타내는 추상적 장소 개념이다.

59) R. Gildea, *The Past in French History*, p.179.

에서 지역감정을 부활시키고자 하는 그들의 노력이 설득력 있다는 정당
성을 발견했다.

2) 바레스의 지방분권과 민족주의

바레스의 중앙집권 비판의 대안으로 제시되는 지방분권은 단순히 중앙
대 지방의 대결에 한정되지 않는다. 그것은 프랑스 내부적으로는 사회적
변혁의 성격을 띠면서, 동시에 외부적으로는 수세적 방어적인 민족주의
의 성격을 띠기도 하기 때문이다.

모리스 바레스는 로렌으로 퇴역했던 나폴레옹 군대의 오베르뉴 한 장
교의 손자였다. 그는 불랑제장군지지운동에 관여했고 1889년 낭시에서
의원으로 당선되었다. 그러나 1893년에 선거에서 패한 후에 의회제 공화
국을 비판하기 위해 지방분권운동이었던 연방주의 운동에 가담했다. 또
한 바로 직전에 공화국을 휩쓸었던 불랑제장군지지운동에 열렬히 가담했
었다. 공화국에 대한 체제 비판적 운동이었던 불랑제장군지지운동은 그
러나 실패로 끝나고 말았다. 바레스는 그 사건에 대한 뼈아픈 비판과 반
성을 통해 공화국과 프랑스를 어떻게 개혁시킬 것인지 성찰하였다.

바레스가 내린 결론은 불랑제장군지지운동은 단지 프랑스인들을 들뜨
게 했던 열병에 지나지 않았다는 것이다. 그래서 실패할 수밖에 없었다고
진단했다. 이제 필요한 것은 민족의식이었다. 즉 불랑제장군지지운동은
'이상적인 프랑스'의 이미지를 추구했다. 너무나 많은 프랑스인들이 단지
'행정적 애국심'만 있을 뿐이다. 그들에게 필요한 것은 '토지의', 가정의,
코뮌의, 그리고 지방의 애국심이었다.[60] 일단 프랑스인들이 이점을, 즉
'진짜 프랑스'를 의식했다면 그들은 더 나은 프랑스인이 될 것이다. 뿐만
아니라, 그들은 프랑스의 땅을 사랑하고 그것을 열렬히 지켜야 한다. 비

---

[60] C. Maurras, *L'Idée de la décentralisation* (Paris: 1898), p.16; W. C. Buthman,
The Rise of Integral Nationalism in France, p.71.

록 나라의 다른 구역들이 서로 다르다 할지라도, 그들은 그들의 관습과 제도를 사랑해야 하고, 또 그것들이 외국의 영향을 받아 오염되지 않도록 보호해야 할 것도 권장한다.[61] 지방분권의 유익함은 민족의 에너지들을 풀어놓을 수 있기 때문이다. 바레스는 그런 점들을 주장하며 연방주의자들에 가담했던 것이다.

바레스의 이런 발언을 통해 우리는 무엇이 '진짜 프랑스'인이고 프랑스인됨을 규정하는지 발견할 수 있다. 중앙집권에 따른 전 국토의 통합과 행정 단위의 재배치는 프랑스인들의 참된 애국심을 이끌어낼 수 없을 뿐더러, 자연히 민족의식도 희박해질 수밖에 없다. 진정한 애국심은 토지, 가정, 코뮌, 지방적 애국심이었다. 위의 사실에서 볼 수 있듯이 지역감정은 애국심이나 민족의식이 별개가 아니라, 지역감정 위에서 민족감정이 생겨날 수 있다고 단언한다. 이 둘 사이의 밀접한 연관성을 강조하여 바레스는 지역에 대한 충성심과 민족에 대한 충성심을 '큰 조국', '작은 조국'으로 불렀던 것이다.

바레스는 1894년 9월 5일부터 1895년 3월 6일까지 존속한 『라코카르드』를 창간했다. 불랑제장군지지운동와 파나마 스캔들에서 명성을 날린 책임자로서 그는 이 잡지를 통해 지방분권 캠페인을 실행하려고 했다. 신간 『라코카르드』의 창간호에서, 그는 이 잡지가 공화국 반대의 기관지가 될 것이고, 애국심과 사회적 연대를 강조하고, 그것을 중심으로 사회주의자들과 지식인들을 모으는 역할을 할 것이라고 공표했다.[62]

---

[61] W. C. Buthman, *The Rise of Integral Nationalism in France*, pp.70-71.

[62] *La Cocarde* (Sep. 5, 1894)에서 그는 이렇게 공표했다. "자유로운 심오한 개인주의" 그리고 "사회적 연대"는 이 기관지의 "이중의 관심사항"이고 그것의 이상의 원천이라고 선언했다. Henri Clouard, "La 'Cocarde' de Barrès", *La Revue critique des idées et des livres* (Feb. 10, 1910), VIII, p.210; 또한 그 잡지를 출범시키면서, 바레스는 그 강령을 다음과 같이 요약했다. 즉 "개인주의와 연대", "연방과 계약", 위인에 대한 숭배를 통한 민족적 단일성의 유지, 그리고 ─'48 ─'51 ─'52의 전통을 갖고 있는 내일의 정당이라고 적고 있다. *La*

이 사회적 개인주의를 가능케 하는 지방분권은 "민족주의의 보호 하에" 도입될 것이었다. 그 다음엔 민족주의는 지방분권이 필요하게 되었다.[63] 하나의 강하고 권위주의적인 정부, 선출된 한 독재자는 맨 꼭대기에 비중 있는 행정적이고 의회제 체제가 그러했듯이, 연방화된 지역들과 결사체들로부터 활력을 빼앗지 않으면서 동시에 연방 지역들 및 결사체들을 각각의 장소에 유지시킬 것이다.

이와 같은 사상은 그의 두 번째 삼부작 소설인 '소설: 민족에너지(Le Roman de l'énergie nationale)'를 집필하게 되는 동기가 되었다. 이 소설은 그 전해(1893)에 계획되었다.[64] 바레스는 소설들을 통해 지역감정과 민족 감정을 여과 없이 자유롭게 표현했다. 예컨대 『병사에 호소』에서 생플랭은 그가 초대한 친구 스투렐이 로렌으로 왔을 때, 질서가 잡히고 힘 있는 프랑스를 서로 얘기하지만, 프랑스인들 사이에 존재하는 파리와 로렌 사이에 지방의식이 존재한다는 것을 알게 된다.[65] 여기에서도 중심 도시로서의 파리의 집중과 역할의 비대함에 대한 지방민 로렌인들의 불만을 엿볼 수 있다. 중앙과 지방 사이에, 즉 파리와 로렌 사이에 존재하는 지역감정과 그에 따른 분열의식을 어떻게 극복할 수 있을까? 그러나 바레스는 여기에 머무르지 않는다. 그들이 민족적 의식으로 결합될 수 있다는 것을 보여주기 위해 생플랭은 친구 스투렐을 메스로 데리고 가서 그곳에서 죽었던 프랑스 병사들의 무덤을 방문한다. 그 경건한 순례를 통해 스투렐은

Cocarde (Mar. 7, 1895); W. C. Buthman, The Rise of Integral Nationalism in France, p.71.

[63] H. Clouard, "La 'Cocarde' de Barrès", La Revue critique des idées et des livres (Feb. 10, 1910), VIII, p.226; Buthman, The Rise of Integral Nationalism in France, pp.72-73.

[64] V. Giraud, Les Maîtres de l'heure: Maurice Barrès, Paris, 1918, p.61; W. C. Buthman, The Rise of Integral Nationalism in France, p.74.

[65] M. Barrès, L'Appel au soldat (Paris: 1911), p.315; W. C. Buthman, The Rise of Integral Nationalism in France, p.81.

교훈을 얻는다. 즉 모든 프랑스인이 이 불쌍한 죽은자들에 대해서 그리고 상실한 지역에서 살고 있는 사람들에 대해서 마찬가지로 책임이 있다는 사실을 정식으로 인정해야 한다는 것이다. 모든 프랑스인들은 독일인들이 프랑스로의 끊임없는 침범에 대해서 반대해야 하는데, 독일인들은 우리의 천부적 운명을 위태롭게 하기 때문이다.[66] 왜냐하면 프랑스인들은 하나의 민족이기 때문이다. 다시 말해 민족은 사람들이 공통된 기억, 관습, 그리고 대대로 내려오는 이상을 갖고 있는 하나의 영토이다. 이런 이상을 얻기 위해 애써 노력하는 것을 중단한다면 외국인들과 혼합되어 민족은 사라져 버린다고 말한다.[67] 이런 가르침을 얻고 나서, 스투렐은 파리로 돌아와 이전보다 더 열렬한 불랑제장군 지지자가 된다. 왜냐하면 불랑제는 이 두 로렌에, 즉 병합된 로렌과 프랑스의 로렌 모두에게 프랑스에 대한 신뢰와 생존에 대한 큰 열망을 주었기 때문이다.[68]

바레스의 자화상인 스투렐을 통해 보여주듯이, 바레스가 지역주의 감정을 자각하고 지방분권에 뛰어들게 된 것은 프랑스인으로서의 민족적인 자각과 의무감이었다. 1884년 바레스는 프랑스의 특별한 임무에 대해서 기록하고 있었다. 그것은 빼앗긴 영토, 특히 메스와 스트라스부르를 되찾는 것이었다. 이런 식으로 일면 군국주의적인 정신은 지역주의 사상과 연결되기도 했다. 상실한 로렌을 통해서 바레스는 지역적 정체성이 민족적 정체성과 직결되는 것을 깨닫는다.

다른 한편으로, 민족주의 캠페인은 프랑스 방어의 활력을 떨어드리는 세계주의, 아니 좀 더 정확히 말하면, 독일식 사회주의에 맞서 프랑스를 지키도록 구상되었다. 바레스는 프랑스 문화의 보호자의 역할을 자기의 역할이라고 보았다.[69] 프랑스 이익의 방어는 전통, 보호, 그리고 지

---

[66] M. Barrès, *L'Appel au soldat*, p.330.

[67] *Ibid.*, p.392.

[68] *Ibid.*, p.402.

방분권을 통해 효과를 거두게 되었다. 채택된 전통들은 프랑스에 고유한 것들이고, 보호는 국제금융, 외국상품 그리고 국내 국외 외국인들 모두의 세력들에 맞서 프랑스의 경제적 정치적 이익들에 주어져야 했다. 또 지방분권은 코뮌과 지방의 삶의 수단일 것이었다. 이런 식으로 로렌은 독일인들로부터, 남부지방은 이탈리아인들로부터 보호받아야 한다[70]는 것이다. 이것 또한 지역주의가 민족주의 성격을 띠는 것을 말해준다.

드뤼몽의 교의의 역할도 중앙집권에 대한 비판을 선전하는 데 있어 부인할 수 없다.[71] 즉 인간이 "자기의 땅, 자기의 인종에 대해, 자기의 전통들에 대해, 그리고 자기의 민족들에 대해 의식하게 되는 에너지를 만들어내고 강화하기 위한" 노력이 실패하게 되면, "프랑스는 내부의 외국인들에 의해(루비에가, 라이나흐가, 그리고 다른 어떤 착취자들), 또는 외부로부터 외국인들에 의해 조금씩 먹히다가 사라질 것이다"[72]는 드뤼몽의 교의는 지방분권 캠페인에 사상적으로 도움이 되었다.

결론적으로 중앙집권은 파리를 중심으로 한 중앙에 모든 가치들이 집중되는 곳이었다. 거대 국가를 효율적으로 통치하기 위한 행정적인 제도적 장치가 중앙집권이라는 괴물로 나타났지만, 그렇다고 해서 중앙과 지방, 나아가 민족들 내부의 민족의식이 크게 발전해가지는 않았다. 오히려 부작용을 낳았고, 그 중에 한 가지가 보불 전쟁에서의 패배이고 그의 고

---

[69] M. Barrès, *Mes Cahiers*, II, p.250; M. Curtis, *Three Against the Third Republic, Sorel, Barrès et Maurras*, pp.252-253.

[70] M. Curtis, *ibid.*, pp.253.

[71] *La Cocarde* (oct. 22, 1894); H. Clouard, "La 'Cocarde' de Barrès", *La Revue critique des idées et des livres* (Feb. 25, 1910), VIII, p.334; W. C. Buthman, *The Rise of Integral Nationalism in France*, p.73.

[72] *La Cocarde* (Dec. 19, 1894), quoted by H. Clouard, "La 'Cocarde' de Barrès", *La Revue critique des idées et des livres* (Feb. 10, 1910), VIII, p.229; W. C. Buthman, *The Rise of Integral Nationalism in France*, p.73.

향땅인 알자스-로렌을 상실한 것이었다. 영토 상실은 대외적 방어에 중앙집권체제의 비효율성이 입증된 셈이었다. 그에 비해 지방분권은 각 사람들이 자신의 고향땅에 대한 애착심을 더해주고 그것은 애국주의로 나타날 것이다. 이유인즉 그들은 그들이 태어난 땅, 조상들의 땅에 대한 애착심을 통해 전쟁 시에도 결코 조국 땅을 배신하지 않을 것이기 때문이다. 뿐만 아니라, 지방분권이 시행되면 외부의 침략을 능히 방어할 수 있다고 진단한다. 어떻게 보면 1870년에 프랑스가 독일의 침략으로 알자스-로렌을 상실한 것도 비대한 중앙집권의 획일성 때문이었고, 옴짝달싹할 수 없는 포위된 파리를 프랑스인들은 포기했기 때문이다. 바레스는 애국심은 '가족에서 도시로, 지방으로, 민족으로 확대되는 것'[73]이라고 말한다. 왜냐하면 사람들은 자기들이 익숙한 곳에 대한 감정은 각별하기 때문이다.

> 위험한 시기에 프랑스라는 이름의 힘은 언제나 브르타뉴인, 로렌인, 알자스인, 파리인이라는 타이틀에 의해 두 배가 될 것이다. 민족감정에 지방감정이 더해지는 것을 두려워하지 말자. 각각에 봉사하고 구출해야할 두 개의 조국을 붙여주자. 그리고 나서 개인적 자아를 보다 큰 자아로 두 배가 되게 하자. 우리는 하나의 그룹에, 하나의 직업적 동업조합에, 우리가 마치 우리 자신처럼 호감을 가졌던 도덕적인 사람 안에 우리를 정착시킨다.[74]

그런 점에서 바레스는 민족감정과 지방감정을 충돌이나 불균형으로 보지 않는다. 그가 보기에, 중앙집권의 최대의 실패의 모범이 보불 전쟁에서의 패배이고 그의 고향땅인 알자스-로렌을 상실한 것이었다. 대외적 방어에 중앙집권체제는 비효율적이었다. 그에 비해 지방분권은 각 사람들이 자

---

[73] M. Barrès, *Assainissent et fédéralisme: discours prononcé à Bordeaux* (le 29 juin 1895), pp.11-12.
[74] *Ibid.*, p.12.

신의 고향땅에 대한 애착심을 더해주고 그것이 애국주의로 나타날 것이다. 그들은 그들의 태어난 땅, 조상들의 땅에 대한 애착심을 통해 전쟁 시에도 결코 조국 땅을 배신하지 않을 것이기 때문이다. 바레스의 중앙집권비판에 따른 지방분권의 주장은 궁극적으로는 민족감정과 민족주의운동으로 이어졌는데, 그러한 중앙집권의 대항마였던 지방분권이 민족의 에너지들을 풀어놓을 수 있다고 생각했기 때문이다. 프랑스 민족에너지의 원천이 되는 토지를 지켜내는 운동이 지역주의 운동으로 나타났던 것이다.

3) 지방분권과 사회적 변혁─쇄신과 연방주의

바레스는 제3공화국이 이전 정부들로부터 계승해왔던 중앙집권체제의 크나큰 불편함을 설명하며 이에 대해 비판을 서슴지 않았다. 이것은 특히 1895년 6월 29일 사회주의자들 앞에서 발언했던 '보르도 연설'에서 잘 나타나 있다.[75] 이 연설에서 바레스는 크게 두 가지 사항을 주로 이야기하고 있다. 한 가지는 중앙집권을 비판하고 지방분권을 주장한다. 다른 또한 가지는 프랑스적이고 혁명적인 전통이 어떻게 우리의 요구(=연방주의)를 강화시켜주는지 그 정당성을 설명하고 연방주의에 대한 구상을 밝히고 있다. 보르도 연설에서 바레스가 무엇보다 중앙집권을 비판하고 지방분권의 필요성을 주장하는 이유가 무엇이었는지 살펴보자. 바레스는 우리의 불합리한 중앙집권에서 개혁해야 할 점이 두 가지가 있다고 지적한다.[76] 하나는 정치적으로 정치지도층 인사들의 쇄신이다. 바레스가 생각하는 프랑스 내부적인 병폐 중에 하나는 중앙집권적인 의회정치였다.

---

[75] *Ibid.*

[76] *Ibid.*, p.4.

중앙집권으로 인해 프랑스는 죽고 있다. 프랑스는 경쟁국가의 노력 하에서
가 아니라, 내부적인 원인이 작용해서 무너지고 있다. 따라서 모든 구성원
들 속에서 피폐해진 프랑스는 개인들도 집단들도 더 이상 생산하지 않는 것
을 여러분은 보라.[77]

의회 의원들과 각료들을 비롯한 정권의 지배층들은 부패하고 도덕적으로
타락했다는 것이다. 왜냐하면 여러 가지로 부정할 수 없는 공금횡령으로
오명을 안게 된 정치인들이 끝없이 재당선되고 있고, 또 그렇게 되면 반
발을 살 수밖에 없는 이들과 모종의 거래를 하며 공금횡령과 같은 범죄
를 저지르는 정부는 도시들과 집단들과 개인들을 아주 마음대로 이용하
게 될 것이다. 그렇기 때문에 정치인들의 정치적 도덕적 쇄신을 위해서
지방분권이 필요하다고 바레스는 피력했다.

지방분권이 가져다 줄 수 있는 다른 또 하나의 이점은 경제적 권리를
조성하기 위해 필요하다고 말한다. 생디카(syndicats), 즉 노동자 결사체에
게 경제적 권리가 구축될 수 있기 위해서였다. 나아가 그것은 민족적 필
요라고 말한다. 왜냐하면 그동안 정부는 정부의 모든 민족적 역량을 소수
의 이익에 집중했기 때문이다.

바레스는 지방분권이 현재의 프랑스의 내부의 문제들을 해결하고 프랑
스를 구원할 수 있다는 확신을 가졌다. 여기에 더하여 당시 전개되고 있
던 연방주의 캠페인에 자연스럽게 사상적 영향을 받아 바레스는 지방분
권을 어떤 단위로 선택해야 할지 딜레마에 빠지게 된다. 민족적 통합을
위해서 중앙과 그 밑에 하위 단위의 지역을 어떻게 유기적 관계 속에서
배치할 것인지가 관건이었다. 구상의 틀을 모색하는 가운데 바레스는 그
틀을 이전의 지방의 모습에서 찾아냈다. 즉 '민족 통합 속에 코뮌 및 지역
자치의 형태를 취하는 것'이었다. 도(départment)가 임의적인 행정적 단위

---

77) *Ibid.*, p.11.

가 된 이래로 경제 활동을 위한 최적의 지역은 제각각 다양했다. 그는 예전의 지방들로 돌아갔다. 왜냐하면 프랑스 민족(정체)성은 지방적 민족(정체)성들로부터 만들어졌기 때문이다. 지방분권은 지방의 실제적인 삶을 정치적으로 문화적으로 복원시킬 수 있고, 프랑스를 외국인들의 영향으로부터 해방시켜줄 수 있으며, 알자스-로렌을, 즉 중앙집권체제에 의해 상실했던 지방들을 복원할 수 있다고 보았기 때문이다.[78] 바레스는 이런 조직 형태라면 지방분권이 사회적 변혁에 기여하는 하나의 수단이 될 수 있다고 여겼다. 왜냐하면 각 코뮌들과 지역들은 일종의 사회학의 실험실들로 그곳의 정치적 경제적 실험들은 모두에게 유익한 도움이 될 수 있다고 생각했던 것이다.

일각에선 지방분권에 대해 분리주의와 연결시켜 의구심을 갖는 시선을 보내기도 했다. 이에 대해 바레스는 지방분권은 분리주의와는 다르다고 응수한다. 그것은 '민족통합 아래 코뮌과 지방 자치들이 하나가 되는 것'이라고 설명한다. 그렇게 되면 지방분권은 코뮌들과 자치 지방들이 연방국가 안에서 그들의 고유한 방식을 통해 시민들의 행복을 보장하는 하나의 방법이 될 수 있었던 것이다. 다시 말해 민족 통합 속에 코뮌 및 지역자치, 이것이 사회적 변혁에 가장 좋은 유일한 해결책이라고 전제했다.[79] 다시 말해, 국가가 프랑스 전체의 모든 업무를 처리하고 해결하는 방식이 유보되고, 지방의회에, 코뮌의회에, 지역의회에 그리고 각각의 그 대표자들에게 지방의 이익 업무를 이관함으로써 "코뮌에는 코뮌의 이익을, 지역에는 지역의 이익을, 민족에게는 민족의 이익을"이라는 이상이 실현될 수 있을 것이라고 바레스는 주장했다.[80]

바레스는 프랑스의 이익 방어에 반대했던 이들의 괴변에 대해서 연방

---

[78] M. Curtis, *Three Against the Third Republic, Sorel Barrès and Maurras*, p.159.

[79] M. Barrès, *Scènes et doctrines du nationalism*, p.500.

[80] *Ibid.*, pp.496-497.

주의 사상으로 응수했다.[81] 우리는 이 연방주의를 위한 바레스의 구상과 노력에서 몇 가지 주장들을 찾아 볼 수 있다.

첫째, 바레스는 이러한 연방주의에 대한 관념을 전파하기보다 분명히 하겠다고 의지를 밝힌다. 그래서 한 저널[82]에서 여섯 달 동안 내내 그 명분을 놓고 싸웠다고 말하고 있다.[83] 바레스는 그 명분을 대혁명의 전통에서 찾는다.

> 1789년의 진정서들은, 아직까지 사용되지 않고, 우리 인종의 영웅적인 순간에 떠올랐던 참으로 많은 진실을 포함하고 있는데, 동, 서, 남, 북 사방에서 중앙집권화에 대해, 지방의 권리들을 왕권이 장악한 것에 대해 항의하고 있다. 1789년부터 1793년까지 대혁명은 연방주의적이었다. 1793년 6월에, 우리를 결정적으로 중앙집권화로 만든 것은 자코뱅파였는데, 그것은 로베스피에르가 맹세했던 코뮌의 자유의 이론적 필요성을 자코뱅파가 경시했기 때문이 아니라, 방데에서 라인강에서의 순간적인 필요에 대처해야 했기 때문이다.[84]

1789부터 1793까지 프랑스혁명은 연방주의적이었다. 우리를 중앙집권화하게 만들었던 것은 자코뱅파였는데 그 이유는 방데 지방과 라인강에서 벌어진 순간적인 위기에 직면했기 때문'이라고 설명한다. 그러므로 바레

---

81) M. Barrès, *Assainissent et fédéralisme*, p.14.

82) 1894년 9월부터 1895년 3월까지 『라코카르드』에서 논쟁이 벌어졌다. 정치국장은 모리스 바레스였다. 주요 집필자들로는 아무레티(Amouretti), 보나우르(Bonnauour), 브뤼라(Paul Brulat), 드니(Pierre Denis), 푸르니에(Fournière), 가브리엘(A. Gabriel), 위그(Clovis Hugues), 라가르드(Paul Lagarde), 모클레(Camille Mauclair), 모라스(Charle Maurras), 메나르(Louis Ménard), 밍크(Paule Mink), 파스칼(Paul et Joseph Pascal), 그리고 사상의 열정에 의해 이끌린 뜨겁고 공평무사한 모든 청년들이 참여했다.

83) M. Barrès, *Assainissent et fédéralisme*, p.5.

84) *Ibid.*, pp.7-8.

스는 "연방주의 교의는 프랑스와 대혁명의 기저에 흐르는 전통과 일치 한
다"85)라고 응수했다.

둘째, 이러한 연방주의의 실효성은 역사적인 사상적 기반을 갖고 있다
고 밝힌다. 바레스의 보르도 연설의 두 번째 핵심 주장이었던 "프랑스적
이고 혁명적인 전통이 어떻게 우리의 요구(=연방주의)를 강화시켜주는지
훑어보았다"86)는 발언은 연방주의가 프랑스적이고 혁명적인 전통 속에서
내려오는 내용임을 뒷받침해주는 근거였다.

> 유일한 사회적 정치라고 하는 것, 그것은 역사에 기반하고 있다. 하나의 체
> 계, 하나의 당은 과거 속에서 전통을 가져할 필요가 있다. 마치 하나의 식물
> 이 뿌리 없이는 발전하지 못한다는 것을 알 것이다. 하지만 여러분은 지역
> 의 자유에 대한 그리고 조합의 자유에 대한 우리의 관념을 인정할 것이다.
> 즉 지방적 자유와 동업조합은 그것의 고딕 형태가 지속적인 경향을 띠는 근
> 대적 형태이다.87)

그래서 바레스는 예전의 지방들88)로 돌아가 연방주의의 틀을 구상한다.

---

85) *Ibid*.

86) *Ibid*., p.14.

87) *Ibid*., p.7.

88) 프랑스는 전통적으로 'province' 혹은 'pay'로 나뉘어져 있었다. 'province' 혹은
'pays'는 다소간 넓은 지역으로서 일종의 봉건왕조 하에서 정치적으로 통합되
어 오랫동안 존속되어 왔던 만큼 어떤 일정한 사법체제에 익숙해 있었다. 역
사적 전통뿐만 아니라 관습, 때로는 언어까지도 'province'라는 옛 구분 속에
서 존속되고 있었다. 18세기 말엽에 있어서도 '브르타뉴인(la nation bretonne)',
'프로방스인(la nation provençale)' 등은 여전히 독자적인 법률, 관습, 방언을
지닌 매우 활동적인 실체였다. 노르망디, 랑그독, 도피네, 브르타뉴 등은 그
러한 'province' 가운데 가장 넓은 것이었다. 다른 'province'들, 이를테면 오니
스는 가장 좁은 곳에 속하였다. 그러나 'province'가 행정상의 구분은 아니었
다. 비록 국왕이 헌법상의 이유라기보다는 정치적인 이유에서 각 'province'의
자치주의를 고려하기는 했지만, 국왕의 행정은 'province'의 존재를 무시하고
있었던 것이다. 구 프랑스의 행정구조는 '총독관구(le gouvernement)'와 특히

하지만 그것의 형식은 구 지방의 형태가 아니었다.

> 지방들(provinces), 즉 주 신분회지방들(pays d'états)과 징세구지방들(pays d'élection)로도 그렇고, 동업조합들(코포라시옹)로도 정확히 우리는 다시 되돌아갈 수 없다. 역사는 모방을 허락하지 않는다.[89]

그럼에도 불구하고 그러나 바레스가 연방주의의 사상적 기반을 과거 속에서 찾는 것은 그 속에서 삶의 모습을 보았기 때문이다. 즉 그 속에서 지방정신을 발견했기 때문이다. 다음의 발언에 그런 사상들이 잘 표현되어 있다.

> 과거에 대해 말하자면, 우리가 사랑하고 유지하고 싶은 것은 한 순간의 형식들이 아니다. 그것은 삶이고, 어느 누구도 부정하지 않는다. 랑그독인, 피카르드인, 부르고뉴인, 로렌인, 알자스인, 지롱드인 같은 지방정신들이 재현해주었던 것은 행위의 특수한 어떤 성질들인데, 그 지방정신들이 자기들의 리듬을 따라 흘러오고, 다른 한편으로 파리로 흘러들어가기 전까지 재현하는 만큼의 행위의 특수한 성질인바, 파리로 인해서 지방의 특수성이 질식해버린다. 그렇다. 우리가 이 중앙집권체제로부터 지방정신을 해방시킴으로써 우리가 유지하려고 하는 것은 파리이다. 중앙집권체제는 실업가들, 대단한 유대인들 그리고 정체불명의 외국인들의 세계주의의 모든 찌꺼기를 파리에

'지사관구(l'intendance)'에 입각해 있었다. 소우불, 『프랑스대혁명사』 상, 최갑수 역 (두레, 1984), 71-72쪽 참조. 부분적으로 필자가 번역어를 수정함.

[89] 신분회지방(pays d'états)은 대혁명 때까지 지속되어오던 행정단위이다. 자율적으로 행정이 이루어지는 주들을 가리키는데 정확히 말해 부분적으로 자율적인 행정이 이루어지는 듯이 보이는 주들을 말한다. 왕국의 변방에 위치하고 있었고, 프랑스 전체 인구의 1/4 정도만 차지했다. 그들 중 지방 자치가 실제로 이루어지는 곳은 단 두 군데였다; A. 토크빌, 『앙시앵 레짐과 프랑스 혁명』 (박영률 출판사, 2006) 참조; 'pay'의 사전적 의미는 nation의 영토를 가리킨다. 징세구지방들(pays d'élection)은 앙시앵 레짐 때 조세 관련 소송을 취급하는 재판소가 설치된 지역을 말한다. M. Barrès, *Assainissent et fédéralisme*, p.7.

다 부과한다. 즉 라이나흐 남작과 코르넬리우스 에르츠 남작, 추잡하게 배회하는 무리들 이들을 한줌밖에 안 되는 정치인들은 방대한 나라의 코뮌의, 지역의 그리고 민족의 모든 일들이 집중된 그 사람들의 손아귀에 놓여있다.[90]

그는 프랑스를 하나로 통합하기 위해서 임무들을 강조한다. 이런 점에서 바레스는 지방들의 에너지가 공화국 내에서 풀어놓아질 수 있다고 믿었던 그 점이 모라스와 달랐다. 그의 연방주의는 확실히 공화국적이었다.[91] 보르도 연설의 세 번째 주장은 연방주의 조직의 구성 체계와 그 역할을 제안하고 있다. 먼저 바레스는 사람들의 집단을 영토에 속한 집단과 직업적으로 도덕적 집단에 속한 집단으로 구분한다.

> 인간에게 두 가지 종류의 집단이 있는데 지방집단(groupe local)과 도덕집단 (groupe moral)이 그것이다. 도덕집단에 대해서 우리는 결사의 절대적 자유를 요청한다. 지방집단에 대해서는 우리의 공식은 이렇다. 즉 코뮌에게는 코뮌의 이익들을, 지역에는 지역의 이익들을, 민족에게는 민족적 이익들을. 따라서 꼭대기에서, 공화국은 하나이면서 불가분이 된다. 이런 통합 속에 모든 수준에서 자유를 채택한 우리는 지역, 코뮌, 개인을 자유롭게 한다.[92]

지방집단들은 각각의 고유한 역할들이 있다. 민족 정부에 속하는 역할은 군대를 소집하고, 전쟁을 선언하고, 평화조약, 동맹조약, 상업조약을 선언하고, 민족 재정을 관리하고, 민족 전체에 의해 보증되는 돈을 빌리는 것, 나라 전체에 관련된 사업들을 위해 산업 결사체와 교섭하는 것이 그것이다. 지역에 속하는 역할은 정치적으로 사회적으로 행정을 스스로

90) Ibid.

91) R. Gildea, The Past in French History, p.179.

92) M. Barrès, Assainissent et fédéralisme, pp.5-6.

구성하는 것이다. 지역의 유일한 의무는 민족 통합, 민족의 헌정, 다시 말해 공화국을 인정하고, 각각의 시민에게 그의 자유를 누리도록 보장하는 것이다. 지역이 그것의 공무원들과 판사들을 선출하는 것, 지역이 그들의 임명과 그들에게 부여한 권한을 고정시켜 놓는 것, 지역이 자기 방식대로 지방의회들을 조직화하는 것이 지역의 권한들이었다.[93] 코뮌에 속하는 것은 허가 없이도 그 예산을 얻고, 양도하고, 차용하고, 중단하고, 코뮌의 가난한 사람들, 철도 그리고 지역 대학에 의해 활기가 불어넣어지는 학교들을 유지하는 것이다. 이것이 코뮌의 자치이다. 그래서 모든 자유를 기초로 한 연방체계는 각 개인에게, 각 코뮌에게, 각 지방에게 개인의, 동업조합의, 지방의, 코뮌의, 지역의 그리고 민족의 자유를 실현하는 가장 최상의 삶, 활동 그리고 독립을 보장해주는 것이다.

바레스는 이와 같은 연방주의 구상이 공상적이냐고 반문하면서 미국의 예를 비춰가며 프랑스에서의 현실성을 타진한다. 요컨대 바레스에게 있어서 민족주의가 외화된 형태가 연방주의였다. 바레스의 연방주의는 도덕적 집단과 영토적 집단을 하나의 코뮌의, 지방의, 민족의 조직 속에서 하나가 되게 하는 기획이었다. 이런 사상은 1899년 3월의 프랑스조국연맹에서의 연설에서 또 다시 찾을 수 있다.

나는 직업집단, 즉 동업조합이 영토집단에 추가되기를 정말 원한다. 다른 한편에, 결사의 자유를 요구하며, 도덕과 권리는 토지와 죽은자에 **토대를** 둔 의식 속에 잠재적으로 포함되어 있다고 이해하고 있다.[94]

바레스의 연방주의 사상을 종합해보면, 그것은 개인과 사회의 연대를

---

93) *Ibid.*, p.6.

94) M. Barrès, *Scènes et doctrines du nationalism*, p.93 각주1) 참조; 마르세유 강연, "연방주의 개념에 관하여(*Notes sur les idées fédéralistes*)" in *Scènes et doctrines du nationalism*.

나타내는 '연방과 계약' 원칙 사상으로 표현된다.[95] 연방과 계약! 지리적 그룹들(지역, 코뮌), 도덕적 그룹(직업적 또는 모든 신분들의 집합체)은 연방 안에서 자체적으로 일어나고, 또 거래 및 교환과 유사한 계약에 의해 자체 내부를 규제하는 형식이다. 즉 그것(연방과 계약)이 개인주의와 연대의 불일치를 조정하여 조화시킬 수 있고, 그것이 바로 모든 규제 방안을 피하는 한편 재결합시키는 것이다.[96] 그것(연방과 계약)은 도덕적 신체적 차이를 존중한다. 개인이 다른 개인들과 무난한 관계를 맺을 수 있게 해준다.[97] 바레스가 구체적인 현실 정치에서 방법론적인 최선책을 모색한 결과 바레스는 민족통합 속에서 코뮌 및 지역 자치가 유일한 해결책이며 가장 좋은 사회적 이행이라고 보았던 것이다.[98] 그리고 그것의 외연인 연방주의를 사회적 변혁의 수단으로 여겼던 것이다. 연방주의는 본래 자치와 지방적 또는 적어도 족류적 자치의 교의(=자치론)이다. 그것의 중요한 요인은 인간의 의지라기보다 경제적 역사적 질서의 이익과 성격들이다. 즉 가장 대조적인 철학적 정치적 교의에 입각해 이런 부류의 자치를 수립할 수 있다.[99] 도(départment)체제에 근거하고 있는 연방주의는 오랫동안 정치적 대표체제에 부과되어온 모든 일련의 전형을 보여주는 것이었다.

결론적으로 19세기 후반에 출현하는 여러 '적분적 민족주의'[100]는 당시

---

95) W. C. Buthman, *The Rise of Integral Nationalism in France*, p.72.

96) M. Barrès, *Scènes et doctrines du nationalism* II, 1925, pp.251-252.

97) *Ibid.*, 1925, p.253.

98) *Ibid.*, 1902, p.500.

99) *Ibid.*, pp.480-481.

100) '적분적 민족주의(nationalisme intégral)'는 민족주의라는 이름하에 프랑스혁명이 가져온 부정적 측면에 대한 비판 이론을 민족주의 이름으로 종합한 민족주의를 일컫는 용어였다. 이 용어를 처음 사용한 이는 샤를 모라스였다. 그는 프랑스혁명의 교의의 특정한 측면에 반대했던 다섯 그룹(①프랑스혁명의 상속법 반대그룹, ②코뮌의 재건을 주장하며 중앙집권적 통치를 반대하는 그

민족주의 지식인들이 전개했던 연방주의 캠페인으로 표출되었다. 그중에 바레스의 연방주의는 도덕적 집단과 영토적인 집단을 코뮌의, 지방의, 민족의 조직 속에 하나가 되게 결합하는 것이었다. 한마디로 도덕집단과 영토집단(=지역공동체)의 결합이며, 이런 결합을 통해 바레스는 튼튼한 조국 프랑스를 건설하고자 했던 것이다.

3. '죽은자들(les morts)'의 목소리

1) '죽은자들'의 목소리와 조상신화

한 집단의 자기정의 가운데 핵심적인 요소는 그 집단 공동체의 기원에 관한 것이다. 신화의 일차적인 기능은 집단의 소속감을 강화시키고 민족 구성원들에게 민족의 경계 밖에 있는 타자들에 대한 인식과 함께 민족에 대한 확신, 존엄성 그리고 영속성을 부여한다는 것에 있다.[101] 민족의 기원신화의 주요 매개체들로는 그 민족의 영토와 조상들을 들 수 있다. 이러한 영토와 조상들은 그 민족의 '고토'라 부를 수 있었다. 우리는 바레스에게서도 그와 동일한 고토사상을 발견할 수 있었다. 바레스의 민족 개념의 핵심은 '토지(la terre)'와 '죽은자들(les morts)'로 표현되었다. 바레스에게서 민족의 한 요소인 '죽은자들'은 영웅들, 익명의 무명인사들 모두를

룹, ③코뮌의 재건과 함께 지역적 자유의 회복(프로방스의 재건)을 주장하는 도(department) 반대그룹, ④경제적 자유주의 반대그룹, ⑤정치적 자유주의 반대그룹의 주장들과 자신의 주장(모든 자유주의적 · 의회주의적 · 공화주의적 시스템에 반대하는 세력을 합치고, 마지막으로 가족이라는 세습적 제도에다가 코뮌과 프로방스의 영원한 성문율; 직업적 제도 · 정치적 권위의 안정된 원리를 합치면 이것이 곧 군주정이 될 것이라 주장함)을 합쳐 '수학적' 방식으로 주장했다. W. C. Buthman, *The Rise of Integral Nationalism in France*, pp.270-271; 김인중, 『민족주의와 역사』, 697쪽 참조.

101) 마은지, 「조상신화와 민족정체성-모리스 바레스를 중심으로」, 80-81쪽 참조.

포함한다. 프랑스는 그들을 사랑하고, 조국의 길잡이가 되는 대표할 만한 영웅들뿐만 아니라, 익명의 사람들, 무명 인사들도 사랑한다. 그 이유는 다음과 같다.

> 우리가 슬퍼하는 것은 흙으로 돌아간 육신이 아니라, 우리를 둘러싸고 있는 것은 하나의 감정, 우리를 지배하는 하나의 의식이다. 그 의식이었던 것, 그 것은 그것의 충고들, 그것의 선행들, 그것의 사례들이다. 그 모든 것이 우리의 기억 속에 살아있다. 그 사유가 삶의 투쟁 속에서 항상 우리 기억 속에 나타나 있어야 할 것이다. 그림자가 상당히 매우 짙은 시간들이 있다. 그것은 우리의 자리에 무엇을 만들까? 그것은 우리에게 무엇을 하라고 말하는 가? 바로 그것이야말로 의무의 자리이다. 그것을 통해서 우리는 그것을 생각하고, 그것의 유익한 힘은 그의 생애 동안처럼 우리 위에 펼쳐진다. 바로 그런 식으로 죽은자들은 산자들에게 손을 내미는 것이다.[102]

개인과 죽은자들은 어떻게 연결되어 있고 어떤 연관성을 갖는가? 죽은자들은 비록 그들의 육신은 사라져버렸지만, 우리의 의식 속에 지속적으로 살아있다. 그 의식은 기억을 통해 존속된다. 그들은 기억들 통해 산자들에게 말을 하는 것이다. 또한 그것은 과거로부터 내려온 유산을 통해 전수된다. 그러므로 그 유산은 잘 보존되어야 하고 다른 사람들에게 전해져야 했다. '오늘 내안에 살아있는 영혼은 수천 명의 죽은자들로 이루어져 있고, 그 총합이 내가 죽고 잊혀질 때 나에게 살아있을 것'이라고 했던 이야기를 우리는 기억하고 있다.

이렇게 개인은 그의 인종의 발전에서 한 찰나, 장기적인 문화에서 한 순간, "나를 앞서가고 나를 생존하게 할 천 가지 힘 속에 있는 한 가지 운

---

[102] Barrès, *La Terre et les Morts: Sur quelles réalités fonder la consicience française*, p.22; *La Terre et les Morts*는 1899년 3월 10일자 〈프랑스조국연맹 (*La Patrie française*)〉 컨퍼런스에서 연설했던 팸플릿 제목이기도 하다.

동"이었다. 개인의 핵심 부분은 그 사람 안에 쌓여있는 영원의 그 부분이었다. 개인은 가족, 인종, 민족 속에서, 즉 무덤에 의해 무가치하게 되어버렸던 수천 년 속에서 그의 진짜 본질을 발견한다. 그런 점에서 바레스는 "과거가 아니라, 영원한 것"[103]을 옹호한 자였다. 요컨대 현재의 '나', 자아를 있게 하고, 나의 진짜 본질을 발견하는 것은 수 천 년 동안 무덤 속에 있는 잠자고 있는 죽은자들이었다. 나 개인은 나의 가족, 인종, 민족 속에서 의미를 갖는 것이다.

그렇다면 바레스가 '죽은자들'의 목소리에서 들은 것은 무엇이고 그들에게서 무엇을 발견했을까?

먼저 바레스가 로렌의 죽은자들 속에서 발견한 것은 전통이었다. 로렌은 실제로 바레스에게는 그의 아버지가 죽은 이후에 비로소 그에게는 감정의 문제가 되었다. 즉 그는 로렌을 그의 아버지의 무덤에서 로렌을 창조했다. 그의 어머니도 또한 바레스가 토지와 죽은자들에 대한 숭배를 형성하는 데 중요한 영향을 미쳤다. 그의 어머니는 공동묘지에 있는 그의 아버지의 묘지로 가서 바레스가 드레퓌스 사건의 렌 재판 동안에 썼던 피카르디 대령에 대한 기사를 다시 읽었다. 그는 그의 부모의 시신을 따라 공동묘지로 향해 갈 때, 교구의 종소리가 그가 태어난 고향 땅 로렌에의 의존을 공개적으로 그에게 말하기 시작했다고 털어놓았다.[104]

또한 그 죽은자들(=부모)로부터 바레스는 규율, 천재성, 용기, 그리고 지식을 얻었다. 바레스는 그의 소설 속의 캐릭터들 중에 하나인 생플랭(Saint-Phlin)을 통해 묘지들에서 "생명의 나무와 그 뿌리들이 영혼을 진작시키는 것을 보았다고" 말한다. 죽은자들이 묻혀 있는 토지는 그에게 영혼의 안정감을 가져다주고 삶에 용기와 지식을 가져다주는 근간이 된다.

---

103) M. Barrès, *Mes Cahiers*, XIII, p.25.
104) M. Curtis, *Three Against the Third Republic, Sorel, Barrès et Maurras*, pp. 112-113.

게다가 죽은자들은 삶의 규율을 제시해준다. 그런 내용을 다음의 글에서 도 찾아 볼 수 있다. 7명의 친구 중에[105] 모두 파리로 떠날 때 유일하게 혼자 로렌을 지켰던 생플랭이 그의 친구 스투렐을 로렌으로 불러 로렌의 규율과 로렌의 양육을 칭찬하는 말에 스투렐은 이렇게 대답한다.

낭시의 정규학교는 시골을 산책하고, 인근의 산업시설과 역사적으로 중요한 장소를 방문하고, 로렌이 프랑스 문화에 빚지고 기여한 것들을 보여줌으로 써, 그곳 아이들의 미래의 교사들을 로렌의 것들로 훈련시켜야 한다.[106]

그 교사들은 로렌의 인종의 성질에서, 그 지방의 관습에서, 그 유산 속에서 교육받아야 한다. 그들은 그것들을 알아야 함을 물론 사랑해야 한다. 그들은 그 땅과 죽은자들을 사랑해야 한다.[107]

그들이 로렌의 규율, 이 로렌의 척추를 갖기만 한다면, 그들이 이 캉통 (canton)을 떠나 집어삼킬 듯한 환경 속으로 빠져든다 해도, 결코 뿌리 뽑히지는 않을 것이다. 그들은 그들의 아버지의 "연속"으로 남을 것이다.[108]

불랑제장군지지운동의 실패에 불만을 품었고 파나마 스캔들에 격분했고 "무뇌상태이고 분열된" 프랑스의 조건에 의해 만들어진 "전체적인 마비" 에 화가 났던 스투렐은 그가 할 수 있는 최선의 것은 자신이 더욱 더 로

---

105) 『뿌리 뽑힌 사람들』에 주인공으로 등장하는 로렌의 젊은이들 중에 스투렐은 전반적으로 불랑제지지적인 바레스를 나타내고, 또 뢰메르스파셰는 테느주의 자 바레스를 나타내며, 생플랭은 바레스가 테느의 결정론에 덧붙였던 감정적 이고 사이비 과학적인 첨가를 상징한다. 즉 죽은자들과 묘지의 분위기에 대한 샤토브리앙식의 애정 그리고 에두아르 폰 하르트만과 수리로부터 얻은 개념들이 그것이었다; W. C. Buthman, *The Rise of Integral Nationalism in France*, p.79.

106) M. Barrès, *Leurs figures* (Paris: 1911), p.225.

107) *Ibid.*, p.226.

108) *Ibid.*, p.229.

렌 인이 되는 것이라고 결론을 내린다. 한 개인의 삶의 근간이 되고, 삶의
규율을 제시해주는 죽은자들은 개인의 삶의 끝이면서 연속체이다.

끝으로 바레스가 죽은자들, 즉 조상들의 목소리에서 들은 것은 도덕적
통합이었다. 바레스가 방문한 샹비에르 공원묘지 앞에서 죽은자들에 대
한 바레스의 상념들이 잘 드러나 있는 부분들이 있다.

> 샹비에르에서 우리의 죽은자들이 뒤섞여 있는 모래밭에서, 거역할 수 없는
> 숭배 운동에 의해, 우리 마음은 우리의 이성으로 하여금 프랑스의 중대한
> 운명들을 인정하게 하고 우리에게 모든 도덕적 통합을 강요한다.[109]

죽은자들은 프랑스의 운명을 생각하게 만들고 프랑스 전체의 모든 도덕
적 통합을 강요한다. 나아가 민족이 하나가 될 것을 이야기해준다.

> 인민의 의식을 형성하는데 조상들의 이 목소리, 즉 메스가 너무나 잘 우리
> 에게 귀 기울이게 만드는 토지의 이 교훈보다 좋은 것은 없다.[110]

> 토지는 우리에게 규율을 제시하고, 또 우리는 조상들의 연장이다. 그것은
> 우리 자신이 토대를 두어야만 하는 어떤 현실이다[…] 우리는 우리 안에서
> 말을 하는 집단성의 산물이다. 조상들의 영향은 영원하고, 후손들은 활력
> 넘치고 올바를 것이고, 민족은 하나가 될 것이다.[111]

토지의 교훈, 조상들의 목소리가 들려주는 교훈은 규율과 나만을 생각하

---

109) M. Barrès, *La Terre et les Morts*, p.20.
110) *Ibid.*, p.20. 프랑스인이 독일로 병합된 로렌 땅의 무덤들에서 오늘날 발견할
    수 있는 "민족교육의 힘(*force de l'enseignement national*)"에 대한 이런 시각
    들은 준비 중에 있었던 저서 『병사에 호소(*l'Appel au Soldat*)』와 "민족의 뿌리
    를 찾아서(*A la recherche des racines nationales*)"라는 제목의 한 장에서 뽑아
    냈다. 이하 *La Terre et les Morts*의 note. 3, p.31 참조.
111) *Ibid.*, p.20.

지 않은 집단 안에서의 개인을 생각하게 한다. 그런 조상들은 영속적인 토지활동을 통해서만 그들의 정신에 축적된 유산을 우리에게 전달해준다. 그러므로 토지와 죽은자들을 부인하는 것은 우리를 거짓에 빠지게 된다.

우리의 토지와 죽은자들을 부인하는 우리의 행위 하나하나는 우리를 고갈시키는 거짓 속으로 우리를 빠져들게 한다.[112]

그러므로 우리가 현재 누리는 많은 업적들은 조상들의 노고에 의해 이루어진 것들이라고 바레스는 말한다.

스스로에 대해 생각한 인종은 자신의 존재를 죽은자들을 기림으로써 확인했는데, 많은 업적들이 알려지지 않은 세대들, 즉 조상들의 노고에 의해서 이룩되었다.[113]

죽은자들은 단순히 조상들로 좁게 한정되지는 않는다. 더 나아가 죽은자들은 '영웅신화'와 '조상신화'로 확장된다. 그것들의 기능은 분열된 민족에 단합과 새로운 에너지를 가져다 줄 수 있다고 상정하고 있다. 여기에서 바레스는 공동체의 의지를 구현할 수 있는 지도자를 구상했다. 이런 사상 속에는 바레스의 경험들이 자리하고 있다. 주지하다시피 바레스는 프랑스인으로 남아있는 로렌 지역의 토박이면서 나폴레옹 군대의 한 장교의 손자였다. 그런 명예심을 간직하고 있던 바레스는 공적 이익을 사적이익 앞에 굴복해버리는 의회제 공화국에 대해 심한 경멸을 갖고 있었다. 그런 중에 1889년에 낭시에서 불랑제파 국회의원으로 당선되었다. 불랑

---

112) M. Barrès, *Amori et dolori sacrum*, p.279.
113) M. Barrès, *Colette Baudoche* (Paris: 1923), p.150.

제장군지지운동이 실패한 후에 그는 공화국에 대한 그의 비판을 가다듬어 그것을 '분열되고 무뇌상태'라고 불렀다. 이것은 의회체제가 우두머리가 없다는 주장이었다. 즉 장관들은 의원들에게 신세를 지고 있고, 의원들은 선거구민들에게 신세를 지고 있는데, 재당선을 위해 이 선거구민들을 의원들은 매수하거나 그들에게 아첨을 떨어야 했다. 중앙 행정부를 관리하고 있는 장관과 의원들 모두 그들의 임무를 후견에 의한 선거 관리와 당 기관지에 자금지원을 하는 것으로 축소시켰다. 또한 그들은 투기 목적으로 정치적 인허가를 구하면서 사적 이익 앞에서 부패해 버렸다. 이들 정치인들과 한 패거리가 공화국의 학교 교사들이었다. 교사들의 임무는 부정직한 체제를 정당화시키는 국가철학을 가르치는 충실한 교육자 역할을 수행하는 존재들이었다.[114] 바레스는 의회제도의 불안정성과, 국회의원, 장관들, 언론들, 교사들을 신랄하게 비판한다.

이런 부패한 공화국에 불랑제와 같은 카리스마를 가진 지도자가 필요했다. 불랑제는 일대쇄신을 하고 젊은이들에게 그들의 지방의 땅을 사랑하고 그들 조상들의 목소리를 경청하도록 가르치는 데 훨씬 정곡을 찌르는 도덕성을 전파시킬 수 있는 인물이었다. 바레스는 이런 사상들을 단명한 신문인『라코카르드』(1894~1895)에서, 그리고 심지어 단명한 지방분권 민족연맹(Ligue Nationale de la Décentalisation)에서 확산시켰으나, 훨씬 더 영향력이 있었던 것은 그의 소설『뿌리 뽑힌 사람들』에서였다. 일군의 젊은이들의 운명을 추적하고 있는 이 소설은 낭시에서 공화국의 한 정치인이 되는 '이성의 이들'인 그들의 철학 교사 부테유에 의해 그들의 고향 로렌을 떠나 뿌리가 뽑힌 자들을 다루고 있다. 파리에서 그들은 의회 정치가 독일 유대인 재정가인 자크 드 라이나흐 남작 같은 인물에 의해 조정되고 있다는 것을 발견했다. 또 그 무리 중에 두 사람은 가족과 지방의

---

114) R. Gildea, *Children of the Revolution, The French, 1799-1914*, pp.299-300.

유익한 영향을 뺏기고 살인에 빠져든다. 그러나 나머지 젊은이들은 로렌과 접촉하여 얻은 '토지와 죽은자들'의 메시지를 재발견함으로써 구원받는다.[115] 바레스의 자아를 나타내는 소설 속 주인공 스투렐은 나폴레옹의 무덤을 같이 순례하자고 설득한다. 그곳에서 그는 경건한 마음으로 나폴레옹의 인생에 대해 이야기하고 그들은 나폴레옹을 "에너지의 교사"로 여긴다.[116] 나폴레옹처럼 에너지가 넘치고 거장인 또 한사람의 지도자는 현재 분열되고 무뇌상태인 프랑스에 통일과 새로운 에너지를 가져다 줄 것이다. 스투렐은 나중에 불랑제장군에게서 지도자로 희망을 걸어볼만 하다고 생각하며 그의 운동에 열렬히 가담한다. 그리고 이제 그는 테느와 보나파르트가 결국에 서로 그렇게 다르지 않다는 것을 발견했다. 왜냐하면 그것은 그들의 감정을 구현하는 인물을 가지려는 프랑스 인민의 특성이었기 때문이다.[117] 바레스는 정직하고, 능력 있고, 나라에 도덕적 통합을 재창조하고, 서민들을 행복하게 만들고, 프랑스에 영광을 가져다 줄 수 있는 사람이 권력을 잡게 하는 것이 전혀 이상할 것이 없다고 설명한다.[118] 바레스가 상정한 지도자는 민족에게 에너지를 되살아나게 하는 존재인 것이다. 다시 말해 프랑스 민족의 질서, 안정, 조직을 유지하기 위해서는 정신적 지도자가 필요하다[119]는 입장이었다.

이와 같이 바레스가 그의 사상에 보나파르트적인 측면을 부여했던 것은 그가 뛰어들었던 불랑제장군지지운동에서 실제로 느꼈던 그의 감정의 반영이었다. 그것은 불랑제장군에 대해 느끼는 어떤 끌림과 자유민주주의에 대한 그의 반대를 표상한 것이었다. 바레스는 직접 민주주의와 권력

---

115) *Ibid.*, p.300.

116) M. Barrès, *Les Déracinés*, I, p.248.

117) M. Barrès, *L'Appel au Soldat*, 1911, p.53.

118) M. Barrès, *Scènes et doctrines du nationalism*, p.97.

119) M. Curtis, *Three Against the Third Republic; Sorel Barrès et Maurras*, p.239.

의 인격화를 간청했고, 뿐만 아니라 스위스에서와 같은 민중의 국민투표 실시를 간청했다. 여기서 우리는 바레스가 지방분권과 민족의 지도자 사이에 관계를 어떻게 설정하는지 엿볼 수 있다. 즉 지방분권을 통해 여러 지방적 민족(정체)성들[그는 "프랑스의 민족(정체)성"만큼이나 "로렌의 민족(정체)성"에 대해 이야기했다]과 지도자에 대한 요구 사이에서 균형을 잡아야 한다고 말한다. 그것이 민족이라고 상정한다.[120]

위의 설명들을 요약하자면 죽은자들의 목소리는 조상신화와 영웅신화를 창조한다. 영웅신화는 과거의 유명한 영웅들의 덕성을 기념하게 해준다. 공동체를 위한 고결한 희생의 덕성은 후손들에게 "공동체의 창조성의 그릇"이고 "민족의 삶의 흐름의 일부"이며 무엇보다 민족의 황금의 시대를 회상케 한다.[121] 또한 조상신화는 '누가 우리를 낳았고, 어떻게 우리가 그/그녀의 자손인가?'에 대한 물음이다.[122] 다시 말해, 조상신화의 기능은 '우리가 누구인지'에 대해서 알려주며, 세대를 거듭하여 우리의 조상과 후손 그리고 그 사이에 있는 우리를 연결해주는 하나의 고리와 연대 의식을 만들어준다는 점에서 중요하다. 또한 우리가 우리 자신을 발견한다면, '우리가 어디에 있는지', '우리가 무엇이 되어야 하는지'에 대해서 알려준다는 점에서도 중요하다. 공동체의 삶 안에서 지난 시대의 분위기와 드라마를 전달해줌으로써, 우리는 우리 조상의 삶과 시대를 다시 살게 되고 우리 자신을 '운명 공동체'의 일원으로 만들어준다. 이것이 과거의 재발견을 통해서 현재의 세대들에게 주는 과거의 의미이자 조상신화의 의미이다. 산자와 죽은자를 이어주는 긴 사슬은 과거의 조상들과 현재의 우리의 사이에 진정한 공동체의식과 민족정체성을 만들어준다.

---

[120] B. Krulic, "Le peuple français chez Maurice Barrès: une entité insaisissable entre unité et diversité".

[121] 김인중, 『민족주의와 역사』, 798쪽.

[122] 같은 책, 793쪽.

2) 결정론과 외국인 문제—배타적 반유대주의

토지와 죽은자들은 결정론을 형성한다. '결정론'은 현재에 미친 과거의 결정적인 비중을 인정하는 태도이다. 또한 혈통의 신성한 법칙에의 순종을 말한다. 거기에서 가장 큰 비중을 차지하는 것이 토지와 죽은자들의 위대한 목소리에의 복종이다. 이렇게 여러 형태로 나타나는 이 결정론은 바레스의 민족주의의 토대를 이루고 있다. 즉 "민족주의는 결정론을 받아들인다."[123]

그렇다면 우리는 누구인가? 우리는 같은 땅에서 살아가는 수세대의 조상들의 유기적 창조물이다. 그런 우리는 이 토지와 죽은자들의 심리적 환경적 결정론을 따른다. 즉 결정론은 나의 정체성을 확인시켜준다. 왜 그럴까? 우리는 토지와 죽은자들을 통해 "부모들과 조상들의 연속체이고 이것은 나아가 같은 인종, 같은 가족이라는 사실이 심리적 결정론을 이룬다"[124]고 보기 때문이다. 왜냐하면 민족은 "같은 역사적 시간과 경험을 공유하면서, 죽은자들과 함께 살아가고, 공통된 유산과 같은 목표를 가지고 있는 공동체"[125]이기 때문이다.

민족에 대한 결정론적 사유는 자연스럽게 프랑스인이 아닌 자들에 대한 의구심을 낳는다. 그것이 프랑스인의 삶에 새로 들어온 귀화인의 문제이다. 바레스는 프랑스인의 삶에 들어오는 신참자들(=유대인과 프로테스탄트였다)에 대해서 가혹했다. 귀화한 외국인에 대한 바레스의 발언의 함의를 살펴보자.

바레스는 민족적 경험들을 함께 나누지 못한 귀화는 어떤 사람에게 민족적 성격은 제공하지 않고 한 민족의 이점만을 획득하게 해주는 단지 법적

---

123) M. Barrès, *Scènes et doctrines du nationalism*, p.8.

124) Z. Sternhell, *Maurice Barrès et le nationalism français*, p.298,

125) M. Barrès, *Scènes et doctrines du nationalism* I, 1925, pp.82-83.

인 허구일 뿐이라고 비판한다. 그것에 대해 귀화한 영향력 있는 사람이었던 알프레드 에드워드(Alfred Edwards)와 바레스는 아주 격렬하게 논쟁을 벌였다. 바레스는 그를 하나의 시민으로 간주하기를 거부했다. "우리가 설사 우리 가운데 그의 체류를 용이하게 해줄지라도, 그는 여전히 외국인이다"라며 외국인을 구별했다. 그 이유인 즉 최근에 귀화한 사람은 마음속 깊이 프랑스의 대의와 이익에는 크게 관심이 없다. 민족의 일원으로 민족을 구성하는 일개 시민라고도 할 수 없다. 그 대표적인 예로 바레스는 드레퓌스 사건을 아주 최근에 귀화한 사람들에게 정치적 영향력을 허용한 위험한 한 사례로 들었다.[126] 결국 한 사람에게 민족이라는 의식과 소속감, 곧 한 나라의 민족적 정체성은 시민적 법적인 자격과 권리를 누림으로써 만들어지는 것이 아니라, 많고 적고의 차이는 있을지언정 어느 정도 긴 시간 동안 같은 환경 속에서 공동의 전설들, 전통들, 습속들을 함께 공유하면서 하나가 된 사람들의 집단이기 때문이다. 그것은 몸으로 체득하고 느껴져서 만들어지는 것이다. 그런 점에서 민족은 일면 마음속으로 결정되는 '느낌의 공동체'이다. 바레스는 이런 점을 유대인과 관련시켜 생각했다.

> 유대인 문제는 민족문제와 관련되어 있다. 프랑스혁명을 통해 태생적인 프랑스인들과 동일시되었던 유대인들은 그들의 독특한 성격을 보존해왔고, 또한 예전에 박해를 받았던 그들이 지배자가 되었다. 우리는 양심의 최대한의 완전 자유를 지지한다. 게다가 우리는 프랑스혁명에 의해 공표된 시민적 자유의 원리들을 불러내서 그런 방법으로 방어하는 것같이 보이는 특전을 유대인에게 허용하는 것이 대단히 위험하다고 간주할 것이다. 그들은 그들 고유의 고립된 행동을 통해서 매점, 투기, 범 세계주의적인 습속을 통해 이런 원리를 위반한다. 게다가, 군대에서, 지방행정관직에서, 각료직에서, 우리의 모든 행정부에서, 그들은 숫자상으로 그들에게 자격이 주어질 수 있는 표준

---

[126] M. Curtis, *Three Against the Third Republic, Sorel Barrès et Maurras*, pp. 203-204.

비율을 계속 넘어서고 있다. 그들은 부패케 하는 돈을 갖고 있어서 지사, 판사, 회계원, 장교에 임명되었기 때문이다. 심지어 법을 건드리지 않은 채, 더 많은 수단을 조정하는 이들을 요청함으로써, 우리는 위험한 불균형을 깨뜨려야 하고 또 우리의 진짜 민족의 아이들, 즉 유대인 민족의 아이들이 아닌 골족의 아이들에게 보다 많은 존경을 받게 해야 한다.127)

바레스가 경계하는 것은 쇠퇴하는 프랑스 민족과 비교했을 때, 유대인들이 프랑스 안에서 차지하는 입지가 점점 더 커지고 있다는 것에 대한 경계 의식과 불안이었다. 이 글에서도 바레스는 시민적 민족 개념만으로는 민족이 얼마나 불안정한지를 설명해주고 있다. 또한 유대인의 사고방식과 바레스의 사고방식이 다름을 여실히 드러내는 것은 조국관에서도 볼 수 있다. 바레스는 유대인들과 프로테스탄트들은 조국에 대해 보편적이고 그렇기 때문에 추상적으로 여기며, 유대인들에게 조국은 그들의 이익을 발견하는 곳이었다고 말한다.

위에서 인용된 글에서 볼 수 있듯이, 바레스는 프랑스 안에서 일어난 유대인 문제의 몇 가지 실질적인 사례들을 설명해 주고 있었다. 바레스가 보기에, 유대인들의 문제는 민족문제와 밀접한 연관성을 갖고 있다. 그런 이유로 1889년 낭시 선거 프로그램에서 바레스는 유대인 문제를 민족문제와 연결시키면서, 손쉬운 귀화 방식에 장애물이 설치되어야 한다고 주장했다. 원래 근본적으로 '유대인'이라는 단어는 단지 독점자, 고리대금업자, 증권거래소의 중개업자를 지적하는 형용사에 불과했다. 그런데 그것이 민족문제와 관련될 때, 단순히 유대인을 가리키는 속성의 의미를 넘어서는 것이 되었다. 어떤 점에서 반유대주의는 사회주의의 자연스러운 동맹자이었다. 드뤼몽의 『유대인의 프랑스(*La France juive*)』는 『라르뷔소시알리스트(*La Revue socialiste*)』의 최상의 준비였다.128) 이 문제에 관한 바레스의 견해(사

---

127) M. Barrès, *Scènes et doctrines du nationalism*, p.43.

고방식)가 당시에 정파를 막론하여 프랑스인의 일반적인 정서였다는 점을 보여주는 한 사례가 있다. 바레스가 1898년 그보다 훨씬 극단적인 반유대주의 후보자에게 선거에서 패했다는 사실은 아이러니가 아닐 수 없다.

당시 유대인들은 파나마 스캔들의 증거가 보여주었듯이, 프랑스와 해외에서 모두 강력했다. 귀화한 독일인 라이나흐 남작은 하원의원들과 심지어 각료들까지 관영사업에 대해 이해시키고, 자신의 돈을 정부에 사적으로 영향력을 행사하는데 사용할까 생각했던 것이다. 의회에서 바레스와 라이나흐(Joseph Reinach) 사이에 벌어진 한 사건 이후에, 바레스는 비가톨릭신자가 가톨릭 업무에 대해 논의할 권리를 인정하기를 거부했다. "각자 자신의 지역으로-라이나흐는 프랑크푸르트로"[129]라고 선언했다. 또한 바레스는 유대인 나케가 의회주의에 반대하던 적수에서 의회주의 정치인으로 활약하는 적수로 변신한 것에 대해, 또 불랑제장군지지운동을 단순히 의회에 대한 군소리로 축소해버렸던 그를 비난했다.[130]

무엇보다 유대인의 문제가 가장 적나라하게 표출되었던 것은 드레퓌스사건이었다. 이 사건을 통해 바레스는 민족에 대한 철저한 성찰과 사고를 하는 계기가 되었다. 드레퓌스를 통해 프랑스 민족에 대한 사고가 어떻게 발전하는지 살펴보자.

나는 드레퓌스의 상징을 프랑스와 관련시켜 판단한다.[131] 반역자 드레퓌스의 석방이 결국 사소한 것일지 모르지만, 그러나 만일 드레퓌스가 반역자이상이라면, 즉 그가 하나의 상징이라면, 그것은 또 다른 문제다. 이것이 드레퓌스 사건이다! 이제 그만하자! 상징으로서의 드레퓌스를 지지하는 진영

128) M. Barrès, "La Formule antijuive," Le Figaro (22 février, 1890).

129) M. Barrès, Mes Cahiers, VI, p.360.

130) M. Curtis, Three Against the Third Republic, Sorel Barrès et Maurras, p.214.

131) "L'Etat de la question", Le Journal (4 octobre 1898); M. Barrès, Scènes et doctrines du nationalism, p.34.

의 승리로 그들의 고유한 정신에 따라 프랑스의 변혁을 추구하는 사람들을 권력에 안착시켰다. 그리고 나 바레스는 프랑스를 보호하고 싶다. 그러한 반대가 곧 민족주의이다. 당신들은 우리가 당신들의 몽상에 굴복하기를 바란다. 우리는 오직 프랑스를 유지할 수 있는 조건들을 확인해야만 그 조건들을 받아들이겠다.[132]

바레스는 개인의 양심에 따라 드레퓌스에 대한 지지를 결정할 수도 있다는 여지를 두고 있다. 문제는 드레퓌스가 유죄인 것은 개인적인 차원을 떠나 나라를 대혼란에 빠뜨렸기 때문이다. 여기서 바레스는 철저히 프랑스를 보호하고 지키겠다는 의지를 밝힌다.

군대, 군대의 사법권, 인종 싸움에 대해서 우리의 양심에 따라 드레퓌스 지지자가 될 수도 있고 반드레퓌스 지지자가 될 수도 있다. 중요한 것은 여러분의 양심이 아니라, 프랑스의 이익과 관련하여 이 문제들은 다루어져야 한다. 특히 로렌 지역에서는 군대를 없애서는 안 된다. 프랑스 국가를 "대혼란"에 빠뜨릴 위험이 있는 유대인 민족성의 거대한 세력이 확인되는 이상 반유대주의 운동에 대해 불평해서는 안 된다.[133]

여기서 바레스는 군대, 군대의 사법권, 인종 싸움에서 기본적으로 모든 것을 프랑스와 프랑스 민족의 이익을 중심으로 생각했음을 알 수 있다. 프랑스의 안위를 위한 생각이 반유대주의로 표출되었던 것이다. 그는 유대인 민족의 거대한 힘이 결국 프랑스를 위협할 정도로 막강하게 드러나는 것을 경계했던 것이다. 드레퓌스를 지지하고 옹호하는 드레퓌스파 지식인을 향한 바레스의 비판의 이유는 다음의 구절에서 드러난다.

---

132) M. Barrès, *Scènes et doctrines du nationalism*, p.34.
133) *Ibid.*

병약한 칸트철학에 도취한 대학의 이론가들을 내가 이해하지 못하는 것도 바로 이런 사실 때문이다. 그들은 우리의 부테유에 선생님처럼 "나의 행동이 '보편적 기준'이 되도록 그런 식으로 항상 행동하라"고 말한다. 전혀 그렇지 않다. "언제나" "보편적"이라는 이 두 중요한 용어를 그대로 두어서는 안 된다. 왜냐하면 우리는 프랑스인이기 때문에, 프랑스의 이익에 따라 행동해야 하는 것을 여러분은 유념하라.[134]

위에서 보듯 바레스가 당시 드레퓌스파 지식인을 향해 비판을 가한 것도 그들이 인권과 세계주의를 이야기하면서도 드레퓌스를 내세워 프랑스의 군대와 군의 사법권에 도전하고 드레퓌스를 이용해 또 다른 인종주의를 그들이 이용하려 했다는 것이다.[135] 바레스는 상대적 진리를 옹호했다.

그렇다고 해서 반드레퓌스파였던 바레스가 인종주의자였을까? 우리는 단언하기 어렵다. 바레스는 인종(race)과 민족(nation) 개념을 구분하여 사용하고 있음을 앞에서 보았다. 그는 프랑스 민족은 엄연히 인종의 개념과는 다르다고 피력하고 있다. 앞에서 보았듯이, 바레스에게 민족의 핵심은 '토지와 죽은자'였다. 그것은 같은 땅에서 살아가는 수세대의 조상들의 유기적 창조물이라는 것이다. "나는 나의 죽은자들에(=조상들) 따라 오직 살아 갈 수 있다."[136] 바레스의 이와 같은 생각이 완전히 새로운 것이 아니었고, 미슐레와 르낭의 반향들이었는데도 문제는 그것이 훨씬 더 인종적이고 결정론적인 의미로 해석되었다는 것이다. 바레스의 반유대주의는 항상 극단적인 종류는 아니었다. 예컨대 드뤼몽에 대한 생각을 보면, 바레스는 1889년의 프랑스 반유대주의 민족연맹(Anti-Semitic National League of France)의 공동 창시자이자 『유대인의 프랑스』의 저자이며 또 격렬한

---

134) *Ibid.*

135) *Ibid.*, pp.31-33.

136) R. Girardet, *Le Nationalism français, 1871-1914.* p.187; R. Tombs, *France 1814-1914* (London and New York: Longman, 1996). p.317.

반유대주의 신문『라리브르파롤(*La Libre parole*)』의 편집장인 드뤼몽을
프랑스에 괄목할 만한 이바지를 했다고 생각하여 자신의 저서『그들의 모
습들(*Leurs Figures*)』을 그에게 헌정했다. 그렇지만 바레스는 프랑스에서
유대인들을 추방하거나 몰수해야 한다는 드뤼몽의 제안에 아주 확실하게
반발했다.[137]

드뤼몽과 같은 극단적 반유대주의와는 다르게 바레스가 유대인에 대한
적대감을 가졌던 것은 유대인의 특성에서 찾는다. 즉 그들은 바람직한 성
질들이 부족하고, 또 프랑스의 전통에 체제전복적인 강력한 외국적인 요
소로 여겨졌기 때문이다. 바레스의 의식에서 볼 때 유대인들은 전통이 없
었다. 또한 바레스에게 조국은 토지와 조상들, 즉 "우리 죽은자들의 토지"
을 의미했지만, 유대인들에게 조국은 그들이 최대의 이익을 발견하는 장
소가 곧 조국이었다. 그와 동시에 "유대인 남편들은 우리의 전통적인 이
상과 우리나라, 우리의 이념들과 우리의 제도들을 무너뜨리기 위한 음모
를 꾸미고 있다"[138]고 말한다. 그런 전통도 조국도 부족하고, 따라서 조국
애도 없는 하나의 상징적 존재로서 드레퓌스의 모든 상처들은 군대의 명
예와 프랑스의 사상에 대한 드레퓌스파의 공격과 대조해볼 때 아무것도
아닌 것으로 바레스는 생각되었다.[139]

프랑스의 모든 사람들이 유대인 문제가 있다는 것에 동의했다. 그렇다
면 그들을 동화시키는 것이 가능할까? 바레스는 한 사람의 프랑스 시민
이 될 수는 있어도 완전한 동화는 불가능하다고 보았다. 심지어는 드레퓌
스 대위를 단순히 반역자가 아니라고 말하는 사람들이 있다. 그 이유는
그가 한 사람의 시민이 결코 아니기 때문이라는 것이다. 왜냐하면 그 유
대인은 그가 최대의 이익을 발견하는 곳에만 속하기 때문이다.[140] 바레

---

[137] M. Curtis, *Three Against the Third Republic: Sorel, Barrès et Maurras*, p.212.

[138] M. Barrès, *Mes Cahiers*, I (1896-1898), p.232.

[139] M. Curtis, *Three Against the Third Republic: Sorel, Barrès et Maurras*, p.212.

스는 유대인을 한 사람의 시민으로 간주하지 않는 모습을 보여준다. 바레스는 드레퓌스 사건을 하나의 전쟁터로 간주했는데 그곳은 토지와 죽은 자들의 전통의 상속인인 프랑스인이 귀화인과 외국인들의 도전을 받아들여야 했기 때문이다. 반대편에서 드레퓌스 신디케이트는 한 프랑스 장군을 금융가들과 첩자들의 연합에 희생양으로 바치려고 시도하고 있었다. 바레스는 자신이 드레퓌스의 프로테스탄트 친구가 알자스 출신이라는 사실에 놀랐다고 고백하고 있다.[141] 물론 우정이나 정치적 이유 때문에 예외가 있긴 했다. 예컨대 바레스가 학창시절 보들레르의 시를 같이 암송했던 스타니스라스는 프랑스 민족으로 인정받았다. 그의 할아버지는 제1제국기의 전쟁 때 복무했고 프랑스 국적을 획득했다. 그리고 스코틀랜드인인 불랑제장군의 어머니와 천국도 지상에도 사회에도 속하지 못한 뿌리뽑힌 사람 바쉬키르트세프(Marie BashKirtseff)를 존경했다.[142]

다른 한편으로 바레스에게서는 어쩌면 반유대주의는 반체제적인 '반(反)부르주아' 민중운동을 단단하게 굳혀주는 일종의 시멘트 같은 것은 아니었을까? 나아가 프랑스인들의 내분을 수습하고 결집시킬 수 있는 모든 불만들을 배출할 수 있는 하나의 외부적인 출구장치로 여겼을지도 모른다.

지금까지 우리는 민족주의 지식인으로서 한 시대를 풍미했던 바레스가 자신에 대한 정체성을 정립한 것이 프랑스 제3공화국이라는 시대적 배경에서였다는 것을 살펴보았다. 그런 배경에서 바레스가 외쳤던 것은 복수에 헌신할 수 있는 강한 민족을 부르짖었지 인종은 아니었다는 것을 알 수 있었다. 바레스에게 프랑스 인종은 없었지만, 프랑스 인민, 즉 아무런 결집점이 없는 정치적 구성물인 집합체를 계속해서 매일 발전시켜 주었던 프랑스 민족은 있었다.[143] 그 민족(peoples)은 역사의 산물이었다.

---

140) M. Barrès, *Mes Cahiers*, II (1898-1902), p.117.

141) *Ibid.*, p.157; III (1902-1904), p.228.

142) M. Curtis, *Three Against the Third Republic, Sorel, Barrès et Maurras*, p.204.

바레스가 새롭게 민족 개념을 포착해낼 수밖에 없었던 공화국은 중앙 집권적인 국가로는 해결할 수 없는 수백 가지 문제들을 안고 있었다. 이에 대해 바레스는 무엇보다 갈라진 사회의 한 단면을 보여주는 지방을 프랑스의 통합과 양립할 수 있는 온갖 모습으로 도덕적, 물질적 자치가 되게 만들려고 했다.[144] 그것이 그의 민족주의 프로그램인 연방주의 운동이었다. 연방주의에서 도덕적 집단과 지방적 집단들 이들은 결집체를 이루는데, 각각은 나름의 독특한 특징들, 고유한 성격을 유지한다. 한 집단 안에서 그것을 이루고 있는 개인들이 그들의 자유로운 자발성에 따라 자발적으로 스스로 조직하는 이른바 자치 원칙들은 생명력을 촉진시키고 모든 유기체에 내재하는 이 자연치유력이 작용하는 지방분권을 바레스는 신뢰했던 것이다.[145]

결론으로 바레스의 민족주의 구상은 내부적으로 중앙집권에 대해 비판적이었다. 그것은 부패한 정치인들을 비롯한 사회의 부패세력들을 쇄신시킴으로서 사회적 변혁을 꾀하면서 프랑스의 도덕적 통일과 갱생을 이루고 프랑스의 민족통합을 도모했던 것이다. 외부적으로는 그것은 프랑스 중심적인 보호주의와 외국인에 대한 배타주의로 표출되었다.

---

143) *Ibid.*, p.251; 마은지, 「모리스 바레스의 귀환-바레스 연구 100년」, 315쪽.

144) M. Barrès, *Scènes et doctrines du nationalism*, pp.449-450.

145) *Ibid.*, p.491.

결 론

이 연구는 모리스 바레스의 민족과 민족주의 이론 및 운동을 새로운 접근방식으로 조명했다. 본 연구에서 시도한 새로운 방법론적인 해석은 지금까지의 바레스의 민족주의에 대한 연구 경향에 대한 문제의식에서 비롯되었다. 1960~1970년대부터 주로 영미계통의 일군의 학자들에 의해 시작된 바레스의 민족주의에 대한 연구경향은 현재까지도 이어져 여전히 파시즘의 관점으로 접근해왔다. 다른 한편으로, 프랑스 안에서는 그것을 주로 민족주의 정치문화의 관점에서 접근해왔다.

그러나 기존의 파시즘적 관점이나 정치문화적 관점 모두 좌·우를 대립적으로 상정하면서 양분법적 시각과 설명 틀에 맞추어왔다는 점을 문제점으로 지적할 수 있을 것이다. 즉 프랑스 민족 개념의 전통적 구분법이자 설명 틀이었던 좌·우라는 대립적인 시각으로 바레스의 민족 개념과 민족주의를 파악했던 것이 사실이다. 그런 이유로 19세기 말에 바레스의 민족주의를 공화주의적 민족주의에서 우익 민족주의로 '변질'했다고 파악하거나, 또는 민족주의가 좌파에서 우파로의 '이행'을 완결지었다고 설명해왔다. 그 결과 그의 민족 개념과 민족주의는 누가 어떻게 전유하는가에 따라 좌·우라는 틀 안에 갇혀 당파성을 띠게 되었다.

1980년대 들어와 프랑스 민족사를 새롭게 서술했던 피에르 노라는 프랑스를 둘러싸고 있는 시대적 환경이 변하고 있기 때문에 민족 개념에 대한 인식에 있어서 새로운 패러다임으로 전환할 것을 요청했다. 역사가들에게도 기존의 역사서술에서 탈피하여 새로운 민족사의 서술을 호소했다. 즉 노라는 민족 이념에 대한 프랑스 특유의 두 가지 개념, 즉 좌파적인 공화주의적 민족 개념과 바레스와 모라스로 대변되는 보수적이고 반동적인 우파적 민족 개념이라는 전통적인 두 가지 개념을 상충되는 것으로 파악할 것이 아니라, 상보적인 것으로 파악할 필요가 있다고 주장했다.

이런 주장은 그동안 프랑스가 의존해왔던 국가 중심의 민족의식을 탈피하여 역사문화적인 족류공동체로서의 프랑스 민족 개념을 다시 찾자는 이야기이다. 좌파도 우파도 아닌 새로운 민족 개념은 지난날의 민족의 이름으로 민족주의가 자행했던 배타적이고 유해한 민족이 아니다. 오히려 가장 안정적이고 항구적인 틀이 될 수 있는 민족적인 것으로 회귀하는 것이고, 기억으로서의 역사를 다시 되찾는 것이다. 그런 민족은 프랑스인으로서의 민족적 정체성을 회복하는 길이 될 수 있기 때문이다.

이와 같은 민족에 대한 인식의 새로운 패러다임의 전환은 바레스의 민족과 민족주의 사상에 대한 지적 복권을 가져왔다. 그것은 세계화의 덫에 걸린 프랑스인들의 사회적 파열을 봉합해줄 수 있는 하나의 가능성으로 다시 재발견해낸 것이다. 이렇게 재발견된 민족사의 서술이 프랑스인들의 민족감정을 약화시키는 것이 아니라, 그것의 활력을 해방시켜주는 작용을 한다는 의미로 해석될 수 있을 것이다. 왜냐하면 바레스의 민족주의는 기존의 좌·우라는 절대적 기준을 넘어선 민족 개념과 민족주의를 포착해 내어 문제 삼고 있기 때문이다.

따라서 그와 같은 바레스의 민족주의 사상을 이해하기 위해서 필자는 몇 가지 관점을 전제하고 있다.

첫째, 기존의 좌·우의 시각을 벗어난 새로운 연구 방법론을 적용하였다. 그것이 족류-상징주의(Ethno-symbolism)이다. 민족주의에 대한 이른바 족류-상징주의적 접근방식은 1980년대에 들어와 이론적 성과를 이룩한 민족주의 연구의 새로운 패러다임이다. 족류-상징주의는 민족주의에 대한 연구 경향의 주축이 되어왔던 근대주의적 시각에서 벗어나서 민족과 민족주의를 분리시켜 이해한다. 다시 말해 민족과 민족주의는 근대에 만들어진 인조물이라는 근대주의적 시각을 탈피하여 민족과 민족주의를 분리시켜 이해한다. 즉 민족주의는 근대적인 것이지만, 민족은 근대 이전부터 존재해온 고령의 존재로 간주한다. 이렇게 민족의 고령을 전제하는 것은 민족이 근대 이전에는 족류공동체(ethnie)의 형태로 존재해왔음을 인정하는 것이다. 그런 이유로 족류-상징주의적 접근방식은 민족을 전근대로 거슬러 올라가 장기지속적으로 파악한다. 요컨대 족류-상징주의적 접근방식이 중요하게 여기는 전제는 민족의 성장을 그 이전의 족류적(ethnic) 유대와 연결시키고 족류공동체를 민족 형성에 있어서 주요한 요소로 간주한다는 점이다.

둘째, 민족 개념을 근대주의적 관점에서 벗어나 해석을 시도했다. 근대주의적 관점에서 민족과 민족주의는 근대 국가 형성과정에서 자국민을 통합시키기 위해 인위적으로 만든 인조물이다. 따라서 그 민족은 언제나 국가중심주의의 위험성을 반영하고 있다. 여기서 우리는 기존의 근대주의자들이 파악하는 민족만들기가 국가중심의 하향식이고 목적론적인 설명방식임을 알게 된다. 그러나 어떤 나라든 민족주의는 밑으로부터 올라오는 뜨거운 일상의 민족주의(hot and banal nationalism)가 동반되어야 한다.[1)]

셋째, 기존의 민족 개념에 대한 우리의 이해의 한계를 지적할 수 있다.

[1)] J. Hutchinson, *Nations as zones of conflict*, pp.115-153.

즉 민족 개념의 이원성을 이해하지 못했다는 점이다. 우리는 민족 개념의 두 얼굴을 새롭게 환기시킬 필요가 있다. 제3장에서 살펴보았듯이 민족 개념에는 시민적 영토적 개념과 족류적 계보적 개념이 공존하고 있었다. 그런데 프랑스 민족 개념을 그동안 우리는 지나치게 시민적 측면만을 바라보고 강조해왔고 또 그렇게 이해해 왔다. 자연히 정치적 의미가 강하고 문화적 사회적 의미가 축소된 민족 개념인 공화주의적 민족 개념을 프랑스적인 것으로 편협하게 이해했다는 점을 지적하고 싶다.

넷째, 족류공동체 개념에 대한 새로운 이해이다. 단순히 전근대적인 집단감정의 일반적 특성을 나타내는 족류중심주의(ethnocentrism)가 아니라, 자기공동체를 지켜나가기 위해서 공동체의 형식과 전통을 부활하고, 공동체 구성원들과 계층들을 재통합하기 위한 집단운동으로서의 족류주의(ethnicism)가 어떻게 나타나는지 살펴보았다.

본서는 이런 점들을 염두에 두고서 다음과 같은 주제들에 연구의 초점을 맞추었다.

서론에서는 바레스의 민족과 민족주의 대한 연구 목적과 연구방법론을 밝히고, 그것의 연구들에서 드러나는 문제점을 제기했다. 1980년대부터 프랑스 역사학계에서 대두하는 새로운 역사서술 방식의 패러다임의 변화를 알 수 있었다. 또한 좌·우라는 양분적인 도식으로 기존의 민족 개념과 민족주의를 접근할 때의 문제점들을 살펴보았다. 그리고 바레스에 대한 연구 방식이 크게 세 가지 영역으로 분류되는 것을 보았다. 일군의 연구자 집단들은 주로 토지 문학, 우파 지식인의 정체성, 그리고 파시즘과의 연관성을 중심으로 하여 주로 연구해왔다. 그 가운데 국제적인 논쟁점이 아직까지 주로 파시즘과의 연관성에 있음을 확인했다.

제1장에서는 바레스의 생애와 연구사를 검토하였다. 1862~1923년까지 그의 일생을 추적하면서 그의 삶과 행적들을 정리해보았다. 한 개인의 일대기를 연대기적으로 평이한 서술에 그치지 않고 필자 나름으로 그가 처

했던 시대적 배경과 19세기 후반부터 20세기 초반까지 프랑스의 역사적 배경을 함께 기술하고자 했다. 왜냐하면 그의 민족과 민족주의에 대한 이론과 실천적 행동강령은 결국 프랑스 세기말의 격동의 상황에서 조탁해 낸 것이었기 때문이다. 이것은 곧 한 개인사는 시공간적 구조와 맞물려 작동하기 때문이다. 그 속에서 역사적인 행동주체로서 바레스를 이해하고자 했다.

또 그의 생애를 마감하기 전후부터 나오기 시작하는 바레스에 대한 연구사를 총정리해 보았다. 프랑스인들에게 지성사적으로나 정치적으로 중요한 인물이었기 때문에 그에 대한 전기와 연구서들이 그의 생전에 이미 출간되었고 그의 사후에는 이를 나위 없이 많은 연구서들이 쏟아져 나왔다.

제2장에서는 19세기 후반 갈라진 사회와 우익 민족주의의 출현을 살펴보았다. 앞선 공화국적인 민족주의는 프랑스혁명 이래로 내려오는 공화주의적인 국가중심의 중앙집권적 전통을 따르고 있었다. 그렇게 만들어진 민족은 평등한 정치적 주권체에 불과했다. 내국인과 외국인을 구분하지 않고, 지역, 종교, 계급을 막론하고 보편적인 인류의 평등을 바탕으로 한 공화주의적인 전통은 보불전쟁 이후의 프랑스 사회에서 벌어지는 대내외적인 일련의 사태에 위기의식을 점점 키웠다. 이런 상황에서 적분적 민족주의(nationalisme intégral)가 출현했음을 알 수 있었다.

또한 우리는 이 새로운 민족주의가 대두할 수밖에 없었던 제3공화국이 처한 상황을 살펴보았다. 공화국은 국가로서의 역할이 요청되었던 것이다. 즉 '절대적 공화국(République absolue)'을 추구했던 국가는 외부적으로는 보불전쟁에서의 패배에 따른 민족의 위기와 내부적으로는 프랑스혁명 이후 혁명의 이면에 깊이 드리워져있던 갈라진 사회의 양상들을 드러냈다. 즉 사회구조적으로도 지역적, 계급적, 종교적 분열 양상들은 여전히 존재하고 있었고, 특히 지역주의적인 성격은 프랑스를 하나의 민족으로 통합하는데 크나큰 장벽이었다.

이런 문제들을 면전에 두고서 새로 성립한 제3공화국은 국가로서의 역할이 요청되었다. 제3공화국은 이른바 대중 민족주의를 만들어나가고자 했다. 여러 정책들을 통해 민족적 통합을 도모해나갔다. 하지만 국가에 의한 위로부터 강제되어 만들어진 민족적 통합 노력은 정권을 강화시키는데 기여는 했지만, 그 국가 차원의 정책의 결실들은 대부르주아지를 비롯한 일부 소수의 특권집단에게만 돌아갔다. 프랑스 사회는 여전히 구래의 사회적인 모습에서 벗어나지 못하고 있었다.

그러자 수많은 도전들에 직면해 있었던 공화국에 대한 반격이 분출되기 시작했다. 1880년대 중반부터 공화국에 대한 불만과 비판 속에 체제반대 세력들이 서서히 결집하게 된다. 데룰레드의 애국자연맹과 불랑제장군지지운동이 대표적인 체제 반격 운동들이었다. 그러나 이런 조직과 운동들은 여전히 공화주의에 닻을 내리고 있었다. 그럼에도 반공화국적인 새로운 우파들은 지식인들과 민중층에서 광범위한 호응과 지지를 얻어냈던 것이다. 이 때 프랑스 민족주의는 그것이 항시적으로 시도했던 자유주의와의 결합을 단념하고 우파와 손을 잡는다.

그런데 새로운 우파들이 결정적으로 급진성을 띠면서 단순히 내부적인 체제비판에 그치지 않고 외국인과 유대인들에 대한 배타적인 민족주의의 성격을 띠게 된 것은 드레퓌스 사건 재심판결 즈음이었다. 시기적으로 1898년 여름부터였다. 드레퓌스 사건은 그렇잖아도 갈라져 있는 프랑스 사회를 완전히 좌우로 쪼개놓았고, 분열의 골을 보습과도 같이 더욱 깊게 파헤쳐 놓았다. 이제 비판의 과녁은 외국인들과 유대인들로 향해졌다.

이렇게 민족주의가 변하는 이유는 프랑스가 프랑스혁명에 의한 평등한 시민권의 부여를 통해 정치적 민족은 만들어졌지만, 정치적 민족만으로 민족적 단합을 꾀할 수 없는 시대적 상황 앞에서 정치적 민족은 뒷걸음질 치며 민족의 심층에 깔려있는 새로운 민족을 강조하고 찾을 수밖에 없었다.

　이런 시대 상황에서 바레스는 초기에 자아주의 문인에서 우파 민족주의 운동들에 참여하는 현실참여 작가로 변모해갔다. 게다가 국회의원에 선출되고 여러 단체들에 가담하면서 민족주의 활동을 펼쳤다. 그러는 사이에 바레스는 민족에 대한 사상의 변화들도 경험했다. 즉 민족, 곧 "인민은 그 토대가 자율성의 행위에 있는 것이 아니라, 토지, 역사, 전통, 죽은 자들에 있고", 또한 "개인은 아무것도 아니고, 사회가 모든 것이다"는 자각을 하기에 이른다. 다시 말해 단순히 개인주의에서 사회적 개인주의로 변모할 수밖에 없었다. 초기의 개인주의는 신속하게 유기체적인 사회관계의 일원으로 대체되었다. 그런 사상적 전환 속에서 그의 민족과 민족주의 이론이 만들어졌다.

　제3장 바레스의 민족 개념에서는 바레스가 우익 민족주의자로서 그가 개진한 민족 개념과 사상이 무엇이었는지 살펴보았다. 바레스가 파시스트로, 인종주의자로, 국가주의자로 오해되었던 것은 그의 민족에 대한 이해와 고찰이 그동안 부족했던 것에서 기인한다. 필자가 관찰한 바에 따르면, 바레스 사상의 복잡함과 다양성이 불러일으키는 문제의 쟁점들 중에 하나는 바로 이 '민족'이라는 용어에 들어있는 이원성이 불러일으킨 혼란 때문으로 보인다. 원래 민족에는 영토적 개념과 족류적 개념이 공존하고 있다. 이런 이원성은 민족 안에 있는 족류와 국가 사이를 굉장히 애매모호하게 만든다. 근대 세계에서 민족 형성의 결과 모든 민족은 영토적 원리와 족류적 원리, 영토적 구성요소와 족류적 구성요소, 그리고 사회적 문화적 조직의 보다 근자의 '시민적' 모델과 보다 오래된 '계보적'(=혈통중심적)인 모델 모두를 갖고 있으면서 불편하지만 서로 합류하고 있다는 점이다. 어떤 장래의 민족도 공동의 기원과 혈통 신화 없이는 존재할 수 없다. 반대로 '민족이 되기를 열망하는 족류공동체'는 공동의 노동분업과 영토적 유동성, 혹은 각 구성원의 공동의 권리와 의무에 대한 법적 평등, 다

시 말해 시민권을 실현시키지 않고는 그 목표를 달성할 수 없다. 물론 주어진 민족들은 그들의 역사에서 특정한 순간에 족류적 구성요소와 영토적 구성요소가 다른 비율로 나타날 것이다. 본 연구의 결과 민족이라는 용어에는 근대 이전의 민족의 뿌리가 되는 원천들이 고대로부터 내려오는 것을 알 수 있었다. 그것이 족류공동체이고 족류공동체의 근대적 형태가 민족이었다.

19세기 말 프랑스는 독일적 민족 개념과 프랑스적 민족 개념이 격돌하는 상황에서 시민적 민족 개념과 의지주의를 좀 더 강조하는 분위기였다. 이런 흐름들의 영향을 받았지만, 바레스는 민족의 족류적인 성격을 발견하고 더 강조했다. 바레스가 그 시대에 민족 개념을 새롭게 강조한 것도 프랑스혁명을 통해 만들어진 민족 개념의 인위성과 허구성을 비판했던 것이다. 정치적 통합만으로 이루어진 민족은 진정한 민족이라 할 수 없다. 특히 드레퓌스 사건을 통해서 바레스는 민족에 대한 자각의식이 생기게 되었다. 그래서 진짜 프랑스 민족은 같은 역사적 시간과 경험을 공유하며, 토지와 죽은자들과 함께 살아가는 존재라는 확고한 신념을 갖기에 이르렀다.

따라서 바레스가 민족정체성을 이루는 요체로 간주하는 '토지와 죽은자들'이라는 이 두 용어는 영토와 조상들을 가리키는 역사적 문화적 의미를 담고 있다. 이런 정체성들 바탕 위에서 바레스는 민족을 구성하는 요소들로 조상들에 대한 신화, 공통의 상징, 공유된 기억, 전통, 가치들을 논하고 있다. 요컨대 바레스에게 민족이란 "다소 긴 시간 동안 같은 환경 속에서 공동의 전설들, 전통들, 습속들로 하나가 된 사람들의 집단"으로 정의내린 것을 확인할 수 있었다.

제4장에서는 바레스의 민족주의가 어떤 특징과 성격을 갖고 있는지 살펴보았다. 당시 바레스와 같은 '적분적 민족주의'가 출현하게 된 이유인즉 제3공화국이 여러 정책들을 통해 민족통합 노력들을 단행했지만 많은 한

계와 도전들에 휩싸였기 때문이다. 위로부터 중앙집권적인 노력들은 프랑스에 내재되어 있는 갈라진 사회의 근본적인 양상들을 해결할 수 없었다. 결국 제3공화국이 추구했던 '민족' 개념은 흔들리게 된다. 바레스는 중앙집권적으로 만들어진 민족은 사람들에게 행정적 애국심을 끌어내어 같은 '프랑스인'이라는 의식으로 정치적 통합은 꾀할 수 있을지 모르나, 진짜 프랑스인으로서의 민족적 정체성을 갖기에는 한계가 있다고 생각했던 것이다. 이때 공화국의 민족 개념과는 다른, 지역적으로, 계급적으로, 종교적으로 갈라진 사회의 간극들을 메워줄 수 있는 '회반죽'과 같은 새로운 민족 개념을 모색하게 되었다. 바레스는 그 새로 발견한 '족류적' 민족 개념으로 갈라진 프랑스인들의 분열을 메우고 단합과 통합을 이룰 수 있다고 보았던 것이다.

바레스가 일련의 사회참여를 통해 주장했던 것도 그전에 내려오던 국가중심적인 애국심, 즉 위로부터 강요된 중앙집권적인 행정상의 애국심을 강조하는 민족만들기에 반발했던 것이다. 하지만 그 방식에 있어서 바레스는 그와 쌍벽을 이루는 적분적 민족주의의 주창자인 모라스와 달랐다. 바레스는 모라스의 왕정복고 주장에 동의할 수 없었다. 왜냐하면 그는 그 방식을 프랑스의 과거 속에서 선택해야하고, 프랑스 대혁명과 제국을 부정해야 하는 것을 받아들일 수 없었던 것이다. 그는 프랑스인들의 가슴속에 공화주의 원칙이 지금까지 너무나 깊이 닻을 내리고 있다고 판단했기 때문이다. 그는 죽을 때까지 자신을 공화주의자로 자임했다.

그 결과로 세기말에 속류적 민족주의가 출현했다. 바레스를 비롯한 적분적 민족주의자들은 토지와 죽은자들이라는 관념을 사용하여 새로운 민족 개념을 재발견했던 것이다. 바레스는 토지와 죽은자들이라는 민족정체성을 통해서 민족을 역사적 문화적 개념으로 정립하였고, 나아가 민족주의 교의를 조탁했다.

그렇다면 19세기 말 프랑스에서 새롭게 출현하는 우익 민족주의를 어떻게 볼 것인가? 우파와 민족주의가 결합하는 19세기 마지막 10년간의 변화는 20세기 프랑스 민족주의의 운명을 좌우하는 기점과 갈림길이었다. 좌파와 우파 사이에서, 민족주의와 파시즘 사이에서 19세기 말은 세기말의 지적 혼돈과 사상의 급격한 조류들이 서로 만나고, 서로 간에 침투가 일어나는 것을 확인할 수 있다.

　본 연구는 바레스의 민족과 민족주의 이론을 통해 위와 같은 민족주의와 파시즘 사이에 끼어 있는 바레스를 이해하려고 노력했다. 결국 바레스를 이해하는 핵심은 그의 민족 개념과 민족주의 사상을 어떻게 접근하고 해석하느냐가 관건이었다. 필자는 그의 민족주의에 따라다니는 좌파적 민족주의, 우파적 민족주의, 파시즘, 인종주의, 반유대주의와 같은 많은 형용 수식어구들을 제쳐놓고 근본적으로 돌아가 민족 개념 자체로 거슬러 올라갔다. 그 결과 본 연구를 통해 민족 자체에 함의된 수많은 시간적 공간적 역사성들을 발견할 수 있었다. 민족은 족류공동체와 같은 실체를 통해 생각보다 오래 나이를 먹었고, 민족을 구성하는 요소들도 단순히 영토적이고 법적으로 주어진 시민적 개념만이 존재하는 것이 아니라는 것을 발견했다. 영토적 시민적 개념이 프랑스혁명 이후에 주어진 근대적 의미라면, 그 외에 근대 이전부터 심지어 고대로까지 거슬러 올라가서 전해 내려오는 족류적이고 계보적인 개념인 역사적 문화적 요소들이 동시에 공존한다는 것을 알 수 있었다. 문제는 특정한 시간과 공간에서 어느 한쪽이 강조되어 나타난다는 것이다.

　바레스는 프랑스혁명 이후 19세기 프랑스의 공화주의에 토대를 둔 민족 개념인 영토적 시민적 전통에서 벗어난 민족을 포착했던 것이다. '토지와 죽은자들'과 같은 그의 수사들은 민족에 대한 프랑스적 관념에서는 이해할 수 없는 수사법이었다. 혹자는 그를 민족에 대한 문화적인 독일적 관념을 나타낸다고 평가하기도 했다. 즉 제1차 세계대전 이후의 파시즘이나 나치즘의 상흔들은 그와 같은 민족과 민족주의를 이야기한 바레스를 프랑스 파시즘의 이데올로기의 한 선구자로 지목하기에 충분했다.

하지만 본 연구를 통해서 살펴보면, 바레스는 공화국의 중앙집권론자들의 중앙집권화에 반대하고 지역주의를 옹호한 민족화와 민족주의를 추구했다. 그는 지방의 언어와 문화, 가톨릭적 전통들, 그리고 알자스, 브르타뉴, 프랑스령 플랑드르 지방, 프로방스, 그리고 랑그독에서 상실한 자치권을 수호하는 민족주의를 피력했다.

결론적으로 말하면, 1880~1914년까지 바레스의 민족주의는 내부적으로 공화국의 중앙집권적인 의회체제에 대한 반발이었고 저항이었다. 중앙집권체제의 폐해는 불안정한 의회제, 행정적 애국심, 정치인들과 관료들의 부패와 스캔들이었다. 그의 민족주의는 정치인들의 부패와 무능을 비판하면서 도덕적 쇄신을 촉구하는 지방분권과 연방주의라는 지역주의 사상으로 표출되었다. 연방주의를 통해서 지방적 집단들과 직업적 집단들에게 고유한 자치와 이득의 실현을 가져다 줄 것을 기대했다. 즉 코뮌에게는 코뮌의, 지방에게는 지방의, 민족에게는 민족의 고유성을 부여하자는 내용이었다. 이것이 민족을 이루는 토지에 대한 감정적 애착이 논리적으로 지역주의 조직으로 이어진 그의 지역주의 사상이다. 이것은 당시 벌어지고 있던 여러 사건들의 급류 속에서 갈라지고 무뇌상태인 전 프랑스인들에게 민족적인 도덕적 갱생을 촉구하는 운동이기도 했다.

다른 한편으로, 민족을 이루는 또 한 가지 요소인 '죽은자들'에 대한 사상은 조상신화와 배타적인 반유대주의로 이어진다. 우리는 누구인가? 우리는 같은 땅에서 살아가는 수세대의 조상들의 유기적 창조물이다. 우리는 부모들과 조상들의 연속이고, 같은 가족, 같은 인종, 같은 민족으로 연결된다. 그러므로 현재에 미친 과거의 결정적인 비중을 인정하는 태도인 바레스의 결정론적 사유는 자연스럽게 프랑스인이 아닌 자들에 대해 의구심과 배타성을 띨 수밖에 없다.

바레스가 이런 사상을 취하게 되는 이유는 역사적인 시대적 배경과 무관하지 않다. 바레스는 드레퓌스 사건을 통해 무엇이 진짜 프랑스인이고 프랑스 민족인지를 성찰하게 되었다. 프랑스의 영광과 위엄을 자랑하는 프랑스 군대의 한 장교가 독일 첩자인가를 둘러싸고 10년간에 걸쳐 일어난 드레퓌스 사건은 프랑스 전체를 드레퓌스지지파와 반대파로 완전히 쪼개 놓았다. 국운이 위태로웠고 프랑스의 민족적 쇠퇴는 하염없이 곤두박질 칠 태세였다. 바레스는 프랑스를 산산조각 나게 위험에 빠뜨린 장본인 드레퓌스에 대해 반드레퓌스 운동을 전개했다. 문제는 그의 반드레퓌스가 반유대주의로 등식화되어 버린 점이었다.

스테른헬을 비롯하여 바레스를 파시즘의 선구자로 보는 근거 중에 몇 가지는 바레스의 반유대주의와 그의 민족-사회주의라는 이념이다. 그러나 그의 반유대주의는 당시 프랑스에 들어온 수많은 외국인들에 맞서 프랑스에 대해 보호주의적이고 사회주의적인 성격을 띠는 것의 연장선상이었던 것으로 보인다. 다시 말해 '프랑스에 민족은 있으나 인종은 없다'는 그의 선언에서도 확인할 수 있듯이, 그의 반유대주의는 경제적이고 문화적인 성격을 띠는 반유대주의의 측면으로 이해할 수 있을 것이다. 또한 1890년대의 바레스의 민족주의는 자유방임을 배제하고, 프랑스인의 민족적 이익을 보호하기 위한 보호주의적인 성격이 강하며, 개인주의적인 무질서를 거부하고 사회적인 문제들을 해결하기 위한 사회적 노동(travail sociale)의 조직화와 같은 구상에서 볼 수 있듯이 사회주의적인 민족주의의 성격을 띠고 있다. 그가 공언하는바, 민족주의-보호주의-사회주의 이 세 개념은 그 성격이 대단히 유사하다고 바레스 스스로 인정하고 있다. 게다가 당대에 이와 같은 민족-사회주의를 내세우는 다양한 정파들이 많았다.

본 연구의 총 결론은 다음과 같다. 바레스는 공화국의 정치적 통합의 한계를 지적하면서 족류적 통합을 외쳤던 것이다. 마치 강가에서 굴러다니는 수많은 돌멩이들을 결합하여 하나의 돌덩어리로 만들기 위해서는 그것들을 연결해주는 회반죽이 필요하듯이, 하나의 견고한 단합된 민족을 만들기 위해서는 조상들에 대한 공동의 신화, 공유된 역사와 전통, 상징, 기억, 가치 등이 필요하다는 것이다. 이런 요소들을 가지고 갈라지고 분열된 프랑스 민족을 통합할 수 있다고 보았던 것이다. 공화국을 공고히 하기 위한 제3공화국의 위로부터의 민족화는 정치적 통합을 가져올 수 있었지만, 역사적 문화적인 족류적 통합은 이루어질 수 없었다. 이유인즉 프랑스는 그 이전부터 족류공동체의 구성요소인 지역적, 계급적, 종교적 요소들로 인해서 갈라진 사회였고, 서로 간에 문화충돌이 벌어지는 지대였기 때문이다.

따라서 바레스의 민족주의는 프러시아의 알자스-로렌의 병합에 직면한 반혁명적이고 성직주의적인 왕정주의와 군국주의가 아니었다. 그것은 프랑스를 족류적 민족으로 재정의 하고자 하는 포퓰리즘적, 반유대주의적, 그리고 토착지방어적인 족류운동의 일환이었다. 또한 바레스의 민족주의는 시기적으로 민족주의가 내부로 선회하기 시작하여, 대외적인 힘보다는 대내적인 힘의 수단이 되었던 때에 강화되었다. 그런 까닭에 바레스의 민족주의는 팽창이 아닌, 방어와 수축의 민족주의로 자리매김할 수 있을 것이다. 다시 말해 바레스의 민족주의는 족류주의적 성격의 집단운동이라고 말할 수 있다. 즉 그 운동의 목표는 외부의 위협에 저항하면서 동시에 내부의 부패에 대해서도 저항하는 이원성을 보여준다. 바레스는 민족 공동체 구성원들의 상당부분이 안으로 분열되어 있고 부패하며, 외부적인 위협이 가해지는 상황에서 족류석 기반에 입각한 지역문화 속에서 민족의 통합과 단일성을 외쳤던 것이다. 왜냐하면 민족을 이루는 구성원들 사이에서 여러 족류공동체지역, 계급, 종교와 같은 기반들에서 이루어진 인간집단 필자들로 분열되어 있어 그들 간에 민족 개념이 충돌하고 부딪칠 때는 사회개혁이나 혁명은 불가능하다고 바레스는 진단했던 것이다.

그러므로 1880~1914년까지 바레스의 민족주의는 내부적으로 정치인들의 부패와 무능을 비판하면서 도덕적 쇄신을 촉구하는 민족적인 도덕적 갱생 운동이었다. 다른 한편으로 프랑스의 이익을 보호하고 갈라진 사회를 봉합하기 위해서 프랑스를 족류적으로 재정의 하고자 했던 민족주의였다.

　민족주의는 다른 이데올로기와 달리, 민족에 대한 충성심을 최고의 가치로 여기며 민족적 이상을 달성하고 유지시키기 위한 이데올로기이자 행동강령이다. 하지만 민족(정체)성의 감정은 종종 애매모호하고 불안정하다. 그럼에도 불구하고 거기에는 문화와 정치의 시금석으로 민족을 끊임없이 언급하고 불러내는 뭔가가 있다. 이유인즉 민족은 서로 충돌을 일으키는 사회적 요구들에 균형을 잡아주고 조화를 이루게 하는 역할을 하기 때문이다. 또한 근대 사회가 진행되면서 국가가 관료주의 행정을 통해 중앙집권을 구축해나갈 때 경직된 관료제나 지나친 행정적 국가주의에 대해 반발이 일어나게 마련이다. 이와 같은 기계론적인 관료체제의 스킬라(Scylla)와 유토피아적이고 아나키즘적인 비합리주의의 카리브디스(Charybdis) 사이에서 완충제 역할을 하는 것이 민족이다.[2] 민족주의 이데올로기가 이 양극단 사이에서 흔들릴지라도, 민족 그 자체는 이 진퇴유곡 상태에 있는 공동체를 양극단 사이에서 빠져나가게 해주고 기댈 수 있는 길잡이 역할을 해줄 것이다.

---

[2] 스킬라(Scylla)는 그리스 신화에 나오는 큰 바위에 사는 머리가 여섯, 발이 열두 개인 여자 바다 괴물이다. 카리브디스(Charybdis)는 시칠리아 섬 앞바다의 큰 소용돌이를 일컫는데, 큰 소용돌이를 일으켜 지나가는 배를 삼킨다고 전해짐. 가이아와 포세이돈의 딸로 바다의 소용돌이를 의인화 했다. 스킬라와 카리브디스는 진퇴유곡 상태를 표현한 의인화이다. A. D. Smith, *Nationalism in the Twentieth Century*, p.183.

I. 바레스의 저술

I-1. 소설

Le Culte du Moi (trilogie romanesque)
　　Sous l'œil des barbares. – Paris: Lemerre, 1888.
　　Un homme libre. – Paris: Perrin, 1889.
　　Le Jardin de Bérénice. – Paris: Perrin, 1891.

L'Ennemi des Lois. – Paris: Perrin, 1893.
Le Roman de l'énergie nationale (trilogie romanesque)
　　Les Déracinés. – Paris: Fasquelle, 1897.
　　L'Appel au soldat. – Paris: Fasquelle, 1900.
　　Leurs figures. – Paris: Juven, 1902.

Les Bastions de l'Est (trilogie romanesque)
　　Au service de l'Allemagne. – Paris : A. Fayard, 1905.
　　Colette Baudoche – Histoire d'une jeune fille de Metz – Paris: Juven, 1909.
　　Le Génie du Rhin. – Paris: Plon, 1921.

La Colline inspirée. – Paris: Émile Paul, 1913.
Huit jours chez M. Renan. – Paris: Émile Paul, 1913.
Un jardin sur l'Oronte. – Paris: Plon, 1922.
Le Mystère en pleine lumière. – Paris: Plon, 1926.
Théâtre Une journée parlementaire, comédie de mœurs en 3 actes. Paris: Charpentier et Fasquelle, 1894.

I-2. 여행기

Du sang, de la volupté, de la mort : Un amateur d'âmes. Voyage en Espagne, Voyage en Italie, etc. - Paris: Charpentier et Fasquelle, 1894.
Amori et Dolori sacrum. La mort de Venise. - Paris: Juven, 1903.
Le Voyage de Sparte. - Paris: Juven, 1906.
Greco ou Le secret de Tolède. - Paris: Émile-Paul, 1911.
Une enquête aux pays du Levant. - Paris: Plon, 1923 [tome I], [tome II]

I-3. 정치저술

Scènes et Doctrines du nationalisme - Paris: Juven, 1902.
Les amitiés françaises. - Paris: Juven, 1903.
Ce que j'ai vu au temps du Panama. - Paris: E. Sansot et Cie, 1906.
La Grande pitié des églises de France. - Paris: Émile-Paul, 1914.
Une visite à l'armée anglaise. - Paris: Berger-Levrault, 1915.
Les Diverses familles spirituelles de la France. - Paris: Émile-Paul, 1917.
L'âme française et la Guerre (11 volumes). - Paris: Émile-Paul, 1915-1920.

    Tome I : *L'Union Sacrée*
    Tome II : *Les saints de la France*
    Tome III : *La croix de guerre*
    Tome IV : *L'amitié des tranchées*
    Tome V : *Les voyages de Lorraine et d'Artois*
    Tome VI : *Pour les mutilés*
    Tome VII : *Sur le chemin de l'Asie*
    Tome VIII : *Le suffrage des morts*
    Tome IX : *Pendant la bataille de Verdun*
    Tome X : *Voyage en Angleterre*
    Tome XII : *Les tentacules de la pieuvre*

Souvenirs d'un officier de la Grande armée, par Jean - Baptiste - Auguste Barrès; publiés par Maurice Barrès, son petit-fils. - Paris: Plon-Nourrit, 1923.
Chronique de la Grande Guerre (14 volumes). - Paris: Plon, 1920-1924.

I-4. 팸플릿

Adieu à Moréas, Paris: Émile-Paul, 1910.

Anatole France, Paris: Charavay Frères, 1883.

Assainissent et fédéralisme, Paris: Librairie de la Revue socialiste, 1895.

Autour des églises de village, Paris: Messein, 1913.

Ce que j'ai vu à Rennes, Paris: Sansot, 1904.

Ce que j'ai vu au temps du Panama, Paris: Sansot, 1904.

Contre les étrangers, Grande Imprimerie parisienne, Paris: 1893.

Dans le cloaque, Paris: l'Écho de Paris, 1914.

Dante, Pascal et Renan, Paris: Plon-Nourrit, 1923.

Dialogues Pariens, t. I, Huit jours chez M. Renan, *Dialogues Pariens*, t. I, Paris: Dupret, 1888.

Discours de réception à l'Académie française, Paris: Juven, 1907.

L'Abdication du poète, Crès, Paris: 1916.

L'Angoisse de Pascal, Paris: Dorbon Aîné, 1910.

L'Appel du Rhin: la France dans les pays rhénans, Paris: Société littéraire de France, 1919.

L'Appel du Rhin: la Minute sacrée, Paris: Société littéraire de France, 1919.

La Patrie française: l'Alsace et la Lorraine, Paris: Bureaux de la Patrie Française, 1900.

La Patrie française: la Terre et les Morts, Paris: Bureaux de la Patrie Française, 1899.

La politique rhénane: Discours parlementaire, Paris: Bloud et Gay, 1922.

Le Culte du mois, Examen des trois idéologies, Paris: Perrin, 1892.

Le Tombeau d'Ernest Psichari, Paris: Société littéraire de France, 1920.

Les Lézardes sur la maison, Paris: Sansot, 1904.

Les Mauvais Instituteurs, Paris: la Patrie française, 1907.

Les Traits éternels de la France, Paris: Émile-Paul, 1916.

Pour les églises, Paris: L'Écho de Paris, 1912.

Sensations de Paris; le Quartier latin; Ces messieurs, ces dames, Paris: Dalou, 1888.

Tableau des églises rurales qui s'écroulent, Paris: J. de Gigord, 1913.

Toute licence sauf contre l'amour, Paris: Perrin, 1892.

Trois stations de psychothérapie, Paris: Perrin, 1891.

Un rénovateur de l'occultisme, Stanislas de Guaïta (1861-1898), Paris: Chamuel, 1898.

I-5. 선집 및 서한집

L'Esprit de Barrès, pages choisies, introduction par Fernand Cauët, Paris: Plon, 1938.

La Chronique de la Grande Guerre, textes choisies par Guy Dupré, commentaires de Philippe Barrès, Paris: Plon, 1968.

La République ou le roi: Correpondance inédite 1888-1923. Correpondance de Maurice Barrès et Charles Maurras, réunie et classée par Hélène et Nicole Maurras, Commenté par Henri Massis, introduction et notes de Guy Dupré, Paris: Plon, 1970.

Le Départ pour la vie (correspondance de Barrès avec Léon Sorge et Stanislas de Guaïta), Paris: Plon, 1961.

Mes Cahiers, (1896-1923), textes choisies par Guy Dupré, Paris: Plon, 1963.

Pages choisies, notice de Raoul Audibert, Paris: Hachette, 1953.

Vingt-cinq années de vie littéraire, pages choisies, introduction d'Henri Brémond, Paris: Bloud et Cie, 1908.

I-6. 기타

Mes cahiers (11 volumes). – Paris: Plon.
> *Mes cahiers, tome I* : 1896-1898
> *Mes cahiers, tome II* : 1898-1902
> *Mes cahiers, tome III* : 1902-1904
> *Mes cahiers, tome IV* : 1904-1906
> *Mes cahiers, tome V* : 1906-1907
> *Mes cahiers, tome VI* : 1907-1908
> *Mes cahiers, tome VII* : 1908-1909
> *Mes cahiers, tome VIII* : 1909-1911
> *Mes cahiers, tome IX* : 1911-1912
> *Mes cahiers, tome X* : 1913-1914
> *Mes cahiers, tome XI* : 1914-1918

Romans et voyages, préface de Eric Roussel, 2 tomes, Paris: Éditions Robert Laffont, collection « Bouquins », 1994.

II. 저널

L'Action française
Les Annales
L'Auto
Le Courrier de l'Est
La Cocarde
La Croix
Le Drapeau
La Dépêche
L'Écho de Paris
La France
Le Figaro
Le Gaulois
Le Gaulois du Dimanche
Le Journal
Le Matin
La Minerve
Les Nouvelles littéraires
La Presse
La Revue bleue
La Revue contemporaine
La Revue des étudues juives
La Revue critique des idées et des livres
La Revue illustrée
La Vie moderne
Le Voltaire

III. 전기 및 연구서

Benjamin, René, *Le Soliloque de Maurice Barrès*, Paris: Arthème Fayard, 1924.
Bourget, Paul, *La Leçon de Barrès*, À la cité des livres, Paris: 1924.
Broche, François, *Maurice Barrès*, Paris: Lattès, 1987.

Broche, François, *Vie de Maurice Barrès*, Paris: Bartillat, 2012.

Chiron, Yves, *Barrès et la terre*, Paris: Sang de la Terre, 1987.

Colin, Jean Pierre, *Maurice Barrès, le prince oublié*, Paris: Infolio, 2008.

Curtis, Michael, *Three aginst the Third Republic, Sorel, Barrès et Maurras*, Paris: Transaction Publishers, 2010.

Davanture, Maurice, *La Jeunesse de Maurice Barrés*, 1862-1888, 2 toms, Lille: Atelier nationalde reproduction des thèses (diffusion: Librairie Champion, Paris), 1975.

Domenach, Jean-Marie, *Barrès par lui-même*, Paris: Éditions du Seuil, 1962.

Doty, C. Stewart, *From Cultural Rebellion to Counterrevolution. The Politics of Maurice Barrès*, Athens (Ohio): Ohio University Press, 1976.

Frandon, Ida-Marie, *L'Orient de Maurice Barrès, étude de genèse*, Genève: Droz, 1952.

Giraud, V., *Les Maîtres de l'heure: Maurice Barrès*, Paris: 1918.

Godfrin, Jean, *Barrès Mystique*, Neuchâtel: Éditions La Baconière, 1962.

Godo, Emmanuel éd., *Ego scriptor, Maurice Barrès et l'écriture de soi*, Paris: Kimé, 1997.

Godo, Emmanuel, *La Légende de Venise, Maurice Barrès et la tentation de l'écriture*, Presses universitaires du Septentrion, 1996.

Jean de Palacio, *Figures et Formes de la décadence*, Paris: Séguier, 1994.

Kirscher, Marie-Agnès, *Relire Barrès*, Villeneuve-d'Ascq: Presses universitaires du Septentrion, 1998.

L'OEuvre de Maurice Barrès, 20 volumes, annotée par Philippe Barrès, Paris: Au Club de l'honnête homme, 1965-1968, plus particulièrement:

- Tome Ⅰ Pour *Trois Stations de psychothérapie et Les Taches d'encre.*

- Tomes ⅩⅢ-ⅩⅩ pour *Mes Cahiers.*

Lukacs, Georg, *Le Roman historique*. trans. Robert Sailey, Paris: Payot, 1973.

Madaule, J., *Le Nationalisme de Maurice Barrès*, Marseilles: Sagittaire, 1943.

Mauriac, François, *La rencontre avec Barrès*, 1945, Paris: nouvelle édition, La Table ronde, 1993.

Maurice Barrès, *Blaise Pascal et l'Auvergne*, préface d'Emmanuel Godo, Au Signe de la Licorne, 1999.

Mélanges littéraires. En hommage à Maurice Davanture. Autour de Maurice Barrès, Dijon imprimerie universitaire, 1986.

Mondor, Henri, *Maurice Barrés avant le Quartier Latin*, Paris: éditions Ventadour,

1956.

O. Dard, M. Grunewald, M. Leymarie & J.-M. Wittmann, éd., *Maurice Barrès - La Lorraine, la France et l'étranger*. Etude réunies par Olivier Dard, Michel Grunewald, Michel Leymarie et Jean-Michel Wittmann. Bern: Peter Lang, 2011.

Peylet, Gérard, *Les Evasions manquées ou les illusions de l'artifice dans la littérature ≪fin de siècle≫*, Paris: Champion, 1986.

Pierrot, Jean, *L'Imaginaire décadent*, 1880-1900, Paris: Presses Universitaires de France, 1977.

Praz, Mario, *La Chair, la mort et le diable dans la littérature du dix-neuvième. Le romantisme noir*, traduit de l'italien par Constance Thompson Pasquali, Paris: Denoël, 1977.

Raimond, Michel, *La Crise du roman*, Paris: José Corti, 1986.

Rambaud, Vital, éd., *Romance et voyages*, Paris: Robert Laffont, coll. Bouquins, 2 vols., 1994.

Sagnès, Guy, *L'Ennui dans la littérature française, de Flaubert à Laforgue* (1848-1884), Paris: Armand Colin, 1969.

Soucy, Robert, *Fascism in France. The Case of Maurice Barrès*, Berkeley-Los Angeles: University of California Press, 1972.

Sternhell, Zeev, *Maurice Barrès et le nationalisme français*, Bruxelles: Éditions Complexe, 1985(1972)(2000).

Sternhell, Zeev, *Maurice Barrés et le nationalisme français*, préface de Raoul Girardet, Paris: Armand Colin, *Cahiers de la fondation nationale des sciences politiques* n° 182, 1972.

Thibaudet, Albert, *La Vie de Maurice Barrès*, Paris: Nouvelle Revue Française, 1924.

Vajda, Sarah, *Maurice Barrès*, Paris: Flammarion, 2000.

Wittmann, Jean-Michel, "Deux romanciers face à l'amoralité de la littérature, ou:Gide est-il vraiment un *anti-Barrès?*", *Amoralité de la littérature, morales des éscrivains*, actes du colloque de Metz des 26 et 27 mars 1998, à paraî tre chez Champion.

Wittmann, Jean-Michel, *Maurice Barrès romancier. Une nosographie de la décadence*, Paris: Champion, 2000.

IV. 바레스에 관한 논문

Bedouret, Philippe, *Barrès, Maurras et Péguy face au germanisme (1870-1914)*, (thèse de doctorat en Histoire des idées politiques de l'École Pratique des Hautes Études), ANRT, Lille, 2 vols (2007).

Berrong, Richard M., "Pierre Loti's Response to Maurice Barrès and France' Growing Nationalist Movement: Ramuntcho", *Modern & Contemporary France*, vol.17, no.1 (February 2009).

Desaymard, Joseph, *Bourget, Barrès et l'Auvergne*. Notes et souvenirs, L'Auvergne Littéraire no.115 (1946).

Krulic, Brigitte, "Le peuple français chez Maurice Barrès, une entité insaisissable entre unité et diversité", *Revue électrique internationale* http://www.sens-public.org/spip (2007. 2).

L'Aminot, Tanguy, "Maurice Barrès et Jean-Jaecues Rousseau: histoire d'une relation", *Annales de l'Est*, 35e année, no.2 (1983).

Laurent, Marcel, "Pascal et Barrès", *L'Auvergne Littéraire*, no.187 (1965).

Mazgaj, P., "The Origins of the French Radical Right: A Historiographical Essay", *French Historical Studies*, vol.XV, 2 (1987).

Schenker, Maud Hilaire, "Le nationalism de Barrès: Moi, la terre et les morts", *Paroles gelées*, 23(1), UCLA Dept. of French and Francophone Studies, UC Los Angeles (2007).

Shurts, Sarah E., *Redefining the Engagé: Intellectual Identity and the French Extreme Right, 1898-1968*, (A dissertation submitted to the University of North Carolina at Chapel Hill), Chapel Hill (2007).

Touchard, Jean, "le nationalisme de Maurice Barrès", dans *Maurice Barrès*. Actes du colloque organisé par la Faculté des lettres et des sciences humaines de Nancy (22-25 octobre 1962), Nancy, Annales de l'Est.

Wittmann, Jean-Michel, "Gide et Barrès sur fond de paysage paludéen: rencontre symbolique, rupture symboliste", *Littératures* n°31 (automne 1994).

마은지, 「모리스 바레스의 귀환-바레스 연구 100년」, 『숭실사학』 제29집 (2012. 12).

_____, 「모리스 바레스의 민족 개념(1880-1914)」, 『프랑스사연구』 제31집 (2014. 8).

_____, 「모리스 바레스의 민족주의(1880-1914)—지역주의사상을 중심으로」, 『서양사론』 제122집(2014. 9).

_____, 「조상신화와 민족정체성—모리스 바레스를 중심으로」, 『서양사학연구』 제33집(2014. 12).

V. 민족주의 및 파시즘

Anderson, B., *Imagined Communities*, London: Verso, 1991.

Armstrong, J., *Nations Before Nationalism*, Chapel Hill: University of North Carolina Press, 1982.

Barnard, F. M., "National culture and political legitimacy", *Journal of the History of Ideas* 44 (1983).

Barth, F. ed., *Ethnic Groups and Boundaries*, Boston: MA, Little Brown and Co., 1969.

Baycroft, Timothy, *Nationalism in Europe 1789-1945*, Cambridge: CUP, 1998.

_____, *Culture, Identity and Nationalism: French Flanders in the Nineteenth and Twentieth Centuries*, Woodbridge: The Boydell Press, 2004.

_____, *What is a Nation? Europe 1789-1914*, Oxford: OUP, 2006.

_____, *France: Inventing the Nation*, London: Arnold, 2008.

Bell, D., *The Cult of the Nation in France*, Cambridge: M.A. Harvard University Press, 2001.

Billig, M., *Banal Nationalism*, London: Sage, 1995.

Brass, P. ed. *Ethnic Groups and the State*, London: Croom Helm, 1985.

_____. *Ethnicity and Nationalism*, London: Sage, 1991.

Breuilly, J., *Nationalism and the State*, Manchester: Manchester University Press, 1982.

Breuilly, J., "Approach to nationalism", in Balakrishnan, G. ed., *Mapping the Nation*, London: Verso, 1996.

_____, Panel discussion ASEN Conference: "Nationalism and the State", 24 March, London School of Economics, 2000.

Brubaker, R., *Citizenship and nationhood in France and Germany*, Cambridge: "Mass.: Harvard University Press, 1992.

_____, *Nationalism Reframed*, Cambridge: Cambridge University Press,1996.

Campbell, J. and Sherrard, P., *Modern Greece*, New York: Praeger, 1968.

Comaroff, J. L. and Stern, P. C., eds., *Perspectives on Nationalism*, Amsterdam:

Gordon and Breach Science Publishers, 1995.

Connor, W., "When is a Nation?", *Ethnic and Racial Studies*, 13(1), 1990.

_____, *Ethno-Nationalism: The Quest for Understanding*, Princeton: Princeton University Press, 1994.

_____, "The Timelessness of Nations", in Guibernau and Hutchinson, 2004.

Conversi, D. ed., *Ethno-Nationalism in the Contemporary World: Walker Connor and the Study of Nationalism*, London: Routledge, 2002.

Darby, W., *Landscape and Identity: Geographics of Nation and Class in England*, Oxford: Berg, 2000.

Fishman, J., "Social Theory and Ethnography: Neglected perspective on Language and Ethnicity in Eastern Europe", in Peter Sugar ed., *Ethnic Diversity and Conflict in Eastern Europe*, Seattle: University of Washington Press, 1980.

Ford, Caroline, *Creating the Nation in Provincial France: Religion and Political Identity in Brittany*, Princeton: Princeton University Press, 1993.

Forde, Simon, Johnson, Lesley, and Murray, Alan eds., *Concepts of National Identity in the Middle Ages*, Leeds: School of English, Leeds Texts and Monographs, new series 14, 1995.

Friedman, E., *National Identity and Democratic Prospects in Socialist China*, New York: M.E.Sharpe, 1995.

Geary, P. J., *The Myth of Nations: The Medieval Origines of Europe*, N.J: Princeton University Press, 2002.

Gellner, E., *Thought and Change*, London: Weidenfeld and Nicolson, 1964.

_____, *Nations and Nationalism*, Oxford: Blackwell, 1983.

_____, "Do Nations have Navels?", *Nationalism and Nationalism*, 2(3), 1996.

Geertz, C., "Integrative Revolution", in Geertz, *The Interpretation of Cultures*, New York: Fontana, 1973.

Giddens, A., *The Nation-State and Violence*, Cambridge: Polity Press, 1985.

_____, *The Consequences of Modernity*, Cambridge: Polity Press, 1990.

Gildea, R., *The Past in French History, New Haven*, CT: Yale University Press, 1994.

Gillingham, J., "The Beginnings of English Imperialism", *Journal of Historical Sociology* 5, 1992.

_____, "Henry Huntingdon and the Twelfth Century Revival of English Nation", in Forde et al., 1995.

Greenfeld, Lia, *Nationalism: Five Road to Modernity*, Cambridge, Mass.: Harvard

University Press, 1992.

Grosby, S., "Territoriality: The Trascendental, Primordial Feature of Modern Societies", *Nations and Nationalism*, 1(2), 1995.

_____, *Biblical Ideas of the Nation: Ancient and Modern*, Winona Lake IN:Eisenbrauns, 2002.

Guibernau, M., "Globalisation and the Nation-state", in M. Guibernau and J. Hutchinson, eds., *Understanding Nationalism*, Cambridge: Polity Press, 2001.

Guibernau, Montserrat and Hutchinson, John eds., *History and National Destiny: Ethno-symbolism and its Critics*, Oxford: Blackwell, 2004.

Hall, J., *Power and Liberties: The Causes and consequences of the Rise of the West*, Harmondsworth: Penguin, 1985.

Hastings, A., *The Construction of Nationhood: Ethnicity, Religion and Nationalism*, Cambridge: Cambridge University Press, 1997.

Hechter, M., *Internal Colonialism: The Celtic Fringe in BritishNational Development*, Berkeley: University of California Press, 1975.

_____, *Containing Nationalism*, Oxford: Oxford University Press, 2000.

Helleiner, E., *The Making of National Money: Territorial and Currencies in Historical Perspective*, Ithaca NY: Cornell University Press, 2003.

Herder, J. G., *Reflections on the Philosophy of History*, ed., F. Manuel, Chicago: Chicago University Press, 1968.

Hobsbawm, E. J., and Ranger, T. eds., *The Invention of Tradition*, Cambridge: Cambridge University Press, 1983.

Hobsbawm, E. J., *Nations and Nationalism Since 1780*, Cambridge: Cambridge University Press, 1990.

Homi, Bhabha, ed., *Nation and narration*, London and New York: Routledge, 1990.

Horowitz, Donald L. *Ethnic Groups in Conflict*, Berkeley and Los Angeles: University of California Press, 1985.

Hroch, M., *The Social Preconditions of Nation Revivals in Europe*, Cambridge: Cambridge University Press, 1985.

Hutchinson, J., *The Dynamics of Cultural Nationalism: The Gaelic Revival and the Creation of the Irish Nation State*, London: Allen&Unwin, 1987.

_____, *Modern Nationalism*, London: Fontana, 1994.

Ichijo, A. "The Scope of Theories of Nationalism: Comments on the Scottish and

Japanese Experiences", *Geopolotics*, 7(2), 2002.

Ichijo, A., and Uzelac, G., eds., *When is the Nation? Towards an understanding of theories of nationalism*, London and New York: Routledge, 2005.

Isaac, Harold, *The Idols of the Tribe*, New York: Haper & Press, 1975.

Jenkins, B., *Nation and Nationalism in France: Class and Nation since 1789*, London: Routledge, 1990.

_____. ed., *France in the era of Fascism*, New York, Oxford: Berhahn Books, 2005.

Jenkins, Brian and Sofos, Spyros A. ed., *Nation and Identity in Contemporary Europe*, London and New York: Routledge, 1996.

Joly, Bertrand, *Déroulède, l'inventeur du nationalisme français*, Paris: Perrin, 1998.

_____, *Déroulède, Nationalistes et Conservateurs en France 1885-1902*, Paris: Les Indes savantes, 2008.

Kaufmann, E. and Zimmer, O., "In Search of the Authentic Nation: Landscape and National Identity in Canada and Switzerland", *Nations and Nationalism*, (4), 1998.

Kedourie, E., *Nationalism*, London: Hutchinson, 1960.

Kohn, Hans, *The idea of nationalism*. 2d ed., New York: Collier-Macmillan, [1944] 1967.

_____, *Prelude to Nation-states: The French and German Experience 1789-1815*, New York, Van Nostrand, 1967.

Kuper, L., *Race, Class and Power*, London: Duckwoth 1974.

_____, *Genocide*, Harmondsworth: Penguin, 1981.

Krulic, Brigitte, *Nation, Une idée moderne*, Paris: ellipses, 1999.

_____, "Le peuple français chez Maurice Barrès: une entité insaisissable entre unité et diversité", *Revue électronique internationale*, www.sens-public.org, 2 février 2007.

Llobera, J., *The God of Modernity*, Oxford: Berg, 1994.

McClelland, S. ed., *The French Right: From de Maistre to Maurras*, London: Jonathan Cape, 1971.

McNeill, W. H., T*he Pursuit of Power: Technology, Armed Forces and Society Since AD 1000*, Chicago: Chicago University Press, 1984.

_____, *Polyethnicity and National Unity in World History*, Toronto: Toronto University Press, 1986.

_____, "The Rise of the West after Twenty-Five Years", *Journal of*

World History, 1(1), 1990.

Mann, M., "The Ideology of Intellectuals and Other People in the Development of Capitalism", in Lindberg, L. R. Alford, C. Crouch and C. Offe eds., *Stress and Contradiction in Modern Capitalism*, London: Heath, 1975.

_____, *The Sources of Social Power vol.1*, Cambridge: Cambridge University Press, 1986.

_____, *The Sources of Social Power vol.2*, Cambridge: Cambridge University Press, 1993.

Milza, P., *Les Fascismes*, Paris: Imprimerie nationale, 1985.

_____, *Le Fascisme italien et la presse française*, Brussels: Editions Complexe, 1987.

_____, *Fascisme français*. Passé et présent, Paris: Flammarion, 1987.

_____, "Fascisme et Nazisme: qui a couvé l'oeuf du serpent?", in M. Winock, ed., *Histoire de l'extrème droite en France*, Paris: Seuil, 1994.

_____, "Fascisme française", in J.-F. Sirinelli ed., *Dictionnaire historique de la vie politique français au XXe siècle*, Presses Universitaires de France – PUF, 2003 (1995).

Mosse, G., *The Nationalization of the Masses*, New York: New American Library, 1975.

_____, "Mass Politics and the Political Liturgy of Nationalism", in E. Kamenka ed., *Nationalism: The Nature and Evolution of an Idea*, London: Edward Arnold, 1976.

_____, *Fallen Soldiers: Reshaping the Memory of the World Wars*, London: Oxford University Press, 1990.

Nairn, T., *The Break-up of Britain: Crisis and Neo-Nationalism*, London: Verso, 1977.

Nolte, E., *Les Mouvements fascistes. L'Europe de 1919 à 1945*, Paris: Calmann-Lévy, 1966.

_____, *Faces of Fascism*, trans. L. Vennewitz, New York and Toronto: Mentor Books, 1969.

Ozkirimlim U., *Theories of Nationalism*, London: Macmillan, 2000.

Plumyène, Jean et Lasierra, Raymond, *Les Fascismes français 1923-1963*, Paris: Le Seuil, 1963.

Renan, E., "Qu'est-ce qu'une nation?" in Ernest Renan. Discours et conférances. Paris: Calmann Lévy, 1887.

Reynolds, S., *Kingdoms and Communities in Western Europe 900-1300*, London, Oxford University Press, 1997.

Richter, M., *Medieval Ireland: The Enduring Tradition*, Dublin: Gill and Macmillan, 1998.

Rousseau, J-J., *The political writings of Rousseau*. 2vols. ed., C. E. Vaughan. Cambridge: Cambridge University Press, 1915, 2:319, Project Corse.

_____, *Correspendance générale*, ed., T. Dufour, Paris: Colin, 1924-1934.

Scales, Len and Zimmer, Oliver, *Power and the Nation in European History*, Cambridge: Cambridge University Press, 2005.

Schma, S., *Landscape and Memory*, London: Fontana, 1995.

Seton-Watson, H., *Nations and States*, London: Methuen, 1977.

Shilds, E., "Primodial, Personal, Sacred and Civil Ties: Some Particular Observations on the Relationships of Sociological Research and Theory", *British Journal of Sociology* 8(2) (1957).

Smith, A. D., *Theories of Nationalism*, London: Duckworth, 1971.

_____, *Nationalism in the Twentieth Century*, London: Martin Robertson, 1979.

_____, *The Ethnic Revival*, Cambirdge: Cambridge University Press, 1981.

_____, "War and Ethnicity: The Role of Warfare in The Formation, Self-images and Cohesion of Ethnic Communities", *Ethnic and Racial Studies*, 4(4) (1981).

_____, *The Ethnic Origins of nations*, Oxford: Blackwell, 1986.

_____, *National Identity*, Harmondsworth: Penguin Books, 1991.

_____, "National Identity and the Idea of European Unity", *International Affairs*, 68(1) (1992).

_____, *Nationalism and Modernism*, London: Routledge, 1998.

_____, *Myths and Memories of the Nation*, London: Oxford University Press, 1999.

_____, *The Nation in History: Historiographical Debates about Ethnicity and Nationalism*, Brandeis/Historical Society of Israel; 1st edition, 2000.

_____, "National identity and myths of ethnic descent", *Nationalism Critical Concepts in political Science*, vol.IV, Edited and with new introductions by John Hutchinson and A. D. Smith, London and New York: Routledge, 2000.

_____, "When is a Nation?", *Geopolitics*, 7(2) (2002).

_____, *Chosen People: Sacred Sources of National Identity*, Oxford: Oxford University Press, 2003.

_____, *The Antiquity of Nations*, Cambridge: Polity Press, 2004.

_____, *The Cultural Foundations of Nations*, Oxford: Blackwell, 2008.

_____, *Ethno-symbolism and Nationalism, A Cultural Approach*, London and New York: Routledge, 2009.

_____, *Nationalism, Theory, Ideology, History*, 2nd edn, Cambridge: Polity Press, 2010.

Soucy, Robert, *Fascism in France. The Case of Maurice Barrès*, Berkeley-Los Angeles: University of California Press, 1972.

Sternhell, Z., *La Droite révolutionnaire: les origines françaises du fascism 1885-1914*, Paris: Fayard, 2000(1997).

Tilly. C. ed, *The Formation of National State in Western Europe*, Princeton NH: Princeton University Press, 1975.

_____, "States and Nationalism in Europe, 1492-1992", *Theory and Society* 23 (1) (1994), 131-146.

Van den Berghe, Pierre, "Contemporary nationalism in the Western world", *Daedalus*, 95 (3) (1966).

_____, "Does Race Matter?", *Nations and Nationalism* 1 (1995).

_____, "Ethnies abd Nations: Genealogies Indeed", in Ichijo and Uzelac, 2005.

Viereck, P., *Conservatism from Hohn Adames to Churchill*, Princeton: Van Nostrand, 1950.

Wormald, P., "The Emergence of Anglo-Saxon Kingdoms", in Lesley Smith, ed., *The Making of Britain: The Dark Ages*, Basingstoke: Macmillan, 1984.

_____, "Germanic Power Structures: The Early English Experience", in Scales and Zimmer, 2005.

Weber, E., *Varieties of Fascisme*, New York: Van Nostrand, 1964.

Wimmer, A., *Nationalism and its Exclusions*, Cambridge: Cambridge University Press, 2002.

Winock, M., *Nationalisme, antisémitisme et fascisme en France*, Paris: Seuil, 1990.

기어리, 패트릭 J., 『민족의 신화, 그 위험한 유산』, 이종경 옮김, 서울: 지식의 풍경, 2002.

김용우, 「프랑스의 파시스트 이데올로기의 形成에 관한 研究 : Action française에서 Faisceau에 이르기까지」, 서강대학교 박사학위논문,

1993.

_____, 「프랑스 파시스트 이데올로기의 형성에 관한 연구」, 『서양사론』 vol.45 no.1, 1995.

_____, 「파시즘이란 무엇인가?: "새로운 합의"의 성과와 한계」, 「서양사론」 no.75, 2002.

_____, 「파시즘과 전쟁: 계급투쟁에서 민족투쟁으로」, 『이대사원』 32집, 1999.

_____, 「민족주의, 파시즘과 조르쥬 소렐」, 『역사학보』 vol.193, 2007.

김인중, 「민족주의의 개념」, 『프랑스사연구』 no.22, 2010.

_____, 「민족과 민족주의: 겔너와 스미스를 중심으로」, 『숭실사학』 제26집, 2011.

_____, 『민족주의와 역사』, 서울: 아카넷, 2014.

김지욱, 「민족과 민족주의에 대한 역사학적 접근방식」, 숭실대학교 석사학위논문, 2012. 6.

마은지, 「프랑스 민족주의」, 『숭실사학』 제20집, 2007.

박찬승, 「한국에서의 '민족' 개념의 형성」, 『개념과 소통』 창간호, 2008, 한림대학교 한림과학원.

브라이언 젠킨스, 『프랑스 민족주의』, 김인중·마은지, 서울: 나남, 2011.

에릭 홉스봄 편, 『만들어진 전통』, 박지향 외 옮김, 서울: 휴머니스트, 2004.

임지현, 『민족주의는 반역이다: 신화와 허무의 민족주의 담론을 넘어서』, 서울: 소나무, 1999.

_____, 「한국사학계의 '민족' 이해에 대한 비판적 검토」, 『역사비평』 no.26, 1994.

장문석, 『민족주의 길들이기: 로마 몰락에서 유럽 통합까지 다시 쓰는 민족주의의 역사』, 서울: 지식의풍경, 2007.

_____, 『민족주의』, 서울: 책세상, 2011.

최갑수, 「내셔널리즘의 기원과 특성」, 『서양사연구』 vol.31, 2003.

한국 서양사학회 편, 『서양에서의 민족과 민족주의』, 서울: 까치글방, 1999.

VI. 프랑스 근현대사 및 기타

Agulhong, Maurice, *La République, de Jules Ferry à F. Mitterrand à nos jours*, Paris: Hachette, 1990.

_____, *Marianne au pouvoir, L'imagerie et la symbolique de 1880 à 1914*, Paris: Flammarion, 1989.

_____, "The center and the periphery", trans. by Mary Seidman Trouille, *Rethinking France*, vol.1, Chicago: University of Chicago Press, 1999.

Ambrosi, Christian et Arlette, *la France 1870-1990*, Paris: Masson, coll. un siècle d'histoire, 1991.

Ashley, Percy, *Modern Tariff History*, London: J. Murray, 1920 (3d ed).

Audoin-Rouzeau, S., *1870: La France dans la guerre*, Paris: Armand Colin. 1989.

Arnold, E. J., *The Development of the Radical Right in France: From Boulanger to Le Pen*, London: Macmillan, 2000.

Anderson, M., *Conservative Politics in France*, London: George Allen & Unwin, 1974.

Anderson, Roger, *France 1870-1914: Politics and Society*, London: Routledge & Kegan Paul, 1984.

Antonetti, Guy, "Droit politique et theorique", *Histoire contemporaine politique et sociale*, Paris: PUF, 1986.

Asselain, Jean-Charles, Histoire économoque de la France I, Édition du Seuil, 1984.

Azéma J.-P. et Winock, Michel, *La IIIe République*, Paris, Calmann-Lévy, 1970.

Baal, Gérard, *Le Parti radical de 1901 à 1914*, thèse de doctrat ès lettre et sciences humaines, université de Paris I, 1991.

Baal, Gérard, *Histoire du radicalisme*, Paris: La Découverte, "Repères", 1994.

Ballet, René(prépaée), *Grandes Plumes dans l'humanité 1904-1939*, Paris: Messidor, 1990.

Barral, Pierre, *Les Fondateur de la IIIe République*, Paris: A. Colin, coll."U", 1968.

Barrows, Susanna, *Miroirs déformants. Réflexions sur la foule en France à la fin du XIXe siècle*, (Distorting Mirrors Visions of the crowd in Late Nineteenth-Century France, 1981, Yale University), Paris: Aubier, 1990.

Bardout, Jean-Claude, *Les Libertés d'association, Histoire étonnante de la loi 1901*, Paris: Juris-Service, 1991.

Baudelot, C., Establet Roger et Malemort, Jacques, *La Petite bourgeoisie en France*, Paris: F. Maspero, 1974.

Beaudouin, Steven M., "A Neutral Terrain: *Public Assistance, Private Charity and the State in Third Republic Bordeaux, 1870-1914*", Ph. D. Dissertation, Carnegie Melon University, 1996.

Bernanos, Georges, *La grande peur des bien-pensants, Edouard Drumond*, Paris : B. Grasset, DL 1939 (1931).

Berstein, Serge, dir., *Les cultures politiques en France*, Paris: Seuil, 1999.

Bonnefous, Georges, *Histoire politique de la troisième République*, t.1. avant-guerre (1906-1914), Paris: PUF, 1968.

Borella, François, *Les Partis politiquesen Europe*, Paris: Seuil, 1984.

Bourgin, Georges, *La IIIe République*, Paris: A. Colin, 1967, révisé par Jacques Néré.

Boussel, Patrice, *L'Affaire Dreyfus et la presse*, Paris: A. Colin, "kiosque", 1960.

Bouvier, Jean, *Les Deux Scandals de Panama*, Paris: Gallimard, 1964.

Birnbawm, Pierre, *L'Affaire Dreyfus, La République en péril*, Paris: Gallimard, 1994.

Birnbawm, Pierre, "La France aux Français", *Histoire des haines nationalistes*, Paris: Édition du Seuil, 1993.

Bloch, Roger, dir., *Histoire du parti radical-socialiste*, Paris: Librairie générale de droit et de jurisprudence, 1968.

Braudel, Fernand et Labrousse Ernest s.d., *Histoire économique et sociale de la France*, Paris: PUF, t. 4-1, 1880-1914, 1979.

Bredin, Jean Denis, *The Affair, The Case of Alfred Dreyfus*, trans., Jeffrey Mehlman, New York: George Braziller, 1986.

Buisson, George, *La Chambre et les députés*, Paris: 1924.,

Buthman, William Curt, *The Rise of Integral Nationalism in France*, New York: Octagon Books, 1970 (1939).

Colley, Linda, *Britons: Forging the Nation 1707-1837*, London: Yale University Press, 1922.

Carlhoun, Arthur Fryard, The Politics of Internal Order: French Government and Revolutionary Labor, 1898-1914, vols.1, 2. Ph.D. Dissertation, Princeton University, 1973.

François, Caron, *La France des patriotes, de 1815 à 1918*, Paris: Fayard, 1990.

_____, *Histoire économique de la France XIXe-XXe siècle*, Paris, A. Colin, coll."U", (1981), 1995.

Charle, Christophe, *Histoire sociale de la France au XIXe siècle*, Paris: Seuil, "Histoire de la France", 1991.

_____, *Naissance des intellectuels 1880-1900*, Paris: Edition de Minuit, 1990.

_____, Les Elites de la La IIIe République 1880-1900, Paris: Fayard,

"L'espace du politique", 1987.

Chastenet, Jacques, *Histoire de la Troisième République*, t. III la République triomphante 1893-1906; t. IV jours inquiets et jour snaglants 1906-1918, Paris: Hachette, 1973-1974.

Chenu, M. le Bâtonnier, *La Ligue des patriotes*, Paris: 1916.

Cioran, E. M., *Essai sur la pensée réactionnaire*, Paris: Fata Morgan, 1977.

Cohen, William B., *Urban Government and the Rise of the French City. Five minicipalities in the Nineteenth Century*, New York: St. Martin's Press, 1998.

Colette Bec, *Assistance et République*, Paris: Editions de l'atelier, 1994.

Crozet, René, *Les Insituteurs de Seine-et-Oise vers 1900*, Val d'Osie: Musée Départmental de l'éducation Saint – Ouen - L'Aumône, 1991.

Crubellier, Maurice, *Histoire culturelle de la France XIXe-XXe siècle*, Paris: A. Colin, 1974.

Curtis, M., *Three Against the Third Republic. Sorel, Barrès et Maurras*, New Brunswick and London: Tranction Publishers, 2010.(Originally published by 1959)

Dansette, Adrienne, *Histoire religieuse de la France contemporaine, L'Eglise catholique dans mêlée politique et sociale* (Edition revue et corrigée), Paris: Flammarion "L'Histoire", 1965.

Daumard, Adeline, *Les bourgeois et la bourgeoisie en France*, Paris: Aubier "collection historique", 1987.

Davies, P., *The Extreme Right in France, 1789 to the Present: From de Maistre to Le Pen*, London: Routledge, 2002.

Deschanel, Paul, *La Décentralisation*, Paris-Nancy: Berger-Levrault, 1895.

Démier, Francis, *La France du XIXe siècle 1814-1914*, Paris: Point. 2014.

Digeon, Claude, *La Crise allemande de la pensée française (1870-1914)*, Paris: PUF, 1959.

Dejohn, Wayne Anthony, *The Dreyfus Affair and the Chamber of Deputies 1897 to 1899: An Analytical and Interpretative Study*, Ph.D. thesis, University of Wisconsin, 1975.

Defrasne, Jean, *L'Antiparlementarisme en France*, Paris: PUF, "Que sais-je?", 1990.

Drumont, E., *La Dernière bataille: nouvelle étude psychologique et sociale*, xi-xii. Paris: Dentu, 1890.

_____, *La France juive*, I. II, Paris: C. Marpon & E. Flammarion 1886.

Duclert, Vincent, *L'Affaire Dreyfus*, Paris: La Découverte, "Repères", 1994.

Dumons B., & Pollet, G., *L'Etat et les retraites*, Paris: Bélin, 1994.

Dupeux, Georges, *La Société française 1789-1970*, Paris: A. Colin, 1972.

_____, *Aspects de l'histoire sociale et politique du département de Loire-et-Cher de 1848 à 1914*, Paris: 1961.

Duroselle, Jean-Baptiste, *La France de la Belle Epoque, La France et les Français, 1900-1914*, Paris: Presses de la fondation nationale des sciences politiques "Références", 1992 (Editions Richelieu, 1972).

Duroselle, Jean-Baptiste et Mayeur, Jean-Marie, *Histoire du catholicisme*, Paris: PUF, "Que sais-je?", 1993 (1949).

Elleinstein, Jean, *Histoire de la France Contemporaine, 1789-1980*, t. IV. 1871-1918, Paris: Editions sociales, 1980.

Eliwitt, Sanford, *The Third Republic defended: Bourgeois Reform in France, 1880-1914*, Baton Rouge: Louisiana State University Press, 1986.

Estèbe, Jean, *Les Ministres de la République* 1871-1914, préface de Maurice Agulhon, Paris: Presses de la fondation nationale des sciences politique, 1981.

Ewald, François, *L'Etat Providence*, Paris: B. Grasset, 1994.

Frederic Ewen, Jeffrey Wollock, *A Half-Century of Greatness: The Creative Imagination of Europe, 1848-1884*, New York and London: NYU Press, 2007.

Fauchois, Y. "Centralization", *A ctritical dictionary of the French Revolutio n*, F. Furet and M. Ozouf, ed., vols.2, Cambridge, Mass.: Harvard University Press, 1989.

Faury, Jean, *Cléricalisme et anticléricalisme dans le Tarn*(1848-1900), Toulouse: Publications de l'université de Toulouse-Le-Mirail, 1980.

France, Anatole, *Trente ans de vie sociale*, Ⅰ. 1897-1904, Paris: Emile-Paul, 1940.

François, Louis, *Les Institutions politiques et administratives de la France*, Paris: Hachette, "Faire le point", 1976.

_____, *Revolutionary France 1770-1880*, Paris: Hachette, 1988 (Basil Blackwell, 1992).

Furet, François et Ozouf, Mona, *Dictionnaire de la Révolution*, Paris: Flammarion, 1988.

Fustel de Coulanges, M., *L'Alsace est-elle allemande ou française? Réponse à M. Mommsen, professeur à Berlin*, Paris: Dentu, 1870.

Gildea, R., *Children of the Revolution, The French, 1799-1914*, Cambridge, Mass.: Harvard University Press, 2008.

_____, *The Past in French History*, New Haven and London: Yale University Press, 1994.

Girardet, Raoul, *Le Nationalisme français 1871-1914*, Paris: Seuil, 1966.

Girault, Jacques, *Instituteurs, professeurs une cultural syndicale dans la société* (fin Ⅹ Ⅸe-ⅩⅩe siècle), Paris: Publications de la Sorbonne, 1996.

Goguel, François, *La Politique des partis sous la Ⅲ? Réqublique*, Paris: Seuil, 1946.

_____, *Géographie des élections françaises sous la troisième et la quatrième République*, Paris: Presse de la foundation nationale des sciences politiques, 1951.

Gooch, R. K., *The French Parliamentary Committee System*, New York: D. Appleton-Century Co., 1935.

Graveleau, Natalie, *Les Cafés comme lieux de sociabilité politique à Paris et en banlieu, 1905-1913*, Memoire de maîtrise; université Paris Ⅰ, 1992.

Guérin, André, *La Vie quotidienne au Palais Bourbon à la fin de la Ⅲ? République*, Paris: Hachette, 1978.

Guiral, Pierre et Thuillier, Guy, *La Vie quotidienne des députés en France de 1871 à 1914*, Paris: Hachette, 1980.

Halévy, Daniel, *La Fin des notables*, Paris: B. Grasset, 1930.

_____, *La République des comités Essai d'histoire contemporaine (1895-1934)*, Paris: B. Grasset, 1934.

Haupt, Heinz-Gerhard, *Histoire sociale de la France depuis 1789*, Paris: Mason des sciences de l'hommes, 1993.

Horne, Janet R., *Republican Social reform in France The Case of Musée social, 1894-1914*, Ph. D. Dissertation, New York University, 1991.

Huard, Raymond, *La Naissance du parti politique en France*, Paris: Presses de Sciences Po, 1996.

Huard, Raymond, *Le Suffrage universel en France 1848-1946*, Paris: Aubier, 1991.

Hutton, Patrick, *Historical Dictionary of the Third French Republic 1870-1940*, USA: Greenwood Press, 1986.

Jean-Thomas, Nordmann, *Histoire des radicaux, 1820-1973*, Paris: Editions de la Table Ronde, 1974.

Jenkins, Brian, *Nationalism in France, Class and Nation since 1789*, Savage Maryland: Barnes & Noble Books, 1990.

Jérôme et Jean Tharaud, *La Vie et la mort de Déroulède*, Paris: Plon, 1914(1925).

Julliard, J., *Les Gauches Françaises*, Paris: Flammarion, 2012.

Kaplan, Robert Elliot, *Forgotten Crisis. The Fin-de-Siècle Crisis of Democracy in France*, Oxford: Berg Publishers, 1995.

Kayser, Jacques, *Les Grandes batailles du radicalisme 1820-1901*, Paris: Marcel Rivière, 1962.

Kedward, R. ed., *The Dreyfus Affair*, London: Longman, 1965.

Kuper L., *Race, Class and Power*, London: Duckwoth, 1974.

_____, *Genocide*, Harmondsworth: Penguin, 1981.

_____, *L'Affaire Dreyfus et le Tournant du siècle*, Paris: Musée d'histoire contemporaine-BDIC, 1994.

Lazare, Bernard, *L'Antisémitisme: son histoire et ses cause*, Paris: 1894.

Le Brac, Yves, *Les Débuts du journal L'Humanité(1904-1909)*, DES de sciences politiques, Faculté de droit de Paris: 1971.

Leduc, Jean, *L'Enracinement de la République 1879-1918*, Paris: Hachette, "Hachette Supérieur", 1991(1997).

Lequin, Yves, *Histoire des Français, XIXe-XXe siècle*, t. Ⅲ, Les citoyens et la démocratie, Paris: PUF, 1984.

Lerner, Henri, *La Dépêche. Journal de la Démocratie*, Toulouse: L'Université de Toulouse Le Mirail, 1978, t. Ⅰ, t. Ⅱ.

Lévêque, Pierre, *Histoire des forces politiques en France*, t.2 1880-1940, Paris: A. Colin, 1994.

Lévy, Bernard-Henri, *L'Idéologie française*, Paris: Grasset, 1981.

Michel, Leymarie éd, *La Pastéité de l'affaire Dreyfus*, Lille: Presse universitaires du septentrion, 1998.

Loubère, Léo, *Radicalism in Mediterranean France, Its Rise and Decline*, 1848-1914, Albany: State University of New York Press, 1974.

Maeur, Jean-Marie, *La France Bourgeoise devient laïque et républicaine*, Histoire du peuple français, Ⅴ, Paris: Nouvelle Librairie de France, 1964.

Maeur, Jean-Marie, *La Séparation de l'église et l'Etat*, Paris: Julliard, "archives", 1966.

_____, *Les Débuts de la Ⅲe République*, 1871-1898, Nouvelles histoires contemporaines 10. Seuil, coll. "Points", 1973.

_____, *La Vie politique sous la Troisième République 1871-1940*, Paris: Seuil, 1984.

_____, *La Question laïque ⅩⅨe-ⅩⅩe siècle*, Paris: Fayard "L'espace du politique", 1997.

Machelon, Jean-Pierre, *La République contre les libertés? Les restriction aux libertés républicaines de 1789 à 1914*, Paris: Presses de la foundation nationale des sciences Politique, 1976.

McManners, John, *Church and State in France 1870-1914*, New York: Harper & Row, 1973.

McClelland, J. S. ed., *The French Right: From de Maistre to Maurras*, London: Jonathan Cape, 1971.

Maurras, C., *L'Idée de la décentalisation*, Paris: 1898.

Milza, P., *Histoire generale politique et sociale, Autoritarianisme et Liberalisme dans le monde de XVIIIe siècle aux années 1950*, Cours de l'Institut d'etudes politiques de Paris, Press de la Fondation Nationale des Sciences Politiques, 1988.

Mollier, Jean-Yves et George Jocelyne, *La Plus longue des républiques 1870-1940*, Paris: Fayard, 1994.

Néré, Jacque, *Le Boulangisme et la presse*, Paris: Armand Colin, 1964.

Nicolet, Claude, *Le Radicalisme*, Paris: PUF, "Que sais-je?", 1967.

_____, *L'Idée Républicaine en France (1789-1924)*, Paris: Gallimard, "nrf", 1982.

Noiriel, Gérard, "À quoi sert 'l'identité nationale'", *Passé et présent*, Paris: Agone, 2007.

Nora, P. dir., *Les lieux de Mémoire*, 7 Vols., Paris: ? 1984-1993; 3 tomes: La République/ La Nation/ Les France, Paris: Edition Gallimard, 2005.

O'Brien, P. K. & Keyder, C., "Les voies de passage vers la société industrielle en Grande-Bretagne et en France (1780-1914)", *Annales ESC*, vol.34, no.6 (1979).

Ory, Pascal, et Sirinelli, Jean-François; *Les Intellectuels en France de l'affaire Dreyfus à nou jours*, Paris: A. Collin, 1967.

Ozouf-Marigner, Marie-Vic, *La Formation des départements. La représentation du territoire français à la fin du XIIIe siècle*, Paris: École des hautes études en sciences sociales, 1989.

Ozouf, Mona, *L'Ecole l'Eglise et la République 1871-1914*, Paris: Editions Cana/Jean Offredo, 1963.

Paul-Boncour, J. and Maurras, C., *Un Débat nouveau sur la République et la*

Décentralisation, Toulouse: Société provinciale d'édition, 1905.

Pech, Remy. al., *Politique en Midi-Pyrenees*, Paris: Fayard, 1986, Toulouse: Eché, 1987.

Philip, Nord, *The Republican Moment, Struggles for Democracy in Nineteenth-Century France*, Cambridge, Mass.: Harvard University Press, 1995.

Pastoureau, M., "The Gallic Cock", in P. Nora ed., *Realms of Memory*: vol.3, Symbols (New York: Columbia University Press, 1998).

Pierrard, Pierre, *Dictionnaire de la IIIe République*, Paris: Larousse, 1968.

_____, *L'Eglise vouleversée de 1789 à 1945*, Paris: Editions ouvrières, collection, "Tout simplement", 1992.

Poujol Geneviève et Romer Madeleine, *Dictionnaire biographique des militants X IXe - X Xe siècles. De l'education populaire à l'action culturelle*, Paris: L'Harmattan, 1996.

Priouret, Roger, *La République des députés*, Paris: B. Grasset, 1959.

Prochasson, Christophe, *Les Anées électriques (1880-1910)*, Paris: La Découverte, 1991.

_____, *Place et rôle des intellectuels dans le mouvement socialiste français (1890-1920)*, thèse de doctorat d'histoire, université Paris I, 1989.

Prost, Antoine, *Histoire de l'Enseignement en France, 1880-1967*, Paris: A. Colin, coll"U", 1969.

_____, *Petite histoire de la France XXe siècle*, Paris: Armand Colin, 1996.

Rebérioux, Madeleine, *La République redicale? 1898-1914*, Paris: Seuil, "nouvelle histoire de la France contemporaine" 11, 1975.

Rémond, René, *La Droite en France*, Paris: Aubier, "collection historique", 1982 (초판 1954); *The Right Wing in France*, Philadelphia: University of Pennsylvania Press, 1971.

_____, *L'Anticléricalisme*, Fayard, 1976, Editions complexe, 1985.

Rioux, Jean-Pierre, *Nationalisme et conservatisme: la ligue de la patrie française 1899-1914*, Paris: Editions, Beauchêne, 1977.

_____, *Chronique d'une fin de siècle France 1889-1900*, Paris: Seuil, 1991.

Robert Vincent, *Les Chemins de la manifestation 1848-1914*, Lyon: Presses universitaires de Lyon, 1996.

Rosanvallon, Pierre, *L'Etat en France, De 1789 à nou jours*, Paris: Seuil, "l'Univers Historique", 1990.

_____, *La Nouvelle question sociale*, Paris: Seuil, 1995.

_____, *Le Sacre du citoyen*, Paris: nrf/Gallimard, 1992.

Scales, Len and Zimmer, Oliver, eds., *Power and the Nation in European History*, Cambridge: Cambridge University Press, 2005.

Sée, Henri, *Histoire de la Ligue des Droits de l'Homme*, Paris: la Ligue des Droits de l'Homme, 1927.

Siegfried, André, *Tableau politique de la France de l'ouest sous la Troisième République*, Paris: (Editions André Sauret, 1930), A. Colin, 1960.

Sirinelli, Jean-François et Vigne, E., *Histoire des droites en France*, Paris: Gallimard, 1992, 3 vols.

_____, "Introduction" in J.-F. Sirinelli ed., *Les Droites françaises de la révolution à nos jours*, Paris: Gallimard, 1992.

Sirinelli, J.-F. ed., *Dictionnaire historique de la vie politique français au XXe siècle*, Paris: PUF, 1995.

Sorlin, Pierre, *La Société française 1840-1914*, t. l. Paris: B. Arthaud, 1969.

_____, *Waldeck-Rousseau*, Paris: A. Colin, 1966.

Soulier, A, *L'Instabilité ministerielle sous la troisième république (1871-1936)*, Paris: Librairie du Recueil Sirey, 1939.

Stratford, Linda Harper, *French Marxists and art and literature, 1880-1914*, Florida: Thesis of M.A., Florida Atlantic University, 1990.

Sumler, David Ednmund, *Polarization in French Politics, 1909-1914*, Princeton: Princeton University, Ph. D. Dissertation, 1969.

Thabault, Roger, *Mon village ses hommes, ses routes, son école*, préface d'Adré Siegfried, Presses de la foundation nationale des sciences politiques, "Références", (1943), 1982.

Thibaudet, Alfred, *La République des Professeurs*, (1927) Slatkine reprints, Paris/Genève: "resources", 1979.

Tombs, R., *France 1814−1914*, London & New York: Longman, 1996.

Touchard, Jean, *La Gauche en France depuis 1990*, Paris: Seuil, 1977.

Tudesq, André-Jean, *Les Grands notables en France 1840-1849, Etude historique d'une psychologie sociale*, PUF., Paris: 1964, tome I. II.

_____, *La Démocratie en France depuis 1815*, Paris: PUF, coll. "SUP", 1971.

_____, *Les Grands notables en France 1840-1849, Etude historique d'une psychologie sociale*, PUF, Paris: 1964, tome I, II.

Jardin, André et Tudesq, André-Jean, *La France des notables* : I. L'évolution générale, 1815–1848, Paris: Seuil, 1973.

Vauchez, A., "The Cathedral", in P. Nora ed, *Realms of Memory*, vol.2 Traditions, New York: Columbia University Press, 1992.

Verley, Patrick, *Nouvelle histoire économique de la France contemporaine, 2, L'industrialisation 1830-1914*, Paris: La Découverte, 1989.

_____, *Entreprises et entrepreneurs du XVIIIe au début du XXe siècle*, Paris: Hachette, 1994.

Vernier, Dominique, *La Justice en France*, Paris: La Découverte, "Repères", 1993.

Weber, Eugen, *The Nationalist Revival in France*, 1905-1914, 1968.

_____, *Peasants into Frenchmen: The Modernization of Rural France, 1870-1914*, Stanford: California, Stanford University Press, 1976.

_____, *France, Fin de Siècle*, Cambridge and Mass., Harvard University Press, 1986.

Weintrob, Lori Robin, *From Fraternity to Solidarity: Mutual Aid, Popular Sociability, and Social Reform in France, 1880-1914*, Ph.D. Dissertation, Discours social, 1993.

Weil, Patrick, *Qu'est-ce qu'un Français?*, Grasset: Éditions Grasset & Fasquelle, 2002 et 2004.

_____, trans. Catherine Porter, *How to be French: Nationality in the Making since 1789*, Durham and London: Duke University Press, 2008.

Weiss, J., *Conservatism in Europe, 1770-1945*, London: Thames & Hudson, 1977.

Winock, Michel, *Nationalisme, antisémitisme et fascisme en France*. Paris: Seuil, 1982.

_____, ed., *Histoire de l'extrème droite en France*, Paris: Seuil, 1993.

_____, *La Belle Epoque, La France de 1900 à 1914*, Paris: Perrin, 2003.

Winock, M. et Jullard, J., *Dictionnaire des intellectuels français: les personnes, les lieux, les moments*, Paris: Seuil, 1996.

Zévaès, Alexandre, *Notes et souvenirs d'un militant*, Paris: 1913.

_____, *Au temps du Boulangisme*, Paris: Gallimard, 1930.

Zola, Emile, *La Débâcle*, préface de Raoul Girardet, édition établie et annotée par Henri Mitterand, Paris: Gallimard, coll. Folio classique n°1586, 1984.

고드쇼, 자크, 『반혁명』, 양희영 옮김, 서울: 아카넷, 2012.

김경근, 『프랑스 근대사연구』, 서울: 한울아카데미, 1998.

김광억, 『종족과 신화 ─ 그 단일과 보편의 신화를 넘어서』, 서울: 아카넷,

2005.

김용우, 『호모파시스투스』, 서울: 책세상 2005.

노라, 피에르 외, 『기억의 장소』 5, 김인중 외 옮김, 서울: 나남, 2010.

노서경, 『프랑스 노동계급을 위한 장 조레스의 사유와 실천(1885-1914)』, 서울대학교 박사학위논문, 1999. 2.

_____, 『장 조레스』, 서울: 당대, 2006.

니스벳, R. 외, 『에드먼드 버크와 보수주의』, 강정인 외 옮김, 서울: 문학과 지성사, 1997.

랑송, G./ 뒤프로, P., 『랑송의 불문학사』, 정기수 역, 서울: 을유문화사, 2003.

르낭, E., 『민족이란 무엇인가』, 신행선 옮김, 서울: 책세상, 2002.

리비에르, D., 『프랑스의 역사』, 최갑수 역, 서울: 까치, 1995.

마생, J., 『로베스피에르, 혁명의 탄생』, 서울: 교양인, 2005.

마은지, 「1840~1851 프랑스 '名士社會(la société des Notables)'에 관한 연구」, 『숭실사학』 제11집, 1998.

민유기, 「20세기 전환기 프랑스의 급진공화파와 중도정치」, 『프랑스사연구』 제22집, 2010.

버크, E., 『프랑스혁명에 관한 성찰』, 이태숙 옮김, 서울: 한길사, 2008.

소우불, 『프랑스대혁명사』 상, 최갑수 역, 서울: 두레, 1984.

스튜어트, H., 휴즈, 『의식과 사회』, 황문수 옮김, 서울: 개마고원, 2007.

아귈롱, M., 『마리안느의 투쟁』, 전수연 역, 서울: 한길사, 2001.

아렌트, H., 『전체주의의 기원』 1, 서울: 한길사 2006.

육영수, 『혁명의 배반 저항의 기억: 프랑스혁명의 문화사』, 서울: 돌베개, 2013.

윤승준, 「수정주의적 프랑스 산업화론에 대한 일고찰」, 『프랑스 노동운동과 사회주의』, 서울: 느티나무, 1988.

이승훈, 『문학으로 읽는 문화상징사전』, 서울: 푸른사상, 2009.

임종권, 「프랑스 현대 저널리즘의 기원」, 숭실대학교 박사학위 논문, 2007. 6.

조르주 뒤프, 『프랑스 사회사 1789~1970』, 박단·신행선, 서울: 동문선, 2000.

토크빌, A., 『앙시앵 레짐과 프랑스 혁명』, 서울: 박영률 출판사, 2006.

한국서양사학회 엮음, 『서양문명과 인종주의』, 서울: 지식산업사, 2002.

| 부 록 |

모리스 바레스의 연보

1862	8월 19일 프랑스 동부 샤름쉬르모젤(보주) 카퓌생가 15번지에서 출생
1870	독일의 샤름 점령
1873	낭시 인근 라말그랑주의 사립중학교 입학
1877	낭시의 리세 입학, 철학교수 뷔르도와의 만남
1882	파리 정기간행물 『청년 프랑스』에 기고
1883	파리로 상경
1884	『잉크얼룩』 출간
1887	로마와 베네치아 여행
1888	'파리 사람들의 대화' 1권 『르낭과의 일주일』, 삼부작 소설 '자아예찬'의 1권 『야만인들의 시선 아래서』 출간 피렌체 체류
1889	'자아예찬' 2권 『자유인』 출간 낭시 제3구 불랑제파 후보로 출마·당선
1891	'자아예찬' 3권 『베레니스의 정원』, 『세 심리치료 휴양지』 출간 의회에서 1월 29일 조제프 라이나흐(Joseph Reinach), 코메디-프랑세즈에서 사르두(Sardou) 작품 『테르미도르』 공연 금지에 대한 대정부 질문(바레스는 1월 23일자 『르피가로』지에서 그 문제를 기사화) 브뤼셀에서 불랑제 장군 자살하자 바레스는 『동부통신』에서 이 사건을 다룸
1892	에스파냐로의 첫 여행 12월 22일 코르넬리우스 에르츠 사건 직후 데룰레드와 클레망소 결투에서 바레스는 데룰레드 측 증인으로 참관함
1893	『법의 적』, 『의회의 부패』, 『파나마 스캔들』, 『외국인들에 맞서』 출간 폴 쿠슈(Paule Couche)와 결혼
1894	『피, 쾌락 그리고 죽음』, 『영혼의 애호가』, 『에스파냐 기행』, 『이탈리아 기행』 출간 9월 5일 『라코카르드(la Cocarde)』를 공화파 야당 일간지로 정치적 방침을 확정함(바레스는 1895년 3월 7일 이 방침을 철회함)
1895	6월 29일 보르도에서 연설, 『쇄신과 연방주의』라는 제목으로 출간 10월 1일 "코뮌과 지역-사회학의 실험실"이라는 제목으로 마르세유에서 강연함
1896	아들 필리프 출생

	문인 베를렌 장례식과 튀니지에서 암살당한 모레스(Morès) 후작의 장례식에서 추모사
1897	'소설: 민족에너지' 삼부작 제1권 『뿌리 뽑힌 사람들』 출간
1898	샤름에서 아버지 오귀스트 바레스 사망 뤽상부르공원에서 르콩트 드 릴 동상 제막식 연설
1899	〈프랑스조국연맹〉의 운영위원으로 참여함 『토지와 죽은자들』에 대해 강연
1900	'소설: 민족에너지' 삼부작 제2권 『병사에 호소』 출간 그리스 여행
1901	공화파 신문 『깃발(le Drapeau)』의 주필 〈악시옹 프랑세즈〉 기념일 바레스 연설
1902	〈프랑스조국연맹〉의 운영위원 사임 '소설: 민족에너지' 제3권 『그들의 모습들』, 『민족주의의 현장과 교의』, 『작품의 탄생』, 『우리의 토지와 죽은자들을 어떻게 사랑할 것인가』, 『아를르의 박물관』, 『미스트랄의 편지』 등 출간 베네치아, 샤름, 톨레도에 체류
1903	『숭고한 사랑과 고통』, 『베네치아의 죽음』 출간
1904	『렌에서 본 것』, 『암살당한 처녀』 등 출간 이탈리아 여행, 루아야 체류
1905	『동부의 요새들』, 『독일을 위하여』 출간
1906	『알자스-로렌』, 『파나마 시기에 본 것』, 『스파르타 여행』 출간 아카데미 프랑세즈 회원에 선출됨 파리1구 국회의원에 선출됨(그가 사망 때까지 의원직 유지)
1907	펠리브리주 회합에서 연설, 이집트로 출발
1908	파리로 돌아옴 에밀 졸라의 유해를 팡테옹으로 이장하는 것에 반대하여 의회에서 발언
1909	『콜레트 보도슈』 출간
1910	『안녕, 모레아스』 출간
1911	의회에서 "교회를 위하여"라는 제목의 첫 연설
1912	『그리스인 또는 톨레도의 비밀』 출간 동레미의 부와-슈뉘 극장에서 잔다르크의 사명에 대해 연설
1913	『영감의 언덕』 출간
1914	폴 데룰레드의 장례식, 데룰레드의 후임으로 애국자연맹의 의장이 됨 조레스의 암살 소식을 듣고 가장 먼저 조레스에게 달려가 조의를 표했고, "조레스 양에게 보내는 편지"라는 제목의 글을 『레코드파리』에 발표 『프랑스 교회의 위대한 동정』 출간 8월 1일 프랑스 총동원령, 8월 3일 독일 프랑스에 전쟁 선언

	8월 5일 이날부터 바레스는 『레코드파리』에 매일매일 기사를 썼고, 그 기사들을 모아 『제1차 세계대전 연대기』(14권) 출간
1915	로렌, 아르트와, 샹파뉴 등 여러 전쟁터와 보주 전선을 방문
1916	『프랑스의 다양한 정신적 가족들』 출간
1918	소르본에서 알자스-로렌에 대한 강연, 애국자연맹과 함께 되찾은 알자스-로렌 축하 행렬에 참여
1919	베르사유에서의 평화조약과 프-영-미의 보장 조약 서명식에 참석
1920	잔다르크의 민족적 축제를 제도화하기 위한 캠페인을 벌여 의회에서 승인
1921	『라인강의 수호신』 출간
1922	『오롱트 강변의 정원』 출간
1923	『근동국가조사』 출간 12월 4일 심장마비로 밤 11~12시 사이에 사망 12월 9일 샤름쉬르모젤 공동묘지에 안장 사후에 『환히 밝혀진 미스터리』(1926), 『나의 노트』(1929~1956) 등 출간

| 찾아보기 |

저자: 마은지

숭실대학교 인문대 사학과를 졸업하고 동대학원에서 문학박사학위를 받았다. 유럽 근현대사에서 민족과 민족주의, 이주민, 프랑스 우파에 관한 문제를 중심으로 연구하고 있다. 현재 숭실대학교, 한국방송통신대학교 등에서 강의하고 있다. 논문으로 「1840–1851년 프랑스 '명사사회'에 관한 연구」(1998), 「프랑스 민족주의」(2007), 「모리스 바레스의 귀환—바레스 연구 100년」(2012), 「모리스 바레스의 민족개념(1880–1914)」(2014), 「모리스 바레스의 민족주의—지역주의 사상을 중심으로(1880–1914)」, 「조상신화와 민족정체성—모리스 바레스를 중심으로」(2014), 「이주민의 프랑스 민족으로의 통합」(2015) 등이 있고, 역서로 『프랑스 민족주의』(공역, 2011)가 있다.